Journalism & Communication

核心新闻传播学系列教程

Journalism Theory: An Introduction

Modern Course

新闻学概论

当代教程

郝 雨　杜友君 著

上海交通大学出版社
SHANGHAI JIAO TONG UNIVERSITY PRESS

内容提要

本书广泛吸收和借鉴了以往新闻理论教材的精华和编写经验，结合当前新媒体不断发展的实际，对当代新闻理论进行了创新和新的探索。本书共分14章，主要内容包括：新闻的本质及其特征，新闻的起源与发展，新闻的社会意识形态属性等，在理论介绍与阐述的同时，本书增加了更多鲜活的案例。深入浅出，可作为新闻传播专业师生的教学用书，也可作为对新闻理论感兴趣读者的入门参考书。

图书在版编目(CIP)数据

新闻学概论：当代教程 / 郝雨，杜友君著. —上海：上海交通大学出版社，2015（2018重印）
ISBN 978-7-313-13582-7

Ⅰ.①新… Ⅱ.①郝…②杜… Ⅲ.①新闻学-教材
Ⅳ.①G210

中国版本图书馆CIP数据核字(2015)第225364号

新闻学概论(当代教程)

著　　者：郝　雨　杜友君
出版发行：上海交通大学出版社　　地　　址：上海市番禺路951号
邮政编码：200030　　电　　话：021-64071208
出 版 人：谈　毅
印　　刷：常熟市大宏印刷有限公司　　经　　销：全国新华书店
开　　本：710mm×1000mm　1/16　　印　　张：22.5
字　　数：444千字
版　　次：2015年9月第1版　　印　　次：2018年7月第3次印刷
书　　号：ISBN 978-7-313-13582-7/G
定　　价：68.00元

前　言

作为这部教材的作者之一，遵友君教授之嘱代为撰写“前言”。那就主要谈谈我自己对于新闻理论的研究经历和肤浅体会吧！我本人是从2000年之初进入新闻理论研究与教学领域的。算起来至今已有15年之久。15年来，我对《新闻学概论》教材的写作和修改，可以说一直非常用心。

2003年，我的第一部教材《新闻学概论》（与王艳玲教授合著）由上海大学出版社出版。出版以后，连续使用5年，而这5年间，我一直认真检查其中的问题和不足之处，尤其是随着互联网的发展，其中的新闻理念和基本概念的发展和更新，更是迫在眉睫。于是，我边使用边修改。2008年，又改名《新闻学引论》，由上海交通大学出版社出版。这一版的体例和内容，有了很多全新的尝试与探索，许多兄弟院校使用了这一版的教材，包括厦门大学、湖南师大、吉林师大等院校都反应较好。在此期间，我对新闻理论的研究，也在不断拓展和加深，先后出版了：《当代传媒与人文精神》《新闻学：整体性开拓与重建》《媒介批评与理论原创》《新闻，如何改变世界》等。2015年，又接连出版了《中国媒介批评学》和《新闻理论问题十讲》。而且这十几年以来，曾经在《现代传播》《当代传播》《新闻记者》及《二十一世纪》（香港）等海内外数十家核心期刊发表新闻传播学论文百余篇。被《新华文摘》、中国人民大学报刊复印资料《新闻与传播研究》和其他学科的有关专辑转载数十篇。有了这样的一些积累，对于现在这部教材的修订，也就更加有了些底气，更何况有了友君教授的加入。

进入新世纪以来，新媒体迅猛发展，瞬息万变。我们的新闻理论建设，也就绝不能还固守在一个世纪前的思想观念上，甚至对一些理论问题仍然作原地踏步地阐述。尤其是当下的新闻传播实践已经在传播手段、传播媒介、传播方式以及传播体制等各个方面都发生了前所未有的变化，我们的理论研究也就务必要与时俱进，否则就会远远落后于新闻实践。而对于新闻理论的教材编写来说，更应该具备一种大胆创新和整体突破的理论意识，而且，按照素质教育的原则，也特别应该在我们的学生当中“鼓吹和灌输”这样的一种理论创新意识。

当然，我们也必须考虑到，我们所编写的毕竟是供初入大学新闻系学习的大学生的理论教材，而不是纯粹的学术研究专著，所以，也就不能脱离学生的实际能力和理论的接受程度。综合起来考虑，本教材的编写遵循以下几条基本原则：第一是要符合国情；第二是要贴近学生实际；第三则是要有21世纪的理论创新意识；第四是要广泛吸收新闻学研究的最新成果。按照这样的思路，我们对传统新闻理论框架进行了一定程度的改造，在编排的体例上力求使各章节内容在全书结构中的分布和比例相对均衡，并更能接近于科学的要求。在基本的理论概念和观点上，我们既保证对传统观点的客观介绍，也更注意在理论阐述上有所深化。

所以，对于近 30 年来我国的新闻学专家们所出版的新闻学专著，本书也将充分吸收那些与本书体例相关联的最精华的部分，不过我们不会原封不动地照搬照抄，在经过自己的重新思考之后，作某些关键之处的修正或改动。海纳百川，有容乃大。在此我首先向我所崇敬的这些新闻学界前辈和同辈中的学术权威和理论大家表示深深的谢意，并真诚期盼继续得到各位在学术上的指正！

我们希望本教材能够成为向更高层次的理论建设不断前进的一个台阶和过渡，也希望能为初学新闻理论的同学真正提供一些理论思维的有益营养。

这里还要特别说明的一点是，本书在写作中有一定程度的独立探索和思考的东西，那么，既然是探索性的，就难免会引起一些不同观点的争议，而我恰恰认为这是非常正常的。任何理论都是在争论中发展的。当然这本书毕竟不是学术性的专著，所以我们对于这些具有探索性的观点尽量掌握在学生能够接受的范围，或者能够启发学生独立思考的程度上，其所占全书的比重是很小的。在实际的教学当中，教师可以对这些内容适当把握，灵活处理，也可以引导学生采用多向思维来了解这些内容。如第一章中的关于新闻本质阐述的部分，我们只是想通过一定的努力，把理论问题一步步地渐进式地引向深入，尤其是从多年来只是给新闻下一个简单定义来解释什么是新闻的层次，逐步过渡到从更本质的理论深度来加以认识。而这样的变革要取得共识是需要时间的。当然，我们也非常希望理论界能够对这样的探索给予一些宽容和理解，并对其不足之处提出建设性的批评和指正。我们将认真和虚心地接受来自各个方面的意见，不断地对这些探索加以修正，从而使得我们的理论研究更加健康发展。

再次真诚地感谢各位选用本教材的老师和同学！

郝 雨
2015-7-3

目　录

绪　论

理论是人类智慧的结晶；
理论是人类思想的成果；
理论是人类认识的菁华；
理论是人类改造世界的科学产物；
理论是人类精神放射的光芒！

“新闻学概论”是新闻学体系中的基础理论部分，对于本专业其他课程具有理论统领意义。“新闻学概论”作为新闻学专业的基础理论课，研究和阐述的是新闻传播的基本规律；而新闻学专业的其他应用性课程揭示的是新闻传播的各操作层面或者技术环节的具体规律。学好新闻学的基础理论，熟悉新闻传播的基本规律，是学好新闻专业其他课程的基础，也是正确分析新闻现象和有效指导新闻实践的重要前提。

第一节　新闻学的学科体系及其形成与发展

一、关于新闻学的学科确立与构成

新闻学是研究全部新闻现象的本质、揭示新闻活动的规律、解决新闻事业的普遍性和根本性问题的一门社会科学。作为一门独立完整的学科体系，新闻学主要包括三大分支学科和三大学术领域，即：理论新闻学，历史新闻学和应用新闻学（简称新闻理论、新闻史和新闻业务）。也有人认为还应该包括管理新闻学（或称媒介管理学）。而这门“新闻学概论”课程，就是理论新闻学。

近二三十年来，我国新闻学研究空前繁荣。新闻学已形成了系统的、多层次的学科体系。按一般科学的要求，一门学科必须同时具备理论、技术、应用三个层次的学科要素，才能被认定为体系完备的独立学科。对于人文社会科学来说，可以从理论、历史、应用三个层次加以衡量。按照这样的标准，新闻学不仅有被称为新闻哲学的舆论学和新闻基础理论构成的理论层次和中外新闻史的史学层次，而且具有许多其他门类的社会学科所难于齐全的技术及其应用层次。尤其是广播电视新闻以及网络新闻的采编制作等，都有很高的技术要求和很强的应用性质。

此外，一般认为，新闻学作为一门独立的学科又往往同新闻教育密切联系并且是基本同步的。那么，在美国，19 世纪后半叶已有部分大学开设新闻学课程。到

20世纪初，密苏里大学新闻学院和哥伦比亚大学新闻学院先后成立，我国的北京大学则于1918年开始新闻教育并成立新闻学研究会，至今已近百年。这些显然是新闻学学科成熟的重要依据。尤其是20世纪末以来，随着大众传播媒介的高速发展，我国的新闻专业已经成了最热门的高等教育门类之一。新闻教育的大踏步发展也表明了新闻学科不仅有着牢固的现实基础，其发展前途更为广阔。

实际上，从纵向发展的历史角度看，新闻学在世界上的逐步形成以及向科学化发展，已经有几百年的历史，在我国的诞生和发展也已走过了百余年。

二、国外新闻学发展述略

国外新闻学的发生和发展，学界一般认为可分为三大阶段。

1. 萌发期

根据一些学者的观点，萌生状态的新闻学包孕于当时的政治运动之中。大约到17世纪中期，在新兴资产阶级向封建制度和统治者进行革命和斗争的时候，由于要向全社会大规模地传播他们的思想和政治主张，因而极其需要政治上和舆论上的自由权。1644年，英国著名诗人约翰·弥尔顿出版了《论出版自由》，最早提出了新闻自由的口号和思想。《论出版自由》原是弥尔顿向英国国会提交的一份演说稿，其主要理论主张就是“观点的自由市场”和“自我修正过程”。弥尔顿认为，人的理性高于一切，言论和出版自由是天赋人权的一个重要构成。在人类社会中，任何人都可以而且应该不受限制地发表自己的意见，传播自己的思想。而对于各种不同的意见和思想，人们靠自己的理性辨别是非，通过意见的自由竞争，来修正错误，认识真理。新闻自由理论，一直是几百年来西方新闻学的核心性内容，这一理论的出现，被认为是整个新闻学诞生的一个重要标志。

也有学者认为，新闻学作为一门正式的社会科学，发轫地应该是在近代报纸的诞生地——德国。17世纪中叶，新闻事业有了较大发展，报纸对人们生活的影响日渐深入，许多报人和学者对这一新兴事业开始进行一些学术性的研究。17世纪末，德国的一些大学生在导师的指导下开始以报业为研究对象撰写学位论文。通常认为1690年德国莱比锡大学托拜厄斯·波伊瑟写的博士论文《论新闻报道》(*De Relatioonibus Novellis*)是西方最早的新闻理论著作。此外，还有一本非常重要但却被长期忽略的著作，那就是英国学者卡斯帕·徐特莱尔1695年出版的《新闻的娱乐与效用》。最初的新闻学，基本以报纸为唯一的研究对象。因此，早期的新闻学又称为“报学”(Zeitungskunde)，其研究的内容，也主要侧重于业务技术方面的理论化探讨，为指导和培训从业人员服务。

大约到19世纪中期，新闻学开始从“术”的研究向“学”的研究转变，而新闻史学的出现则是一个重要的转折点和里程碑。1845年，德国学者普尔兹的《德国新闻事业史》出版，标志着新闻学开始超越业务研究的狭窄视野，从历史发展的宏观角度，总结和揭示新闻活动的普遍规律。随后又过了半个世纪，1895年，科赫教授在德国海得堡设立世界上第一个新闻研究所。此后，原有的“报学”被改称“报业科学”(Zeitungswissenschaft)，并成为与社会学并立的一门社会科学。相应地，新闻理论的雏形逐渐形成。在这一过程中，有四部早期的著作发挥了非常重要的启蒙作用，它们分别为：美国人哈德逊出版的美国第一本新闻学著作《美国新闻事业》和休曼出版的《实用新闻学》(1903)，以及德国人卡尔·毕歇尔出版的《报纸的发端》(1903)和《报业》(1912)。

1910年后，德国一些大学相继成立了新闻研究所。新闻学的研究也就从此逐步进入更加科学化的轨道。

2. 成熟期

20世纪20年代起，历经近300年学术孕育的新闻学开始脱胎而出。这一时期中，更加体系化的新闻理论专著陆续出版，专门的新闻学研究的成果不断问世，充分表明科学意义上的新闻学逐步进入到了成熟的阶段。1922年，美国著名专栏作家沃尔特·李普曼的《舆论学》(又译为《公众舆论》或《公共舆论》)出版；1924年，美国新闻教育家卡斯柏·约斯特的《新闻学原理》出版。两书成为国外新闻学走向成熟阶段的代表作。

在《舆论学》一书中，李普曼从哲学层次研究了新闻传播及其媒介对于人们认识世界和与社会发生关系的种种理论问题。书中论述了舆论的本质及其形成过程，第一次揭示了新闻现象的深层本质——舆论，舆论学因此被称为新闻哲学。

约斯特在《新闻学原理》中比较系统地阐发了新闻的起源和特征，论述了新闻的真实性、选择性及其工作原则，第一次对新闻理论范畴体系做了较为完整深刻的表述。该书和李普曼的《舆论学》一样，成为西方现代新闻学的经典之作。

除了上述两书之外，这一时期出版的新闻理论著作还有：李普曼的《自由与新闻》(美国，1920)、德茹付奈尔的《新闻学二十讲》(法国，1920)、塞尔戴斯的《新闻学教程》(美国，1921)、迈耶的《新闻道德守则》(美国，1922)、克劳福德的《新闻伦理学》(美国，1924)、弗林特的《报纸的良知》(美国，1925)、特劳布的《新闻的基本概念》(德国，1927)、布伦菲巴的《近代新闻学》(英国，1930)、罗伯逊《现代新闻学导论》(美国，1930)等，这些奠基性的著作形成了西方传统新闻理论的基本体系①。

20世纪初，北美洲的新闻事业迅速发展，随之也大大推动了新闻教育的兴起。而新闻教育在世界各国的专业化和规模化，是新闻学进入成熟期的重要条件。

3. 深化期

大众传播学的出现是国外新闻学发展的一个飞跃性的阶段，使得新闻学中的许多理论问题得到了进一步地扩展和深化。甚至有学者认为，西方的新闻学从此逐渐归入大众传播学。

---

① 刘建明.当代西方新闻理论[M].北京：中国人民大学出版社，2015：3.

从源头上说，大众传播学诞生于美国，形成于20世纪20至40年代，被称为传播学“四大先驱”的四位学者，分别对于新闻传播的理论问题进行了开创性的研究。社会学家拉扎斯菲尔德提出了著名的“两级传播理论”，即信息首先由大众传媒传到舆论领袖，然后再由舆论领袖传向社会公众；政治学家拉斯韦尔提出影响深远的“五W模式”；心理学家库尔特·卢因创立了著名的“团体动力说”，认为要改变一个人的态度，不仅要考虑到个人因素，还要考虑到团体与个人的关系；社会心理学家霍夫兰提出的有关态度改变和劝服艺术的理论，对新闻传播的更深层次的理论研究做出了极为重要的贡献。

到20世纪50年代，美国学者威尔伯·施拉姆第一个把传播学作为独立学科进行研究，他先后出版了30部传播学著作并发表大量论文，被称为传播学理论的集大成者，也有人称其为传播学的奠基者。其代表作《报刊的四种理论》（与人合著，另两位作者是弗雷德·塞伯特和西奥多·彼德森）则把整个世界的不同新闻理论体制和体系进行了全面总结和系统研究，使得新闻学更具世界性的眼光和境界。

到了20世纪60年代，欧洲崛起的传播学批判学派。则积极主张把传播活动和现象放在具体的社会结构中进行考察，研究如何通过传播行为与社会关系的相互影响，实现对现存体制的批判和改造。这种不同学派的出现和各成体系的理论建构，显然更加推动了新闻传播学的深入发展。任何科学只有做到百家争鸣，百花齐放，才能具有更大的发展空间和理论活力。

20世纪70年代以后，随着跨国媒体影响力的不断扩大，BBC、VOA等广电巨头在各种政治危机中确立了话语地位。随之出现了新闻话语的概念，学者们对符号、编码译码等问题展开了深入的研究。而到了八九十年代，新自由主义新闻理论和市场批判理论成为新闻理论研究的两大主流，公民新闻运动逐渐崛起，新闻理论的研究疆域日渐宽广。

进入21世纪以来，新闻事业与新闻报道的品质，成为西方新闻学关注的焦点。科瓦奇和罗森斯蒂尔所著的《新闻的十大基本原则》对此进行了深入的分析，并因此被奉为西方新闻学的“圣经”。此外，强化新闻注意力、引导受众鉴别网络信息等新的课题不断被引入，新闻理论研究展现出勃勃的生机。

总之，虽然在西方，大众传播学的产生和发展已经开辟一个新的学科，甚至成了统领新闻学的一个更高级的学科，但是，它却完全是在新闻学的基础上形成和建立起来的。新闻学原本是传播学的理论生长点，最终又成了大众传播学的一个分支。传播学的诞生可以说是世界新闻学发展的一个更高级的阶段。

三、我国新闻学的形成与发展

我国新闻学的形成与建设，首先是我国新闻事业实践的必然要求，尤其是当年北京大学最早开始的新闻专业教育，更需要系统化的理论知识结构的配套；其次是受到西方新闻学的重要影响，所谓“学从西方来”。我国近百年的新闻学发展（甚至可以向前延伸到清末时期），主要经历了这样的四个重要阶段。

1. 孕育期

鸦片战争以后，早期报刊开始在我国兴起。一些著名报人在从事新闻实践的同时，也开始探讨新闻传播中的一些学术理论问题。这就出现了中国近代萌芽状态的新闻学观点和思想，其中最有代表性的是洪仁玕、王韬、梁启超、孙中山等人。

太平天国后期领导人洪仁玕是第一个较为系统地论述新闻问题的中国政治家。他在太平天国的建国纲领《资政新篇》中吸纳了一些西方民主主义思想，提出了设立新闻馆、出版报纸和新闻论著等一系列主张和方略。他在给太平天国提出的 29 条改革建议中，就有一条是“准卖新闻篇”。他把“新闻”的作用归结到“通上下”、“以资圣鉴”这一传统的交往模式，而且还特别强调新闻必须真实，必须反对“伪造新闻”。但由于太平天国的失败，这套主张也就未能付诸实践。

王韬是我国近代报业的开拓者之一。1874 年他在香港创办的《循环日报》，在我国新闻报刊史上有着非常重要的影响和地位。他在办报实践中总结了许多报业思想并提升到理论高度。在《论日报渐行于中土》《论各省会城宜设新报馆》等文中。他提出办报要“指陈时事，无所忌讳”，以便形成“言者无罪，闻之者足以戒”的清议之风，他反复论证“言论自由”是中国古已有之的传统。他认为报纸能使国家的军政大事迅速地“上行下达，朝会而夕颁”，能反映民意，影响社会舆论，并最后达到“合一国之人心以共为治”。王韬的这些办报思想对于我国新闻学的形成有着极为独特的贡献。

19 世纪 90 年代末叶，戊戌变法运动进入高潮。康有为、梁启超等维新派领袖都十分看重报刊的政治宣传和社会舆论作用。他们不仅亲自办报，还在新闻理论的建设上，形成了许多重要的思想和主张。康有为在“百日维新”期间所上的奏折中，就有三折是关于发展新闻事业方面的，这就是：《奏改时务报为官报折》《恭谢天恩条陈办报事宜折》和《请定中国报律折》。康有为的办报思想大致归纳起来有以下几个重要方面的思想观点，即“匡政府之不逮”，“民隐得以上达”“翻译万国近事，借鉴敌情”，内容“所载皆新政之事”，一般将其浓缩表达为：匡不逮、达民隐、鉴敌情、知新政，而且他还最先提出了党报观念。

梁启超在中国的新闻发展史上具有更加重要的地位。尤其是随着变法维新运动的开展和第一次国人办报高潮的兴起，以梁启超为代表的改良派新闻思想占据了中国早期新闻思想的主导地位。从 1901 年到 1911 年，他发表了多篇新闻专论，如《论报馆有益于国事》《清议报叙例》《清议报一百册祝辞》等，阐述了许多深刻的新闻学术问题。他提出报纸“监督政府”和“向导国民”的两大天职说，认为报纸“非政府之隶属，而与政府立于平等之地位”；他关于报纸的“耳目喉舌”说，至今还被认为是非常形象地概括了报纸的重要职能；他还提出了“宗旨定而高”、“思想新而正”、“材料富而当”、“报事确而速”这四大衡量报纸好坏的标准。梁启超的这些新闻观点，与当时流行于西方的资产阶级新闻学说十分接近，对我国后世新闻界的影响是非常巨大的。

辛亥革命时期，以孙中山为代表的资产阶级革命派，在从事报刊宣传的活动中，曾就报刊的性质、任务、作用的问题发表过一些见解和主张，表述他们的办报思想。他们认为，报纸是国民与舆论的代表，不仅反映舆论，而且可以影响舆论和制造舆论；他们承认报纸的党派性，强调报纸宣传革命政党的纲领和思想，把报纸视为政治斗争的锐利武器。

2. 诞生期

新闻学的诞生，其最根本的标志当然就是学术专著的出版，另外还要有常规的研究机构以及学术阵地和成果平台。由于我国近代新闻事业的发展落后于西方，所以新闻的研究自然也晚于西方各国。前面所讲的新闻学初创阶段，那些重要的新闻思想的提出，大都受到西方思想的影响。而在正式诞生的孕育期间，也同样是从对于国外新闻学专著的引进为开端的，所以有学者认为我国的新闻学是“学从西方来”。

我国最早的一本新闻学著作是 1903 年 10 月由商务印书馆出版的日本学者松本君平的《新闻学》(又名《欧美新闻事业》)。该书深受美国新闻学影响，内容包括新闻理论、新闻业务和欧美各国新闻史。其次是 1913 年出版的美国人休曼的《实用新闻学》，译者为史青，由上海广学会出版，商务印书馆代印。另外还有一些其他的有关新闻学的译著，对于随后诞生的中国新闻学都有很重要的借鉴意义和直接影响。当然，所谓西方新闻学对我国新闻学诞生之影响，渠道是多方面的，尤其那些最早的新闻专著的著者们以及直接参与了当时新闻学教育和研究的学者们，基本上都是曾经留学海外的饱学之士，大多接受过西方的系统教育和思想影响。

1918 年，在中国的新文化运动高潮中，蔡元培决定在他任校长的北京大学开设新闻课程。同年 10 月 14 日，北京大学新闻学研究会成立。次年 4 月，研究会创办了新闻学术刊物《新闻周刊》，自此，中国的学科意义上的新闻学研究和新闻教育正式开始，因而新闻学作为一门专门的学说也就在中国初步形成。

而且，伴随着最高学府中新闻教育和新闻学研究的兴起，一些新闻学专著也很快相继问世。1919 年，徐宝璜的《新闻学》出版，这是我国第一部理论新闻学著作。1922 年任白涛自费出版中国第一本实用新闻学著作《应用新闻学》。1923 年，邵飘萍的《实际应用新闻学》出版，次年又出版《新闻学总论》。1927 年，戈公振的《中国报学史》出版，这是中国第一部历史新闻学著作。至此，中国新闻学形成了较为齐全的学科体系，从而标志着中国新闻学达到了初步成熟的程度。

自此以后的 30 年代到 40 年代，中国出版新闻学著作共 100 多种。基本跟上了世界新闻学的发展步伐。

3. 缓滞期

新闻学在我国诞生之后，有相当长的一段时间，由于当时特殊的历史条件和原因，又经历了非常曲折的发展过程。

从20世纪的40年代至50年代的中期，马克思主义新闻学在我国的产生和发展，无疑是中国新闻学史上的一个重要阶段。中国马克思主义新闻学的基础是在1942年开始的延安整风时期奠定的。在党的七大前后，陆定一发表的《我们对于新闻学的基本观点》(1943年9月1日)、毛泽东发表的《对晋绥日报编辑人员的谈话》(1948年4月2日)、刘少奇发表的《对华北记者团的谈话》(1948年10月2日)，堪称我国马克思主义新闻学的经典之作。这些文本集中解决了马克思主义新闻学的若干重大原则问题。概括起来有以下最主要的四点：一是确立了辩证唯物主义和历史唯物主义的新闻观，认为"新闻的本源乃是物质的东西，乃是事实，就是人类在与自然界斗争中和在社会斗争中发生的事实。"强调新闻报道必须尊重事实，把真实视为新闻的生命。二是明确了对党负责和对人民负责相一致的原则。强调党报是党的事业的组成部分，党报的一言一行必须按党的意志办事，一切对党负责，对人民负责，时时处处坚持维护人民的利益。三是首创了宣传党的政策与检验党的政策相统一的思想。提出党的报刊必须无条件地宣传党的政策，同时也通过群众的实践来检验有关的政策，为党修订政策提供事实依据。四是提出并确立了"全党办报，群众办报"的新闻工作路线。这些新闻思想具有很强的创新意义和实践意义，是对马克思主义新闻学的重大发展。

而到了新中国成立后的一段时期，我们在许多方面都一直向苏联学习，甚至一味模仿和照搬苏联模式，在新闻理论方面也曾有过这样的失误。1956年5月6日，刘少奇对新华社工作作出两次指示，明确提出要在学习苏联塔斯社的同时，也要学习资产阶级通讯社；学习外国不要迷信，不要盲从；要有创造性，要有独立性；我们的新闻报道必须是客观的、真实的、公正的、全面的，同时必须是有立场的。同年7月，以《人民日报》改版为标志的新闻工作改革全面启动，这次新闻改革主要立足于以下几个方面的内容：一是力求突出受众的多样性需要，扩大报道范围，多发新闻，发多方面的新闻；二是开展自由讨论，可以发表不同观点的文章，通过群众性讨论把社会见解引向正确道路；三是杜绝党八股，努力改进文风。这次新闻改革是我国新闻战线的一次重要的思想解放，摆脱了教条主义的束缚，打破了以苏联为尊的迷信，为中国的社会主义新闻学研究留下了十分可贵的思想成果。

但是，这次已经在全国范围内开展起来的新闻改革只进行了一年多的时间，紧接着就由于反右派斗争的扩大化而夭折。尤其是随着党内"左"倾思想的日益严重，新闻事业受到直接的干扰，新闻学研究也陷入一片令人窒息的状态。"文化大革命"10年中，全部的新闻工作被当成单一的"阶级斗争工具"，甚至直接把报纸称为"无产阶级专政的工具"，学术意义上的新闻学研究根本无法进展。所以，在这长达20年的时间里，我国没有正式出版一部新闻学专著，甚至也没有出版一部正规的新闻学教科书。

4. 繁荣期

"文革"结束，改革开放使得我国的各个领域发生了全面而深刻的变化，我国的新闻事业和新闻学发展，也在新的政治与文化的大环境中走上了正轨。自1977年以来，我国的新闻学研究出现了前所未有的繁荣景象。首先，专门的新闻研究机构和学术交流团体相继成立并迅猛发展。最先是中国社会科学院成立新闻研究所，紧接着，首都和各地的新闻学会陆续成立，在此基础上的中国新闻学联合会也成立起来。这就使得我国的新闻学发展有了可靠的政府性质的以及社会组织方面的保证。其次是学术研究空前活跃，尤其以中国社会科学院新闻研究所主办的《新闻与传播研究》等为核心的学术刊物，成为重要的新闻学研究平台，全国各省、市以及各高等院校也纷纷创办了新闻研究期刊。到21世纪初，我国公开发行的新闻研究期刊已有50多家。其中主要有《新闻大学》《国际新闻界》《新闻战线》《中国记者》《现代传播》《新闻记者》《新闻与写作》《新闻界》《当代传播》等。这众多的学术刊物每年发表的论文可达万篇以上。而且，专家学者之间的学术交流活动也日益频繁。特别是从20世纪80年代初开始的传播学的引进，大大拓宽了我国新闻学研究的眼界和思路。为丰富和更新我国的新闻观念起到非常积极的作用。

第二节　新闻理论在新闻学中的地位及基本框架

如前所述，新闻学体系由新闻学的三大学术部门所构成，即新闻理论、新闻史和新闻业务。那么，这三大分支学科又各自承担着怎样的具体的研究任务以及它们在新闻学体系中的具体地位和关系又是如何的呢？

一、学科结构的总体描述

从外在的学科结构的布局上，新闻学的具体地位如下图所示。

按照国务院学位委员会1997年颁布的研究生专业目录，新闻传播学在整个的哲学社会科学学科当中属于文学门类，并成为其中与其他学科相并列的一级学科。新闻学和传播学是新闻传播学中的两个二级学科，而在新闻学的学科构成当中，又包含着新闻理论、新闻史和新闻业务三大分支学科。那么，就三大新闻学分支学科所各自从事的研究范围来说，也是有着明显的不同和具体分工的。

一般来说，历史新闻学也就是新闻史研究，关注的是新闻事业历史发展中的种种现象和过程。它的基本学术眼光是纵向的，是以时间顺序而加以延伸性的观照和把握的。因而，新闻史的研究主要就是运用历史学的原则和方法，通过详细考究已经发生过的新闻领域的历史事件，根据新闻传播历史发展的自然进程，一方面要系统化、有序化地准确描述和尽量重现新闻界的历史事实，另一方面要从中揭示新闻事业发展前进的基本规律。

应用新闻学即通常所说的新闻业务，其中包括应用理论和应用技术等不同层

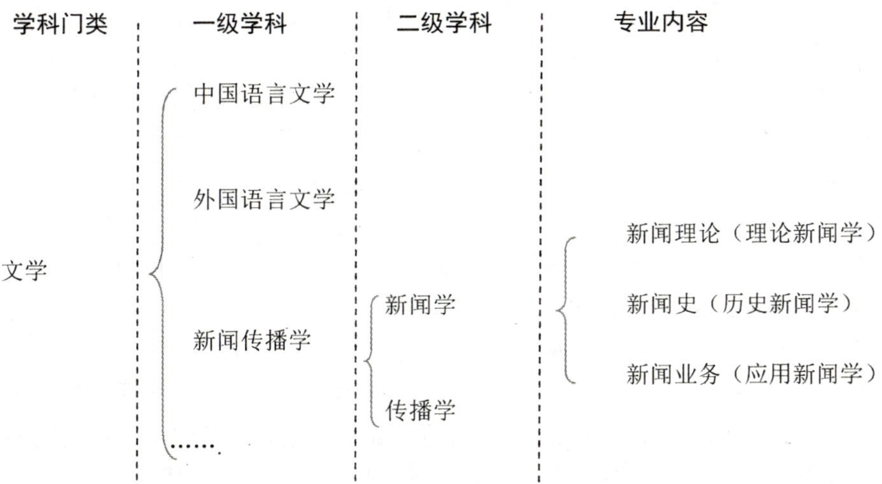

面。它所研究的主要是新闻传播过程中，尤其是具体操作过程中可以直接加以实施和应用的一般性原则；也包括具体的操作方法和相关的规则与规律。按我国新闻学术界的划分习惯，应用新闻学又包括新闻采访、新闻写作、新闻编辑、新闻评论（简称采、写、编、评）以及广播电视的节目制作、编播和主持等方面的研究。这一类的研究实践性或实用性更强。

理论新闻学的性质属于更为纯粹的抽象研究范畴，其基本方法也是纯粹理论研究一般采用的逻辑的方法和思辨的程序，而其最终所产生的成果也就是"新闻理论"。说得更明确一些，理论新闻学，就是运用逻辑的与思辨的方法，通过对客观的新闻领域内的大量的事实和材料进行科学的抽象和概括，从而形成基本的概念和范畴，并经过进一步的推理和深化，建立起一定的理论体系，从而反映和揭示整个新闻事业的本质及其普遍的活动规律。

二、新闻理论在新闻学中的特殊地位和价值

如上所述，理论新闻学、历史新闻学和应用新闻学虽然是从外在结构上完全平等并列的三个分支学科，但是，它们各自在新闻学体系中的地位和作用却是极为不同的。根据一些学者的观点，我们可以这样概括三者的特征和关系，新闻业务基本上只注重从实践操作的角度讲"术"，新闻史则只从对于历史记录的角度侧重于"述"。两者的研究虽然也需要揭示一定范围和某些具体过程的原则和规律，但一般不会直接发生相互指导性的关联和沟通。而新闻理论在整个新闻学体系的三大构成当中，则无疑具有着理论提升和普遍规律覆盖与贯通的特殊作用，它才是属于真正的"学"。

因为，新闻理论回答的是新闻学的根本问题，所要解决的也是新闻学领域的最

普遍的规律性问题。所以，新闻理论对于新闻学体系中的其他学科包括理论新闻学自身的研究都起着统领和导引的作用。从任何科学研究的最普遍的规律来看，理论的建设和学术的发现，只有更接近哲学的理论高度，才能更全面深刻地认清事物的根本性质，也才能具有更高级更恒久的相对真理价值。也可以说，新闻学的另外两大分支揭示的是新闻现象的初级本质和新闻活动的具体规律，而新闻理论则是站到了一个更高的层次和从一种更加开阔的视野上，去发现新闻现象的更深层的本质和新闻活动的更普遍的规律。比如新闻采访学只是研究和阐述新闻采访这一业务环节上的性质和实施规律，而新闻理论的任务就是研究新闻传播全过程和所有业务环节的普遍性质和规律。

总而言之，应用新闻学回答新闻传播中的具体业务问题，新闻理论则要回答新闻传播活动的全部的和根本的规律性问题。如新闻的起源和本源、新闻的本质和特性、新闻的价值和功能、新闻传播的基本规律和新闻工作的基本原则、新闻受众的接受心理与新闻传播效果等等。新闻理论研究正是在面对有史以来的全部的人类新闻实践与新闻活动的基础上，通过对一个一个问题的深入严密地分析和研究，并加以高度的抽象、概括与归纳，从而形成一系列相互关联的概念，并进一步构成由诸多观点构成的新闻观和新闻思想。而新闻理论只有对这些根本问题做出科学的回答，得出了真正符合客观真理性的结论和答案，才能为其他分支学科的建立和发展提供可靠的理论的支撑和依据，也才能在更加宏观和恒定的意义上对新闻实践发生整体的指导作用。

此外，新闻理论的特殊价值还有另外的一层意义。费尔巴哈曾说过这样一句哲学名言："作为起源，实践先于理论；一旦把实践提高到理论的水平，理论就领先于实践。"这话实际上阐明了有关理论的一个非常重要的品格，那就是它在一定的程度上，对于全部的人的实践与社会存在具有相对的超前性。那么，新闻理论也正是在这样的意义上，对新闻学的学科体系具有着更为举足轻重的作用。

三、我国新闻理论研究的现状及发展要求

对于任何一种理论形态来说，总是要处在一个不断发展的过程之中的。新闻理论当然也是如此，同样需要在实践中不断加以丰富、提高和完善。尤其是对于我国的新闻理论界来说，由于我国的新闻理论的建设起步较晚，中间又曾经遭遇到极左政治路线的干扰，所以一直发展比较缓慢。20 世纪 80 年代以来，我国新闻理论出现了较好的发展势头。但总体来看，我们的新闻理论研究仍有待全方位的突破。学习新闻理论，非常有必要对于当今新闻理论研究的大致状况和面貌有一个基本的了解。

1. 21 世纪初新闻理论研究概貌

进入新千年之后，中国的社会文化环境发生了很大变化，尤其是 2001 年中国

加入世界贸易组织以来，传媒作为产业开始快速发展。新闻学与传播学的研究也突飞猛进。2001 年以来，我国的新闻学教材出版异常活跃。李良荣的《新闻学概论》成为新世纪的第一部，该书内容较其以前的三部有了很大的丰富和修正。而童兵、林涵的《20 世纪中国新闻与传播学——理论新闻学卷》(复旦大学出版社 2001 年出版)，内容方面承前启后的特征很明显。内容串联以新闻学历史发展为线索，对 20 世纪中国新闻学发展的基本脉络把握得非常详尽。2002 年，丁柏铨的《中国当代理论新闻学》(复旦大学出版社 2002 年出版)，特别关注"入世"(即我国加入世界贸易组织)对我国新闻传播业的影响，在传播学的视域中谈新闻学，内容侧重传媒的属性、市场条件下新闻功能的调整，等。

2003 年，刘建明的《当代新闻学原理》(清华大学出版社，2003 年出版)，知识背景深厚，注重学科的前沿性和系统性，强调阐释原理、演绎学说体系，旨在建立新型的新闻理论体系。2004 年的理论新闻学专著，本土化的追求更加明显。以蔡铭泽的《新闻学概论新编》(暨南大学出版社 2004 年 7 月第二版)为例，明显是在我国特殊语境下讨论新闻实践。比如认为"新闻传播事业是横跨于经济基础和上层建筑领域之间的特殊事业"、"党性原则是新闻传播事业的基本原则"，提倡"坚持正面宣传为主的方针"以及贯彻"社会主义新闻道德建设"等等。

2005 年，杨保军的《新闻理论教程》(中国人民大学出版社 2005 年出版)，立足于新的时代，对新闻传播的构成做了多角度的解剖，并从传播规律的高度，对整个传播过程进行透视、概括和总结。该教材尤其从哲学层面上阐释了新闻事实世界与新闻符号世界的关系，告知读者，新闻式的事实认知，只是人类把握世界的一种方式，新闻实质上简化了这个世界，我们应该在更广阔的视野里认识世界、感受世界。郑保卫的三卷本《新闻长思录》(人民出版社 2005 年出版)，三卷中既有对"马克思主义新闻理论"的研究(第一卷)，又有对"新闻学基础理论"的探讨(第二卷)以及对"新闻热点与前沿问题"的思索(第三卷)。内容既涉及新闻学基本原理、新闻工作基本原则、新闻事业基本规律、新闻伦理等新闻理论的一般规律，又涉及信息公开、舆论监督、新闻法制等我国当前的新闻热点问题。

2006 年，新闻理论方面有三部比较重要的著作：杨保军的《新闻活动论》(中国人民大学出版社，2006-5)、《新闻真实论》(中国人民大学出版社 2006 年出版)和陈作平的《新闻理论新思路(新闻理论范式的转型与超越)》(中国传媒大学出版社 2006 出版)。其中，《新闻活动论》是对新闻基础理论问题比较系统的思考和研究，其中以新闻活动范畴为主线，通过严密的逻辑结构对新闻基础理论进行了比较系统的思考和研究，书中不仅阐述了一些已经具有基本定论的东西，而且提出了很多新的问题，并对理论新闻学在当代中国面临的处境和基本发展状况进行了清晰的描述。《新闻真实论》从对新闻真实的本质分析入手，考察了新闻真实的构成及新闻真实的特点，重点探讨了新闻真实实现的实质、途径、方法以及虚假新闻的防治问题。《新闻理论新思路(新闻理论范式与超越)》共分三大部分，作者首先对当前我国新闻理论基本范式存在的种种问题进行了深入剖析，然后对新闻实践活动进行了重新审视；并对新闻传播实践的内在逻辑进行了深入分析，从运动发展的角度揭示了新闻实践活动的演化机制，最后从哲学层面阐述了对人类新闻实践活动终极走向的洞见；书中新闻理论的框架与以往的新闻理论著作有着重要区别，特别是在新闻理论新体系的建构上有着新的突破和创新。

2010 以来，新闻理论著作的出版日益繁荣：一方面，经典新闻理论教材不断修订再版，如李良荣的《新闻学概论》修订到了第五版、杨保军的《新闻理论教程》修订到了第三版、童兵的《理论新闻学导论》修订到了第二版，这些经典教材在基本保持原书结构的基础上，不断补充新的观点和数据，紧扣新闻实践发展的脉搏；另一方面，新的新闻理论教材不断推出，这里面既有名家领衔或独著的著作，如陈力丹的《新闻理论十讲》、郑保卫的《新闻理论教程》等，也有长期从事新闻理论教学的中青年学者的探索性著作，如丛春华《新闻学概论》、刘凡《新编新闻学概论》等等。这类教材体现了作者们对于新闻学理论的全新思考，个性鲜明、特色显著，如陈力丹的《新闻理论十讲》围绕 10 个典型问题展开，生动地记录了陈老师的课堂语言，文本通俗流畅，口语色彩鲜明；而郝雨的《新闻学引论》则将传播学的相关理论与框架引入到新闻理论研究中，全书围绕四大板块，即“新闻本体论”、“价值功能论”、“传受活动论”和“媒介生态论”展开论述，体例新颖、在新闻理论的系统化、逻辑化和哲学化方面做了许多开创性的探索。

除了教材建设方面取得了丰硕的成果，2010 年后在专题研究方面也涌现出了一大批著作。一方面，国内学者出版了大量的专著，如杨保军相继出版了《新闻道德论》(2010)和《新闻观念论》(2014)、周俊的《新闻失范论》、姚庆的《新闻传媒论：新闻学研究的新视野》、吴勤如的《新闻原理与应用》、谢梅的《后工业社会的新闻形体的嬗变》、方延明的《新闻文化研究》、董岩的《新闻责任论》等，这些专著就新闻的道德、新闻的观念、新闻的失范等问题展开了深入的研究与探讨；另一方面，引进了大量国外学者的新闻学专著，如科瓦奇新闻的十大基本原则(第二版)、乔根森的《当代新闻学核心》、布赖顿《新闻价值》、艾伦《新闻业：批判的议题》等，这些国外专著的引入开阔了学术研究的视野、引入了许多新的观念与方法，对我国的新闻理论研究有很大的借鉴意义。

2. 进一步寻求整体性突破

20 世纪 90 年代以来，我国的新闻学研究虽然有了突飞猛进的发展，但是，正如许多新闻学者所反复谈到的：近 20 年来，我们在新闻研究方面思路的单一，方法的陈旧，观念的老套，依然使得我们的新闻学研究无法走出最传统的理论范式和框架。尤其是，从一个全新的世纪性的学术高度来看，我国的新闻学科如果不能形成不同体系和理论框架的众多的新闻学流派，新闻学的真正成熟也是值得怀疑的。

其实，任何一个学术领域，尤其是人文社会科学领域，凡是作为一个成熟的或独立的学科，如果不能在一种哲学的境界上建设自己的理论体系，或者，如果没有一种特定哲学体系的支撑，那么，归根结底，其学科理论就总是缺乏那种开阔的视野和博大的精神。而如果一种理论只能从非常具体的层面上告诉人们“做什么”和“怎么做”，而不能在更为高度抽象的意义上讲清楚“是什么（本质）”和“为什么（规律）”，那样的理论也就只是匍匐在地面上的矮化的理论。虽然新闻学是一个应用学科，其理论建设也自然应该注重从其实践性和应用性出发，但是，已经走过一个多世纪的新闻理论研究，也确实需要进一步提升其理论高度；而且，随着现代新闻事业的飞速发展，新闻作为整个社会的基本部门以及人们生活中不可缺少的重要构成，实际上也就成了理论研究的一个极为广阔的学术领域，那么，其理论建设如果徘徊不前，没有大面积和大规模的提升与突破，就显然会滞后于新闻事业发展，就会与其在社会结构中的重要程度不匹配、不平衡。因而，提出在哲学的境界与思路上研究新闻理论，建立新闻理论的哲学化体系，就应该说是当务之急。

当然，这里所说的新闻学的哲学化研究，并不是简单地套用现成的哲学术语和概念，机械地用原有哲学理论来解释新闻学问题。而是完全站在哲学的思维境界上，独立开创一种全哲学思路甚至是纯哲学思辨的理论新闻学。而且，还要开辟出更多的研究路径和方法，更强调各种思辨研究的科学性。我们所期待的是，通过这样的学术倡导和追求，会有更多种新闻学体系以及新闻学派的形成。

第三节　学习新闻理论的意义及方法

对于初学新闻理论的同学来说，首先要了解什么是新闻理论，就是在前两节中已经交代了的。而要真正进入新闻理论的学习，还应该有两个层面的问题需要预先有所认识，那就是为什么学习新闻理论和怎样学好新闻理论。

一、新闻理论学习的意义

1. 增强理论思维

对于新闻理论的学习，最首要的一个目的，就是严格训练和努力增强学习者的理论思维。恩格斯曾经指出：“一个民族想要站在科学的最高峰，就一刻也不能没有理论思维。”必须注意，恩格斯这里强调的是“理论思维”，并不仅仅是“理论”或者“理论形态”。这里所说的理论思维当然也是最普遍的抽象意义上和哲学意味上的理论思维，也不是单指某一学科和专业的研究方法和逻辑公式。而新闻理论的形成和建立，无疑也是理论思维的具体成果；而且新闻理论的思维方式，也显然是纯粹的理论思维的一种。所以，我们学习新闻理论，也绝不能仅仅完全采用实用主义的态度，只是单纯地为了能够具体指导自己的新闻写作和业务活动。学习新闻理论的一个非常重要的方面是要在学习中充分训练自己的理论思维。

所谓"理论思维"，其很重要的特征和品格就是能够超越和透过客观事物的表面，直接认识和看清隐蔽于现象内里的本质和规律。对于一个现代社会的人来说，只有掌握了较强的理论思维的能力，才能对于世界上的一些事物和各种各样的社会现象，主动地站在理论的甚至哲学的高度上，自觉地和自如地取得一种最深刻最本质的认识，从而在社会的生存和竞争的形势中占有最大的主动权。这不仅对于将来从事新闻工作的社会成分和成员来说是必不可少的，而且对于任何人来说也都是意义重大的。

所以，我们的新闻理论学习，绝不能简单记忆其中的概念和照搬其中的死的条条，而是要让每个学习者的头脑充分开动起来，在对于理论知识的理解和消化的基础上，主动思考和追问一些理论与实践中的各种问题。而且，要通过这样的积极训练，进一步强化理论思维方面的整体素养，从而使得我们未来的新闻工作以及整个的人生历程都能够在一种更加理性的境界顺利进行。

2. 开阔理论视野

对于每一个社会人来说，具备较强的理论思维是必要的。然而，理论思维的养成，又显然是不可能仅仅凭着学习一门专业性的理论课程或者仅仅靠着读上一两本理论专著就能够奏效的。一个人的良好的理论思维，绝不会那么简单地就能够产生出来。要养成较强的理论思维，当然还需要长期的理论训练。而所谓的理论训练，当然包括广泛地阅读哲学的以及社会科学方面的理论文献。积累较丰富的理论知识，进入较开阔的理论视野。那么，作为新闻专业的学习，新闻理论还只能算是全部理论领域中的一个很小的组成部分，但是，也毕竟是本专业中的很重要的理论知识的构成成分。也可以说，它是新闻专业学习者进入理论天地的一个起步点或者发轫地。如果首先精通新闻理论，也就可以更容易地从此辐射开去，广涉其他各个相关的专业理论。从而使自己的理论世界不断扩大。所以，我们学习新闻理论，不能只停留于死记硬背其中的名词概念，还要特别注意站到更高的理论层次上，居高临下地认识新闻理论，把握新闻理论，或者叫做"进得去，出得来"。也就是说，在新闻理论的学习中，把它当作一门具体的理论学习的课程和对象，要一丝不苟地理解和钻研；而把它放在整个大的理论天地中，它又只是我们放眼理论世界的一个立足点。学习新闻理论，掌握新闻理论的知识，归根结底，还要向更高的理论高峰攀登。这是我们学习新闻理论的第二层意义。

3. 取得宏观指导

把新闻理论当作一种纯粹的"理论"来学习，当然是非常必要的。在新闻理论的学习中，超越简单的概念记忆和机械的观点照搬，而注意着眼更广大的理论天地，并在理论思维的训练上下功夫，自然也是理所应当的。但是，新闻理论又毕竟是新闻专业的理论，新闻理论也就具有着非常明确的专业性。从专业的角度来学习新闻理论，也就还需要按照新闻理论本身的特殊价值和作用来认识它的重要性。其实，说到底，专业理论的建设并不是完全空对空的。也并不是完全为理论而理论的。尤其是像新闻理论这样的实用性很强的学科理论。如果从根本上回避新闻理论的实用意义和在实践方面的具体指导作用，那也是完全违背新闻理论的基本原则的。

那么，新闻理论对于新闻事业以及具体的新闻工作的实际的指导意义又体现在哪里呢？

如果从纯粹实用的角度来看，对具体的新闻工作具有最现实的方法与操作方面的指导性的，当然是新闻学科构成中的应用新闻学。一般来说，新闻学中的业务研究部分（即采、写、编、评等），着重于具体的操作方法，直接教给从业者在新闻工作的各个环节上和各个部门中如何去做。而新闻理论则是从整个的新闻活动的全局出发，系统地告诉人们为什么这样做。只知道应该怎么做，却不明白为什么必须这样做，那就只能在新闻工作中充当一个"技术"工人，只能凭经验地按图索骥去做。这就不仅不能很自如很出色地完成本职工作，更不可能对工作有创造性地推进。只有既懂得应该怎么做，又明白为什么这么做，才可能根据实际情况，探索新的工作方法，创造新的工作经验，才能把新闻实践不断地推向新的高度。这就是创造性地工作。新闻理论所总结的都是人类新闻活动的根本道理与普遍规律，它可以在更根本更原则的问题上对于从业者加以最宏观意义上的和基本方向上的指导。其境界和效果是大不一样的。

二、学习新闻理论的方法

无论什么人，要想做好任何一件事，方法都是不能不讲的。方法得当，才能事半功倍。而且，方法又往往是与目的相关联的。为了在某项事业或某一具体工作中达到某种特定的目的，也决定着对于某些方法的确定和采用。我们的新闻理论的学习也不例外。以下谈到的三种学习的方法，也是依据我们对新闻理论学习的目的而拟定的。

1. 追寻理论思路

我们前面已经谈到，我们对于新闻理论的学习，最重要的一个方面的目标就是训练理论思维。那么，根据这样的目标，我们在学习方法上就不能像通常的对于其他门类的知识那样，一味地去死记硬背其中的概念或生吞活剥其中的观点。当然，既然学习的是新闻理论，那么对于构成新闻理论的基本概念、基本观点也就必须充分熟悉和掌握，但是，这种熟悉和掌握的过程，一定要开动脑筋，建立在透彻理解的基础上。作为任何一种理论的基本细胞和组成部分，概念也好，观点也好，定律也好，其语言的表述总是高度简练的。我们的学习也就绝不能停留在字面的记忆上。所谓开动脑筋，透彻理解，就是要使自己的学习活动能够透过那些概念和观点的语言表面，进入其深层的实际的内涵。只有在内心中充分理解了的东西，才能是真正掌握到家了。而这种真正进入内涵理解的过程，就是非常重要的理论思维的过程。

这还是理论思维的第一个层面。当我们对新闻理论中的基本概念和基本观点有了十分透彻的理解之后，按照训练理论思维的要求，紧接着还应该进一步思考，这些基本概念、基本观点以及基本定律又是如何得出来的？当然我们的新闻理论教科书中是要对此加以分析和论述的，那么，我们的学习就要注意紧紧抓住这样的分析过程，完全进入其理论思路，最终理解其是如何从大量的新闻现象和实际材料中抽象提炼具体概念，又如何通过推理和论证得出观点，以及最后又是怎样一步步建立起新闻理论的整个体系？这也就是理论思维的第二个层面，也是更为重要的一个层面。这样的系统深入的学习方法，就不仅可以使得我们的学习效果更快，对理论本身接受起来容易得多也深刻得多，而且又可以十分有效地帮助我们迅速养成一种良好的理论思维的习惯和能力。

2. 进入实际感受

对于理论方面的学习来说，强调理论联系实际，似乎已经是人人皆知的常识。我们对于新闻理论的学习，当然也不能仅仅停留在书本上。但是，我们要求的理论联系实际，又不可能让我们的学生马上就去参加新闻工作，直接投入新闻实践。我们只能先从书本上一步步地学起。那么，理论联系实际是否就不能适用于大学生的理论学习了呢？

其实，任何理论学习都必须联系实际，但是，理论联系实际的意义，又并不是简单的一边上课学习一边进行很专业地实践或者叫边学边干的意思。单就新闻学习的理论联系实际的方面来看，这个“实际”的概念既包括新闻实践，也包括在他人实践以及客观现实中的新闻现象、新闻实在和新闻事实等。我们虽然还不可能马上去参加很具体的新闻工作的实践，但是，在这个大众传播的时代，我们却每日每时不在与新闻发生着千丝万缕的关系。我们不但每天都要接触和进入经过媒体传播的新闻，而且我们身边的实际生活中也都时时在发生着新闻。于是，新闻理论学习联系实际，就有了非常广阔的“实际”天地可以“联系”。比如我们对于新闻作品的阅读，没有学习新闻理论之前我们也许只是被动地或感性地去进行阅读。而学习了新闻理论之后，我们就应该有意识地运用新闻理论去分析我们所阅读到的新闻，主动地按照新闻的有关规律去评判新闻报道的是非优劣。而且，我们既然选择了新闻这一专业，既然将来就要从事新闻工作，甚至已经开始进入了新闻专业的学习，我们就更应该在学习过程中多多地去接触新闻方面的现象和过程，包括多多地阅读新闻报刊。并且在每一次的阅读当中都要积极地把学到的新闻理论加以运用和检验。一方面加深对理论问题的理解，一方面也从中取得未来实践方面的可取的经验。

3. 多读多思

在前一节中我们还强调过，对于新闻理论的学习又不能局限于新闻理论这单一的专业理论范围内。一个人的理论素养以及整个文化素质的提高，需要广泛开拓理论视野。不同学科的理论之间有许多相互交叉或相辅相成的内容，尤其是在一个知识爆炸、学科渗透的时代，理论视野的狭窄，不可能在残酷的竞争中达到一个运筹帷幄、应对自如的境界，从事新闻工作尤其有着更高的要求。所以，对于新闻理论的学习，我们还提倡走出新闻理论。我们要把新闻理论的学习，看作是为我们进入更广阔的理论天地打开的一扇门，而不只是让我们钻进一个空间有限的四面封闭的“洞”。所以，在新闻理论的学习过程中以及在以后的学习和实践中，我们都应该不断地涉猎专业以外的各种社会科学理论，这就是多读。读得多了，也不能仅仅做“两脚书橱”，还要勤于思考。包括对于新闻理论本身的学习，都要善于举一反三或追根问底。这就是多思。这是学好新闻理论之本，也是将来能够成为新闻界栋梁的最起码的前提。

总而言之，要真正学好新闻理论，只靠一本教材显然是很不够的。尤其是近十几年来，新闻理论已经出现了一个百家争鸣的局面。广泛接触和了解各家不同的观点，对于我们独立思考新闻理论问题是十分必要的。所以，在学习新闻理论的过程中，一定要有更加广泛的阅读，以不断开拓理论视野。

基本概念与问题思考

1. 什么是新闻学？其学科分支和理论构成有哪些？
2. 理解“新闻理论”、“新闻史”、“新闻业务”。
3. 谈谈西方新闻学的发展。
4. 简述我国新闻学的发展。
5. 如何理解新闻学的“学从西方来”？
6. 如何理解新闻学与传播学的关系？
7. 梁启超的新闻思想。
8. 孙中山的新闻主张有哪些？
9. 学习新闻理论的意义是什么？
10. 如何理解“强化理论思维”？

本 体 论

第一章　新闻的本质及其特征

对于任何一门学问和理论研究来说，研究的对象确定之后，首先要明确和解决的就是两个问题，第一，这个对象是存在的；第二，这个对象是什么。

——黑格尔

按照这样的理论研究规则，我们在第一章中就要首先明确，新闻理论所要研究的“新闻”，这一对象是否存在。然后，我们要进一步从理论上解决，“新闻”——到底是什么。我们将从几个层次来阐述以上的问题。首先关于对象是否存在，我们需要对“新闻”从广义和狭义两个层面做一些严格的界定，从而区分出进入理论研究的“新闻”的对象。对于新闻是什么的问题，我们将从最基本的新闻的定义说起，然后重点从理论上对于新闻的本质、新闻的特征加以深入阐发。

第一节　“新闻”概念考辩

黑格尔曾说过：“在知觉里，我们具有一个多样性的具体的内容，对于它的种种规定，我们必须一层一层地加以分析，犹如剥葱一般。”①“新闻”——作为一个极为常见的概念，可以说人人都不陌生。但是，新闻一词的具体含义究竟是什么？新闻所指的是哪些对象？新闻理论所要研究的新闻又是什么？新闻的本质应该如何理解？现代意义上的新闻又具有哪些特征？就让我们来“如剥葱一般”一层一层地加以分析。

一、新闻概念溯源

1. 古代“新闻”用语考

在我国，“新闻”一词在书面上的出现，大约要推到唐代。有专家考证，“新闻”一词最早见于《新唐书·隐逸》一篇，其中记载，唐初的一位文人孙处玄，曾说过这样一句话：“恨天下无书以广新闻。”这是新闻学家们从浩如烟海的古代典籍中所发现的最早用到“新闻”一词之处。从原文来看，那个孙处玄所说的“新闻”，与我们今天使用的“新闻”的含义有较大的不同。新闻专家们大多认为，孙处玄所说的“新

---

① 黑格尔．小逻辑[M].北京：商务印书馆，1997：113.

闻”，不过是指记载当时社会发生的事件和传闻的文章而已。

《全唐诗》中也出现过“新闻”一词，如唐人李咸用在他的两首诗中都用过“新闻”一词，其中在《春日喜逢乡人刘松》中有句：“旧业久抛耕钓侣，新闻多说战争功。”而在《冬夕喜友生至》中又有：“天涯行欲遍，此夜故人情。乡国别来久，干戈还未平。灯残偏有焰，雪甚却无声。多少新闻见，应须语到明。”①显然，这里的“新闻”，主要指的是战乱期间，人们口头谈论的消息和传闻，也就是广义上的原始状态的新闻。

在我国的古代典籍中，还有一些“新闻”的含义，指的是传说故事、宫廷秘闻等，之所以称其为“新闻”，主要是突出其“新奇”之意。如唐朝尉迟枢《南楚新闻》中的“新闻”，其中的内容全属尉迟枢所收集到的传说和故事之类，而且多是以志怪形式出现的②，这时的“新”即等于“奇”。再如宋朝赵升的《朝野类要》中也用过“新闻”一说：“其有所谓内探、省探、衙探者，皆衷私小报率有泄露之禁，故隐而号之曰新闻。”其实，此类“号而隐之”的“新闻”，实际上也大多是宫廷以及官府内部的传闻。

到了明清时代，在一般人们的口语中，尤其是那些读书人的口头上，已经时常用到“新闻”一词。如《红楼梦》里的人物对话，就多处有“新闻”一说。而这其中的“新闻”一语，更主要的，也只是人们口中流传的新鲜事儿或希奇事儿的意思。

2. 西语“新闻”概念之源

在西方，“新闻”一词也是从口语演变而来。据英国《牛津词典》记载，苏格兰詹姆士第一于1423年最早使用“新闻”一词：“我把可喜的新闻带给你。”德文中的新闻(Zeitung)一词，是由德国北部的俗语“Tidender”(报道)演变过来的，而“Tidender”又源出于“Tiden”(时间)。当时所谓新闻，是指有时间性的趣闻轶事。1321年，德国莱茵一带流行“Zitunge”，到15世纪后逐步演变成“Zeitung”，意思是“在时间上绝对新颖的事物”。③

可见，“新闻”这一概念，无论在中国也好，在西方也好，都有着一个长期的演变过程。而且，最早所使用的“新闻”一词，全都与现今专业意义上的“新闻”有很大区别。

二、新闻事业界定

现代专业意义上的“新闻”，是人类有了自觉的新闻活动以后，尤其是随着社会化的新闻事业的发展和成熟，才真正形成和确立起来的。这就要从“新闻现象”、

① 《全唐诗》[卷644——645]，(李咸用诗集)，见中华诗词网：http://www.zhsc.net/Article/shfz/qtwd/200504/20050424091013.html。

② 《南楚新闻》原书已失传，但宋朝专辑历代奇闻异事的《太平广记》中有《南楚新闻》中的故事辑录。陆游的《老学庵笔记》也有关于此书内容的片断记载。

③ 何光先. 现代新闻学[M].昆明：云南教育出版社. 1988：232-233.

“新闻活动”和“新闻事业”这三者内涵的相互关联上循序渐进地说起。

首先来看“新闻现象”。新闻现象是人类社会以及自然界中时时发生的普遍现象。自然界也好，人类社会也好，日益加速的种种运动、变化和发展，构成了人类自身不断从中获取新的信息、新的知识、新的经验以及新的生存方式的丰富的物质基础和信息源。就在这样的发展变化当中，新的事物、新的情况、新的社会形势、新的发明创造等等，就会不断地涌现。而这些“新”字号的东西又有很多都与人的生存息息相关。这些大自然中的以及人类社会中的由于不断运动和变化而出现的新情况、新信息，可以统称为“新闻现象”。

从理论上来说，所谓新闻现象，就是指层出不穷的、不断运动着的客观事物中，能够构成新闻事实的种种现象。它是自然界或人类社会新近运动的状态给人类带来的一种相应的信息。而正是由于有了新闻现象，进一步也就有了人类的“新闻活动”。

新闻活动，是随着人类社会的发展而出现和产生的，是在人类认识到了世界上的新闻现象对于自己的社会生活以及生产活动的价值之后，才有了越来越广泛的自觉地或自为地新闻活动。

所谓新闻活动，就是人们主动自觉地利用新闻现象，而为自己的生活、生产服务的一种有意识有目的的活动。它是人们通过一定的媒介和渠道，对新近发生的各类事实进行信息交流和情况沟通的一种社会性的传播活动。但是，在人类社会的早期，新闻传播还处在一种笼统的传播活动当中。也就是说，新闻传播活动有很长的一个历史阶段并未从一般的信息传播中独立和分化出来。这样的历史过程中的新闻活动也还没有成为真正的专业的和职业性的新闻传播活动。所以，这时的新闻活动虽然已经具备了新闻活动的特质，也还不能算是现代意义上的“新闻活动”。也就是和我们现在所讲的“新闻”仍然有很大的区别。而我们的现代新闻理论以及新闻学所要研究的“新闻”，是社会化的“新闻事业”诞生以后的职业化的“新闻”。这就需要进一步从理论上说明什么是“新闻事业”了。

新闻传播活动自古有之，而新闻事业则是新闻活动被职业化以及规模化之后的事情。新闻事业是职业新闻人在有组织的专业机构中，运用特定媒介，以更大的规模、更高的效率所开展的社会化传播活动，并由于传播手段和传播方式的不断进步，新闻事业也在不断向更高水平和更高阶段发展。一般认为，新闻事业的正式产生有以下三大标志：

第一，有了专业化的传播机构和专门化的从业人员，并以特定的媒介和特有的方式采集和传播新闻，成为一种固定的职业。新闻事业产生以前的自然状态的新闻传播活动，其新闻传播的主体，往往是同官府一体或由官邸派生出来的团体和个人。如我国唐宋明清的“邸报”，生产经营者是地方政府派驻京城的办事机构，而不是专业从事出版报纸的报社或报馆；新闻的采集和加工者也不是专门经营这一行业的编辑记者，而主要是在邸府任职的官吏。还有宋朝出现的一些民间小报，采集信息者为“内探”(刺探有关皇帝的消息的人)、“省探”(刺探中央级机关内情的人)、“衙探”(刺探省以下政府机关情况的人),这些人也非专业新闻人员,而是小报请托的下级官吏。这样的经营者和从业者首先在职业身份上就不是专门的新闻人,而且在那时也并没有职业的和专业的新闻人。所以,作为生产主体不具有专业新闻人身份,自然也就不可能形成为专门的新闻事业。到了17世纪,西方一些国家中专业的报馆和经理人出现了,企业主还雇佣专门人员,分别担任采访、编辑、排版、印刷、发行等工作。这样,新闻传播就在社会分工中就发展成为一种新兴行业,近代意义上的新闻事业即告诞生。再后来,又产生了专门从事新闻学术研究和新闻教育的专业工作者,使新闻事业更加蓬勃发展并有了更加牢固的文化根基。

第二,形成了大范围的具有新闻需求的受众群,也就是有了广阔的新闻市场。近代的新闻传播活动之所以能够被称之为新闻事业的诞生期,还由于在传播的空间范围上大不同于古代的尤其是原始意义上的“新闻”活动。首先从信息传播的覆盖范围来看,原始状态的“新闻”活动主要的点对点的人际传播,而古代的手抄时代的“新闻”,其覆盖范围则又非常有限;那么,到了近代,真正意义上的新闻事业,其传播范围则是规模很大。其次从传播对象来看,古代的手抄类新闻主要是在统治者内部上级对下级的指示传达,而近代的新闻事业则进入了一般的市民阶层。尤其是到了现代社会,市场经济打破了自然经济的封闭性生活,远近各方的生产者和消费者交往频繁,这就刺激了人们的信息需求。同时,现代社会中人们的生活也追求丰富多彩,了解外面的世界也成了每个人必不可少的日常文化生活;这多种多样的对于各种信息的及时消费的需求,就造成了数量巨大的信息消费者即受众群,为新闻事业的产生和发展提供了广泛的市场空间。新闻消费市场是新闻事业产生的更为重要的基础。

第三,非手工操作的传播工具和生产方式。在古代,那些小范围低效率的“新闻”传播,其传播的工具,都是人工操作的。因而,其生产方式极其落后,传播效率极其低下。手抄新闻之所以被称为新闻事业的雏形而不是成熟形态的新闻事业,也完全因为它只是手工劳动的产品,不具有规模化的生产能力和传播效率。到了活字铅印周刊和日报问世,传播工具才告别以自然力为能源的手工劳动,改为靠非自然力来驱动的机器生产,这才使新闻传播形成规模生产,大量印刷和发行新闻纸,满足市场和受众的更加旺盛的需求。①

以上就是我们对于“新闻”这一研究对象的理论界定。我们的新闻理论所研究的“新闻”,就是以新闻事业产生以后的新闻活动和新闻现象为主要的研究对象和范围的。

---

① 新闻事业的“三大标志”说,主要参考了项德生、郑保卫“四大标志”的观点,并做了较大的改动。见项德生,郑保卫.新闻学概论[M].武汉:武汉大学出版社,2000:90-91.

第二节 新闻定义辨析

有了以上对于研究对象的界定，我们明确了新闻理论所研究的“新闻”，是以新闻事业产生以后的新闻活动和新闻现象为研究对象和范围的。那么，紧接着就需要回答——“新闻”是什么了。

回答对象是什么，按照一般理论研究的常规，就是要给对象下定义。就我们的新闻理论的研究而言，客观地说，自从有了新闻理论的第一部专门著作以来，新闻学家们就在不断地给新闻下定义。他们也一直力图给新闻找到一个非常科学的和绝对精确的定义。可是，一个十分有意思的事实和现象是，新闻学界至今尚未得出一个完全为大家所公认，或者完全被理论家们所一致认同的新闻的定义。所以，本节将从对以往的众多的新闻定义的综合评述入手，尽量尝试给新闻做出一个更合理的定义和解释。

一、传统新闻定义通观

据一些专家的大致的考证或估计，传统新闻学中关于新闻的定义，已经有数百种之多。而按照童兵教授的说法：“国人有好事者，曾经收集到 300 多个新闻定义，国外更有人扬言，新闻定义在千种之上。”①那么，为了更为整体地了解新闻定义问题的全貌，也为了有助于提高广大同学独立思考、鉴别和认识理论问题的能力，我们搜集了国内外的一些最有代表性的新闻的定义，分别加以介绍。

1. 我国学者关于新闻的一些定义

我国学者给新闻下定义，是从 1919 年，徐宝璜编著的我国的第一部《新闻学》就已经开始了的。至今近百年中新闻学界给新闻下了无数种定义，都是力图用最精确简练的语言把新闻的真实内涵概括清楚。在此，我们选择几种影响较大的，供大家参考和比较。

徐宝璜：新闻者，乃多数阅者所注意之最近之事实也（《新闻学》，1919 年版第 7 页）。

李大钊：新闻是现在新的、活的社会状况的写真（《在北大记者同志会上的演说词》，1922 年 2 月 12 日，《新闻战线》，1980 年第二期）。

陆定一：新闻的定义，就是新近发生的事实的报道（《我们对于新闻学的基本观点》，1943 年 9 月 1 日，《中国共产党新闻工作文件汇编》下册，

① 童兵. 理论新闻传播学导论[M].北京：中国人民大学出版社，2000：24.

第 188 页)。

范长江:新闻,广大群众欲知、应知而未知的重要的事实(《记者工作随想》,1961 年,《新闻战线》1979 年第 1 期)。

王中:新闻是新近变动的事实传布(《论新闻》,1981 年 5 月,《新闻大学》第 1 期)。

宁树藩:新闻是向公众传播新近事实的讯息(《论新闻的特性》,1984 年 12 月,《新闻大学》第 8 期)。

李良荣:新闻定义 1:新闻是新近发生的事实的报道。新闻定义 2:新闻是新近事实变动的信息(《新闻学概论》,复旦大学出版社,2001.3,第 24 页)。

自 20 世纪 80 年代中期以后,我国新闻学界虽然也给新闻下过众多的定义,但是,总体上说,大多也是围绕着以上的一些说法在表述上稍加修正、补充和变化,基本思路和逻辑模式没有根本改变。

2. 西方从不同立场和角度对新闻的定义和说法

新闻的定义不仅在我国难于统一,就是当今整个世界的新闻学界也仍然莫衷一是。在新闻研究界,曾经有人把西方关于新闻的解释和定义分为两大派:一派被称为理论派,另一派则为实用派。

实际上,"实用派"并非一个学术性的派别,他们也无意在理论上建设一个什么新闻学派,"实用派"的名称不过是一些学者为了表达的方便而给他们加上的一个称谓。而所谓"实用派",顾名思义也就是说他们对新闻问题的阐述,全都从实际应用的角度,揭示它的实用价值和操作方法。实用派中的人物全都是新闻业界的编辑、记者、主编和发行人。他们对什么是新闻的回答,当然也不在于科学地表述新闻的根本性质是什么,而是强调在具体实践中新闻报道应该去"报道"些什么。美国是实用派新闻学的大本营,这方面他们的说法也最有代表性。

19 世纪 30 年代,《纽约太阳报》采访部主任约翰·B·博加特曾经有过一个"经典性"的说法,叫做"狗咬人不是新闻,人咬狗才是新闻"。这当然不是在给新闻下一个很规范化的定义。而是他在给属下的记者讲新闻报道应该抓些什么事件时,打了这么一个比较形象而又有点极而言之的比方,其意思显然是说,在以赢利为目的的新闻报道中,就要把那些新奇变态的东西作为最有吸引力的报道对象。这样的提法实际上是在当时美国自由主义报业竞争激烈,大家都去以新奇、变态、黄色、庸俗的内容去争夺市场的大背景下提出来的。而这样的说法无论其在表述上有多么偏激和不完善,却至今仍在业界有着很广泛的影响。到了 20 世纪 30 年代初期,美国《纽约先驱论坛报》采编部主任斯坦利·瓦利克尔更是直截了当地提出:"什么是新闻呢?新闻就是女人、金钱和犯罪。"——即所谓三个"W":woman(女人)、wampum(金钱)、wrongdoing(坏事)。

实用派们的主张归根结底就是强调新闻的“新奇”，甚至报道的内容越离奇越好。他们的逻辑实际上就是“新闻 ＝ 新奇”。所以，美国的康萨斯州阿契生市的《环球报》主编爱德华就说：“凡是让女人喊一声‘哎哟我的天呀’的东西，就是新闻。”而《纽约太阳报》主编查理. 德纳则说“新闻是一种令人惊叫的事情。”

毫无疑问，以上这些说法都是不能作为新闻的定义来看的。而这些说法的提出者们也并非真的是要为新闻去下一个科学的定义，他们只不过是站在经营者的立场，用一些未免夸张和偏激的言词，高度概括地表明什么样的新闻才是最好赚钱的新闻，也就是最容易卖得出去的新闻。所以这些说法在西方新闻界一直流行甚广。而归根结底，这些说法的出发点主要就是强调新闻迎合人性中低俗的一面，以便有更多的人愿意掏钱去买。

所谓“理论派”，当然是真正意义上的专业的新闻理论研究者，他们大多是学者、教授，而他们对于新闻是什么的回答，在态度和方法上也显然更加严肃、严谨和科学得多。当然他们的有些观点，许多都与我国的说法相当接近，尤其是美国新闻学者卡斯柏. 约斯特在《新闻学原理》中给新闻所下的定义——“新闻是已经发生或正在发生的事实的报道。”这与我国陆定一的定义如出一辙。

有人归纳并择取了国外新闻学界对新闻定义的以下几种比较有代表性的说法：

> “新闻是经过记者选择以后及时的事实报道。”（美国新闻学者乔治·穆脱）。
>
> “新闻就是把最新的现实的现象在最短的时间距离内，连续介绍给最广泛的公众。”（德国柏林大学新闻学教授比德特）。
>
> “新闻是最近发生的，能引人兴味的事实。”（美国威斯康辛新闻学院教授布莱尔）。
>
> “新闻是关于突破事物正常轨道或出乎意料的事件的情况。”（美国哥伦比亚大学教授麦尔文. 曼切尔）。
>
> “新闻是根据自己的使命对具有现实性的事实的报道和批判，是用最短时距的有规律的连续出现来进行广泛传播的经验范畴的东西。”（日本新闻研究所所长小野秀雄）。
>
> “新闻是把最新的事实，精确而迅速地印刷成了使多数人感到兴趣而有益的（消息），就是 news。”（日本新闻学者后藤武男）。①

应该说，以上这些新闻的定义，在对新闻性质的概括和表述上，有很多是大同小异的。我们进行了这样不厌其烦地列举，也只是想能够使得学习者获得更详尽

① 王益民. 系统理论新闻学[M].武汉：华中理工大学出版社，1999：35-43.

一些的资料。避免完全主观化地给出一个简单的定义，反而会限制学习者独立思考和选择的余地。

二、对新闻定义的分析与简要评述

通观以往新闻学的定义，看上去五花八门，其说不一。其实如果认真比照，它们之间都有很强的相似性。如果采用归类法来看，其根本上的同一性和同类性更是一目了然。邵培仁等学者曾对国内外多种关于新闻的定义做了详细的归类，他将其大致分为五大类型："①事实说。如'新闻，就是广大群众欲知、应知而未知的事实。'（范长江）'新闻就是新近发生的、能引人兴味的事实。'（[美] 布莱尔）②报道说。如'新闻是已经发生和正在发生的事情的报道。'（[美] 约斯特）'新闻的定义，就是新近发生的事实的报道。'（陆定一）③传布说。如'新闻是新近变动的事实的传布。'（王中）④手段说。如'新闻是报道或评述最新的重要事实以影响舆论的特殊手段。'⑤信息说。如'新闻是经报道（或传播）的新近事实的信息。'（宁树藩）"[①]其实，如果再对这五大派的观点进行集中对照，其在基本思路上也差不多是如出一辙，说新闻是"事实"也好，是"报道"也好，是"手段"也好，是"信息"也好，都是对对象的描述性说法。或者说，无论中外学者，大家说来说去都主要是着眼于新闻的具体的职能和作用等意义层面上进行概括和提炼。所以，归根结底，都好像只在于说明新闻是干什么的，而并没说明新闻从最本质上说到底"是"什么。而且，其大多数的命名也都是面对个别的新闻作品或者新闻具体事件来解释什么是新闻，至于从宏观上看以及总体上的新闻构成到底"是"什么，也基本上都没有从更为抽象的意义层面进入和涉及。

客观地说，在整个 20 世纪众多的新闻定义中，陆定一所给出的那个新闻的定义，可以说是最有代表性的，也是此后我国众多新闻学专家在为新闻下定义时所无法绕开的一个具有最大影响力的新闻定义。而在 21 世纪的今天，当我们要更加深入地研究和审视 20 世纪对于新闻的各路定义的时候，我们又不能不把陆定一的新闻定义作为一个最基本的考察对象。因为这样的一个定义不仅在整个 20 世纪起到了承前启后的作用，而且实际上也灌注和体现了 20 世纪新闻定义的精髓。我们这样评价陆定一的新闻定义，其理由有四。

第一，陆氏定义浓缩了我国早期新闻定义的精华，代表了一个世纪关于新闻定义的高峰，这一点已经有充分的理由为学界所共识，而其中一个很重要的依据就是

---

① 邵培仁，叶亚东. 新闻传播学[M].南京：江苏人民出版社，1995：2-3.

当年陆定一给童兵先生的一封回信。① 这封信中的几句简短的话表明了陆氏定义的理论来源：其一是戈公振的观点，其二是当时延安的新闻学工作者们的争论，其三则不能排除当时苏联等国家的新闻学思想的影响。陆氏定义高度集中了这些理论资源，言简意赅地创造了这一独特的新闻定义。

第二，陆氏定义把握到了新闻这一对象的最本质之处，陆定一在阐述这一定义时强调了"新闻的本源是事实"、"事实是第一性的，新闻是第二性的，事实在先，新闻(报道)在后"这一唯物主义的观点，这是具有重要意义的。

第三，陆氏定义提出了后来无数新闻定义所不断沿用或延伸或改造的中心词和关键词，具备了新闻定义的最基本的几大要素，如"新近、事实、报道"等。此后的新闻定义，无论如何变化表达方式，也大多只是在这几个关键词的基础上加以改造而已。

第四，陆氏定义规定了新闻定义的基本思路和表达语式，按照人们不同的归纳和统计，在几百个新闻定义中，又可以分为三大类、四大类的。但是，无论怎么分类，其基本的思维方式都是未能完全脱离开陆氏定义的基本模式的。由此看来，陆氏定义在整个 20 世纪的新闻定义中实在是最具有典型意义和普适性的。

因此，我们对传统新闻定义的理解，基本上可以陆定一的定义为准："新闻的定义，就是新近发生的事实的报道。"

第三节　新闻本质的理论阐述

一、本质阐述的必要性

对于任何理论来说，首先给研究对象下一个精确的定义，当然是有利于人们更加便捷地了解和认识这一对象的。但是，对于对象的更根本的以及更深层次的认识，还有待于从理论上讲清楚，对象到底"是什么"。这就是对于事物本质的阐释。而这也正是理论所应当重点解决的问题。所以，我们的新闻理论还是需要进一步把新闻"是什么"的问题说清楚。

其实，对于当今世界的任何一个学科的科学研究来说，定义法已经全都不能完全令人满意了。最能说明问题的是科学界对"科学是什么?"的传统定义的怀疑。关于"科学是什么"，代表 19 世纪以来的传统观点是把它定义为系统化的实证知识。但是，在现代科学学中，这个定义也受到了严重挑战。著名英国科学家、科学

① 该信主要内容为："当时我的参考材料很可怜，只有一本戈公振的新闻学。但当时有大批青年从苏区外面来，他们在辩论新闻学，各执一词，总起来说，就是所谓'性质论'。这种唯心主义的东西，花样甚多。但原理很简单。情况就是如此。"童兵，林涵. 20 世纪中国新闻学与传播学·理论新闻学卷[M].上海：复旦大学出版社，2001：276.

学创始人之一的贝尔纳认为，科学“不能用定义来诠释”，而“必须用广泛的阐明性的叙述来作为唯一的表达方法。”①我认为，贝尔纳在这里不仅确定了对于“科学”作为一个学科本身的新的阐述的原则，而且也道出了所有学科的科学研究的根本方法。

那么，对新闻本质问题进行一种新的认识和探讨。显然也应该采用这样的方法。

二、新闻本质阐释的尝试

新闻就其最基本的性质来说首先是人类社会的一种传播活动和行为。而传播活动又是人类与生俱来的本能性活动，尤其是从人类组成了人类社会之后，传播活动又是人类社会赖于构成的最基本的要素。传播学中经常说到的一句话就是，没有传播就没有人类，更不可能有人类社会的构成。而新闻的产生，归根结底就是人类传播本能行为的一种扩展和延伸。是随着人类生产水平的发展和人类精神需求以及欲望的扩大，而逐渐发展起来的一种专门的职业和事业。是一种更加具有大众性的文化传播方式和信息传播手段。

从现有的人类学研究和传播学研究以及心理学、历史学研究等领域的大量资料来看，传播行为毫无疑问是人类与生俱来的本能性行为。威尔伯.施拉姆等人甚至认为：“说传播学（确切地说应该是传播行为而不是传播学——笔者）是从原始单细胞生物开始的，也许太夸张了，但是，这些生物也能处理某种信息，这就是传播学的实质。这些生物至少是能够从什么东西是有营养和什么东西是没有营养的这个角度观测它们的环境。但是，它们的讯息是化学的。没有任何人记录下从化学信息到动物能够用它们的感觉器官接受信息并用它们的身体发出信号这一传播学的大跃进历史。然而，如同奥林匹克运动会跳高比赛中最出色的一跃一样的那个大跃进——从我们实验室培养基碟中看到的处理信息的细菌到能够用感觉器官、中枢神经系统和肌肉功能互相传播信息的动物——却需要在跑道上经历亿万年的时间；它要克服自身的巨大障碍、处理从环境得到的信息以及同其它个体建立关系。在越过了这个高度之后动物也还只是刚踏上我们认为是现代传播学的门槛。”②由此可见，传播是所有动物包括最原始的单细胞动物的最自然的本能。施拉姆甚至进一步说道：“我们之中谁也不会怀疑狗能传播。”所以人类传播的发生也就首先基于这种动物性本能。当然，正是由于人类从还没有进化为人类之时就有了传播的欲望和本能，那么，在非常遥远的人类历史发展进程之后，新闻传播的出现，也自然是由于人类有着强烈的传播的欲望。人类需要把自己已知的事件和

---

① 刘智.新闻文化与符号[M].北京：科学出版社.1999：290.

② 威尔伯·施拉姆，威廉·波特.传播学概论[M].北京：新华出版社，1984：6.

信息传播给他人或者全社会。这是新闻产生的根本动力源。

其次，是人类有接受信息的欲望和要求，尤其是接受最新信息的欲望和要求。从理论上讲，人类从一来到这个世界，为了自己的生存和发展，就需要了解周围的环境，需要了解世界的变化，尤其需要了解为自己提供生存基本条件的食物链的状况。哪里有可食的植物和猎物，哪里可以躲避自然界的危险，如何能够得到配偶的接受等等。而人们要达到对这些情况的了解，就必须不断接受外界的信息，接受同类传播的信息。人类一旦没有了足够的信源为自己源源不断地提供信息，或者人类完全失去了信息的交流，那就必然会导致人类的自行消亡。在远古的时候，信息甚至直接就是现实的生存与生命。远古人用图画表示猎物的方位和去向，后来者只有获得了这样的信息，才能很容易地得到维持生命的物质条件。因而人们对信息的需求是生死攸关的。同时，从另一个层面来说，人类对信息的接受有许多时候还都是非功利的和非实用的。现代的人们每天看电视、听广播、读报纸，关心国家大事，这种求知欲有很多时候只是为了求“知道”而已，并不是为“知道”了之后再对其加以改变、参与，以及从中得利等等(当然也并不完全排除其中的功利意义)。这种求“知”许多时候只是求得一种纯粹心理的满足。而这种非功利和非实用的对信息接受的欲望和本能，也同样是人类与生俱来的。美国新闻学者约斯特说：“人一生下来就有一个传播消息的说话的器官和一个接受消息的听觉器官。这两个不仅是生着而已，而且永远在想发挥他们自己的作用。人类同时又被赋予无尽的好奇心，它创造了一种对事物不断的兴趣，关于别人的举动行为，对于自然所发生的程序和事情，对于不论远近每一个人物的情况，都有无限的兴趣。”①曾任日本新闻协会会长的小野秀雄认为：“形成报刊的最根本的条件是好奇本能和群居本能。”②以上所谈到的关于人类对信息接受的自然欲望和要求，显然也是人类社会中的新闻产生与发展的重要动因。

再次，是人类的求新求奇心理，决定了人们对一些最新信息的渴求。人类生活在这个世界上，从一开始就对信息有着很强的依赖性。而在与现实生存和自然生命密切相关的信息的获得上，越早越快，也就受益越大。因而，这就逐步形成了人们对最新信息的反映敏捷的心理习性。首先是出于对最新信息的实用性需要，使人类对最新信息有着强烈的需求，有着强烈的心理上的渴望，而人类的游戏和娱乐的本能，也同样对最新发生的事情有着了解的兴趣。求新求奇心理，也就越来越成为人类心理构成的重要部分。所以，人类社会有了一定的条件之后，为最大限度地满足人们获取最新信息的新闻业，自然就越来越兴旺发达。

再回到新闻这一客观对象自身来讲，新闻作为一种社会化信息，而且作为一种覆盖率极广的大众传播信息，其信息内在的实质又应该怎么理解和阐述呢？我认

---

① 约斯特.新闻学原理[M].中国人民大学新闻系.译.北京：中国人民大学出版社，1960：3.

② 胡钰.新闻传播学导论[M].北京：中国广播电视出版社，1997：4.

为，新闻的信息实质就是新闻人对现实中的最新事件和情况的有选择的抽象转化与编码。现实中的事件与事物本身并不是新闻。比如2001年美国间谍机撞毁中国飞机并侵入中国领空和领土的事件，其整个事件的原本过程和状态本身还不能直接称作新闻。只有经过记者的采访整理，形成语言的客观叙述以及符号化的制作，然后通过技术手段进入媒体的传播，才能够称为新闻。奥斯瓦尔德.施维默尔甚至偏激地认为："没有在媒介中报道的事物，等于社会中根本不存在。"①可见新闻对于客观事物社会化的决定性作用，也可见新闻与原本的事物在性质上是根本不同的。所以，新闻在本质上是人的信息编码与加工的结果。客观事物如果没有经过信息化处理，没有进入传播的过程，是不能被称为新闻的。

基于上述的分析，新闻本质的问题，是否可以做如下的阐述：

新闻从最根本的性质上说是人类社会的一种大众化的传播活动。尤其是人类历史有了工业生产条件以后以及随着科学技术的发展，专业传者为满足人们对于最新信息的需求，按照一定的规律和规则，把现实社会和日常生活中的最近发生的一些有新闻价值的事件和事实，有选择地经过编码和处理，人工地和机器地转化为可流动的信息，并通过一定的载体和媒介，向更广大的社会范围和受众进行传播的文化性活动。新闻的最根本的特征首先在于信息质量的新鲜性和新奇性，并具有传播的社会空间上的广泛性和时间上的快捷性。

第四节　新闻特征的比较分析

本章作为第一章，所要解决的中心议题就是"新闻是什么?"以上我们先从新闻的定义说起，然后对新闻的本质进行了一些理论性的阐述，这是从更深层次上进入新闻的内部，对新闻的内在属性的更进一步的和更本体化的认识。那么，对于一种对象的更为全面地以及立体化地认识，还有一个必要的层面，就是在与相关事物的比较中，找出其完全独有的特征。

新闻的特征，简单地说就是，当我们拿到一张报纸，或者打开电视，能让我们很快就辨别出什么是新闻，也就是能够一眼看出它和广告、影视剧、文学以及其他文体所根本不同的地方。这一般是人们以一种主观的经验即能够加以判断的，而我们的理论则必须从理论的高度来总结和揭示新闻所具有的最为突出的特征。

1. 事实传播的快捷性

新闻的这一个特征实际上又包含着两个层次的意义，其一是，新闻是对于事实的传播；其二则是，新闻是对事实的最快速的传播。

---

① 奥斯瓦尔德.施维默尔.媒介文化的光辉和痛苦[M]//维尔费雷德.布莱多编.媒介与社会.北京：科学出版公司，1990：15.

新闻传播的最基本的也是最首要的一个要求，就是传播者在对新闻现象和具体事件进行报道与传播时，一定要实实在在地向受传者报告事实产生的原因，发生发展的经过以及它所导致的结果。在这整个的过程和每一个环节当中，都必须符合于客观事物的本来面貌，而容不得半点虚假或夸张。因为，真实是新闻的生命，这是毫无疑问的，也可以说，没有真实就没有新闻。新闻必须以事实为根本。这样的观点用一句比较理论化的语言表述就是："新闻传播的信息主体，是一种客观信息。"①

陈述事实，是新闻传播的最根本的特征。任何无中生有、凭空捏造都会给整体的新闻业带来极大的负价值。即使是传播的事实被夸大或者缩小，某些事实层面被有意无意地加以改动，这样的"报道"，也同样违背新闻传播的基本精神。总之，忠实地陈述事实，确保新闻的完全真实，就是维护新闻的生命。新闻无论采用语言或其他方式陈述事实，必须是对事实原貌的纯粹客观再现。

相比较而言，各种社会意识形态也都有自己的"真实性"要求。但是，新闻真实与文学真实以及理论真实(或哲学真实)是完全不同的。先就同样以形象和叙事文体反映社会生活的文学创作来做比较，文学的真实可以说是一种高度典型化和原则化的生活的真实与社会的真实。文学并不要求作品中的主人公与他们的所作所为必须是真有其事，实有其人，文学只要求作家忠实地描绘出社会上的"这类人"和"这类事"，这就是文学理论中的典型化原则。文学只需要读者觉得"不假"、"很像"即可。所以文学艺术作品中往往是公开宣称："本故事纯属虚构"，而新闻却一旦加入了虚构成分，其整个的报道，顷刻失去了新闻价值。再与理论即哲学的真实加以比较，理论的真实，要求理论家们忠实地揭示客观规律，并能够以自然界与人类社会无数现象加以佐证。这种真实，除了属于一种抽象化的真实以外，又要求在更加广大的时空条件和范围内实现，所以，它是一种更为宏观、更为普遍以及更具有世界本质意义的真实性。相对来说，新闻传播的真实性则是非常微观或起码是非常具体的事实真实。它要求记者笔下的或话筒、镜头中展现的每一个人物，以及所记录的每一个事件，反映的每一个时空背景都不能有丝毫的差错。尤其是人、事、地、时，更是要绝对真实。

新闻传播的这种真实性，就是由于它是"陈述事实"的一项事业和职业。这一特征，与文学的"塑造人物"，与哲学的抽象事实，都是遵循着完全不同的真实性原则的。

其次，及时是新闻的第二生命。没有报道的及时性也同样没有新闻。显而易见，如果我们同样遵循了"真实性"原则，对事实进行了真实的陈述，但是，这种陈述却是在事实发生以后的若干年或已经相隔了很长的时间，如同司马迁作《史记》，那么，这样陈述出来的事实再真实，也只能属于历史而不可能算在新闻之列。

---

① 童兵.理论新闻传播学导论[M].北京：中国人民大学出版社，2000：20.

所谓“新闻姓‘新’,不新不成新闻。”而“新”,首先指的就是“新近”之意,就是“刚刚发生(或正在进行)”之意。这是在大致被公认的几条新闻的定义当中就已经特别强调了的。所谓“新闻是新近发生的事实的报道”、“新闻是新近事实变动的信息”以及西方的“新闻是最近发生的,能引人兴味的事实”等,这些表述当中对于“事实”共同的限制语就全都是“新近”。所以,新闻传播的及时性也就注定了新闻对于事实传播的最快速的特征。

及时报道这个特点,是新闻区别于历史的又一个方面。同新闻相比,历史是缺乏新意的,因为历史只是昨日的新闻。同新闻总是报道及时相比,历史又总是最后说话的。新闻是新近发生的事实的迅速报道,历史总得在事件经过一个相当长的阶段之后,才有研究者对之进行完整全面的考察与研究。同存在于故纸堆里的历史比起来,新闻总是时时散发着油墨的清香。

2. 对世界变异的敏感性

以往的大多数新闻理论著作,差不多全都把新闻的“新鲜性”特征放在全部新闻特征之第二的位置。并且认为,“新闻姓‘新’”中的“新”,所指的是“新鲜”①。其实,“新闻姓‘新’”中的“新”,首先包含的是“新近”,当然,我们也并不排除其中的“新鲜”之意。“新近”、“新鲜”、“新意”、“新异”以及“新奇”都是那个姓“新”的“新”字中所共同具有的因素。童兵先生曾经这样阐述道:“报道及时是新闻的运动态,具有新意是新闻的静止态。前者是后者得以实现的操作上的主要保证。出现了新意的事实没能发现,发现了有新意的事实没能抓住,完成了有新意事实的报道没能公开传播,都无法使新闻具有新意,这样的‘新闻’严格说来也难于成为真正的新闻。迟缓是新闻传播的大敌。缺乏新闻敏感,新闻鼻失灵,作风拖沓散漫,机构重叠低效,都无利于及时报道。”②所以,对于世界最新变化与变动的敏感性,就是新闻的更为重要的特征。

童兵先生也从理论上深入揭示了新闻报道敏感性的理论根据。他说:从新闻报道的角度考察,一般事物的运动轨迹是:常规变动即量的运动中,缺少足够的新意,此种时空状态下的事物可称之为“普通事实”;而当量变达到一定量的积累时会出现质的变化,质变出现时的事物往往具有明显的新意,此种时空状态下的事物,称为“新闻事实”。接着该事物又回复到一般量的变动之中,又成为“普通事实”新闻所传播的是具有新意的事实,就是指当事物的变动由“普通事实”变化为“新闻事实”,而尚未回复至“普通事实”这一状态时,传播者及时发现,尽快捕捉,在第一时间里迅速报道这一变化。新闻传播的这种抓事物变动的具有新意的“一瞬间”时空态的特点,人们称之为“报道及时”,也及第一时间内报道。这就是新闻最突出的敏感特征。

① 徐小鸽.新闻传播学原理与研究[M].桂林:广西师范大学出版社,1996:26.

② 童兵.理论新闻传播学导论[M].北京:中国人民大学出版社,2000:23.

客观世界一切事物无不处于不断运动、不断变化、不断地新老交替的发展嬗变之中。事物的运动是绝对的。新事物的不断出现也是绝对的。这也正是新闻报道之树常青的最终根源所在。但是,具体到每一件个别的新闻报道来看,它们又只能是该事物运动到某一时空的以及某一状态的陈述,是该事物发展到最新层面的一个事实的报道。而由于生生不息的世界的运动规律使然,这种状态很快改变,这一新的层面很快由另一新的层面所代替。在这种情况下,原先报道"新状态"、"新层面"的新闻,就开始显得陈旧落后,不再具有新意,也就失去了原本具备的新闻的生命,失去了作为新闻而存在的意义。也就是说,每一件具体的新闻报道,它的生命力是非常短暂的,是易逝的、脆弱的,因而,西方有学者把新闻报道比之为"易碎品"。由于客观事物的这种"新鲜性"特征是非常易逝的和脆弱的,新闻传播者就必须要非常敏感和及时地在其还处于"新状态"和"新面貌"的那个瞬间,迅速准确地把它报道出来,反映出来。否则,当事物本身已经失去了新鲜性的时候,新闻报道也就绝无新意,或者报道也就不再具有新闻价值,而只能传递给历史了。

新闻具有"新鲜性"这一重要特征,使其同历史有了根本区别。而新闻的这样的特征归根结底是由于新闻对于世界变动的"敏感性"。历史也是对事实的忠实记录,历史不仅追求总体的真实,而且要求微观的即细节的真实。如果抛开时空观念,新闻同历史有根本的相通之处。在某种意义上,新闻传播者其实也是在书写历史。只不过,历史不需要对世界反应那么敏感,而新闻则必须在事实最新鲜的时段就迅速作出反应。

3. 话语表达的直观性

人们的潜意识里存在着对异地异事的好奇和欲知。在大众传媒发达的今天,新闻的传播实现了这一可能。新闻可以通过直接而生动的语言、直观而真实的场面、动感和逼真的声音把人们带入新闻的现场,体会原本事实尤其是世界重大变动的酣畅淋漓或是惊心动魄的感觉。新闻报道的直观性与直接性,让我们足不出户就能感受世界变幻,体验多彩人生。

我们知道,新闻不是对生活的艺术化再现,而是客观的再现。记者要尽可能地逼近事件的真相,就必须要全方位地调动各种感官,通过对客观事实的敏锐感知,以及对这些感知的文本化处理,才能给受众带来形象的和真切的同等体验,才能达到生动还原新闻事实的目的,而这一过程造就了新闻报道的直观性与直接性。可以说,在所有媒介的话语表达上,只有新闻是最直观和最直接的。

首先,就感官层面而言,报纸媒体上新闻图片的运用以及文字表达上对追求现场感的自觉带给我们视觉的直观性。尤其是新闻摄影在报纸上得以最充分的发挥,使某些场景或人物同样能给人留下深刻印象,形成强烈的视觉冲击。典型的细节和生动的描写在报道中一出现,往往能产生强大的包容性和丰富性,从而增强新闻的形象直感度和立体生动性。而文字表达的强弱就在于记者能不能把自己的眼、耳、口、鼻、舌、身等人体的各个感官充分调动起来,调动得越积极充分,感受力就越强，对现场客观事实的“直观”还原也就越到位、越准确。

而广播新闻中音乐音响的组合和现场声的同步记录，直接对听觉系统产生刺激，进而激发受众的神经中枢系统，调动其联想和想象力，使生动的新闻图景在脑海中浮现。虽然广播新闻比不上电视新闻形象，只闻其声不见其形的传播特征造成了视觉直观性的减弱，但是同时，广播新闻在表达上更加通俗，节奏上更加明快，更便于听众理解。而且单位时间的信息量大，配以音乐音响的综合运用以及主持人的播报，也非常生动悦耳，同样使听众能够如临其境。

作为“集大成者”的电视新闻，其声形并茂的特色与现场报道方式，给人带来最直观、最形象的感官体验。电视图像中既包含了视觉信息的传递，又有记者的同步解说，还配以字幕提示甚至是动画演示，全方位调动了受众的视听感官，非常具有冲击力和震撼效果，较之报纸新闻和广播新闻，真正使新闻的形态由平面化达到立体化，其优越性是不言而喻的。

其次，从心理的层面而言，话语表达的直观性和直接性，主要体现在对于新闻事件的叙述上非常直白，易于被理解和接受，这同文学作品、电影等有着明显的区别。因为新闻讲究时效和实用，因此在内容表达上也最为直接有力。在这个瞬息万变的现代世界，人们对获取信息的需求越来越强烈，新闻的功能就在于以最短的时间以最直接的方式提供给大众一个信息网和资讯平台。它告诉人们世界上发生过什么，正在发生什么甚至将要发生什么，精心营造出一片盛大的新闻图景让人们徜徉其中，难以适应其突然的缺失。这种直观和直接的表达方式就像为世界树立了一面巨大的镜子，透过这面镜子，我们看到，新闻就是生产生活和大千世界的一个个截面，或者一个个马赛克，具有直观可感的特点，而那些令人们感到兴奋、惊异、激动、惋惜、陌生或者熟悉的场景，使受众的神经中枢始终保持新鲜的接受兴趣，也可以说，正是因为受众在心理上有一种天生的对新鲜事物的渴求和接受的愿望，新闻的直观再现与直接表达功能才得以最大的实现。

4. 信息覆盖的无限性

新闻传播本质上是一种大众传播。因而新闻传播的受众对象一定是社会最广大的公众，因而新闻传播的生命从根本的意义上说也就是植根于社会大众。没有社会大众的接受，没有最大范围的社会化传播，新闻事业也就一天都无法生存。所以，新闻基本特征的又一个重要的方面，就是其信息所达到的终端是不受任何人群范围上是限制的。

理论认为，新闻传播起源于人类生存发展的需要，它以满足社会的共同需求和共同兴趣为目的。人们对于未知而欲知事实的强烈关注，是新闻得以传播、新闻传播活动和新闻事业得以维系的根本动力。新闻只有最大程度地让全社会及时获知，为全社会自由收受，才能实现自身的价值。一般的大众传媒，都必须具备公开而广泛传播的特点，比较而言，新闻传播更以信息覆盖的无限性为生命。这是因为，从新闻的本质看，只有公开发布、广泛传播的信息，才是真正的新闻信息。否则就是内部通报、领导指示、"马路新闻"、小道消息,或者仅仅是情报。

到此为止,我们对新闻的整体了解,也许就会更清楚和明朗一些了。

基本概念与问题思考

1. 新闻的定义有哪些? 你更倾向于哪种观点?
2. 谈谈你对新闻本质的认识。
3. 说说你对新闻的特征的理解。
4. 新闻报道为什么被称为"易碎品"? 怎样理解新闻的"新"字?
5. 解释"新闻现象"、"新闻活动"、"新闻事业"。
6. 如何让新闻具有更好的直观性?
7. 新闻事业正式产生的三大标志。

第二章　新闻的起源与发展

前一章主要从本质与特征等核心层面，尽量自内而外地回答“新闻是什么”的问题。这当然是新闻理论研究的最首要问题。在第二章里，我们将从一种纵向发展的角度，进一步地认识和了解人类的早期新闻活动，尤其是近现代新闻事业，从最早的起源直至当今的极大繁荣，其整体的历史面貌和运行轨迹。但是，由于新闻学学科中既包括新闻理论，也包括新闻史。所以，对新闻历史的系统完整的研究，应该是历史新闻学的任务。那么，我们的新闻理论为什么还要设置“新闻的起源与发展”这样的一章呢？这是因为，理论界对于任何一种事物和对象的研究，都离不开历史与发展的眼光。孤立地平面地或者完全割裂历史的研究，是无法真正把握对象的更为宏观的内部规律的。所以，本章就是要通过对于新闻的起源与发展中的最基本的或最普遍的规律性问题的研究，进一步认识新闻的宏观本体，而不仅仅是新闻的历史过程以及历史事件本身。

第一节　新闻的历史起源

从目的上说，对于新闻起源问题的研究，当然并非只是单纯地为新闻的发展找到一个历史的起点，也并不只是纯粹为理论而理论地得出一个空泛的概念化的答案。科学地认识新闻的真实的起源，有助于我们对新闻的本质与价值的更加深入和全面的了解。它所要从根本上回答的问题是：新闻到底为什么会从无到有，又为什么会随着社会的发展而不断发展。按照历史唯物主义的观点，它只有在某些方面能够满足人类的共同需求，在人类的社会生活当中具有不可替代的价值，才会应运而生并不断发展。否则，对人来说毫无价值的东西是不会被人创造出来的，或者是已经失去了价值的东西也终究要被历史所淘汰的。因为归根结底，任何价值都是对人的需要而言的。那么，新闻之所以能够从无到有以及越来越繁荣发达，就是因为它本身的价值在人类社会中是不可替代的。我们的新闻理论的研究也就是要从根本上揭示出新闻的这种发生与发展的价值依据，以便我们能够站在这样的理论的支点上，认识新闻事业并从事新闻活动。

实际上，关于新闻起源的问题，也一直是新闻学界争议的一个问题。因为这首先是一个无法实证的问题，对于这样的答案的寻找，只能在一定的学术资源的基础上，靠分析和思辨来进行探讨。而分析与思辨的立场与方法不同，其结论也往往会有很大差异甚至完全对立。以下主要分两个方面来介绍并阐述有关新闻起源问题的一些理论和观点。

一、西方新闻学家较早提出的新闻起源观

西方的新闻学家对于新闻起源的研究起步较早。他们主要是从人的最基本的生理需求尤其是人的最本能的欲望和心理出发，来认识新闻产生的最终根源。其中得出的一些观点后来被归纳成两种代表性的说法：

1.“新闻欲”与好奇知晓天性

这一说法的代表人物主要是美国新闻教育家约斯特。他在《新闻学原理》一书中，对于新闻起源的问题，最早就这样提出：“报纸是适合于探求新闻报道的人类性的一般需要和欲望的东西，报纸不是创造它的需要的；反过来说，需要是常存在着的，而报纸乃是它的必需的产物。”①在约斯特的观点中，比较突出地强调的是：新闻活动的产生就是由于“人类性的一般需要和欲望的东西”，因而他提出了一个概念叫做“新闻欲”。约斯特在他的《新闻学原理》中首先认为这样的欲求是人类与生俱来的，是人的自然天性。对此他做了非常系统的阐发，其中说道：

> 人类对新闻的嗜好并不是文化发展后才产生的。人一生下来就有着一个传播消息的说话器官，和一个收受消息的听觉器官。这两个东西不仅是生着而已，而且永远在想发挥它们自己的作用。人类同时又被赋有无穷的好奇心，它创造了一种对事物不断的兴趣，关于别人的举动行为，对于自然所发生的程序和事情，对于不论远近每一个人物的情况，都有无穷的兴趣。
>
> 这些对于事物的好奇心和兴趣，是新闻欲的源泉，也实在是文化和人类进展的基础，因为如此，才把人类知识的境界扩大起来和鼓励知识在新的范围内发生新的活动。……一切知识和由知识中产生的进步，都是从人类贪得无厌的好奇心中及其需要知道事情的欲望中产生出来的。②

我们说，如果把人的“新闻欲”看做是人类新闻事业得以产生的一个重要的主体方面的因素，应该是有一定的道理的。但是，约斯特最后却把新闻事业的产生和发展，说成“完全由于人类不可抑制的天性”，这里的“完全”二字，似乎就把约斯特的全部结论，推向了有失偏颇的境地。

到 1930 年，日本新闻学者杉村广太郎在他的《新闻概论》中就对此观点发挥地

---

① 童兵.理论新闻学导论[M].北京：中国人民大学出版社，2000：16.

② 童兵.理论新闻学导论[M].北京：中国人民大学出版社，2000：17-18.

更加细化，而且也更加局限在了“新闻欲”的单一主张上。他说：

> “欲知道；欲使人知道；欲被人知道。”这种声浪是任何时代任何国家的一种共通的欲望。由这种欲望才产生新闻纸。
>
> 由“欲知道”的愿望才产生读者，由“欲使人知道”的愿望才产生新闻纸，由“欲被人知道”的愿望才产生新闻的广告。
>
> 这三种欲望任何时代任何国家都有的。从这些欲望产生的所谓新闻纸是与人类同时发生的，就是人类发生于这个世界的时候，新闻纸也就产生了。可是它的形体没有完整。有人说：“海滨的沙滩上残余着人的足迹”是新闻纸，也就是这个意思。“沙滩上的人的足迹”就是为欲使人知道那个人往来的踪迹。依此意味，那么贫民街里的女人们的井边会议，实在是没有印刷好的新闻纸。他们互相谈着四邻合壁的有些事。谈话者的心无非是欲知道她所不知道的，及她已知道了的，欲使别个没有知道的知道罢了。

杉村广太郎紧接着还这样归结道：“人类固有欲知道事物的欲望，故一天也不停止地欲知道所能知道的事，因为有这种知识欲，人类才前进。”①这样的新闻起源观，其基本的逻辑前提是人的自然性，也就是约斯特所说的：“人一生下来就有着一个传播消息的说话器官，和一个收受消息的听觉器官。”所以人就有知晓的欲望，具体到新闻这一特定范围，也就可以称之为“新闻欲”。杉村广太郎更是突出地强调“人类固有欲知道事物的欲望”，他把所有根源归结为人的原始之“欲”；所以才有了后来的“新闻纸”：“新闻纸是从这种要求里发生的必然的产物”。如今，我们从更加科学的角度来看，只能说这样的观点的确从一个重要的侧面论证了新闻的最初起源。

2. “群居性”与传告互知本能

如果说，人的“新闻欲”也好，或者叫做“知晓欲”也好，都主要是基于人的纯自然属性的东西，而从另一方面来说，人类自从进化为人类，就是社会化的人，或者就是由群居而来的。没有群居就不会有社会，也就无法产生人类并进一步构成人类社会。所以，早期的西方新闻学者也从人类的群居性而看到了新闻产生的另一个重要方面的根源，那就是由于群居而必须交流的需求和欲望。实际上，在关于“新闻欲”的说法中，也已经包含了交流欲望的因素，如约斯特所说的：“人一生下来就有着一个传播消息的说话器官”，还有杉村广太郎所强调的“欲被人知道”等，都具

---

① 杉村广太郎．新闻概论[M].上海：联合书店，1930：1-4.

有呼告交流的特性。而这种交流与传告本能的观点，所依据的不仅只是人的自然性，而是更加看到了人的社会性的一面。格劳德就明确地认为，新闻报道是与人类社会的发生同时产生的事情。他说："想知道人及事物的欲求，是由于希求生存的保证或安全化而促成，而形成之原始的冲动。经验新的事情，或得到报知的希望，是自然的人类感情之表现；是生活意志之本质的核心；是形成并维持社会的最坚强的力量之一种。"在格劳德的这一观点中，对于新闻起源的看法已经明显包含着两个重要的方面：一方面他强调了新闻来源于人的"原始的冲动"或者叫做"自然的人类感情之表现"；另一方面他也谈到了"是形成并维持社会的最坚强的力量之一种"，也就是他也同时意识到了新闻与人类的社会性具有一定的关联。

而在新闻起源的问题上，日本的一些学者在基本主张上往往与西方学者一脉相传。甚至他们的许多观点也是直接建立在西方的新闻理论的基础之上的。除了前文已经谈到的杉村广太郎的新闻起源观在对"新闻欲"的解释上几乎与西方学者持同一论调外，日本另外的一些新闻学家也在新闻起源观点上，提出了"群居说"并进一步发挥了"交流说"。小野秀雄在《新闻学原理》中认为，新闻的起源是由于"群居本能产生的交流欲望"。[①] 小野秀雄进一步说道：新闻媒介是"想用别人的经验来弥补自己的不足时才形成一种文化形式。所以，如果不提供经验，它是不能形成的。"[②]举例说，南洋群岛有些文化比较落后的民族，他们都有一种特殊的习惯：凡是有人看到新奇的东西，就把这些东西的样子画在集合场所的墙上，以便大家都知道。那么，这种把新奇的见闻向所有同类进行公开传播的行为，就是源于群居的交流的欲望。当然，这其中也同样有着根源于好奇心的自然因素。

按照心理学家的说法，交往是基于群居本能的反映而产生的一种派生的过程。也就是说，在群居和心灵交流之间形成了因果关系，而提供经验正是基于群居本能的产物。所以，群居本能和好奇本能有同样价值，它也是后来逐步形成新闻活动以及新闻事业的根本条件。

因此，他们认为，新闻产生的根本原因是由于群居性而必然产生的传告交流本能。这也是关于新闻起源的一种重要观点。

3. 关于西方新闻起源观的简要评述

必须承认，西方新闻学家关于新闻起源的见解，并没有全面揭示出人类新闻事业之所以能够发生的最根本的原因。但是，他们的观点只能说是不够全面而已，却不应该简单地给他们扣上一顶唯心主义的帽子就彻底否定。其实，在他们的这些解释中还是有相当的合理的成分的。比如关于"新闻欲"的问题，从人类学的角度来看，在人的心理构成当中，很重要的一个部分就是精神的欲望，而求新求知也正是人的精神欲望的一种具体体现。再进一步说，求新与求知的欲望很大一部分就

---

① 何光先．现代新闻学[M].昆明：云南教育出版社，1988：241.

② 刘建明．当代新闻学原理[M].北京：清华大学出版社，2003：3.

直接表现为“新闻欲”。不难想象，如果社会上的每个人都失去了对新闻“欲知”的愿望和渴望，新闻事业显然就不可能再有什么传播的市场和对象。所以，“新闻欲”作为人类的一种天性，是很难否定得了的。至于“群居交流本能”的问题，也可以从社会学的角度来加以理解。按照社会学原理，人类的社会生活首先是以群体形式进行的。人们在社会互动中形成群体，人与人通过互助和互利等具体行为来满足自身所有的物质需要和大部分心理需要。我国古代思想家荀子曾经断言：“人生不能无群”。现代社会学认为，从社会成员个体方面来看，个体有群聚的本能，并希望在群体交往中满足其各个方面的需要，如安全的需要、爱的需要和自尊的需要等等，当然也包括对于新鲜事物了解的需要①。其实，从更深层次的理论角度来看，任何一个人只有经常生活在一种不断产生新鲜感的社会现实当中，或者不断有新的信息交流和更新的群体结构当中，人的精神才有活力，人的心灵才能满足。所以，西方关于新闻起源的一些说法虽然不能算是绝对科学的，但却都有很重要的学术参考价值。

二、我国新闻学界历来的不同观点

西方关于新闻起源的观点，对我国早期的新闻学家有着非常深刻的影响。尤其20世纪30年代至40年代我国新闻学的初创时期，新闻界对于新闻起源的解释基本上来源于西方学说。刘元钊于1936年出版的《新闻学讲话》，就基本上是以杉村广太郎的三个“欲”的说法，来讲述新闻的原始起源问题的：

> 我们讲到新闻的原始，就要提到“新闻欲”的问题了，新闻之所以发生，实源于“新闻欲”。人类的本能是富于“新闻欲”的，如果没有“新闻欲”，人类就决不会进化，文化也决不会发达的。
>
> 所谓“新闻欲”者，乃由于“欲知道”，“欲使人知道”及“欲被人知道”三个心理作用而发生了“新闻欲”。“新闻欲”在人类的原始时代就已随着产生了。在每一个人当他呱呱坠地时，就跟着发生的。譬如：一个人刚生下地时，就是一阵呱呱地啼哭，这种啼哭就是“新闻欲”的作用盖当他从母胎堕下地时，突然变换了一个环境，觉得四周的一切和在母胎时很异样，而且很不舒服，因此只好啼哭，啼哭者所以“欲使人知道”他的不舒服也②。

到40年代初，任白涛又在《综合新闻学》中系统介绍了格劳德、约斯特和杉村

① 郑杭生．社会学概论新修[M].北京：中国人民大学出版社，1994：188-191.

② 刘元钊．新闻学讲话[M].上海：上海乐华图书公司，1936：35-36.

广太郎的新闻起源观，字里行间也是颇赞同“新闻欲”之说的。当然，在今天看来，这种单一强调一个“欲”的说法未免过于肤泛和笼统。而尤其在刘元钊的说法中，甚至把“新闻欲”看成是人类进化、文化发达的唯一动力，那就更显得过于片面了。

50年代以后，我国新闻理论界开始严格区分“两种不同的新闻起源观”，即历史唯心主义和历史唯物主义的新闻起源观。这时的新闻理论教材基本上都是这样来论述这一问题的：

> 新闻是社会新闻现象与社会新闻活动相结合的产物，是适应社会需要而产生，随着社会经济的发展而发展的。这一点已被大量事实所证明。然而，一些资产阶级新闻学者却认为，新闻是人们生理和心理的产物，用唯心主义的历史观歪曲了新闻起源的真谛。
>
> 马克思主义认为，人类社会最基本的活动是生产活动，而生产一开始就是社会性的劳动。人类在劳动中获得了技能，从火的使用，木器、弓箭的制作，到制陶术、冶铁、风箱、畜牧、耕种等等技能的获得；同时，也在劳动中创造了语言，发明了文字，以及后来的各种传播手段，扩大了信息传播的范围，适应了社会的需要。我们的祖先从蒙昧时代发展到野蛮时代，最后进入文明时代，走过了漫长的艰难的历程。这是由社会的经济状况决定的。
>
> 新闻活动的发展有赖于人类生活和生产的需要。人们在劳动中不断增加产品，创造新的经验，丰富着劳动技能。这种生产的进步和发展，除了依靠直接经验之外，还需要获得间接经验，即向别人学习经验，这就需要进行经验的相互传播，否则与世隔绝，互不交往，生产是难于得到发展的。正如毛泽东同志所指出的：“一个人的知识，不外直接经验的和间接经验的两部分。”“人不能事事直接经验，事实上多数的知识都是间接经验的东西，这就是一切古代的和外域的知识。”（《实践论》）这种生产经验交流的需要，而且不仅是“求生存”的需要，更重要的是求发展的需要，便促使新闻活动不断加强，信息传播日益扩大。
>
> 新闻活动的发展，既取决于人类生产和生活的需要，又受到社会经济发展状况的制约。所以，在人类尚未创造出文字的时候只能利用口头传播信息；当人类不仅创造了文字，而且发明了纸、笔、墨等书写工具以后，才有了手抄新闻的出现；而后，又随着生产和科学的发展，人类掌握了雕版、活版印刷术，便出现了印刷新闻；并在这个基础上发展成兼有电子传播手段的现代新闻。物质生产的发展，既为人类提供了赖于生存的物质条件，又为人类提出并满足着精神交往的需求。这就是新闻起源的

真谛①。

这种历史唯物主义的新闻起源观对于西方的一些新闻起源的说法是采取全面否定态度的。认为，“新闻的起源，既不是由于什么人的‘新闻欲’所促成的，也不是因为什么人长着‘说话器官’和‘听觉器官’才创造的，而是由于社会物质生产和人类精神交往的需要所决定的。人的‘新闻欲’或‘好奇心’是一种心理状态，一种思想或意识，但心理、思想、意识是由社会的存在所决定的，并不存在什么‘先知先觉’者，只有生产和生活的需要才能形成某种意识——新闻欲，并去进行某种活动——新闻活动。更不是因为有了说话器官和听觉器官就必然有‘新闻欲’，即使有‘新闻欲’，也是社会存在的反映。”

到20世纪末的时候，我国的新闻理论界对于新闻起源问题又出现了一些新的观点，进行了一些新的阐述。这是学术发展的必然过程。否则，学术就会僵死，文化就会凝滞。刘建明教授认为远古时代新闻活动的缘起有三个方面原因共同促成：一是“知晓欲与呼告欲的动力”，二是“群体劳作的社会动力”，三是“原始社会意识的‘酵母’”。所谓“知晓欲与呼告欲”，刘教授是这样论述的：“原始社会的史前状态，不在于自然界尚未开发，而在于人类对这种状态毫无所知或初知皮毛。但人类并没有固守头脑的混沌，对一知半解感到很不满足。要生存，就要探索，知晓他们不能理解的事物，对他人报告的消息有一种天生的关切感。知晓欲是先民获取消息的一种强烈欲望，产生了强大的认识冲动，传播消息成为人类最初、也是主要的意识形式。”而“人类的知晓欲给呼告欲提供了需求。没有知晓欲的存在，新闻失去传播的需要，呼告欲就成为多余。呼告欲是使人晓之以事的意志冲动，满足知晓欲给报告新闻者带来快慰，不断增进呼告欲的善良追求。在原始社会，先民为了在险境中求得生存而呼告，知晓欲与呼告欲成为传播消息的共同心理动力。”对于第二个“动力”，刘教授又做了这样的解释：“新闻产生于远古人类的知晓欲与呼告欲，仅仅是直接的心理动力，新闻产生的根本原因是谋取生活资料的需要，劳动成为最主要的社会动力。劳动是人类欲望的最初源泉，原始新闻的主要内容都是和劳动相关的。没有劳动，特别是集体劳动，就没有人类。人类在原始劳动中学会制造工具，出现了最简单的合作与分工。每个人把劳动中知晓的情况和事理相互通告，在一定场合由一人向众人宣布，使古老的口头新闻传播日益频繁。知晓欲与呼告欲由集体劳动激发出来，转移到对劳动方式和成果的感悟，成为探索和征服自然的意识。共同劳动使原始新闻获得了第二动力，但它只有转化为人的知晓欲与呼告欲才会发挥作用。”对于第三个方面的原因，刘教授又论述道：“原始人大量的意识活动是相互报告新闻、传播消息不断引起人们的遐思，渐渐构成原始宗教和原始艺术层面。确切地说，原始宗教和艺术借助原始新闻的传播才逐渐形成。互通消

---

① 何光先.现代新闻学[M].昆明：云南教育出版社，1988：238-241.

息把个人的感悟和群体知觉交汇为相互确认的理念，提示某种发现的近忧远虑，才会建立起统一的思维模式。如一个原始人把自己昨夜的一个梦告诉大家，这一消息激起热烈的议论……在议论中人们解释梦的真谛，确定了灵魂游荡、灵魂不死的见解，这就是原始宗教的雏形。在这一过程中传播消息起了至关重要的作用。使原始新闻成为人类意识的'酵母'。"①

童兵教授对于新闻起源问题的研究，引入了行为科学和人类文化学成就，并依据考古学发现，从人的需要的基本理论出发，寻找新闻产生的最终根源。他说："所谓需要，即为生命体处于缺乏状态而出现的体内自动平衡倾向与择取倾向。这种缺乏状态既包括生理上的缺乏（生理需要），又包括心理上的缺乏（精神需要）。出于种种生理上或心理上的需要，生命体就会自觉产生择取缺乏物以平衡自身的'生命动机'。动机是一种被意识到的需求。"然后童教授又根据马克思的组织成社会集体的人际交往的理论，采纳了考古学发现的原始社会中人们社会交往的史前资料。最后的结论是："新闻传播行为起源于人类社会化的生产劳动和生活活动的需求，这种活动直接产生于人类生存发展的共同需要。"②

第二节　人类新闻事业的发展

人类新闻事业的发展当然首先是随着人类社会历史的发展而发展的。但是，新闻事业的发展，又决不只是社会形态发展的附属物或者副产品。新闻事业的发展在阶段性以及从低级形态向高级形态演进与过渡的超越性上，更不是与社会历史的发展阶段一一对应乃至亦步亦趋的。新闻事业作为人类文化创造的一种的特殊的文化事业，完全有其自身的发展过程和特有规律。那么，制约新闻事业发展的条件和因素显然是多种多样的。而相对来说，传播技术和媒介形态以及整个社会的经济基础方面所具有的决定性因素无疑更明显一些。因为每当有一种新的传播技术应用于新闻事业，不仅会有效提高新闻传播的效率，而且能够创造新的媒体，使新闻事业发生革命性进展，以至跨入一个新的历史阶段。其次就是社会制度与传播体制也对新闻事业的阶段发展有着重要影响。以下我们分别从两个方面来把握一下新闻事业发展的几个大致的阶段。

一、按传播技术和传媒结构变化来划分新闻事业的发展阶段

有史以来，传播技术与传播媒介的进步贯穿着人类新闻事业的整个发展过程，

---

① 刘建明. 现代新闻理论[M].北京：民族出版社，1999：17-21.

② 童兵. 理论新闻学导论[M].北京：中国人民大学出版社，2000：14-15.

而且其发展与进步的程度和速度也越来越呈加速度的态势。新闻传播对于媒介的依赖是不言而喻的。所以，传播技术与媒介形态的每一次重大变革，都必然将新闻传播推向一个新的阶段。从这样的角度来划分，学界一般把新闻事业的发展大致分为以下 3 个主要阶段：

1. 单一纸质媒介阶段

在新闻事业诞生之前，人类社会的非专业新闻活动主要靠口头传递。面对面的有声语言是最主要的媒介和载体。据有关资料显示，这样的历史极其漫长，大约有 35000 年以上。而当文字和书写工具出现以后，人类的初级新闻传播曾经进入手抄新闻阶段。到公元 600 年，印刷术发明后，人类逐步开始了应用印刷技术进行大规模的新闻传播。至此，作为专业化的人类新闻事业正式发端。

新闻事业的单一纸质媒介阶段曾经经历了很长的历史时期。16 世纪末及 17 世纪初，威尼斯手抄新闻（亦称威尼斯公报——1566 年创办）、德国特别新闻（1568—1604）、德国法比新闻（1594—1635）等不定期新闻纸已在欧洲的一些国家普遍发行。16 世纪末叶，欧洲邮政驿站制度建立，为新闻定期刊物的产生提供了条件，1609 年，德国诞生了第一张铅印新闻纸——《报道或新闻报》。17 世纪上半叶，欧洲各国几乎都有了新闻周报。这些定期出版的报刊使得新闻事业更加进入了稳步发展和进一步走向繁荣的历史阶段。此后 300 余年的时间，到 1920 年世界第一座广播电台在美国建成之前，世界新闻事业一直处于单一媒体的报业阶段。

到 19 世纪 30 年代中期，美国纽约出现了一种"便士报"，商业色彩突出，面向大众，通俗易懂，价格也非常便宜（每份一个便士），从而使新闻事业成为一种大众化的传播事业。而且，随着印刷技术的进步，随着公众文化水平的普遍提高，报纸、杂志在社会上也越来越普及。一直到今天，印刷新闻纸仍然作为新闻传播的主要媒体活跃于世，并担当着当代新闻事业的中坚力量。这表明当初单一报刊传播的媒介发展阶段一直在延伸，而且也随着技术的进步不断提高传播质量和效率。

就单一报刊传播阶段的特征和价值来看，它最早实现了人类传播活动的专业化和规模化，开启了人类新闻事业发展的源头，由于印刷技术的批量生产性，也就具备了将新闻传播逐步推向社会平民的条件，从而引发了更广大的信息共享时代的真正到来。

2. 电信为王传播阶段

在印刷新闻报刊诞生并一直独占数百年之后，无线电通信技术问世，并开始应用于信息传播。1844 年，美国人莫尔斯发明了有线电报，1895 年，意大利人马可尼完成了无线电实验。1906 年圣诞之夜，美国第一个无线电节目试验播出。1920 年 11 月 2 日，世界上第一个广播电台 KDKA 在美国的匹兹堡正式开播。从此宣告了人类新闻传播事业发展到了又一个崭新的阶段。1926 年，英国人贝尔德首次研制出电视传真，1929 年，英国广播公司开始播出电视节目，1936 年，该公司建立世界上第一座电视台，正式播出新闻节目。

电信传播在世界的全面推广使人类真正进入了大众传播时代。以广播和电视为主体的电信传播，不仅彻底突破了时间和空间的限制，使信息传播瞬息万里，而且挣脱了印刷传播中必不可少的物质载体(纸张等)和运输方面的束缚，为新闻传播开辟了一条极其便捷、高效、省钱、省力的空中通道。特别是广播电视一旦插上卫星转播的翅膀，这种传播就已经不再是通常的大众传播，而是无处不在、无时不有的跨国传播甚至是全球传播了。因而，我们完全有理由认为，这一阶段的大众传播就是电信为王的时代。虽然电信传播一直也不可能完全取代平面印刷媒介，但是，电视机和收音机的逐步走进每一个家庭，而且全世界几乎所有人每天都离不开收看电视或收听广播，这已经足够说明电信传播在人们生活中的重要地位了。

电信传播时代的到来意味着人类的传播能力与信息需求有了空前的提高和发达。我们可以从新闻的大众传播媒介的产生、发展过程中看到社会生产力的极大发展，尤其是工业革命带来的知识、信息的急剧增加和膨胀，城市化进程的加快等，都对新闻传播产生着重要影响。可以说，电信传播媒介本身就是现代工业化进程的产物。同时，新闻传播及媒介演进又大大推动了社会生产力的快速进步以及人类知识和信息的繁荣增生。

3. 网络强势传播阶段

所谓网络传播时代，顾名思义就是指人们利用更加先进的网络技术进行信息传播的新时代。随着计算机技术的迅猛发展，全球化的国际互联网得以孕育并一步步诞生了。1969 年，美国实现电脑对接，又于 1980 年结成互联网络。紧接着，因特网迅速普及。新闻传播自然也立即借用了网络传播的先进技术，从而创生了自报纸、广播、电视之后的第四媒体——互联网络。美国是网络传播的策源地。网络新闻媒介也从此推开。1987 年，世界第一家网上报刊《圣荷塞信使报》在美国创刊，从此，网络传播以惊人的速度向前发展。1995 年，我国第一家电子刊物《神州学人》上网，1997 年元旦，《人民日报》网络版创刊。1998 年 12 月 31 日，中央电视台、上海电视台也开始利用互联网播发节目。新华社等国家级新闻机构都在因特网上建立了网址。

如果说，印刷传播打破了少数人的传播特权，导致了更大范围的文化普及和信息共享，而电讯传播则将人类带入了传播方式更加便捷的大众传播时代；那么，网络传播则是将以往各自独立的单一传播转变为综合传播，将单功能的媒体转变为多功能的媒体，将人类由工业社会带入了信息社会。而在这样的时代，新闻传播的作用和意义也就更加巨大。网络已经成为当今时代最强势的媒体。

我们把网络称为当今最强势的媒体，或者直接把当今时代称为网络传播时代，当然也并不是认为此后的新闻传播事业就是网络一家独霸的时代。随着计算机的不断普及和人们现代化生活的日益提高，网络传播的确会越来越处于强势，但是作为大众传播的基本走势来说，未来很长的历史时期内，还应该是多种媒体形式并存的时代。从根本上说，未来文化的结构就是多元文化共存的局面。而文化的多元化也就必然需要媒体的多样化，以满足不同文化层次和经济地位的社会成员的各种各样的需求。同时，对于媒体自身来说，多种媒体并存的状况，一方面可以强化各种媒体之间的优势互补，形成新的新闻生产能力，进一步增强新闻事业在社会中的积极作用；另一方面，多种媒体在同业竞争中扬长补短，不断丰富和发展新闻传播的表现手段和传播渠道，从而也可以推动新闻改革的进一步深化。多种媒体在同业竞争中不仅可以巩固和发展媒体自身，而且对于新闻传播的社会效果来说也会大大受益。

实际上，就如同电讯传播阶段的到来并没有完全取代印刷传播媒体一样，新闻传播进入网络传播阶段以后，也同样不可能彻底替换印刷媒体以及广播电视这样的传统媒体。网络传播阶段只是在传播方式和渠道上又增添了新的媒介一族。可以说，大家既是同类伙伴，又是竞争对手；既各自为战，又互补融合。正如大众传播学家德弗勒所说："人类传播的历史是传播系统的复加过程，而不是简单地从一种系统转向另一种系统。"①归根结底，人类在科学技术上的发明创造，在很大程度上推动着人类社会历史的前进，而传播手段、传播媒介的变革和演进，也对于人类文明的进展具有重要的推动力。这实际上是人类认识客观世界能力的提高，从而也进一步推动生产力水平的提高。

二、从社会形态和传播体制来看新闻事业的发展阶段

新闻事业诞生和运行在一定的社会环境中。社会存在决定社会意识，不同的经济基础和政治制度决定了不同的新闻传播制度和管理体制，从而使新闻事业形成了因社会形态不同而呈现的阶段性。这在我们对于新闻发展的整体认识中是不可忽略的。当然，就世界各国的情况而言，这些发展阶段并不是完全同步和对应的，这里只是大致划分的几个阶段，其中有很多时候在不同国度还经常是交错发展的。

1. 专制工具阶段

世界各国的新闻业的产生，最早大都是作为政府发布指令和公告的载体。如我国唐代的"邸报"，它主要是刊登皇帝的谕旨、大臣的奏折以及各种政府公文等。而在西方的古腾贝格(Johann Gutenberg)时代，正是中世纪集权主义的极盛时期，所以，印刷类的制作品完全成为教会和政府的统治工具。而且，到 16 世纪末和 17 世纪初，报纸正式诞生的时期，世界也还处于普遍的封建统治时期。为了维护自己的经济地位和政治权力，封建统治阶级颁布法规和制定政策，对传媒及其传播内容进行严厉地控制，形成了封建社会末期的集权主义传播制度和新闻体制。在这种制度和体制下，报刊的出版权，新闻的发稿权，严格控制在政府手里；普遍实行出版

① 梅尔文・德弗勒. 大众传播学诸论[M].北京：新华出版社，1990:376.

前的审查制度，只允许刊登符合政府意志和维护封建制度的内容，严禁来自人民大众的任何自由思想的表达。对16世纪产生于意大利的手抄小报，罗马教皇曾命令各国大主教在报纸出版前实行原稿检查，后来教皇又把检查权转给封建君主。在封建阶级和罗马教廷的残酷通管下，报人被处绞刑或断手割舌的事情都曾经发生过。这种集权主义的传播制度，到了德意日法西斯手里达到了登峰造极的程度。德国纳粹头目认为报刊宣传必须无条件地为法西斯的野蛮统治服务，不仅要求每一本书、每一张报出版前必须送审，而且公然驱动新闻传媒肆无忌惮地说谎造谣，对社会公众强制灌输法西斯主义，实行思想上的专制统治。

2. 政党喉舌阶段

17世纪中到19世纪初，欧美许多国家进行资产阶级革命，这时的报纸主要是“革命的喉舌”，当近代新闻事业诞生于西方资本主义商品经济环境中的时候，西方社会的政治制度仍然滞留在封建专制主义阶段，为了推翻封建统治阶级，那些资产阶级的政党自然要大力宣传他们的政治思想和革命主张。但是，在那样的社会环境里，占统治地位的思想观念认为，人民大众不可能创造和拥有真理，真理是“聪明人”即上层统治者大脑所独有的，真理聚集在权力中心的地带，掌握权力者才掌握真理。进而认为，报刊书籍只是由上向下传播真理，传播聪明人和权贵认为应当和可以让人民大众知道的有限真理。尤其是，为了维护自己有可能失去的经济政治权力，封建统治阶级还明确颁布法规和制定政策，对传媒及其传播内容进行严厉地控制。因而在这一阶段当中，资产阶级革命派所做的最大的努力就是争取新闻自由。

新闻自由曾经是资产阶级革命时期最响亮的一个口号。它的理论依据就是最早由约翰.弥尔顿倡导的新闻自由思想。这一思想认为，人人都有公开发表自己意见的权力，反对政府对新闻出版的干预。实际上这样的主张首先就是为资产阶级争取政治自由权和思想自由权。在资产阶级革命的历史阶段，以及在他们掌握政治权力之初，报刊一直是作为政治宣传和舆论鼓动的工具，那些传播者们利用这一工具宣传资产阶级思想，传播政党的纲领、路线，鼓动并组织全社会反封建的斗争；这时的报纸依靠政党和其他政治团体的经济资助和津贴，并不需要靠零售发行以及刊登广告等维持生存。而那些报纸的主要内容就是言论，因此曾被称为“观点纸”。它的对象主要是资产阶级政客，并不面对普通大众。所有这些构成了政党报刊的主要特征。在这一时期中，政党报刊处于绝对的主导地位，政党报刊在很大程度上也确保了像美国建国初期那样的政治体制稳定，这种稳定对新生国家的发展当然也是至关重要的。

在我国近代，政党喉舌性质的报刊也曾经出现过两次高潮。一次是改良派的维新变法期间。那时候，戊戌变法运动进入高潮，改良派的办报活动也就持续高涨。康有为、梁启超等维新派领袖都十分看重报刊的政治宣传和社会舆论作用。据有关资料的统计，从1895年到1898年，全国出版的中文报刊达120种之多。而且，康有为还在我国最先提出了党报观念。梁启超关于报纸的“耳目喉舌”说，至今还被认为是非常形象地概括了报纸的重要职能。（详见本章下一节的有关内容）而辛亥革命期间则又出现了第二次高潮，以孙中山为代表的资产阶级革命派，利用报刊宣传他们的革命活动。他们还认为，报纸不仅能够反映国民的舆论，而且可以影响舆论和制造舆论；他们承认报纸的党派性，强调报纸宣传革命政党的纲领和思想，把报纸视为政治斗争的有利武器。于是，从1905年到1911年，我国的报刊已达到200多种①。

这一历史阶段在新闻事业的整体发展过程中极为重要，它不仅完全打破了以往政府对于新闻及媒体的绝对控制，争取到了新闻自由的基本权利；而且这样的报刊体制至今也还在许多国家继续存在着。

3. 现代报业阶段

资产阶级革命期间对于新闻自由的争取，不仅有力推动了革命运动的开展，创办了大量政党报刊，而且，随着资本主义市场经济的成熟，报业也开始向市场化转型。19世纪30年代是欧美资本主义国家报刊的转型期，这时期的报刊开始从原来的政党报刊转变为大众化报刊即商业报刊。这一转型的时代背景是资产阶级的生产关系普遍确立，政体渐趋成熟。自由主义传播制度和新闻体制，成为资本主义社会自由竞争时期的基本控制模式。在这个时期，新闻媒介由大大小小的企业主创办和经营，以赢利为第一目的，进行媒体间的自由竞争，不听命于政府和政党。而且，报刊还有权对政府实行舆论监督，被称为与立法、司法、行政平行的“第四权力”。自由主义传播制度与集权主义传播制度相比，显然是一种进步。但是，由于完全市场化以及自由化的报刊，建立在新闻商品化的社会基础之上，它的主要目的是赢利，在实际操作中过分追求趣味和刺激，所以，一度曾经滑向“黄色新闻”时期。因而，自由主义的弊端不断显露出来，在进行修补仍然漏洞百出的情况下，不得不从体制和理念上进行一定程度的调整。于是，便出现了集团垄断传播制度和控制模式，而它的理论依据则是新闻传播的社会责任理论。这一理论是对自由主义理论的修正，认为自由是伴随着义务的，报刊在传递消息和交流意见时要对社会负责。如果报刊不主动承担社会责任，政府就应该运用权力加以干预。

1947年，“美国新闻自由委员会”（芝加哥大学校长罗伯特·梅纳德·哈钦斯当选主席后亦称“哈钦斯委员会”）发表了题为《一个自由而负责任的新闻界》（A Free and Responsible Press）的报告，该报告的精髓被传播学者彼德森融合归纳为著名的报刊四种理论之一——“社会责任伦”，该理论认为，“观点的自由市场”所主张的自我纠正过程，其实际功效是靠不住的，必须靠新闻传媒切实对社会负责，而要做到这一点，新闻界自身必须努力，公众和政府也有责任。对于新闻界而言，关键是要有职业精神、奉行职业准则，提供公众所需要的大量的多样化、高质量的信

---

① 童兵．20世纪中国新闻学与传播学·理论新闻学卷[M].上海：复旦大学出版社，2001：16.

息和讨论;媒介应切实负起充当信息和讨论的公众传递者(Common Carrier)的责任,刊播信息不能只考虑直接经济收益,节目安排应摆脱广告商的控制,媒介之间应当互相进行严格的批评和监督。对于公众来说,应该认识到媒介的强大力量,认识到媒介权力集中在少数人手里的事实,认识到媒介尚未满足社会的需要,帮助弥补商业媒介的缺陷等;评估媒介工作,敦促新闻自律,成立独立机构对媒介工作进行评价,并且每年提出这方面的报告;加强新闻传播教育与研究。政府的职能则是要鼓励新闻业中有利于负责任的新闻自由的立法,必要时介入大众传媒的直接创办与管理,以补充私有媒介的不足。可以说,这个时期对新闻传媒业社会责任的理论上的倡导与推动,基本上远远超越了当时的新闻业实践。

在这一阶段,最早出现的新闻垄断组织是报团。报团也称报系,是指两个以上地区,拥有两个以上报刊的报业托拉斯组织。西方最早的大报团是英国的北岩报团、美国的斯克列浦斯报团和赫斯特报团。广播电视业出现后,很快也形成了垄断局面。一些国家的广播电视由政府直接控制,形成不同程度的国家垄断;另有一些国家则由私人公司垄断。第二次世界大战后,西方新闻业趋于更高程度的垄断化。除了新闻业同业相互兼并而形成新闻垄断组织外,某些大财团开始同时垄断报刊、广播、电视、出版、通讯社等多种传播业,还出现了工商业财团垄断部分新闻业以及新闻垄断集团控制部分工商业的情况。进入新闻垄断集团的传媒,要服从董事会的统一领导,受少数大股东甚至某一大老板的支配。加入垄断组织的中小新闻机构有了较为强大的后台,增强了他们在竞争中的实力和地位,他们也甘愿充当垄断资本在该地区的宣传工具。在美国,绝大多数新闻传媒直接或间接从属于几十家大公司,形成了垄断资本对新闻事业无所不包的全面控制。这种垄断的结果,一方面增强了新闻业的经济实力,另一方面却使新闻报道受到垄断财团的限制。所谓新闻传播的社会责任,实质是新闻业在垄断财团的控制下,形成和维护有利于垄断资产阶级的社会秩序和新闻秩序。西方一部分学者认为,新闻垄断集团实力雄厚,独立性强,有利于抵制政府干预,提高报道质量;另一部分学者则认为,新闻垄断威胁新闻自由,有碍社会民主,主张对其加以必要的限制。

4. 多体制共存阶段

两次世界大战之后,世界上诞生了一批社会主义制度的国家,而由于社会主义只是在一国或多国的首先实现,也就是资本主义依然在全世界的许多国家继续存在和发展,因而使得整个世界在国家体制方面出现了不同制度共存的局面。正由于此,新闻传播的体制也就同样进入了多元并存的历史阶段。在这样的阶段中,专制控制的体制、自由主义市场化的体制、集团垄断的体制以及社会主义体制会在不同国家和不同历史时期交替出现。如我国的"文革"期间,"四人帮"就曾经完全秉承了专制主义的衣钵,对新闻传媒实行集权主义控制,社会主义事业为此而遭受前所未有的摧残。

其他方面的体制已在前文中作了系统介绍,这里再对随历史发展应运而生的社会主义新闻体制的特征作出一些概括。

社会主义的新闻事业是在剥夺垄断资产阶级对新闻资产的私人占有和垄断的基础上建设起来的。它以公有制为基础，人民是新闻事业的主人，新闻事业是社会主义整体事业的有机构成部分，接受共产党和国家的统一领导，以科学社会主义理论作为指导思想。其传播制度和管理体制，具有以下几方面的特征：①新闻传媒既是党和政府的喉舌，又是人民的喉舌；既无条件宣传党和政府的政策和主张，又充分反映人民群众的意见和呼声，是沟通舆论和决策、领导与群众的桥梁。②新闻传媒一方面接受党和政府的统一领导，按政策法规规范传播行为，同时又自觉接受群众的监督，主动听取社会公众对媒介的批评，不断改进工作以更好地满足群众与社会的需要。③对新闻传播的管理既坚持集中统一，又充分发扬民主；既强调必要的纪律，又鼓励自由创新；既强调大方向上的一致，又突出不同传媒的特色和个性。④在社会主义市场经济条件下，各种新闻媒体之间既依法开展竞争，又团结协作，相互支援，形成有利于社会发展的舆论合力。社会主义新闻事业的传播制度和管理体制，正处于逐步健全和完善的过程之中，还有待于从理论上进行进一步的探索和研究①。

第三节　新闻事业产生和发展的基本规律

在前两节当中，我们从不同的角度上对新闻事业的发展过程按阶段进行了归纳和描述。从中已经不难看出新闻事业产生和发展的必然趋势和客观规律。对于新闻理论来说，我们对新闻史的研究和观照，又必须上升到理论的层面来系统和深入地加以把握，不能简单地停留在平面描述的阶段上。所以，本节就以新闻事业发展的基本过程和历史事实为依据，对人类新闻事业产生与发展的基本规律，做一个全面的提炼和总结。

一、人类文化“优势扩散”原理是新闻事业发展的内在动因

文化传播主义的美国学派代表人物威斯勒认为，文化构成的最小单位是“文化特色”，若干文化特色进而构成了文化复合。文化复合会像石头投入水中那样形成波纹，以发源地为中心向四周扩散开来。他还认为，文化的传播有两种形式，一种是自然传播的形式，它在不知不觉中进行；另一种形式是有意识有计划地传播，即文化通过有意识的拓殖、开发、战争、传教等活动被积极地加以传播。这样的对于文化传播基本过程的描述，我们是否可以简化为如下的一个公式：“特色”—→复

---

① 项德生，郑保卫．新闻学概论[M]．武汉：武汉大学出版社，2000：99-103．

合——→传播。那么,这其中的"复合"达到一定程度,也就会形成一种"高峰"态或"凸起"状。而这种"高峰"态或"凸起"状的迅速传播流布,也就又类同于传统传播学中所说的"优势扩散原理"。根据这样的一个原理,文化传播活动绝不仅仅是某种个人行为或某些个人意志的结果。文化传播当然不同于日常的信息传播,它除了如传播主义的美国学派威斯勒所说的自然传播形式之外,更主要的还在于有意识有计划的拓殖与延传。文化的传播一般总是与整个社会的发展运行相匹配、相协调、相交织的,并为文化发展的自身规律所决定。但它又必须通过个人行为与活动来实现与体现,最终成为整个社会文化的本质构成与必然过程。正如威斯勒所说,一定文化的积累和运演往往会在某一文化自身生成一种新质或新的"特色",而这种新质与"特色"如果符合社会与文化的发展规律便会不断得到丰富和强化,从而进一步发展演化成一种"高峰"态、"凸起"状或超前性。这样的一些态势,显然就打破了原有文化整体的相对的稳定与均衡,其"高峰"、"凸起"与超前部分或因素就必然要向其业已超出的四围地带扩散与流布。那么,这种扩散与流动的过程,当然就是传播。那些可称之为"信源"的"高峰"、"凸起"与超前部分,有时可显现为某一社会区域的超常发展,有时也可仅仅显现为某些个人的思想观念与创造力的非凡。正是由于文化的这种不断的高峰突现与平衡传布,也才有了文明的进步,社会的发展。

对于新闻传播来说,显然就是文化"优势扩散"的一种非常重要的传播手段与渠道。尤其是在新闻事业发展的早期,一种报刊的创办,在一定意义上,总是代表着一种文化形态的"高峰"态或"凸起"状的。有的是因为某一社会区域(包括国家或民族)在政治与经济上的超常发展,也有的的确仅仅是某些个人的思想观念与创造力的不同凡响。总之,这种"高峰"、"凸起"与超前部分或因素必然要向其业已超出的四围地带扩散与流布,而这种扩散与流布的渠道,最快捷最有效的,莫过于新闻传播。我国近代报刊的大量创办就是最好的印证。

人类历史发展到 19 世纪,整个世界文化的形势已经出现了高低与快慢的巨大反差。西方资本主义经济飞速发展,在世界范围内产生了社会区域性物质文化的"高峰"态。而中国文化则在整体上还一直固守在封建专制型的僵化、保守与超稳定的平衡状中。因而,那种以经济侵略开始的"西风东渐",就是不可避免的了。无论我们的国门封闭得多么严密,也无法阻挡作为超常发展之结果的"坚船利炮"的攻击,更无法改变文化高峰向低谷流布传播的铁的规律。在这样的文化背景之下,我国近代报刊的出现,就是和帝国主义列强的入侵几乎同时开始的。最先用汉文出版的近代报刊和最先在我国用外文出版的近代报刊,全都是外国人首先创办的。从 1815 年到 19 世纪末,外国人在中国创办的汉文和外文报刊将近 200 种。占当时我国报刊总数的 80%以上,基本上控制了我国当时的新闻事业和新闻传播。而且,中国近代报刊的出现和发展,也主要是和外国资本主义国家的宗教宣传以及政治、经济、军事侵略密切联系在一起的。这些报刊大都以居高临下的姿态,打着向中国传播“福音”的旗号。如最早由外国人专门办给中国人看的汉文报刊《察世俗每月统记传》,创刊号的序文中就这样声称:“既然万处万人,皆由神而原被造化”,“自然学者不可止察一所地方之各物,单问一种人之风俗,乃需勤问万事万处万人,方可比较辨明是非真假矣。……所以学者要勤功察世俗人道,致可能分是非善恶也。”全文的意思非常明朗,就是说你们中国不要闭关自守,应该欢迎我们,你们只要多学习我们西方,就可以知道是非善恶了,就能够知道你们不如我们了。1838年10月在广州创办的《各国消息》更是积极介绍西方文化,鼓吹他们的物质文明,宣扬他们的社会制度,吹嘘他们给殖民地国家和人民带来的恩惠①。所以,报刊的创办往往是和文化传播、文化渗透以及文化扩张密切相关的。包括我国自办的近代报刊,也显然是先进的思想文化的传播需要。王韬在香港创办的《循环日报》,之所以取名“循环”,就是为了宣扬“弱即强之机,强即弱之渐,此乃循环之道然也”。他相信中国走变法自强的道路,就能够实现由弱到强的转变。所以该报就是当时中国的最先觉醒者思想文化传播的重要阵地。

二、社会变革运动与演进是新闻事业发展的外在动力

新闻一向被称作社会的喉舌。不管是把它看作哪一种意义上和范围内的喉舌,革命的喉舌也好,政党的喉舌也好,阶级的喉舌也好,政府的喉舌也好,还有人民的喉舌也好,总而言之,其喉舌的性质和地位几乎是天然注定的。所以,人类社会历史上每发生一些重大的变革或运动,新闻事业总要理所当然地成为这些变革或运动的最有力的宣传鼓动者。而且,自人类新闻事业正式产生以来的历史上所有社会革命家和社会变革运动的领袖人物们,也全都懂得和非常重视利用新闻工具直接服务于自己所领导的社会运动。这样的状况无论是外国也好,还是中国也好,都是决无例外的。就西方而言,在新闻事业的报业阶段,新闻的基本的社会角色就是从“革命喉舌”到“政党工具”,然后才又随着经济发展而逐步成为“大众化报纸”。在17世纪,刚刚诞生的印刷新闻纸,很快便卷入了政治斗争的旋涡,成为资产阶级推翻封建政权的舆论工具,充当了地地道道的“革命喉舌”。资产阶级执政以后,党派林立,相互攻讦,报纸又成了维护各党各派的政治权益的“政党报纸”。

无产阶级报纸的创立,也是很注意发挥其喉舌作用的。18世纪中期至19世纪中期,欧美主要资本主义国家先后完成了工业革命。无产阶级与资产阶级的矛盾进一步加剧。在反抗资产阶级的斗争中,工人开始建立自己的组织。到19世纪,随着阶级斗争的激化和深入,无产阶级报刊开始创立。尤其是在英国工人阶级掀起的宪章运动时期,更是出现了大批的工人阶级报刊。无产阶级的政党从一开始就重视办报,充分利用报纸投入批判旧世界和制造革命舆论的政治斗争。接着,

---

① 白润生.中国新闻通史纲要[M].北京:新华出版社,1998:24-29.

报纸便服务于夺取政权的革命斗争。列宁就曾这样说过：先说服俄国，再夺取俄国，后管理和建设俄国。那么，新闻的作用和意义是不可低估的。中国自近代以来，社会变革极其频繁。每一次重大的社会变革，也总是要有一大批新闻报刊被创办起来。从而也极大地将新闻事业向前推进一步。所以，中国的新闻事业更是与社会革命运动息息相关的。从太平天国运动的领袖人物开始，就提倡办新闻馆，设新闻官。尤其是改良运动、辛亥革命一直到五四新文化运动以及中国共产党领导的新民主主义革命，中国新闻事业的发展可以说是高潮迭起。其重要的社会原因就是这些风起云涌的社会革命运动的迫切需要和积极推动。

中国近代的改良运动应该说是中国历史上极其重要的社会变革运动。是中国人民走出封建专制思想体系的重要的一个起步之点。而改良派的领袖人物们也是最早看重报纸喉舌作用的政治家，尤其是梁启超，他一生所从事的革命活动中最有成效的一项事业就是办报纸。他认为："去塞求通，厥道非一，而报馆其导端也。"他甚至还进一步强调："阅报愈多者，其人愈智；报馆愈多者，其国愈强。"在这样的思想指导下，他甚至与人合作，共同办起了中国最早的一份党派性质的报纸，他在讲述当时办报之动机时说："当甲午丧师以后，国人敌忾心颇盛，而全瞢于世界大势。乙未夏秋间，诸先辈乃发起一政社，名强学会者。……彼时同人固不知各国有所谓政党，但知欲改良国政不可无此种团体耳。……遂在后孙公园设立会所，向上海购得译书数十种，而以办报事委诸鄙人。当时固无自购机器之力，且都中亦从不闻有此物，乃向售京报处托用粗木板雕印，日出一张，名曰《中外公报》，只有论说一篇，别无记事。……办理月余，居然每月发出三千张内外。然谣诼已蜂起，送至各家门者，辄怒以目，驯至送报人惧祸及，悬重赏亦不肯代送矣。其年十一月，强学会遂被封禁，鄙人服器书籍皆没收，流浪于萧寺中者数月，益感慨时局，自审舍言论外未由致力，办报之心益切。"于是，终于1896年创办了《时务报》。他和汪康年共同发起，他任主笔和经理，两人曾议论："非创一杂志，广泽五洲近事，详录各省新政，博收交涉要案，俾阅者周知全球大事，熟悉本国近况，不足以开民智而雪国耻。"①后来他还在改良运动中几次亲自办报、编报。成为中国历史上最有影响的报人之一。有人这样评价梁启超在新闻史上的重要地位："梁启超一生多与报刊为伍。从早年办《时务报》到晚年主持《庸言》，他主编或参与办的报刊有十多种，在国内外新闻学界有很大的影响。他自己也以报人自居，每谈及宣传或造舆论一事总是眉飞色舞，十分自信。近百年的中国新闻史或报刊史，梁启超占有突出的历史地位。尤令人敬重的是，从资产阶级的新闻学理论出发，梁启超阐述了一整套办报学说，为后人留下了宝贵的思想资料。"②

中国近代最优秀的报人也是当时最出色的社会改革家，可见新闻事业与社会

---

① 梁启超年谱长编[Z]：52.

② 李喜所，元青.梁启超传[M].北京：人民出版社，1993：653.

变革的密切联系。

三、生产方式和技术进步是新闻事业发展的社会物质保证

人类社会的生产方式包括生产力和生产关系两个方面，是决定历史发展和社会性质的根本因素。所以，在制约新闻事业产生和发展的众多因素中，生产方式是核心，是根本，它为新闻事业提供最可靠的社会结构保证，并决定新闻事业的性质和根本职能。而技术进步则是促进整个生产方式全面变革和发展的强大助力，而且，从客观上说，新闻事业对于技术条件的要求甚至依赖也相当突出，因而，传播技术和物质条件的变革和进步，在新闻事业的产生和发展过程中更是承担着具有先导意义的重任。

毫无疑问，新闻事业是在社会生产方式发展到一定阶段，适应一定的社会需要才产生的。当然，如果仅仅认为新闻事业是为了满足一定的社会需要还不免过于笼统，实际上，新闻事业的产生也好，发展也好，首先是某种特定的社会生产方式所决定的具体的社会需要所导致的必然结果。有了特定的社会需要，又必须有相应的技术手段和物质条件做基础，新闻事业才能顺利地产生和发展起来。而所谓社会需要，在不同的历史阶段和社会形态中是各不相同的，所以我们前面强调了"是某种特定的社会生产方式所决定的具体的社会需要"。比如近代新闻事业的发展，就是适应了市场经济和资本主义生产方式的产物。资本主义生产方式实行资本家私人占有制度和雇佣劳动制度，运用市场交换调节生产和消费，它形成于封建社会的末期。市场既是物资交易中心，也是信息交往中心；市场经济是高度社会化的生产方式，对信息沟通依赖性很强。人类社会发展数千年，只有到了信息交往成了生产活动必不可少的成分和要素之时，新闻事业才应运而生。在自给自足的自然经济环境中，经济生活的主要方式是自己生产自己消费，不需要了解他人和远方的需求，也不需要他人和远方了解自己的产品。物质交往的关系非常贫乏，信息交往自然也就无足轻重。所以，那时的新闻活动只是在有限的范围内进行，不可能也不必要从事大规模的新闻传播活动。况且，那时的技术条件和物质基础也极其落后，还远不具备产生近代新闻事业的最基本的物质条件。所以，社会的"不需要"和技术的"不允许"就没有提供新闻事业产生的土壤。而到了市场经济的时代，人们为了提高自己的劳动效率，也为了在市场上互通有无，信息交往的意义就越来越不可忽略。而且，有了这种社会生产方式的特别需要，又有了先进的技术条件和现代化的物质基础，新闻事业自然就水到渠成。所以有人曾经非常形象地说："资本主义商品经济孵化了新闻事业。"①

至于其他历史阶段和社会形态中也有另外的一些与之相应的社会需要。同样

① 复旦大学新闻系新闻理论教研室. 新闻学概论[M].福州：福建人民出版社，1985：37.

也会促使新闻事业的进一步的发展。比如，在资本主义和社会主义的历史发展过程中，由于生产力的发展引发社会经济形态的变革，新闻传播制度和管理体制发生相应的改革，新闻事业也便出现较大的改观。资本主义经济由自由竞争演变为垄断竞争之后，新闻体制也从自由主义模式改为集团垄断模式。而在我国，从计划经济向市场经济转型的社会变革过程中，新闻事业也进行了一系列调整和改革，从而使我国当今的新闻事业出现了日新月异的大好局面。

当然，所有的社会需要也都必须有相应的技术条件做保证，新闻事业才有可能去满足“社会的需要”。在新闻事业的发展中，“社会需要”与技术进步是缺一不可的。否则，仅有社会需要而没有必要的物质基础做保证，新闻事业的发展也是不可想象的。

四、政治民主是新闻事业健康稳步发展的决定性条件

社会政治生活的民主化是新闻事业能够得以顺利发展的必要条件，甚至可以说具有着决定性的作用。而且，就新闻事业本身的性质来说，也是一个国家建立和实施民主制度的重要组成部分，是人民大众行使民主权力的一种十分有效的渠道。新闻传播如果能够从体制和政策上实现高度的民主化，也就能够进一步推动和促进社会生活的更加充分的民主化。

从新闻事业发展的历史来看，一个社会的民主程度越高，新闻事业的发展就会呈现非常健康和良好的状态，整个新闻传播行业和领域就会完全正常运行乃至繁荣发达。反之，社会的民主化越低，新闻事业的发展就必然会受到遏止，甚至遭受政治上的摧残。从理论上讲，新闻事业是社会的思想结构中最活跃的部分和因素，而且，新闻活动也是所有社会活动中距离政治最近的一种意识形态和精神文化活动。政治上一有风吹草动，最先影响和波及到的就是新闻部门。所以，一个社会的政治上的民主一旦遭受破坏，新闻界便总是首当其冲。正因为如此，新闻事业从其诞生之日起，就不断地呼吁新闻自由。要求给传媒和公众以必要的传播和接受新闻的民主权力。

人类新闻事业的发展历史完全证明了这样的道理。在新闻事业诞生之初，封建统治仍占社会的主要地位。对于反映社会进步思潮的资产阶级报刊，封建专制者自然是极力阻挠的。因此，在这样的时期中，新闻事业不可能有很大规模的传播和发展。而也正是在这样的历史条件下，资产阶级为了登上历史舞台，首先就开始争取新闻自由。1644 年，约翰·弥尔顿公开提出“出版自由”的口号，特别是 18 世纪，以法国狄德罗为首的百科全书派宣传平等、自由，鼓吹“天赋人权”、“主权在民”等进步思想，掀起了伟大的反对封建思想的启蒙运动，使民主思想在社会得到广泛传播并逐步深入人心。正是在这样的历史背景下，新闻事业在 19 世纪的欧洲、北美出现了一个空前繁荣的时期。

我国新闻事业的发展，更是在不同的社会历史阶段由于民主程度的高低起伏，而表现得是一波三折。最早，长期的封建专制统治没有创造新闻事业产生和发展的社会及物质条件，而尤其是严格的封建等级制度没有任何民主气氛可言，使得我国早期的新闻事业进展非常缓慢。整个新闻机器完全掌控在统治者手中，那时的新闻业根本不可能有什么良性发展。五四新文化运动期间我国的新闻事业有了很大的改观，也正是由于民主和科学这些基本观念的推动。到“文革”10年，“四人帮”实行法西斯专政，新闻事业更是大大倒退。十一届三中全会以后，我国政治生活恢复了民主制度，解放思想、实事求是。新闻媒体与广大人民同呼吸、共命运，普通老百姓也能够利用媒体表达心声、畅所欲言。新闻事业于是出现了前所未有的繁荣景象。

五、满足社会信息需求是新闻事业的根本目标和方向

人类社会是一个不断发展的历史过程。而人类社会发展的直接结果就是生产的社会化程度越来越高。而生产的社会化程度越高，人们对信息的需求也就越是相应地大大增长。在信息化的社会，人们的生活也好，生产也好，一时一刻都离不开信息的获取与交流。那么，毫无疑问，新闻事业是现代社会中人们对信息获取与交流的最重要的渠道和方式。所以，我们的现代新闻事业发展的总的方向和目标，就是要最大限度地满足社会对信息的越来越增长的需求，从而也最大限度地发挥它的社会服务功能。

从根本上说，社会的生命就在于信息的流通。信息就如同整个社会机体的血脉。而在社会信息高度发达的信息时代，信息对于每个社会个体的意义则又如同空气对于人的有机生命。社会信息流通越快，社会整体的生命也就越是具有强大的活力；而如果是一个信息传递缓慢，甚至完全处于闭塞状态的社会环境，其整个社会的运转也自然就会缺乏动力。而个体在这样的社会环境中，由于得不到足够的信息的精神滋养，更得不到必要的生活信息的指导和交流，个体智慧也会受到抑制，随之而来的就是精神的麻木和心灵的愚昧。所以，信息对于人与社会的生存是至关重要的；而任何社会形态要取得不断发展，其对于信息流通的要求就一定是不断增长的。而新闻事业正是社会信息流通的最重要的一个部门。新闻业必须把满足整个社会需求以及每一个社会公众的基本信息需求作为最根本的目标和方向。社会对信息需求的不断增长促使了新闻事业的不断进步，同时，新闻事业又反过来以自己特有的功能强有力地推动了社会的发展和进步。

当然，新闻事业在发展过程中也不可能在所有时代都能完全同步地满足各个历史阶段的社会需求。社会的信息需求常常会与新闻自身功能发挥之间产生一定时间之内的矛盾或者错位。新闻从业者们必须及时正视和了解这样的矛盾。并从主观上积极能动地采取措施，尽快使不协调因素得到解决。而这种矛盾的每一步

解决，都将推动新闻事业在最大限度满足社会信息需求的方向上更加靠近。

基本概念与问题思考

1. 关于新闻起源的不同观点。
2. “新闻欲”及西方的有关说法有哪些?
3. 简述新闻事业发展的几个阶段。
4. 新闻事业发展的基本规律有哪些?
5. 叙述文化的“优势扩散”。
6. 社会变革与新闻事业发展的关系如何?
7. 简述集权主义时代的传播制度和新闻体制。
8. 什么是新闻的社会责任论?
9. 社会主义新闻事业的特征有哪些?
10. 新闻传播如何最大限度地满足社会信息需求?

第三章　新闻的社会意识形态属性

广义的意识形态，是支配人们生存方式的文化体系，是人们言行中自觉遵守的价值准则和思维方式，体现在神话、宗教、哲学、历史、文学、艺术、伦理道德、政治法律等文化形态里。而通常说的意识形态是狭义的，它从国家政治利益出发，体现为政党、政府、军队等部门的行为原则，并主导经济、文化、教育及社会生活的各方面。也可以说，意识形态是政治集团特有的文化体系，它既是一种特定的文化信仰，又是政治权力操作的行动纲领。在理论上，信仰、理想是根本目的，政治、权力是最高手段；而现实中，政治成为信仰的化身，因而也成了目的本身，人们自觉为政治目标奋斗。马克思主义认为，系统地、自觉地、直接地反映社会经济形态和政治制度的思想体系，是社会意识诸形式中构成观念上层建筑的部分。在阶级社会中，意识形态具有阶级性，集中体现一定阶级的利益和要求。19 世纪初，法国哲学和经济学家 D・特拉西在《意识形态概论》中首先使用了“意识形态”这个概念，认为意识形态是考察观念的普遍原则和发生规律的学说。马克思、恩格斯把意识形态作为和经济形态相对应的一个历史唯物主义重要范畴。意识形态是与一定社会的经济和政治直接相联系的观念、观点、概念的总和，包括政治、法律、思想、道德、文学艺术、宗教、哲学和其他社会科学等意识形式。显然，新闻也是具有意识形态属性的部门。而且由于新闻事业的产生是在人类早已进入阶级社会的历史时期，所以新闻事业也就从其产生之日起，便带有一定的阶级性。

第一节　不同社会形态与体制的新闻事业

就新闻的基本性质而言，它与其他所有的社会意识形态一样，都是社会生活与社会思想意识的一种反映，然而，当我们把研究的视线投向这一问题的更深的层次，就会发现：第一，尽管所有的社会意识形态最终都是经济基础的反映，最终都由经济基础所决定，但它们各自与经济基础并非处于等距离状态，相对而言，新闻事业与政治的关系是最为密切的，而且在一定意义上又与经济活动直接关联，因而其与经济基础的距离也是最近的。第二，新闻虽与哲学、宗教、文学、艺术等意识形态一样，都反作用于经济基础，但它们作用的对象、内容、方式、过程又都是很不相同的，而新闻的反作用也应该说是最为直接的和快速的。这说明：新闻是一种不同于其他意识形态的特殊意识形态。这种特殊性就是新闻区别于其他一切社会意识形态的内在规定性。

在阶级社会里，不同社会体制下的新闻事业有着不同的阶级属性。有什么样的社会体制就会有相应的新闻事业。而在不同阶级和社会形态下的新闻事业也表现着各自不同的特征。这里，首先简要概述资产阶级和无产阶级两大体制下的新闻事业。

1. 资产阶级的新闻事业

新闻事业最早是伴随着资本主义商品经济的兴起而产生的。资本主义的商品经济不仅为新闻事业的产生创造了必要的社会条件和全部的物质条件，而且带来了全社会思想文化的大解放，为新闻事业的产生提供了思想文化土壤。即资本主义的商品经济孕育了新闻事业，新闻事业是资本主义商品经济发展的必然结果。因此，从体制上看，历史上最早出现的新闻事业是在资本主义阶段。

(1) 17 世纪初，西欧相继出现了许多连续出版的印刷报纸。世界现存的最早的印刷周报是 1609 年德国的《报道与新闻报》。17 世纪上半叶，为了缩短新闻传播的时间，周报开始改为日报，如 1660 年德国的《莱比锡新闻》是世界上最早的印刷日报。一般认为，周报、日报的发展使得报纸已经成为一种企业，成为一种经常的、制度化的事业——新闻事业。

(2) 17 世纪中叶至 18 世纪，以英、美、法等国为代表的许多欧美国家爆发了资产阶级革命，最终推翻了封建政权，建立了资本主义制度。资产阶级为了登上历史舞台，就将报刊作为宣传自由、平等、博爱等资产阶级民主思想的舆论工具，为资产阶级政权的建立创造舆论环境。此时的许多报刊具有鲜明的政治倾向性和革命的鼓动性，成为反对封建专制、反对教会的最强大的思想武器。如法国大革命时期马拉主编的《人民之友报》；英国“辉格党”的《每日新闻报》；美国独立战争期间，资产阶级革命家富兰克林、杰弗逊、潘恩等创办的大量报刊等。

与此同时，一些资产阶级革命家提出了一系列著名的新闻出版思想和观点。如 1644 年，英国诗人、政论家弥尔顿发表演说，倡导言论、出版自由，即后来出版的《论出版自由》。这是人类历史上第一次系统地提出新闻出版自由，不仅奠定了资产阶级新闻自由理论的基础，而且对后来的资产阶级新闻理论乃至整个新闻事业的发展都产生了巨大的影响。

(3) 18 世纪后半叶至 19 世纪初，资产阶级正式登上历史舞台。而资产阶级内部由于各自的政治及经济利益也开始分化。此时的报刊又变成了资产阶级内部各派别、各集团进行争斗、谩骂甚至人身攻击的工具，在社会生活中扮演了一个极不光彩的角色。这个“政党报纸”时期，就连资产阶级的新闻学者都认为是资产阶级报刊史上“最黑暗的时代”。美国的资产阶级报纸是这一时期的典型代表。

(4) 19 世纪 30 年代，“政党报纸”被“大众化报纸”所取代。“大众化报纸”又称便士报、廉价报纸。它十分强调报纸的独立性，声称“不党、不私、不偏、不倚”，即不受任何政党、团体左右；大量刊登广告，保持经济独立；大量刊登趣味性强乃至耸人听闻的新闻报道；价格低廉，大量发行。“大众化报纸”使报纸成为一种资本主义企业，经营完全企业化。到19世纪末，“大众化报纸”已经成为资产阶级报纸的主体。

(5) 19世纪末到20世纪初，随着欧美各国经济的迅速发展，原来各自独立的“大众化报纸”纷纷被有实力的资本家收买，形成报系或报团。所谓报系或报团，是指在不同地区拥有多种报刊的托拉斯。其资本相对集中，由某个资本家或更大的垄断资本集团统一经营管理，有一致的办报思想和方针。之后，金融垄断资本将众多的报系或报团组成更大的垄断报业集团；及至今日，垄断资本主义已经转变为国家垄断资本主义。而国有垄断资本与私人垄断资本的结合，又使得垄断报业演变成了集各种传播媒介于一体的庞大的传播集团。国外有的学者称之为“传播帝国”。

总之，资产阶级新闻的性质，随着其意识形态的逐步发展，其意识形态的属性也有着相应的变化，但是却不能摆脱其资产阶级的本质属性。在资产阶级为夺取政权而斗争的时候，他们的报刊就是为了宣传资产阶级思想，为资产阶级革命呐喊助威；后来资产阶级取得了权力，资产阶级的报纸又开始为其政权服务；而随着资本主义经济的进一步发展，商业报纸的出现，开始出现自由竞争，标榜自由与公正，但是仍然是站在资产阶级这个大的集团利益下的，仍然是为资产阶级的整体利益服务的，仍然具有资产阶级的意识形态属性。随着垄断资本主义的出现，西方的新闻媒体也开始出现集团化，通过并购、收买，使得多数的媒体被控制在少数的报业巨头手中，这时的新闻媒体的自由已经更是被限制在少数大资本家的利益范围之内，而资本家为了自身的利益也会联合国家，做出相应的倾向，因此，其意识形态的属性仍然是不可避免的具有资产阶级的烙印。

2. 无产阶级的新闻事业

18世纪后半叶至19世纪中期，欧美的几个主要资本主义国家先后完成了工业革命。工业革命不仅创造出了巨大的社会财富，而且也创造出了一个新兴的阶级——无产阶级。无产阶级在与资产阶级的斗争中，建立了自己的组织，工人报刊也随之开始出现。

(1) 19世纪20年代，随着无产阶级反抗资产阶级剥削和压迫斗争的深入开展，出现了最初的无产阶级报刊。如1825年伦敦各行业代表委员会创办的《各行业新闻及工匠周刊》，1828年美国工人组织创办的《机器工人自由报》，1830年英国全国劳工保护协会创办的《联合行业周报》及后来的《人民之声》周刊等。这些报刊站在工人阶级的立场上，反映工人的要求，支持工人的罢工，为维护工人的基本利益和权利进行了不懈的斗争。但由于当时的无产阶级还没有从整体上完成自在阶级向自为阶级的转变，因此，这些早期的工人报刊还算不上是完全意义上的无产阶级新闻事业。

(2) 19世纪三四十年代，法国、英国和德国相继爆发了规模宏大的工人运动，如法国里昂纺织工人的起义、英国的宪章运动及德国西里西亚纺织工人的起义，这三大工人运动标志着无产阶级已经作为一支独立的政治力量登上了历史舞台。也正是在这一时期，产生了革命的、政治性的无产阶级报刊。其中，最著名的是1837年创刊的《北极星》周报。该报坚持出版15年，是在群众中最有威信、影响最大的宪章派报纸。马克思、恩格斯曾经给予很高的评价，称它为真正民主和摆脱了民族、宗教偏见的报纸，“在各方面都成了欧洲最优秀的报纸之一”①。

(3) 19世纪40年代后期，马克思恩格斯创立了辨证唯物主义和历史唯物主义，奠定了无产阶级科学世界观的基础，从而使得无产阶级逐渐形成并诞生了一个独立的、自觉的阶级政党。1847年6月，共产主义者同盟成立，这是人类历史上第一个以科学社会主义理论为指导的无产阶级政党。1848年2月发表的《共产党宣言》，就是科学社会主义理论与工人运动相结合的产物，标志着工人运动进入了一个新时期。

1848年6月，马克思、恩格斯创办了《新莱茵报》，它是全世界第一份真正的无产阶级报纸，是第一份无产阶级政党的机关报。《新莱茵报》一创刊就高举无产阶级国际主义大旗，大力支持各国工人阶级的革命事业，始终坚持与敌人进行斗争，宣传无产阶级革命的纲领和路线，充分体现出了无产阶级报纸的性质。《新莱茵报》在世界无产阶级报刊史上写下了光辉的一页，树立了一座不朽的丰碑。列宁称赞它是“最好的、无与伦比的革命无产阶级的机关报。”

(4) 19世纪末20世纪初，世界无产阶级的革命中心逐渐转移至俄国。1900年12月，列宁同普列汉诺夫等人在德国的莱比锡创办了《火星报》，这是全俄无产阶级的第一个政治报纸。报纸明确提出了建党计划：“报纸的作用并不限于传播思想，进行政治教育和吸引政治同盟军，报纸不仅是集体的宣传员和集体的鼓动员，而且是集体的组织者。”《火星报》是继《新莱茵报》之后国际共产主义运动史上最出色的马克思主义政党机关报。

1912年，俄国掀起新的革命高潮，群众性的工人日报《真理报》应运而生。它继承和发扬《火星报》的优良传统，造就了整整一代新的革命工人。十月革命胜利后，《真理报》成了社会主义报刊的典范和核心。

中国共产党在新民主主义革命时期创办的报刊也是世界无产阶级报刊体系的重要组成部分。1922年，中国共产党创办了第一个中央机关报——《向导》；1925年，创办了第一个日报——《热血日报》；1931年，创办了红色中华通讯社；抗战期间，又先后创办了《解放日报》《新华日报》；1940年，创办了延安新华广播电台。它们在不同时期，大力宣传党的各项方针政策，团结人民，打击敌人，为争取革命的最后胜利做出了巨大的贡献，也为社会主义时期新闻事业的发展奠定了坚实的基础。

而社会主义新闻事业正是在无产阶级夺取政权、建立社会主义制度之后出现的一种崭新的新闻事业。1917年，世界上第一个社会主义国家——苏联成立，社会主义新闻事业从此走上了人类历史的舞台。

---

① 马克思，恩格斯.马克思恩格斯全集(第2卷)[M].北京：人民出版社，1985：668.

此外，第二次世界大战后，亚、非、拉地区一大批国家摆脱了殖民主义统治，获得了民族独立，并逐渐形成了第三世界。从 60 年代起，广大第三世界的发展中国家掀起了一股“建立世界新闻传播新秩序”的巨大潮流，并得到了国际社会的广泛认同，取得了可喜的进展。

综上所述，新闻事业从诞生至今的 300 多年间，由于不同的国家、社会制度、文化传统，其体制和类型也日益呈现多样化的态势。但是，从整体上看，世界新闻事业的类型也不外乎三种：资本主义新闻事业、社会主义新闻事业、第三世界发展中国家的新闻事业。资本主义新闻事业发展最早，凭借几百年来强大的经济和科技力量，是构成目前世界新闻事业体系中实力最雄厚的一部分；社会主义新闻事业虽然只有几十年的历史，且发展道路曲折，但它代表着人类新闻事业的历史走向，必将开拓出广阔的发展前景；第三世界发展中国家的新闻事业，尽管在发展进程中不尽一致，指导方针上也存在着差异，但它同样是构成世界新闻事业体系中的一份子，是“建立世界新闻传播新秩序”的一支不可忽视的重要力量。

第二节　社会主义新闻事业的基本性质问题

1. 客观认识新闻事业的阶级性

所谓新闻事业的阶级性，是指新闻事业在运用新闻手段来报道事实、反映客观世界的过程中，总是会表现出特定阶级的立场、观点，并为本阶级的政治、经济、文化等活动提供有利的社会舆论环境

因为，新闻事业是建立在一定社会的经济基础之上的上层建筑范畴。在一般情况下，新闻事业都是被社会生活当中占统治地位的阶级所控制。他们必然地从本阶级的根本利益和需要出发，建立居于统治地位的上层建筑，如国家机构、政治、法律制度等，包括新闻传播机构。即统治阶级必然要通过新闻事业为自己的政党服务。无论何种新闻事业，都不能超越统治阶级的意志，只能在统治阶级允许的范围内活动。不同阶级的新闻事业即便是在报道同一件新闻时，也往往出现差异，甚至出现完全相反的报道。毕竟“统治阶级的思想在每一时代都是占统治地位的思想。这就是说，一个阶级是社会上占统治地位的物质力量，同时也是社会上占统治地位的精神力量。支配着物质生产资料的阶级，同时也支配着精神生产的资料。因此，那些没有生产资料的人的思想，一般地是受统治阶级支配。”①所以，只要阶级还存在，新闻事业的阶级属性就不可避免。用毛泽东同志的话说：“在阶级消灭之前，不管通讯社或报纸的新闻，都有阶级性。”②

① 马克思，恩格斯.马克思恩格斯选集(第 1 卷)[M].北京：人民出版社，1972：52.
② 毛泽东.毛泽东新闻工作文选[M].北京：新华出版社，1983：191.

当然，我们说新闻事业具有强烈的阶级性，是指它在阶级社会的基本属性，并不能因此否认新闻事业的其它属性和职能。任何思想上的简单化、片面化、绝对化都会导致理论和实践上的错误。一句话，我们应当坚持历史唯物主义的基本观点，以实事求是的科学态度来看待新闻事业的阶级性。

2. 社会主义新闻事业的党性原则

在阶级社会，新闻事业是掌握在一定阶级手中的舆论工具，具有强烈的阶级倾向性。阶级斗争一旦发展到一定的阶段，势必演变成为政治斗争。而“各阶级政治斗争的最严整、最完全和最明显的表现就是各政党的斗争。”①即一定阶级的政党无不自觉地以新闻工具作为自己的斗争武器，也就不可避免地赋予各种新闻事业以鲜明的党性。

1）党性原则概说

关于党性概念，是马克思恩格斯在1847年指导《德意志—布鲁塞尔报》时，在该报发给一位读者的公开信中提出的。“它是一份彻头彻尾有党派的报纸，如果有人认为它是无党派性的，那是对它的最大侮辱。”马克思恩格斯进一步指出，在现代文明国家，每家报纸无不表达它所代表的政党的意见，无产阶级政党需要的首先是政治性的机关报，这种报纸是党的战斗旗帜，能够确保全党以党特有的严格党派倾向进行阶级斗争。

而列宁在1895年谈到民粹主义的问题时，也曾明确了党性的概念。他讲，唯物主义本身包含有所谓党性，要求在对事变做出任何估计时，都必须直率而公开地站到一定社会集团的立场上。1905年，列宁在著名的《党的组织和党的出版物》一文中，则又将党性概念具体化了。他旗帜鲜明地提出了“党的出版物的原则”——“这不只是说，对于社会主义无产阶级，写作事业不能是个人或集团的赚钱工具，而且根本不能是与无产阶级总的事业无关的个人事业。无党性的写作者滚开！超人的写作者滚开！写作事业应当成为无产阶级总的事业的一部分，成为由全体工人阶级的整个觉悟的先锋队所开动的一部巨大的社会民主主义机器的‘齿轮和螺丝钉’。写作事业应当成为社会民主党有组织的、有计划的、统一的党的工作的一个组成部分。”②因此，无产阶级的新闻事业不仅具有鲜明的党性，而且公开宣布自己的党性，声明在新闻工作中体现无产阶级政党的思想意志、政治要求和组织原则。这是无产阶级新闻事业区别于其他阶级的新闻事业的显著标志。

早期的资产阶级新闻事业，也大多以政党报刊的面目出现，直接宣传资产阶级政党的思想和政策，不讳言自己的党派性。后来以商品化为特征的资产阶级新闻企业，标榜报道的客观、公正，不受政府和政党的控制。然而事实上，大多数商品化的资产阶级新闻企业都依附一定的财团，而财团又支持和控制一定的政党。因此，

① 列宁.列宁选集(第1卷)[M].北京：人民出版社，1972：660.

② 列宁.党的组织和党的出版物[J].红旗，1982(22).

资产阶级新闻事业仍然反映和维护着资产阶级的阶级或集团的利益，不能摆脱其党派性。正如列宁同志所言："在资产阶级社会中，非党性不过是属于饱食者的政党、统治者的政党、剥削者的政党的一种虚伪、隐蔽和消极的表现。"①

2）社会主义新闻事业的党性原则

新闻事业的党性原则，不仅在无产阶级革命时期是适用的，在无产阶级取得了政权、进行社会主义建设时期同样是适用的。在社会主义社会，新闻事业成为社会主义国家的事业，成为社会主义上层建筑的一部分，担负着宣传社会主义物质文明和精神文明的任务。在工作中坚持党性原则，就是坚持社会主义的政治方向。

社会主义新闻事业的党性在政治上的表现，就是积极、准确、生动地向群众宣传党的纲领路线、方针政策，并组织和引导群众贯彻执行，使党的政策成为广大群众自觉行动的理论指南。毛泽东同志曾指出："我们的政策，不光要使领导者知道，干部知道，还要使广大的群众知道。群众知道了真理，有了共同的目的，就会齐心来做。报纸的作用和力量，就在它能使党的纲领路线、方针政策、工作任务和工作方法，最迅速最广泛地同群众见面。"②因此，要在新闻工作的实践中贯彻党性的要求，必须注意以下几点：宣传党的路线政策必须立场坚定，旗帜鲜明；要明确党的总路线总政策与具体路线具体政策之间的关系；善于把党的政策变为群众的自觉行动；实事求是地反映群众的呼声、意见和要求，在实践中检验党的政策。

社会主义新闻事业的党性在思想上，就是要以党的指导思想作为新闻事业的指南，宣传党的思想体系和理论基础。无产阶级政党的指导思想是马克思主义。在我们今天的新闻宣传中，仍然必须坚持以马克思主义为指针。即对于马克思列宁主义、毛泽东思想的基本观点，应当结合当前的实际情况，持久不懈地进行生动有力的宣传。具体说来：要密切结合实际，完整地、准确地、生动地宣传马克思列宁主义、毛泽东思想的基本观点和基本知识；要以马克思列宁主义、毛泽东思想的基本观点、立场和方法，对各种新闻事件进行解释和报道；要有高度的政治坚定性和鲜明的战斗风格。毛泽东同志在 1948 年对《晋绥日报》编辑人员的谈话中曾经指出："我们必须坚持真理，而真理必须旗帜鲜明。我们共产党人从来认为隐瞒自己的观点是可耻的。我们党所办的报纸，我们党所进行的一切宣传工作，都应当是生动的、鲜明的、尖锐的，毫不吞吞吐吐。这是我们革命无产阶级应有的战斗风格。"③

社会主义新闻事业的党性在组织上的要求，就是接受党对新闻事业的领导，1942 年中共中央宣传部在《为改造党报的通知》中规定："把报纸办好，是党的一个

① 列宁.列宁选集(第 1 卷)[M].北京：人民出版社，1972：661.

② 毛泽东.毛泽东选集四卷合订本[Z].北京：人民出版社，1964：1213.

③ 毛泽东.毛泽东选集四卷合订本[Z].北京：人民出版社，1964：1217.

中心工作，要使党报编辑部与党的领导机关的政治生活联成一气。”①1981 年 1 月 29 日发表的《中共中央关于当前报刊新闻广播宣传方针的决定》，又进一步明确规定：“报刊、新闻、广播、电视是党的舆论机关，要加强组织性纪律性。必须无条件地同中央保持政治上的一致，不允许发表与中央路线、方针、政策相违背的言论。必须接受和服从党的领导，凡是涉及党的路线、方针、政策以及重大政治性的理论问题，对外必须统一于党中央的决定和口径，与党的步调一致，不得各行其是。”即党对新闻事业的领导，主要是思想上、政治上、组织上的领导，是对宣传党的思想观点、方针、政策的领导。因此，在我国社会主义制度下，所有的新闻事业都必须接受党的领导。

如今，在我国的社会主义市场经济的条件下，尤其是在全球化进程越来越加快的趋势下，我们的新闻媒体面临着巨大挑战，这就更加需要继续坚持党性原则。为我国的社会主义的事业服务，与党的路线方针政策保持一致。

第三节　新闻党性的有效保证——政治家办报

一、“政治家办报”的含义

据新闻界老前辈吴冷西同志回忆，早在 1954 年，毛泽东同志就讲过：“搞新闻工作，要政治家办报。”1957 年，毛泽东同志再次强调：“写文章尤其是社论，一定要从政治上总揽全局，紧密结合政治形势。这叫政治家办报。”②

“政治家办报”思想，充分体现出新闻从业者积极入世、敢于直面社会现实的职业使命感和社会责任感。毛泽东提出“政治家办报”的这一主张，针对的正是“同人办报”的旧传统。旧中国办报，多是“集资千金，局居斗室，因陋就简，就可创业”。如此一来，仅凭理想与兴趣，纯粹的书生意气，“同人之报”难免狭促为小圈子票友们的俱乐部，或孤芳自赏，将百姓视为愚民；或愤然弃世，鸳鸯蝴蝶自娱自乐无论春秋……而作为一个有着政治家风骨的新闻人，则会让自己成为一位活跃的、热情的社会活动家，参政议政，永远将自己置于时代的风口浪尖，竭尽所能为人民为社会作出贡献。与世无争固然可贵，但即使看透黑暗险恶、仍怀揣理想积极进取则更加令人钦佩。“政治家办报”，就是要既能为了“超越”“发展”而努力让自己适应社会、进入主流话语圈，又能不完全淹没于现实，利用自己的话语权改造现实，只有这样，社会才有希望。

1996 年 1 月 2 日，江泽民同志在接见《解放军报》社师以上干部时的讲话中说：

---

① 中国社会科学院新闻研究所编.中国共产党新闻工作文件汇编(上卷)[Z].北京：新华出版社，1980：126.

② 转引自郝雨，王艳玲.新闻学概论[M].上海：上海大学出版社，2003：200.

“最近，中央多次强调，高级干部一定要讲政治，在政治问题上必须头脑清醒。毫无疑问，在党的新闻工作中同样要强调这个问题，这是新的形势和任务提出的必然要求。因此，报社的同志，必须讲政治，必须具有良好的政治素质，具有很强的政治鉴别力和政治敏锐性，必须树立高度的政治责任感。每个同志都要自觉地在思想上、政治上与党中央保持一致。”①江泽民同志这次重申“政治家办报”，强调报纸的宣传艺术，不仅仅是重复毛泽东当年的讲话精神，重要的是向新时期的党报工作提出了新的任务和更高的要求。

所谓“政治家办报”，主要是指办报的人要有政治头脑，要有高度的政治敏锐性和政治鉴别力，在复杂的事实面前能够做到把握全局，高瞻远瞩。正如有学者所说：“毛泽东要求要政治家办报，不要书生办报，就是要求记者能够透过形形色色的现象从政治的高度把握事物。一个新闻工作者，如果不能从政治上观察问题，没有高瞻远瞩的政治眼光，只能是一个三流记者。”②

确实如此。“新闻作为一种意识形态，作为宣传、教育、动员人民群众的一种舆论形式，总是直接或间接地反映我们党和国家的政治立场、政治主张和政治观点。我们的报纸办得好，可以对党的路线、方针、政策和任务起到有力的宣传、贯彻作用，对群众起到极大的动员、鼓舞作用，对先进的东西起到积极的倡导弘扬作用，对错误的东西起到及时的制止、纠正作用，还可以对科学知识起到广泛的传播、普及作用。”③

换言之，“政治家办报”，包含两层意思：一是对一切新闻工作者的具体要求，每个报人都要有政治家的眼光、政治敏锐力和政治责任感；一是各种新闻事业都要“讲政治”，要体现出坚定的党性原则。

二、坚持“政治家办报”的有关原则

1. “讲政治”

强调“政治家办报”，最根本的就是要求新闻工作者一定要“讲政治”。那么，在新闻事业的工作和实践中究竟如何来体现“讲政治”的原则呢？

对此，有人曾经做过如下阐述：①要自觉地在思想上、政治上与党中央保持一致；②树立大局意识，积极而有效地为党的中心任务服务；③牢记全心全意为人民服务的宗旨；④善于学习，不断提高自身的政治素质④。只有这样，我们才能提高自身的政治水平、理论水平和思想水平，才能善于从政治上去分析和处理各种新闻事件，运用各种新闻素材，挖掘各种新闻资源，才能在新闻作品中自然而生动地体

---

① 转引自郝雨，王艳玲.新闻学概论[M].上海：上海大学出版社，2003：200.

② 李广增.新闻传播学[M].保定：河北大学出版社，1997：44.

③ 转引自郝雨，王艳玲.新闻学概论[M].上海：上海大学出版社，2003：200.

④ 尹维祖.讲政治是党报工作的基本准则[J].新闻战线，1996(3)：11.

现出我们党的政治立场和政治观点，进而达到引导人、启迪人、教育人、激励人的目的。

“当然，强调讲政治，并不意味着简单地重复一些政治口号，搞一些空洞的东西。要讲究宣传艺术，增强吸引力、感召力和说服力，把报纸办得生动活泼，喜闻乐见。”江泽民同志这段话的意思是办报“讲政治”，但又要避免把所有的报纸都办成一成不变的政治思想教育报，切忌抽象、教条地去宣传党的方针、政策。对此，邱曙东在《略论社会主义市场经济条件下办报“讲政治”》一文中也曾谈到：“办报讲政治，但又要克服办报思想的误区：不是否定办报规律而不讲宣传艺术；不是单一强调舆论导向功能而忽视其他信息传递、娱乐功能等；也不是空喊空洞的口号。”①

2. 政治家的眼光

关于“政治家办报”的前一层含义，即要求有政治家的眼光、政治敏锐力和政治责任感，就是要求新闻工作者要具有政治素质。“为什么政治素质是一个重要的问题呢？这是由新闻工作的性质决定的。新闻工作同政治是密切联系的，任何一家报纸、电台、电视台的新闻宣传都服务、体现一定的政治，这是马克思主义新闻学的基本观点。”②

具体说来，新闻工作者的政治素质主要包括以下几个方面：

(1) 新闻工作者要有坚定正确的政治立场，坚持和宣传四项基本原则，自觉地与党中央保持高度一致。即在原则问题上，一定要立场坚定，旗帜鲜明，要把国家、人民的利益放在第一位。也就是说，有了正确的政治立场，就有了政治敏感性，就会对新出现、新发生事物的政治属性、政治倾向、政治后果及政治意义等迅速而准确地作出判断，并进而确定这件事情是否有意义，是否需要报道以及应当怎样报道。

(2) 要有较高的理论修养。我们的政治不是自发的、盲目的政治，而是一种自觉的政治，那就需要懂得理论。理论是行动的指南，只有正确的、科学的理论才能使自己的政治信仰坚定不移。而只有坚定了正确的政治立场，才会有强烈的政治责任感，时刻想到自己手中这支笔的分量，使自己写出来的东西要对社会负责，对人民负责，尤其要经得起读者的检验、经得起社会实践的检验。

(3) 还要有优良的思想作风。它既是实现政治方向的一个重要因素，也是一个人政治方向的外在的、经常的、具体的体现。如坚持勤奋敬业、实事求是、艰苦奋斗、清正廉洁、勇于创新的思想作风，就能够与人民群众同呼吸、共命运。用恩格斯的话说：“党的新闻工作者仅仅有写作才能或理论知识是不够的，还需要熟悉党的斗争条件，掌握这种斗争的方式，具备久经考验的耿耿忠心和坚强性格，最后还必须自愿地把自己列入战士的行列中。”③

---

① 邱曙东. 略论社会主义市场经济条件下办报“讲政治”[J].新闻战线，1996(5)：11-13.

② 邵华泽. 谈新闻工作者的政治素质[J].新闻战线，1996(3)：5-7.

③ 马克思，恩格斯.马克思恩格斯全集(第20卷)[M].北京：人民出版社，1985：113.

(4) 要对人民群众怀有深厚的感情，经常深入到人民群众之中去，了解他们的生活状况，反映他们的愿望、要求和呼声。1996年9月26日江泽民同志视察人民日报社时的讲话中指出："新闻工作、党报工作，说到底也是群众工作，是我们党联系群众的重要纽带。密切联系群众，是新闻工作者的必修课和基本功。大家要树立牢固的群众观点，同广大人民群众同呼吸、共命运，善于做调查研究工作，紧扣时代的脉搏，倾听群众的心声。"可以这样说，这既是对新时期新闻工作者的思想政治修养提出的新的更高的要求，也为新闻工作者加强思想政治素质指明了目标和努力的方向。

综上所述，坚持"政治家办报"的方针，是对党的新闻工作者的一项很高的要求。毕竟"党报的负责同志和全体编辑、记者，都不是什么自由撰稿人，也不是旧时报馆里的报人，更不是西方资本主义国家报刊的老板和雇员，而是马克思主义的新闻工作者，是党的新闻战士。"①因此，党报的工作人员特别是领导干部，都要以马克思主义政治家的标准来要求自己；必须具备与之相适应的政治、思想、理论水平；必须立场坚定，政治成熟，胸有全局，高瞻远瞩；必须从全局出发，从党和人民的整体利益出发；必须用马列主义、毛泽东思想和邓小平理论武装自己，全面提高自己的政治思想素质。只有这样，只有坚持不懈地努力工作，我们的新闻工作者才能成为称职的新闻战线上的政治家，才能把党的新闻工作提高到一个新的水平。

基本概念与问题思考

1. 理解下列概念："政党报纸"、"大众化报纸"、"政治家办报"。
2. 了解《人民之声》周刊、《北极星》周报。
3. 简述资产阶级体制下的新闻事业。
4. 简述无产阶级形态下的新闻事业。
5. 为什么说新闻事业具有阶级性？
6. 试论社会主义新闻事业的党性原则。
7. 简述"政治家办报"的含义。
8. 论述新闻工作者的政治素质。

① 王晨．面对传媒之寰[M].北京：中国发展出版社，2000：78.

第四章　新闻的媒介及其演进

本书在前面的一些章节中已经谈到，人类新闻事业的产生和发展，从根本上看，取决于大众传播媒介的诞生和发展。在印刷技术这样的规模化传播媒介产生以前，人类的基本传播活动以及小范围小规模的新闻活动，虽然也已经具备了新闻事业的雏形，但是，还不能等同于人类现代的新闻事业。而在某种意义上，传者与受众才是整个传播活动中的一对主体对应物，而新闻信息则只是建立两者的联系与沟通的渠道和桥梁。但是，信息是如何建构传者与受众的有形联系的呢？此时，我们便不得不谈及“媒介”这一概念。事实上，信息只有通过媒介才能实现其传播价值。因为归根结底媒介是信息的物质载体。没有媒介，人们的社会交往尤其是信息的交流和传播，就无法展开。所以，新闻传播媒介，被称为现代社会最重要的信息纽带和“生命链”。

第一节　新闻传播的三大传统媒介

汉语中的“媒介”一词，最早见于《旧唐书·张行成传》：“观古今用人，必因媒介。”而英语中的“媒介”一词（Medium），大约在20世纪20年代开始应用，其主要含义也是：使事物之间发生关系的中介体、手段、工具等。

从媒介发展的角度看，人类传播的历程大致可分为六个阶段，即亲身传播时代、口头语言时代、文字书写时代、印刷媒体时代、大众传播时代、网络传播时代。有人将这称为人类传播的五次重大革命。而人类传播的五次革命，又主要表现在传播媒介的发展上。因而可说是媒介发展代表了人类文明的进步程度和社会历史的先进程度。

一、人类传播媒介的演进历程

1. 口语传播时代

在人类还没有完全与动物彻底分离开的时期，那时的传播媒介只能是靠自身的动作，或者叫做“体语”，这种原始状态的传播是由这一时代人类的生理局限导致的。古人类学家对早期类人动物头盖骨、舌长及软骨组织结构的研究显示，这一时代的人类不具备“说话”的基本生理条件。也就是说，他们虽然已会发声，但不会“说话”。而在我看来，能够“发声”的生理能力，却也恰恰源于那时的“人”已经有了传播和交流的欲望，只是距离可以准确表达意思的“说话”能力，还路途遥遥。

随着人类各种生理机能的不断进化，传播与交流的欲望和需求也在不断积累，最终为语言的诞生奠定了基础。语言不但成了人类与动物的最早的分界，而且使得人类有了最早的交际与传播的工具。施拉姆指出：语言的产生，标志着人类已经“学会把声音和它们所指的对象分离开”，拥有了“可以随处携带和用来在一切地方都指同一样东西的声音符号，而无须指着对象或站在对象旁边或朝对象嗥叫”，①从而摆脱了亲身传播时代人的信息传播对“具体对象”的依赖，极大地拓宽了传播范围，丰富了传播内容。这就是人类的第一次传播革命。

2. 文字传播时代

在第二次传播革命中，人类发明了文字。这个时代大约始于5000年前。口头语言传播给人类传播带来了许多方便，但是，口头传播的传受双方必须同时在场。而且口头语言传播又有着“转瞬即逝”的特点。随着人们之间交往活动范围的日益扩大，为了形成更加复杂的社会组织，也为了传承知识和经验，人类又在传播的媒介形式上进行了更大规模的创造。于是，各大古代文明先后发明了文字。这使人类在“学会把声音和它们所指的对象分离开”，即发明了语言之后，“又学会了把声音同发出声音的人也分离开来”。媒介的功能于是产生了更大的延伸。文字是记录和传达人类语言的书写符号，是使得更多的人们可以在更大范围和更长时间内进行交流和传播的新工具、新媒介。它的产生是人类进入文明社会的重要标志。

3. 印刷媒体时代

第三次传播革命就是印刷术的发明。用印刷手段传播信息，克服了书写传播用手工书写难于大规模复制信息的局限性。在这之前，由于媒介笨重、符号复杂、复制困难以及传播垄断，书本知识只被少数人掌握，竹简、帛书、邸报等书写媒介也只能在上流社会中传递。印刷术给整个人类社会的发展带来了巨大的影响。利用印刷术，人们可以大量地、高效率地获取信息，一本书可以精确地复制，成批生产，文化因此得到了更为广泛地传播。印刷术的产生和流传还打破了少数人对知识的垄断，加速了新思想、新观念在更大范围内进行有效的传播，进而在西方首先引发了文艺复兴，并导致了工业革命。而随着印刷技术的发展，报纸等新闻出版物很快就在全世界普及开来。

按照美国社会学家查尔斯·库利在《社会组织》(1909)一书中的观点，报纸、书籍和杂志作为新的大众媒介，它不仅消除了人们相互隔绝的障碍，影响到社区相互作用的方式，而且引起了社会的组织和功能的重大变化，甚至永久地改变了那些使用者的精神面貌和心理结构。因为，“个人通过与更大范围的、更多样化的生活发生关系而头脑开拓，而且这种生活给他带来的大量的不断变化的启发，使他保持兴

① 威尔伯·施拉姆.传播学概论[M].北京：新华出版社，1984：7-10.

奋,有时甚至兴奋过度。"①总之,印刷术所带来的传播革命,使人类社会在各个方面都发生了前所未有的深刻变化。

4. 大众传播时代

电信技术的发明,引起了第四次传播革命。也使人类社会开始真正进入了大众传播时代。大众传播时代的到来首先是由于大众化报纸的出现。由于工业革命带来的造纸、印刷、交通等领域的一系列巨大变革,极大地降低了报纸的生产成本,提高了报纸发行的数量和速度,为报纸的大众化奠定了物质基础。从19世纪三四十年代起,美国、英国、法国等相继进入"大众化报纸"时代。而在定期印刷的报纸产生了300年后,又出现了广播和电视这两类大众传播媒介。广播的产生,标志着电子媒介时代的来临。到1936年11月2日,世界上第一座电视台——英国广播公司(BBC)电视台正式开播,电视新闻媒介正式产生。至此,大众传播时代真正来临。

在人类的第四次传播革命中,以广播和电视为主体的电讯传播,不仅彻底突破了时间和空间的界限,使信息传播瞬间万里,而且摆脱了印刷传播中必不可少的物质载体(书、报、刊)和运输工具等方面的束缚,为信息传播开辟了一条更加便捷、高效的空中通道。同时,电讯传播也不像印刷传播那样是将人推向信息,而是将信息推向人。接收印刷媒介中的信息,最起码的条件是识字,而接收电讯媒介中的信息,只要懂得口头语言就可以。因此,电讯传播是"在没有识字需要的情况下,为人类提供了超越识字障碍、跳入大众传播的一个方法。"(罗杰斯)②大众传播时代的到来,从根本上改变了人类的信息传播方式,并进而深刻地影响了整个人类社会的发展进程。

5. 网络时代

网络传播的出现被称作第五次传播革命。网络传播也被称为互动传播,它是以电脑等数字信息处理终端为主体、以多媒体为辅助的,能提供以交谈方式来处理包括捕捉、操作、编辑、存贮交换、放映、打印等多种功能的信息传播活动。由于它是把各种数据、文字、图示、动画、音频、图像以及视频信息组合在电脑上,并以此互动,所以一般以1946年埃克特等人研制成功的世界第一台电脑主机"埃尼阿克"(ENIAC)的诞生年,作为第五次传播革命的纪元。美国于1969年实现电脑对接,又于1980年结成互联网络,1994年各发达国家纷纷提出"信息高速公路计划",中国亦宣布跟进。50多年来,电脑更新换代越来越快,体积越来越小,造价越来越低,而功能却得到了全方位的拓展,操作也日趋简易化、人性化。而随着移动互联网的迅速普及,网络传播正在经历更具革命性的变革。在这一次的传播革命中,电脑已不再是唯一的互联网接入终端,以手机为代表的各类移动设备成为了引领传

① 邵培仁.传播学导论[M].杭州:浙江大学出版社,1998:76.

② 邵培仁.传播学导论[M].杭州:浙江大学出版社,1998:77.

播革命的“先锋”。而这些数字信息处理终端加上各种软件和多媒体的广泛应用，无疑已经成为人们综合处理人际传播、组织传播、大众传播的主要媒介。人类已经进入信息社会，并将进入一个综合传播的新时代。

二、新闻传播中的三大传统媒介

就近现代以来的新闻媒介而言，报刊、广播、电视三大新闻媒介，一直呈三足鼎立之势，在形式上相辅相成，在新闻传播的历史长河中扮演了极其重要的角色，时至今日仍然具有非常大的社会影响力。

1. 报纸与期刊

实际上，在报刊历史发展的一个很长时期，报纸和期刊并无太大区别。我国清末的《京报》，号称“报”，其实是十几页或数十页装订成册发行，严格说来，仍是期刊。童兵教授认为，从出版史考察，报纸是从期刊发展而来，而期刊又是从书籍分化出来的。印刷术发明并在全世界推广之后，最早出现的便是书籍，从手抄著述发展到印刷书册。经过若干年，人们才开始以连续出版的形式印刷期刊。

据专家研究，期刊即杂志一词源于阿拉伯文的“仓库”或“军用品供应库”，它被人用来指期刊的代名词还不到4个世纪。1731年，英人爱德华·克伏出版了一种期刊，译成中文可以叫做《绅士知识供应库》，供给绅士们各种艺文、科学和新闻资料。以后，类似的期刊就逐渐风靡于世界各地。中文对期刊最早的译文是“统记传”，意即本书无所不记，借此广为传播。如中文最早的一本近代期刊，1915年由伦敦布道会传教士罗伯特·马礼逊和威廉·米怜在马六甲创办，就叫《察世俗每月统记传》。实际上，我国曾长期用“报”而不用“期刊”称呼杂志。如梁启超主编的《时务报》，章炳麟主编的《经世报》，都是典型的期刊。而最早以期刊、杂志等名称呼的，要属《东方杂志》，此刊由商务印书馆于1904年创刊，可见我国报与期刊的明确区分，要追溯到20世纪初。

报纸与期刊作为现代新闻传播事业中共同以文字作为传播符号的印刷媒介，有着不少共同的功能，但两者又各自有不同的特征。报纸之所以从杂志分离出来，独立出一种全新的新闻媒介形式，主要就是因为社会生活节奏的加快，可以说，是新闻手段与生产能力不断演进的必然结果。具体说来，报纸和期刊的不同在于：

从出版周期来看，报纸的周期短，期刊的周期长。一般的报纸都是每日出版，甚至一日数刊，周期最长的也是周刊或旬刊。而期刊中的周刊是最短的，一般为月刊或双月刊，其次则有季刊甚至年刊。这样，报纸与期刊的出版速度也就大不一样。报纸要求非常迅速，期刊则相对较慢。一张日报，从采写到出版，一般不到24小时；一本期刊，则要经过很长时间的编辑、印刷以及最后装订等。

从所提供新闻量来看，报纸由于刊期短出版快，提供的新闻远比较长时间才出版一期的期刊要多得多。所以报纸一般在新闻的数量和反映的快速上做文章，而期刊则只能扬长避短，在新闻的深度和文化与思想的内涵方面发挥优势。

然而，报纸与期刊的不同，最主要的还是各自承担的传播任务、发挥的传播职能不同，也就是说，主要的区别在于各自刊载的内容侧重点不同。用马克思和恩格斯的话来说，就是："报纸最大的好处，就是它每日都能干预运动，能够成为运动的喉舌，能够反映出当前的整个局势，能够使人民和人民的日刊发生不断的、生动活泼的联系。至于杂志，当然就没有这些好处。不过杂志也有杂志的优点，它能够更广泛地研究各种事件只谈最主要的问题。杂志可以详细地、科学地研究作为整个政治运动的基础的经济关系。"①我国也有学者曾经提出，报纸以报告新闻为主，而期刊以刊载评论为主。当今，随着新闻事业和社会生产力的发展，报纸和期刊的形式及种类越来越丰富，分工也越来越精细了。

2. 广播和电视

广播和电视是电子时代的新闻媒介，是科技革命的产物，与报纸和期刊相比出现的时间要晚许多。广播是通过无线电波或导线传送声音的新闻媒介，电视是运用电子技术传送声音、图像的一种新闻传媒。

就两者的特征而言，与传统的印刷媒体相比较，它们都有着以下几点强大优势：第一是对象广泛，不同年龄、不同地域、不同文化层次的人群，都可以自由地收听收看；第二是传播迅速，世界上每有重要事件发生，一瞬间就可通过电波传送到每一个区域和角落，完全不受时间与空间距离的局限；第三是功能多样，既可以传播新闻，又可以传授知识，提供娱乐和多种服务；第四是感染力强，尤其是电视媒介，更可以使得受众"身临其境"，比报刊上的"死"的文字更显得有生命感。而电视媒介的视听兼备，集形、声、色、动于一体，综合绘画、音乐、文学甚至雕塑等多种艺术的优长，表现力更强，节目内容更加丰富，又比广播在与受众的亲和性方面大大前进了一步。

当然，广播和电视也存在劣势，因为它们都采用顺时连续播出的方式，内容转瞬即逝，不便选择和保留。这一点就不及报刊，可以自由翻阅，阅后还可长期保存。这样的不足，即使在录音机和录像机普及之后，也仍然会存在。所以，印刷媒体在电子传播时代仍然有着不可替代的长处。

第二节　新闻传播的第四媒介——网络的兴起及其影响

从兴起至今，以网络和信息高速公路为主体的"第四媒体"——网络传媒经历了从 Web1.0 到 Web2.0 再到 Web3.0 的技术进步。网络媒体的兴起深刻地改变了人类生活的各个领域，实施跨国跨文化传播，将把人们带入一个全新的传播世

① 马克思，恩格斯. 马克思恩格斯全集(第七卷)[M].北京：人民出版社，1959：3.

界。本节所说的网络媒体是基于传统 PC 互联网技术的网络媒体。

一、网络媒体的变迁

1. web 1.0：内容为王的时代

万维网是因特网应用取得爆炸性突破的关键性条件，通过 Web 万维网，互联网上的资源，可以在一个网页里比较直观地表示出来，而且资源之间，在网页上可以链来链去。这种利用互联网络实现了人类海量资源共享的技术，就叫“Web1.0”①。

“Web1.0”的本质是聚合、联合、搜索，因此 Web 1.0 时代的口号是内容为王，网站的目标是以内容来吸引眼球，吸引人，这种思想也是传统媒体思想的一种延续。在这一时期，虽然各个网站采用的手段和方法不同，但都强调技术创新主导模式，都是通过点击流量来作为依据谋取盈利等等。

在众多互联网公司中，Netscape，Yahoo 和 Google 为 web1.0 的发展做出了卓越的贡献：Netscape 研发出第一个大规模商用的浏览器，Yahoo 的杨致远提出了互联网黄页，Google 则推出了大受欢迎的搜索服务，这三项发明成为了 web1.0 的基石。

2. web 2.0：自媒体的时代

Web 2.0 指的是互联网的第二代服务，这既包括互联网的底层技术变革，例如，P2P 技术对现有的客户端/服务器结构的冲击，同时也指互联网应用层面的变化，其中博客(包括播 客)、维基、RSS、SNS、社会书签等尤为受到关注②。

虽然 Web2.0 也强调内容的生产，但是内容生产的主体已经由专业网站扩展为个体，从专业组织的制度化的、组织把关式的生产扩展为更多自组织的、随机的、自我把关式的生产。人类正式进入了自媒体时代，通过博客、SNS 等技术平台，个体生产内容的目的，已经不局限于内容本身，而在于以内容为纽带，为媒介，延伸自己在网络社会中的关系。Web2.0 使网络不再停留在传递信息的媒体这样一个角色上，不再作为“拟态社会”的静态组成部分，而是成为与现实生活相互交融的一部分。

在 web 2.0 技术的推动下，平等成为新闻传播的核心理念，网状传播成为主流的传播形态，而传统的新闻真实受到了强烈的质疑，传统媒体的公信力不断降低，面对海量的信息，受众产生了前所未有的选择性困惑。自媒体在给予每个人“麦克风”的同时，也将人们带入了一个纷繁嘈杂的网络喧嚣时代。

3. web 3.0：互联网的商业时代

Web3.0 一词最早由 Bille Gaizi 在 2005 年提出，意指一个新的互联网概念模

---

① 刘畅.“网人合一”：从 Web1.0 到 Web3.0 之路[J].河南社会科学，2008(3)：137.

② 彭兰.WEB2.0 在中国的发展及其社会意义[J].国际新闻界，2007(10)：44.

式。到目前为止，这仍然是一个在讨论中的概念，大家对于其内涵和外延仍远远没有达成共识。

假如说 web1.0 的本质是联合，web2.0 的本质是互动，那么 web 3.0 的本质就是价值。目前最能代表 web3.0 的应该说是网络游戏和电子商务领域。不管是 B2C 还是 C2C，网民利用互联网提供的平台进行交易，在这个过程中他们创造并获得了财富。

在 web3.0 时代，搜索引擎智能化，搜索结果精准；网络带宽更宽，传输速度更高，传输容量更大；互联网服务更加个性化和智能化①。此外，网络支付、网络交易的安全性、便捷性也大大提高。

正是在这一大背景下，我们以经济转型为契机，提出了国家层面的“互联网＋”战略，将互联网（特别是移动互联）作为促进经济转型发展的强大动力支持。这一战略的实施对于 web3.0 的发展必然起到强大的推动作用，推动传播媒介技术变革的飞跃性发展。

二、我国网络媒体发展简述

就我国网络媒体发展而言，1994—1998 年是网络媒体的萌芽阶段，在这一时期以新浪为代表的商业网站纷纷建立，以报刊为代表的中国传统媒体掀起了网络化的热潮，传统媒体网站和商业网站在各自的轨道上不断向前发展。1999—2000 年是我国网络媒体大跃进的两年，受全球互联网热潮的影响，我国网站和网民的数量成倍暴涨，据中国互联网信息中心发布的中国互联网统计报告，截至 2000 年 7 月，中国网民数量达到了 1 690 万人，CN 域名数量达到 9.9 万个。可惜好景不长，从 2000 年下半年到 2002 年上半年，我国网络媒体的发展遇到了前所未有的巨大挫折，许多商业网站纷纷倒闭，存活下来的也在不断寻找新的发展模式，网络媒体的发展进入了调整期。

在经历两年的互联网“严冬”之后，从 2002 年 7 月开始，三大门户网站先后宣布扭亏为盈，这标志着中国网络媒体开始走出低谷，进入了一个再起飞的新阶段。2004 年更被誉为中国网络媒体发展的第二个拐点，从这一年开始搜狐、新浪等商业网站在网民中的影响力越来越大，许多成为网民上网的第一门户；这一年人民网、新华网、中国网、央视网等传统媒体传播的综合性新闻网站迅速崛起，并成为其他网络登载新闻的主要来源；这一年博客、RSS、网络杂志等网络新新媒体开始崭露头角，互联网开始朝着 web2.0 迈进；同样是这一年，3G 门户的开创标志着中国移动互联网破茧而出。之后的十余年，中国互联网沿着这一年开创的路径，不断发展壮大，中国的互联网的规模实现了从十亿美金、百亿美金到千亿美金的飞跃。特

① 张植禾，张晓青，相春艳．Web3.0 对网络传播的影响[J].现代传播，2013(6)：147-148.

别是在 2014 年，我国网络媒体的广告收入第一次超过广电媒体的广告收入，这标志着网络媒体已经逐渐成为今天的“第一媒体”！

三、网络媒体对新闻传播的影响

1. 公民新闻

公民新闻（citizen journalism）也称公民共享新闻（citizen participatory journalism），是指来自公民的非专业新闻报道，即公民个体或群体搜集、报道、分析和散布新闻或信息的行为，可提供一个民主社会需要的独立、可信、准确、广泛及其他相关信息的传播信源。从发展趋势看，网络已经成为公民新闻最主要的传播渠道①。

特别是随着博客、论坛、社交媒体、维基新闻、微博、微信等各种自媒体形态接连出现和发展，公民新闻的发展更进入了一个快速发展的阶段。特别是在突发事件中，越来越多的民众在第一时间将自己的所见、所闻通过各种自媒体平台加以传播，并持续关注事件进展，展开讨论，甚至形成公众舆论，曾产生过重大影响的新闻事件如“孙志刚案”、“重庆最牛钉子户事件”、“药家鑫事件”、“郭美美事件”等，都是公民新闻实践的典型实例②。

2. 公民记者与公民报道者

关于“公民记者”的确切定义，学术界始终未有定论，甚至关于该不该、能不能使用“公民记者”这个词汇，众学者也是各执一词，意见不一。有研究者将学界的各种观点大致归类为三种意见：第一种意见对公民记者大唱赞歌，他们认为“公民记者”侧重表达的是“公民”，表现了一种大众参与报道的现象；第二种意见保持中立，他们认为宪法明确规定公民依法享有批评权和建议权，因而就不存在专业记者和非专业记者的区别；而第三种意见则显得保守而又谨慎，他们从新闻专业主义的角度出发，认为“记者”是一个职业，要有专业认证，并不是什么人都可以称为“记者”的，因此“公民记者”提法不妥③。因此，有研究者提出以“公民报道者”来代替“公民记者”，并对两者的区别做了详细的考证④。

虽然对于“公民记者”有很多的争议，但是能够出现这么多的争议，本身说明越来越多的受众参与到新闻的报道中已经成为一个非常普遍的社会现象，职业记者和传统媒体受到了前所有的巨大冲击。一方面，很多突发事件往往是公民在自媒体爆料或者进行详细的介绍，然后传统媒体跟进报道；另一方面，传统媒体报道某

---

① 赵俊峰，张羽.公民新闻的发展与传媒生态的再建构[J].新闻界，2012(6)：79.

② 陈琦.媒体时代我国公民新闻的建构[J].新闻界.2014(3)：71.

③ 张震.公民记者的概念厘定与辨析[J].东南传播，2010(2)：27.

④ 廖礼中.是“公民记者”还是“公民报道者”？——新媒体环境下对“公民记者”的再思考[J].新闻记者，2009(1)：89-92.

件事情后，大批公民立即跟进报道，甚至展开大规模的“人肉”搜索，在这一过程中传统媒体的报道受到严格的检验，传统媒体的公信力被反复质疑。这对新闻理论研究和新闻报道实践都是全新的挑战。

四、网络媒体时代新闻传播的新特点

不论是公共新闻、公民新闻、草根新闻还是其他形式的网络时代兴起的新闻，与传统新闻报道相比，具有一些全新的特点。

1. 互动性

在网络上借助网络的技术优势，受众可以即时性地与传播者沟通，传播者也能即时回答，使大众传播转化为人际传播，使困扰媒体的受众虚象得到解决。正是这点让研究者欢呼雀跃，人们终于不必再做媒体的奴隶了，而是要做媒体的主人。随着网络新闻的发展，个人制作、传播新闻成为可能。有的网站把自己BBS、聊天室等的热点消息放到新闻网页上，可以看作是这种现象的萌芽。

2. 超文本结构

所谓“超文本结构”，就是文本的构成，不仅有文字文本，而且有声音文本、图画文本、动画文本甚至影视文本。在超文本结构中，常常有多个主题链接，通过特定程序的功能把与主题相关的新闻（包括深度报道、连续报道、评论、相关新闻背景和新闻搜索等）都连在一起，使受众对新闻事件有一个全面的认知。网络新闻的超链接功能是对线形编辑的一种突破。主题束的表现形式更有利于对新闻事件进行深入、详尽的报道。

3. 海量的信息

现实中大型的新闻网站每天要随时更新数百条、上千条新闻，如新浪网的滚动新闻每天发布约1700条；新华网每日发布的最新新闻信息超过110万字。这对于满足人们的信息需求无疑意义重大，但海量信息在满足人们信息需求的同时，也会造成信息泛滥。在信息爆炸的今天，各种各样的信息铺天盖地向我们冲来。对于一般受众来说，过量的信息很多时候甚至成为一种负担。

4. 广泛性

现在互联网几乎连接了世界上所有的国家，麦克鲁汉预言的“地球村”在网络上成为现实，空间距离在网上是没有意义的。在网上，你可阅读《纽约时报》的头条，并发表你的读后感；同样美国人也可看到我国《人民日报》的文章。这种特性使地方媒体有了国际媒体的传播范围，对于扩大世界上意见的多样性很有好处，避免了看问题的单调性。对于遏制文化霸权也有一定作用。但必须认识到，对于文化霸权的竞争在网上并未消失，而是转变为对网络设施控制的竞争。

5. 即时性

网络新闻报道却可以借助技术优势，达到即时性。以人民网2015年的“两会报道专题”为例，人民网所发新闻稿与会议进程之间的时差已精确到了“分”。网络新闻采用的滚动播报，随着新闻事件的变化发展而随时更新，彻底杜绝了“明日黄花”，一般在新闻事件发生几分钟内就可播报，保证了在“第一时间”把新闻传递给受众。这是就传播实质来说的。在表现形式上，每条稿件标题后都标出了时间，并精确到分钟，使受众在接受新闻时的时间感更加强烈。人们读的新闻已不是昨天发生的事件，而是刚刚发生或正在发生的。这就使网络新闻在处理突发新闻事件上占了绝对优势。

第三节　新闻传播的第五媒介——移动媒体及其影响

一、移动媒体的兴起

移动媒体是指以手机等移动终端载体和无线网络为传播介质，实现文字、图像、音频、视频等内容的传播和服务的新兴媒体形式。事实上，以移动网络为依托的媒体形式都可以被划归为“第五媒体”之列。与传统媒体传播方式相比，第五媒体融合了报纸、广播、电视、网络等四类媒体的内容和形式，同时又具有便携性、实时性、定制性、定向性等特征。时至2013年，我国移动通信4G发展的正式启动和以3G为基础的移动互联网的深度渗透为中国新媒体传播带来了新的契机。新一代的高速、泛在、智能、弹性、开放的宽带网络，进一步推动了大数据、云计算、物联网、移动互联网等新应用的出现。①

需要指出的是，手机只是移动媒体的一种。随着信息技术的发展和通信网络融合，一切能够借助移动通信网络沟通信息的个人信息处理终端都应划入移动媒体之列。譬如以个人数字助理（PDA）、平板电脑、电子阅读器、移动影院甚至数码播放器、数码摄录相机等设备为依托的媒体形式都将成为移动媒体的一部分。

二、媒介融合走向深入

最早描绘“媒介融合”图景的是尼葛洛庞帝1978年出版的《媒体实验室：在麻省理工学院创造未来》一书。他认为媒介融合是在计算机技术和网络技术二者融合的基础上，用一种终端和网络来传输数字形态的信息，由此带来不同媒体之间的互换与互联。由于当时网络发展仍处于萌芽阶段，所以尼葛洛庞帝对于媒介融合的描述还处于预想的阶段。

1983年美国麻省理工学院的伊契尔在《自由的科技》一书中正式提出了“传播

---

① 付玉辉. 2013年中国对外传播研究综述[J]. 对外传播. 2014(01).

形态融合”(the convergence of modes)的概念，他的本意是指多种媒介呈现出多功能一体化的趋势，其他人在此基础上进一步提出数码电子科技的发展导致泾渭分明的传播形态发生聚合①。

网络平台是媒介融合的基础，传统的媒体通过数字化、网络化来实现与新媒体的融合。而网络平台由 PC 互联网到移动互联网的升级换代，必然导致媒介融合程度的不断深入。在 PC 互联网阶段，媒介融合的主要形式为：新闻门户网站、网络广播、网络电视、网络报刊、网络出版等；而到了移动互联网阶段，媒介融合又新增了手机电视、手机广播、手机报刊、微博、微信等多种形式。

特别是近几年，随着技术的日益成熟和国家政策的调整，跨媒介的传媒集团不断涌现，比如 2014 年 3 月原上海文化广播影视集团和上海广播电视台、上海东方传媒集团有限公司经过整合后成立了上海文化广播影视集团有限公司，业务范围涵盖了广播、电视、报刊等多种传统媒体和各类新媒体形式，引领了国内跨媒介集团建设的新浪潮。有些省份虽然短时间内不具备组建跨媒介的传媒集团的条件，但是也在积极进行着相关的准备或尝试，比如 2015 年 5 月，有不少媒体报道了“湖南日报社将与湖南(广播)电视台合并”的消息，虽然后来经过查证发现是由于表述不严谨造成的误读，但是湖南报业集团和湖南广电集团“一个党委、两个机构、一体化运行”的管理模式，确实对于促进不同媒体间的交流和融合有很大的推动作用，媒体的“误读”在一定意义上折射出了湖南传媒人的努力和尝试②。

三、融合新闻与背包记者

所谓“融合新闻”(Convergent News)，是指融合了文字、图片、音频、视频、超链接以及 GPS 位置信息等多媒体产品形式的新闻形态，它是媒介融合的“终端新闻产品”③。有研究者认为当下的融合新闻生产正呈现出“四无”态势④，即

1) 无权威：生产者的弱化

由于信息传播的门槛不断降低、传统媒介影响力的不断消退，以及受众批判意识的觉醒和张扬，因此新闻生产者不断弱化，新闻的权威性受到了严重的挑战。

2) 无中心：生产地点的改变

在传统媒介主导的时代，公众获取新闻的渠道和路径是相对稳定和清晰的，报纸、广播、电视作为新闻媒介既是新闻的生产、发布中心，也是受众获取新闻、反馈信息的中心。如今不仅融合新闻生产和传递的“界面”变得越发复杂多样，而且市

---

① 杨溟.媒介融合导论[M].北京：北京大学出版社，2013：18.

② 刘浪.湖南日报湖南广电合并系误读 双方资产资本化进程或加快[N].第一财经日报，2015.5.28 http://www.p5w.net/news/cjxw/201505/t20150528_1068974.htm.

③ 王君超.融合新闻的定义、实践与改进途径[J].中国报业，2014(5)：75.

④ 邵鹏.论新媒体时代融合新闻生产的“四无”态势[J].新闻大学，2014(2)：121-124.

民新闻、草根新闻的生产和发布的手段也变得日益多样化和生活化了。手机报、ipad平板电脑、电子纸、户外视频、汽车电视、IPTV,甚至不断从你屏幕右下角弹出的信息窗,都可成为融合新闻发布或获取的渠道;随身携带的手机、ipad、手提电脑、照相机、摄像机等,都是公众通过短信、微博、微信、博客等形式发布。

3) 无边界:模糊的传播范围

现在已经没有真正意义上的地域媒介了,原有的媒介边界已经坍塌,界碑上的字迹已经模糊,那些看起来彼此相距上万公里的媒体企业,会突然近在咫尺;那些似乎毫不相干地散落在世界各地的媒体企业,会在商业利益的诱惑下突然向同一轨道靠拢,昨日的陌生人可能很快成为盟友、伙伴甚至敌人;那些本不知道广告为何物的人,可能因为微博上的百万粉丝而突然做起广告的生意和传播的买卖。在世界传播界,无边界的力量正无孔不入、攻城略地,传统媒介殚精竭虑建立起来的行业壁垒和专业规范,可能只是一道“马其诺防线”。

4) 无预知后果:失控的传播效果

有纯正动机和良好意向的传播行为会导致事与愿违、意想不到的后果,是媒介融合时代独有的传播特点。尽管网络传播中的新闻生产者、提供者甚至包括著名媒体人以为自己很清楚在做什么和会产生什么结果,但事件往往并不按照自己的意向向前发展,会突然出现意料之外的情况,这是因为面对同样的事件和场景,不同的人会有不同的选择性理解、判断和行动。从“犀利哥”到“名表门”,从“吸烟”到“打的”,网络上许多不起眼的细节都可能成为打开无法预知大门的钥匙。

四、从精确新闻到数据新闻①

1. 精确新闻报道:重建科学式的客观

精确新闻报道(Precision Journalism),又称精确新闻、精确新闻学,是基于科学的量化研究的新闻报道。精确新闻报道兴起于20世纪60年代的美国。1967年,底特律市黑人暴动骚乱蔓延,记者菲利普·迈耶在计算机的辅助下,对437位黑人的抽样访问调查结果进行了分析,在此基础上写出了系列报道《十二街那边的人们》,并于1968年获得了普利策新闻奖,这就是精确新闻报道的开端。随后这种报道形式逐渐在世界各国的新闻界得到认可并推广。

1973年,菲利普·迈耶在其著作《精确新闻学:一个记者关于社会科学方法的介绍》中,正式把精确新闻学定义为:“将社会科学和行为科学的研究方法应用于实践新闻的报道。”迈耶认为:“精确新闻是一种扩大记者的工具包的方式,使记者可以接触到以前无法了解的,只能粗略访问的,或是受到新闻审查的主题。这对于

① 喻国明.从精确新闻到大数据新闻——关于大数据新闻的前世今生[J].青年记者,2014(12)下:43-44.

了解少数民族和持不同政见者团体代表起了很大作用。”在经历过新新闻主义对客观事实的忽视与扭曲后，精确新闻重新回到了对客观性的追求上来，特别是在 20 世纪 60 年代以后，抽样技术和计算机技术在新闻媒体领域的广泛应用，为新闻报道提供了更高的精确度和效率。

2. 大数据新闻："悦读"体验 ＋定制内容 ＋ 预测性报道

大数据新闻是基于大数据分析思维的新闻报道，是数据驱动新闻更高一级的形态，代表了未来新闻发展的一种趋势。目前的大数据新闻更多是停留在实验性阶段，预计在 2020 年以后或者更晚一些时间，大数据新闻的规模化生产会逐步到来。随着大数据分析在信息提纯和数据挖掘技术方面的提升，新闻生产在广泛嵌入性和规模化处理信息方面的能力也会水涨船高，把媒体报道的范围和创造性提升到前所未有的新水平，并促进新闻职业理念创新。这种创新维度主要表现在数据驱动的调查性新闻、数据可视化叙事、数据驱动的应用三个层面，关系到从社会表层现实的关注到社会深层现实的挖掘，有助于提供可靠的洞见和预测；可视化新闻叙事可适应受众理性认知和感性认知整合的需求。社会科学研究的方式会促进探寻事实及其背后的联系，采用的数据和分析数据的技术都是相对公开和客观的，这有助于媒体建立面对复杂社会问题时进行新闻报道的透明性。

大数据新闻是基于互联网逻辑的新闻报道，将逐步走向跨领域、跨平台的开放式、众包式合作生产，并将之从目前先锋实验性质的形态转变为新闻报道的常态。新闻内容的价值来自于对数据价值的深度挖掘和关联性分析。大数据新闻的关键不在于数据本身，而在于用数据讲故事的能力，能否基于读者的不同地域和兴趣图谱，来进行个性化推荐和新闻定制，以及对未来趋势的预测性报道三个方面。当新闻阅读变成更加愉悦的体验，当定制新闻成为受众接收新闻的常态，当新闻报道可以对事件发展趋势做出更精准的预测时，大数据新闻的春天，才算真正到来。

基本概念与问题思考

1. 叙述人类传播的五次革命。
2. 什么是网络新闻？
3. 简述网络新闻的特征。
4. 简述新媒介与新闻发展。
5. 什么是数据新闻？

价值论

第五章　新闻价值及其实现

在整个新闻理论的研究和内容构成中，新闻价值理论占有十分重要的地位。从一定意义上说，新闻价值研究是对新闻定义以及基本性质研究的延伸和深化，它们在整个新闻理论的几大板块结构中，共同具有着核心性的意义。而且，作为新闻传播者来说，对于新闻价值的认识，也可以从实践上直接影响到整个新闻活动的内容、质量以及专业方向。正确理解新闻价值的内涵，正确运用新闻价值的规律来指导新闻传播活动，并且推动整个新闻事业的发展，是对 21 世纪每一个新闻传播者更为重要的要求。同时，在 100 多年来的新闻价值理论的研究中，学术界对于新闻价值问题的解释一直存在着较大的分歧，这也表明新闻价值的内涵有着异常的复杂性。所以，本章将在总结前人关于新闻价值理论的基础上，尽量探讨适合于 21 世纪新闻实践与理论发展的新闻价值观。

第一节　新闻价值的由来及内涵析义

新闻价值，作为新闻学中的一个基本概念，最早出现于 17 世纪末。1690 年，德国人托比亚斯·朴瑟提出判断新闻价值的标准。他认为，把那些值得记忆和知晓的事件，如新奇的征兆、怪异的事物、政府的更替、战争的发生与和平的实现等，单独挑选出来公开报道，以吸引读者。

虽然关于新闻价值的论述出现非常早，但直到 19 世纪 30 年代以后，新闻价值才被美国学者们作为新闻实践必须遵循的一个普遍规律和基本规则，写入较早出版的那些新闻学著作，成为新闻学中最为重要的理论基点。因此，要全面了解和认识新闻价值的整体面貌和发展演变的过程，就需要首先探讨新闻价值理论在近代西方的发生与发展，从而进一步考察新闻价值问题百余年来的来龙去脉。

一、新闻价值的由来

19 世纪 30 年代是欧美资本主义国家报刊的转型期，这时期的报刊开始从原来的政党报刊转变为大众化报刊即商业报刊。这一转型的时代背景是资产阶级的生产关系普遍确立，政体渐趋成熟。因而，随着资本主义生产关系普遍确立，报刊的功能也发生了重大变革，出现了大众化的商业报刊。由于美国资产阶级革命的彻底性，这一时期美国的商业报刊比欧洲发展的更为典型，办报纸如同办工厂，新闻如同商品被"制造"出来。1833 年由本杰明·戴创办的纽约《太阳报》就是在这个意义上成功的第一家报纸。《太阳报》有 4 页,报纸内容主要为当地发生的生活事件与暴力新闻。其取材大都是无足轻重的琐事,但读者对这样的报纸却极有兴趣。而最重要的是该报售价低廉。一般认为,这一时期大众化报刊的主要特征有:①报纸私人所有,新闻机构都是以报纸赚钱赢利的企业,强调自己"独立舆论"、"非政党性",以吸引观点各异的读者;②赢利的主要途径是刊登广告,零售发行;③报纸的主要内容是具有趣味性的新闻,为扩大发行量大量刊登带有刺激性的新闻事件;④文风简洁、活泼,美国新闻学者认为,以《纽约太阳报》为代表的大众化报纸开创了美国新闻写作体裁,奠定了现代新闻写作的基础;⑤报纸对象面向普通人、一般市民,价格十分低廉,所以又称"便士报"。

在这一时期中,著名的大众化报纸还有美国的《纽约先驱报》《纽约时报》,法国的《世界报》《费加罗报》,英国的《每日电讯报》等。著名的报人除本杰明·戴,还有詹姆士·贝内特、威廉·赫斯特、约瑟夫·普利策等,他们经营报业发财,取得新闻商品化带来的巨额利润。西方的新闻价值理论也就在这种新闻商品化的社会背景中诞生。从理论上较早系统研究新闻学问题的是美国新闻学者李普曼,他在他的理论著作《舆论学》中首次对"新闻价值"进行理论探讨。他认为,新闻价值就是指事变、惊奇、地理上的接近性、个人的影响和冲突。他从这样的几个方面来解释新闻价值,旨在强调这样的新闻更具"价值",确切地说也就是更具"交换价值"。此后,西方新闻理论界关于新闻价值的研究始终围绕着新闻"特殊素质"问题进行探讨。因为这样的研究更具实际操作意义,按照这样的新闻价值观去制作新闻,就能交换得到更多的实际利益。那么,具有什么特殊要素的新闻其交换价值更大呢?西方的学者在这一方面得出了比较丰富的研究成果。关于新闻价值体系,西方新闻学者中一般有"五因素"说,而另有些人则提出"20 要素"等种种说法。比较典型的如美国希伯特和麦道格尔等人的说法,希伯特在《现代大众传播工具概论》一书中以及麦道格尔在《阐释性报道》一书中都提到了新闻价值"五要素"之说,这"五要素"是:①时间性,新闻是易碎品,昨天的新闻是今天的历史。报纸的新闻只有一天的寿命,只有当天的新闻才能吸引读者更多的目光。②接近性,新闻事件发生的空间地理位置越近,新闻价值就越大。除了地理位置的接近,还有年龄、职业、性别、爱好、民族等的接近。③显著性,因为名人自身的显著,使得新闻事件受到瞩目。④重要性,一个事件的后果、影响是否深远是衡量重要性的因素,重要的新闻首先就是热点、焦点。⑤人情味,人情味的因素有:反常、冒险、两性、冲突等,这是西方新闻价值中尤其强调的,人们总是对这类新闻百看不厌。而在关于新闻价值要素构成的观点中,英国汤姆森基金会(Thomson Foundation)为第三世界新闻工作者编写的新闻教科书中则列举了 20 种新闻价值要素。[①] 尽管学界在对新闻价

① 杜骏飞.弥漫的传播[M].北京:中国社会科学出版社,2002:5.

值体系的描述上有轻重详略之别，但是在新闻价值总体标准的取向上还是可以基本趋向一致的。其主要方面有人将其大致概括为：影响力、接近性、异常性、显要性、及时性、冲突性、人情味和趣味性。我们基本可以认为，传统的新闻价值体系中含有以上这8种较为公认的元素或指向。

而从希伯特和麦道格尔等人的"五要素"理论来看，很显然，其观点首先是建立在新闻商品化的社会基础之上，它的主要目的是赢利，所以在实际操作中往往过分追求趣味和刺激，如当时的"黄色新闻"：1888年美国近代报业巨头普利策的《世界报》出版定期连环画专页，中心人物是一个穿着黄色的肥大衣服、没有牙齿、头发稀少、咧嘴笑的小男孩。这个小男孩东游西逛，对纽约的新闻发表评论，很快"黄孩子"成为家喻户晓的人物。另一位报业资本家赫斯特不惜重金挖走漫画作者奥特考尔特，为自己的《纽约日报》主持"黄孩子"专栏。而普利策则又请卢斯到《世界报》继续主持"黄孩子"。他们同时利用"黄孩子"大量刊登耸人听闻的刺激性新闻相互竞争，这样的新闻被称作"黄色新闻"。

西方理论中一直认为"趣味是吸引读者的良方"、"是新闻的试金石"，在他们的理论著作中还常见这样的一套公式：

1个普通的人 +1种平凡的生活 =0

1个普通的人 +1次不平凡的冒险 = 新闻

1个普通的人 +1个普通的妻子 =0

1个普通的人 +3个妻子 + 一次诉讼 = 新闻

1个银行出纳员 +1个妻子 +5个孩子 =0

1个银行出纳员 −10万美元 = 新闻

追溯新闻价值的由来，探究西方新闻价值的有关理论，主要有这样的一些特点：在一切物品都已经成为商品的西方社会，对报刊业的运作同样遵循的是商品化的规律。其新闻价值的标准也就同样是与商品交换密切联系的。如果说对于新闻价值的正确的研究方法是从"价值"的概念入手来进行研究，那么，西方对新闻价值中"价值"的理解只倾向于商品的"交换价值"。所以，这样对于新闻价值的理解当然就是不完全的。其次，西方的研究重点不在阐释新闻价值的内涵上，而是完全从商业目的和行为出发来研究新闻的"特殊素质"；而且在新闻价值五要素中最突出人情味，而实际上他们所谓的人情味也主要是指人性中的较低级的趣味。为了达到他们所需要的交换价值，有的报纸甚至不惜制造虚假新闻。用约斯特的话来说就是："在选择新闻时，第一个基本原则就是估量它的公众兴趣。我们在出版新闻时，须以趣味为大部分新闻的主体，理由是：惟有有趣味，才能使报纸富有吸引力，因而很容易卖出去。"①

直到上世纪末期，在约翰.费斯克等编撰的《关键概念：传播与文化研究辞典》

---

① 参见卡斯柏·约斯特：《新闻学原理》，中国人民大学新闻系译，1960：26。

一书中，关于“新闻价值（news value）”的词条也仍然还是坚持着这样解释：“……新闻价值是产业化的新闻公司由于生产性需要而导致的结果。为这种公司工作的人们，作为个体会表现出种种混合的追求、效忠、政治倾向与能力。在公司之内，他们隶属于环环相扣的劳动分工。在公司之外还存在竞争对手，以及记者与广播专业的职业观。处于这些语境之中，新闻价值的功能就在于从混杂着所有这些人物、实践与信仰的文稿中产生一种标准化的产品。”①由此可见，对新闻价值中“价值”的理解只倾向于商品的“交换价值”，至今在世界范围内也仍然具有较大的权威性和影响力。

二、我国学者对新闻价值的探讨与定义

新闻价值也是中国新闻学者很早就关心和思考的一个问题，在我国第一本新闻学著作——徐宝璜的《新闻学》中，特设第五章即“新闻之价值”，以专章的篇幅和重要位置论述新闻价值问题。这应该说是我国研究新闻价值理论的开始。这本书中首先提出：“新闻之价值云者，即注意人数的多寡与注意深浅之问题也。”然后又具体解释道：“新闻价值与新闻的重要程度成正比例；新闻价值与注意人数及注意程度为正比例；新闻价值与新闻发生及登载相隔之时间为反比例；新闻价值与新闻发生及登载相隔之距离为反比例。”此后，有许多学者，无论研究新闻理论还是研究新闻业务，都曾重点涉及此问题。邵飘萍的《实际应用新闻学》、刘元钊的《新闻学讲话》等，都对新闻价值的问题做了研究和阐述。

当然，需要特别说明的一点是，从上世纪 50 年代开始，一直到“文化大革命”时期，在我国，新闻价值问题曾被认为是理论研究的禁区，有很长时间无人问津。直到中国共产党的十一届三中全会以后，新闻价值研究才又一度成为学术热点。在最初的几年中，研究的问题主要围绕新闻价值的内涵和定义而展开。而由于“价值”概念本身的歧义性，专家们对新闻价值的定义提出了许多不同的解释。总体上看，我国的新闻价值研究无论是较早的徐宝璜时代，还是 20 世纪末期的开放时代，都没有像西方那样单一地看取其交换价值的一面，而是较为充分地注意到了新闻价值所原本携带着的意义复杂性。至今为止，我国新闻界对新闻价值概念的认识，归纳起来，主要有以下三种类型的说法：

1. 素质说

属于此类观点的有关新闻价值的定义有：

“新闻价值是指一个事实所包含的足以构成新闻的特殊素质或各种素质的总和。”（陈韶昭，原复旦大学新闻系教授）

“新闻价值指构成新闻的事实和材料本身具有的能够满足社会对新闻需要的

---

① 约翰·费斯克等.关键概念：传播与文化研究辞典[Z].北京：新华出版社，2004：184.

素质。”（陈祖声、张宗厚，《简明新闻学》作者）

“新闻价值是事实所包含的足以构成新闻的特殊素质和它满足人们新闻欲望的信息量。”（吴鸿业，新华社记者）

2. 标准说

属于此类的定义有：

“新闻价值是选择和衡量新闻的标准。”（郑兴东，中国人民大学新闻学院教授）

“新闻价值是记者衡量事实可否成为新闻的标准。”（林枫，新华社记者）

3. 功能说（或效果说）

此类定义有：

“新闻价值就是新闻机构发布的新闻在群众中受到的重视的程度，也就是说，记者、编辑的辛勤劳动在群众中受到赞赏的程度，或者说，我们发布的新闻在群众中发生影响的程度。”（甘惜分，中国人民大学新闻学院教授）

“新闻价值是指新闻为群众所喜闻乐见的程度以及它在实践中产生影响的广度、深度和作用的大小。”（朱继功，新华社记者）

“新闻价值就是新闻影响读者并通过读者影响社会的功能。”

“所谓新闻价值，应该是指新闻本身具有的能给社会以积极影响的那种功能。我们应把新闻的有用性、新闻的意义、新闻的重要性当作这种功能的另一种说法。”

近年来，许多学者认为“功能说”是比较科学的界说，这种认同首先建立在对社会主义国家新闻事业喉舌作用的肯定之上。新中国成立以来，新闻传播工作的目的历来很明确，就是为了满足人民群众和社会主义建设的需要。其次，这种认同建立在对“素质说”和“标准说”概念解释缺陷的理论分析上。分析思路往往从“价值”的实际内涵谈起。

前文中已经谈到，西方对新闻价值中“价值”的理解只倾向于商品的“交换价值”。所以，这样对于新闻价值的理解就不是很完全的。如今，既然要从理论上解释清楚新闻价值，当然不能不首先对其核心语词“价值”进行科学的界定。所谓“价值”，《辞海》以及一些大型的现代汉语辞书中，一般较统一地将其解释为两种意义：“（1）指事物的用途或积极作用。如参考价值；有价值的作品。（2）凝结在商品中的一般的、无差别的人类劳动。商品的基本属性之一。……”①按照这最普通的常识，毫无疑问，如果单从政治经济学的角度看：“价值是凝结在商品中的无差别的人类劳动”；而如果把“价值”放到一般的理论领域，也可以做这样的理解：“价值是事物或方法所发挥的有利作用、效能”等。近些年来，我国的一些学者力图扭转在“价值”概念理解上的偏颇，如雷跃捷在《新闻理论》中用哲学术语进行了概括：“价值是客体在社会实践中所履行的功能；它是客体见之于主观的产物；价值是由价值源（客体的特征）、价值观、价值的实现（人们的社会实践）这三种内涵所组成的一个

---

① 辞海（上）[M].上海：上海辞书出版社，1979：504.

多义性概念。①”而胡正荣又在《新闻理论教程》中作了这样的表述：“价值就是事物与人需要之间的一种特定关系，即表示客体（事物）满足主体（人）需要的一种有用性，事物自身的属性成为（人）需要的价值对象，人的需要则成为事物自身属性的价值认可。人的需要和事物的属性是价值构成的两个不可缺少的方面。②”

从这种认识出发，界定和解释新闻价值，必须从两个重要的方面来加以研究和思考：其一是，新闻价值的内在要素——客体的属性使之具有使用价值，构成为人所需的可能性；其二是，新闻价值的实现过程——包括人们对客体的认识，包括市场交换实现价值，包括实践检验满足人们及社会的需要。

这样看来，“素质说”只强调了客体属性，“标准说”只强调了人们对客体的认识；“素质说”强调新闻价值的客观性，“标准说”强调新闻价值的主观因素。它们都不能全面地定义新闻价值。“功能说”的进步在于认识到新闻价值实现过程，但是其定义只强调满足人们及社会的需要，即价值的有用性和实际功效，也是存在缺陷的。于是不少学者又对“功能说”进一步加以完善，提出了以下的几种看法：

“新闻价值是事实所包含的足以构成新闻的特殊素质及其表现形态满足社会需要的总和。”（胡正荣）

“所谓新闻价值，是指新近发生的事实在传播过程中所履行的能满足人们知晓、认识、教育、审美等诸种需要的功能。（雷跃捷）

“新闻价值就是包含特殊素质的新闻事实（即价值因素）在传播过程中以社会影响或社会效应方式（即价值表现）所反映出来的那种功能（即有用性）。”（王益民）

这些新的界定吸收了原来三种说法的合理之处，不仅强调新闻价值里包含的“特殊素质”，也指出新闻价值离不开“传播过程”，特别突出新闻价值就是新闻的“有用性和功效”的意义，相比以前的“功能说”显得更加全面和完整。

最近，刘建明在全面考察了新闻价值理论的来龙去脉之后，又进一步提出了“现代新闻价值”的说法，他认为：“现代新闻价值理论应当回归价值的本义，体现对受众的有用性，对其内涵的阐述在哲理上符合认识逻辑。所谓现代新闻价值，是指受众在接受新闻活动中满足其需要所表现出的效应。新闻是价值的体现者，媒介是价值的载体，受众是价值的确定和受益者。受众与新闻的相互作用，使新闻这一客体按照主体的要求为其服务，表现出客体的有用性。所以，有用、有益、有效，是新闻价值的三个要素。脱离受众的接受过程，任何价值都无法体现出来。对价值的‘作用和意义’的界定，既不是脱离现实世界的抽象的‘意义王国’，也不是把有用功效混为某些特性的东西。新闻事实的特性可能决定新闻价值，但它们是两种截然不同的对象。”③

根据上述分析和比较，可以大致地看出，新闻价值首先是新闻的使用价值，它

---

① 雷跃捷.新闻理论[M].北京：北京广播学院出版社，1997：78.

② 胡正荣.新闻理论教程[M].北京：中国广播电视出版社，2001：45.

③ 刘建明.当代新闻学原理[M].北京：清华大学出版社，2003：200.

来源于新闻本身的一些属性：新闻除了真实性、新鲜性这两个本质属性之外，要想满足人民群众和社会的需要，还必须具备西方新闻学家所说的“特殊素质”——时间性、接近性、显著性、重要性、人情味等等。这些“特殊素质”使新闻价值的实现成为可能。新闻价值的“特殊要素”是客观存在的，但它又需要人们——新闻工作者去发现并在新闻传播中予以表现。这一过程必然渗入新闻传播者的主观价值判断，而人的主观价值判断又具有相对性，所以，我们也就必须从理论上强调新闻传播者的正确的新闻价值观。当然，从另一方面来说，新闻价值也同样包括西方新闻学家所看重的交换价值。在社会主义市场经济条件下，我们应该而且必须承认新闻的商品价值的属性。商品交换也是新闻价值的重要构成部分。虽然我们并不能像西方那样把新闻完全商品化。而更进一步来看，新闻交换价值的实现，又有一个必经的途径，那就是市场。在今天的市场经济下，新闻的市场交换价值不仅不能避而不谈，而且，市场在很大程度上还可以检验新闻的其他价值与功能的实现程度。新闻事实通过新闻机构见之于社会的归宿，是新闻对受众和社会产生一定的效果，新闻发挥了它一定的功能，新闻价值才能得到最终实现。新闻价值的实现中新闻价值的要素是物质基础，具体的新闻工作、新闻的传播过程是中心环节，社会效益是目的和结果。这是一个连续的动态的过程。

第二节　新闻价值的两个所指层面

新闻价值的内涵本身就十分丰富，而对于其理解的角度不同，又往往会产生许多歧义。上述那些定义只是从概念的解释上说明了新闻价值意指的是什么。而作为新闻价值的构成，又具体包含着哪些元素呢？也就是新闻价值具体由哪些内容所组成和形成呢？而且，就新闻价值的实现来说，也是一个动态整体的过程，过程中的每一个环节都关系到新闻价值能否更大程度地得到实现。所以对新闻价值内涵的理解也不能只是停留在静止地定义性的解释和描述上。本节就从关于新闻价值要素的具体构成方面，来进一步阐述新闻价值的更广泛的意义，并且从新闻价值实现的动态过程中来深入地理解新闻价值问题。

按照前文关于新闻价值的分析，首先把新闻价值分解为两个层次进行理解。一个层次就是作为选择标准的新闻价值，即新闻传播者对于新闻事实和素材进行选择和把关时所采用的判断标准和尺度，将其称为“尺度性新闻价值”；另一个层次就是作为社会功能的新闻价值，也就是新闻传播活动和事业对于人类与社会的有用性，称之“功能性新闻价值”。而对于这两个层次的新闻价值内涵，我们还需要从其具体的构成要素方面分别进行研究和解释。

一、尺度性新闻价值要素的一般理解

西方提出的新闻价值“特殊素质”的说法，显然有其合理的方面。而且，借鉴这方面的理论，对于新闻传播者在具体实践中进行新闻素材选择和新闻制作“把关”，都可以作为一种衡量标准或者参照系。也可以说，新闻价值是事实构成诸因素的客观存在，是记者判断事实可否成为新闻的尺度，所以也被称为记者的“第六感官”。近年来，我国的一些学者在吸收和借鉴国外新闻价值观点的基础上，又进行了一定的修正。一般来说，我国理论界对新闻价值要素比较公认的看法和比较统一的表述主要有以下五要素的观点：

1. 时新性

新闻事实在时间考量上必须是最近发生的。新闻所传播的事实发生的时间段越近，即事实发生的时间与新闻刊发的时间差越小，受众在最短时间内尚未知晓的范围越大，其新闻价值就越大。新近发生的事实如果得不到及时传播，或者传播速度迟于受众知晓速度，新闻价值当然就会贬值甚至完全失去新闻价值。

时新性的本质是“新”，“新”就意味着事件以前未曾发生过，意味着人们以前未曾得知过，意味着它的信息增量可能会很大。由于人们总是有求新的心理，对未知的事情充满兴趣。尤其是在信息时代，新闻、信息就意味着财富，而新闻与信息传播的速度也往往能够决定这种“财富”的增值或者贬值。当今，新闻价值的时间性已经不再以日计算，而是以分、秒来计算。

时新性要求报道及时，但是这里“及时”也是有一定限制的。如个别事件的报道要求有意延迟一定的时间，这也可能是宣传需要，也可能是某种策略的需要，或者是事实本身的特殊状况决定的。要视具体情况具体对待。而这种在时间上的有意延迟，并不会影响新闻价值的实现，而是将有助于新闻价值的更好发挥，从而取得最佳化的传播效果。

2. 接近性

从常理上看，一般人们总是更加关心或注意自己周围的事情以及在某些方面与自己有一定关联或比较接近的事物。在具体的新闻事件中，那些与各个不同受众自己的职业、爱好、年龄、性别相近的信息，总是会最先吸引他们的注意。而在地理范围上，自己周围地区发生的事件更容易成为人们日常生活中的新闻话题。所以，这种在地域、身份、文化水准等方面的接近性距离越近，新闻价值就越大。

对此，西方一些学者在从理论上进行解释中曾将其推向极端的地步，认为这是人们利己主义心理的表现，“使人感兴趣的只有一件事，那就是他自己”，“香柏街（报馆所在地——引者注）上的狗打架，比国外一场战争更有新闻价值。”①当然，一

① 乔治·穆脱.美国新闻学纲要[J].新闻学译丛，1956(3)：36.

般人们意识中的确存在着这样的自然状态的兴趣点，所以我们的新闻报道中应该充分注意事实在区域上的接近性元素。但是，这种所谓接近性又并不仅仅是指地理位置上或区域性的接近，它还包括年龄、爱好、文化水平等方面的共同兴趣点等，一场国外战争虽然不能吸引那些只关注自己眼前狗打架的一些市民，但它仍然具有和较高文化层次的读者在兴奋点上的接近性。所以，我们的新闻传播者对于非本地的甚至是国际性的重大新闻无疑也应注意从不同角度的接近性上来进行报道，并尽量能够改进报道方式，以及通过普及媒介素养，不断提升广大受众和普通百姓对于世界性重大新闻的接受兴趣。然而，新闻的接近性要素也毕竟是客观存在、无法否认的。

新闻价值的接近性决定了无论报纸还是电视都将向分众化方向发展，报纸出现各类专业报纸，增加各种专版，开设各种专栏，电视增加更多专业频道就是迎合人们各不相同的接近心理。

3. 显著性

所谓显著性也就是指新闻事物本身具有的比较显著和突出的某些特征。如新闻事实中的人物越为公众所瞩目，在社会上的知名度越高，新闻就越能吸引受众。

西方新闻学家所讲的“显著性”是指“名人新闻”。“越是著名的人物，作为新闻来源就越有价值。大名鼎鼎的人，声名狼藉的人，还有古怪的人，都会引起特殊的兴趣。”①“从名将、男明星或富翁中任取其一，再从交际花、歌星或名人之妻中任取其一，调配起来，新闻味便来了。”②虽然这样的新闻的确能达到吸引某些受众眼球的目的，但是却不一定有很好的社会影响。名人新闻带来的重要影响是效仿，因而社会主义新闻事业应该注重反映名人的优秀品质，以此促进精神文明建设，尤其是我们的主流媒介更不能以炒作名人琐事来吸引受众。

在新闻价值的显著性中，新闻事件的人物越“显要”与“著名”，新闻价值可能就越大，但是更重要的还是要看新闻的最后效用。也就是在新闻事件传播之后，所产生的实际的社会效益。显著性的这一特点进一步提醒我们新闻价值仅用新闻价值的要素来衡量是不够的。

4. 重要性

传统新闻理论认为，重要性是新闻价值“特殊素质”中的关键素质。

所谓重要性就是客观事实中具有的对社会、对公众形成较大影响的性质。关系国家前途、人民命运的事件，在某一领域具有重大影响的事件，都会引起社会普遍关心，这样的事件就是重要的新闻，重要性越大，新闻价值就越大。

需要特别注意的是，重要性还有一个显著的特征就是相对性，由于社会制度不同以及地域差别等原因，人们对于事物的认知水平各异，因而对重要性的认识也就

---

① 威廉·梅茨.怎样写新闻[M].北京：新华出版社，1983.

② 余预.什么叫新闻[J].报学杂志，1948，1(9)：7.

自然存在明显差异。2001 年恐怖分子制造的“9.11”事件对全球而言都是重要的新闻，而它在美国本土来说就显得更为重要；2001 年我国申奥成功，顺利加入 WTO，对于我国来说是十分重要的新闻，对于其他国家就不一定有那么重要了。同样，各个地区有各个地区重要的新闻，实际工作中，考虑重要性因素，就要从当时当地的具体情况出发，尽量选择与大多数人的利益尤其是全社会利益相关的事实。

5. 人情味

我们说的人情味与西方强调的侧重点不同，它主要指事实中能感动人、打动人的素质，使人产生激情、同情或怜惜的感情，这对新闻工作提出的直接要求是注意观察新闻事件中的细节。

此外，人们求异的心理使得受众对于奇特的事物，对于情节曲折的事件更加好奇，现代紧张的生活也需要人情味的新闻作调剂，近两年来，不少电视台的晚间新闻报道以犯罪案件、法制审判、社会新闻等报道作为主要内容，就反映出对人情味和故事性的关注。但是对于那种追求庸俗、低级趣味的新闻报道，也是我们有责任感的新闻工作者必须加以抵制的。

新闻价值的要素是新闻事实中客观存在的。但是，有必要特别指出的是，一个新闻事件中可能包含五要素的全部，也可能只包含其中的一项或几项。当然，新闻事件中包含的新闻价值要素越丰富，新闻价值可能越大。而且，新闻价值的要素还只是自然之物，它只为新闻价值的实现提供了可能性，如果不经过新闻工作者的调查研究，不经过新闻传播者将其转化为新闻并进而传播于受众，新闻价值是得不到实现的。

二、对尺度性新闻价值要素的新视角解释

显然，尺度性新闻价值有较强的实践应用意义。它是新闻传播者在选择新闻素材或发现新闻事实时所依据的评判标准，理论家们将其分解成一些具体的要素。而上述关于尺度性新闻价值要素的说法，是可以用来评定一条具体的新闻是否具有新闻价值以及其新闻价值大小的。但是，如果再进一步仔细研究，就会发现其中起码有着两个方面的不够实用性或者不便于操作性。其一是比较单一地强调新闻价值要素的客观性，而忽略了受众一方的主观感受性与主动接受性。似乎只要一个事实存在着那些新闻价值的客观上的要素，就一定是很好的新闻素材。而实际上往往是，一个事实从客观上看具有一定的新闻价值某些要素，而在一些受众的心目当中却并不一定完全能够被认可和接受，新闻既然是为受众服务的，新闻价值的判断当然也要以受众的接受程度为标准，这在从传者中心向受者中心转变的时代尤其重要。其二是表述上也比较笼统。如“重要性”要重要到什么程度才是重要性呢？“接近性”又需要接近到什么程度呢？所以，为了更加便于操作和实用，也为了

更加侧重考虑受众一方接受的因素,我们就尺度性新闻价值要素尝试提出如下的一些新的观点。

1. 关注性

关注性就是指新闻事件所具有的那些易被全社会广泛关心和注意的素质。具备此类要素的新闻主要就是在传统新闻价值要素中属于重要性一类的事件。即关系国家前途、人民命运的重大事件,或者在某一领域具有重大影响的事件,由于其事关国家利益和民族形象,从其客观的社会标准来看,当然属于具有最大价值的新闻。但是,无论在什么样的时代,有些世界性的大事,甚至是影响整个社会历史发展的大事,在一般受众的主观评价和接受兴趣上却并不一定就能自然占据优势。也就是说它的被"关注性"却不一定是很高的。所以,我们在评定一个重要事实的新闻价值的时候,还必须从受众接受的角度,考虑到其"关注性"的因素问题。从实际上看,一个在社会宏观运行中具有重要作用的事件,在新闻的"关注性"上并不一定程度最高。也正是由于这样的原因,我们可以从近年来各个电视台纷纷开办的读报节目来看,每个类似的节目在选择播报新闻的内容上差异很大,许多原本被作为重要事件发表在原来媒体上的新闻,却被读报节目省略了,有些被当作次要消息的内容却被读报节目突出介绍。原来所说的"重要性"就因此而具有了很大的浮动性和相对性。美国著名新闻主持人丹·拉瑟接替克朗凯特主持 CBS《晚间新闻》的节目后,确立了一条后院篱笆原则(Back-fence principle),重新奠定了 CBS《晚间新闻》的节目基调。所谓后院篱笆原则,丹·拉瑟是这么解释的:"20 世纪 80 年代,电视新闻关注最多的是这么三件事:英阿福克群岛之战、中东战争和英国戴安娜王妃的新生小王子。新闻对哪件事应更关注、更多报道?去报道新生小王子!设想一天结束时,两个主妇倚在后院的篱笆上聊天,她们多半会谈到新生的小王子。[①]"这就是对后院篱笆原则最为形象的注解,虽然该原则在新闻价值的取向上值得商榷,但正如丹·拉瑟所认定的那样,新闻人必须把新闻价值建立在我们认为受众最感兴趣的话题上。这样的原则起码是对我们的新闻价值观有所启发的。

另外,有些"关注性"强的新闻更主要的是由于受众观念认同和情感共鸣的需要。按照艾里克·艾里克逊的观点,每个人一生都自始至终贯穿着一种自我认同欲求,尤其是在成人阶段,一个人总是需要追求亲密而逃避孤独。所谓"亲密与孤独"的说法,艾里克逊认为,"即指一个人在无须虑及自我认同丧失的情况下去爱另一个人和关心另一个人的能力。如果一个人不能与他人亲近,他或她就会生活在一种孤独感之中。"[②]为了避免孤独,人们不仅在现实中寻找"亲密"对象,也同样需要在新闻这样的虚拟的"世界图景"中更大范围地求得思想与感情上的亲近者。社会上经常会有一些令人共同关注的大事情,人的心灵就会感到安慰和充实。

---

① 铁翠香,徐啸寒.《南京零距离》成功的奥秘[J].新闻传播,2004(9):66.

② 戴维·波普诺.社会学(第十版)[M].北京:中国人民大学出版社,2000:152.

2. 关利性

所谓关利性无疑就是与受众切身利益密切相关的新闻事件。某些新闻事件直接涉及受众自身的法定权益,尤其是通常所说的"知情权"、"知晓权"、"知察权"等。或者在经济以及其他方面直接与受众利害相关。现代新闻价值,很多时候都是体现在对于公众权益的保护方面。一般来说,社会公众的"知情权"更多的时候只能是通过新闻媒介来实现的。尤其是那些关系国计民生的有关决策和变化,全民都有知悉的权力。新闻与这些权益结合得越是密切,其新闻价值自然也就越高。

另外,一些新闻事件虽然并没有和某些受众有直接的利害关系,但是,人们可以将其作为一面镜子,从中反观自身,以彼事物比照此事物。而由于这一类新闻的警醒或者启迪,受众可以更好或更多地避免自己的某些利益和权益受到损失。

3. 关情性

从根本上说,人类从一开始进化为人类,就是以群居为基本生存特征的。由群居才继而发展成为部落,以及更为丰富广阔的人类社会。人类的这种最原始的类特征注定了人类的与生俱来的类意识。而其潜在的类意识就包括人人具有的同情之心。因为同类,所以同情。这应该说是人的同情心的最基本前提。怜悯之心,人皆有之。怜人之所痛,喜人之所乐。这就是最大的同情。我们的新闻把人世间发生的那些普通人的遭遇以及有着传奇性的或者超常性的喜怒哀乐报道出来,唤起人们的同情,使得人们在同情中得到心理上的一些满足,这显然也是新闻的一种重要价值。精神分析学家阿尔诺·格鲁恩在《同情心的丧失》一书中指出"同情心的问题与什么是人的问题和人的同一性问题有关,同时也与下面的问题有关,即人在肉体和精神上受到多大程度的伤害之后还仍然能够坚持人性。"阿尔诺·格鲁恩认为:"我们失去了同情心,其原因是我们失去了同我们自己内心痛苦的联系。①"在生存论哲学的视野里,阿尔诺·格鲁恩的这个观点是不难解释的。人作为一种社会性的、具有自我意识和对象意识的类的存在物,其生理与心理结构都具有共通性,是紧密地联系在一起的。或者抽象地说,人的人性是相通的,在人与人之间未异化的状态下,一个人的痛苦能够引发另一个人的痛苦。从而,在最基本的层次上,一个人如果无法体验到自身的痛苦,别人的痛苦便已经和具有产生自己类似痛苦的可能性的类的存在困境失去了联系,他也处于一种与自身的真实存在状态相疏离的状态中,从而也丧失了体验别人的痛苦的能力。在这种意义上,一个没有同情心的人是一个已经物化的、丧失了人的属性并且切断了与他人的人性联系的人,这种人只能以已经被掏空了自身的"自我"而以一个假自我系统来代替。所以,我们的新闻一定要有意识地承担对于人的同情心的唤醒,实际上这也就是对于人的真实"自我"的召回和强化。

此外,关情性也关乎着人的情感宣泄以及交流性表达。郁闷、压抑、不爽,是现

---

① 阿尔诺·格鲁恩.同情心的丧失[M].李健鸣,译.北京:经济日报出版社,2001:"前言"1,63.

代人中非常普遍的心理状况。物质财富的越来越丰富,造成分配上的更加不公,贫富差距的加大,经济和政治地位上的等级的森严,经常会滋生人们情绪上的不满。而压抑的情绪如果长期得不到发泄就容易出现精神崩溃。甚至危害社会和他人。因而一般人尤其是社会上处于弱势的群体,就需要各种方式的宣泄。人们喜欢了解新闻,因为新闻经常为人们提供一些“大快人心事”。这些事件能够在人们沉闷的日常生活中增加一些欢乐剂。如贪官被惩处,黑社会被打掉,人造卫星上天等等。虽然这样的一些事件并不发生在自己身边,也不会直接涉及自己的切身利益以及生命财产安全,人们却照样能够从中得到宣泄性的快感。

审美需求也是人类与生俱来,又随着生产实践和社会文明水平的发展而不断发展的一种心理现象。新闻主要是靠文字、画面和声音等作用于人的感官的,其传达的形象性、感染性对受众的心理印象激发程度如何,就与新闻表达技巧的艺术性、审美性密切相关。特别是随着人们生活水平的逐步提高,随着人们审美意识的逐渐加强,现代的大众已不仅仅满足于通过各种传播媒体获得信息、知识,人们更加要求从中获得精神上的美感与视觉享受。即便是对待一个相对简单的新闻事件,受众也不满足于在一个平面上去了解事件的来龙去脉,往往愿意从多个角度、不同侧面去品味现象背后的多重意义。这就需要创作者首先在思维方式上采取开放式的态度,即需要视象思维、对立思维、多向思维、情感思维等多种思维方式的综合运用。而其中不可或缺的就是思维的审美视角。它不仅能够直接满足审美需要引起的愉快,还能提高自由地把握和创造形式的审美能力,进而引向现实人生,淡化或暂时化解现实功利人生中的痛苦、矛盾,且有助于社会有序、稳态的发展。

因此,新闻报道同样需要以审美思维的方式去捕捉现实生活当中的人物和事件,并以客观的形式加以如实报道。即使是新闻事件的现场报道,也包含着新闻工作者有意无意地对事件内容和表达形式的筛选、加工,从而最大程度地实现新闻的情感性价值目标。

4. 关趣性

一个毫无疑问的道理是,每一个人来到这个世界上,都不是一开始就出于自觉的。而一当来到世界之后,就必然会遇到许多生存上的麻烦和难题。尤其是成人之后,更是要不断地为基本的生存和生活而奔波劳碌。而人被降生到世间,当然不希望永远处在生活的沉重压力之下。特别是在为着生存而繁忙劳碌之余,自然就更需要得到愉悦和放松。因而,人的娱乐和游戏的本能也就不断地寻找各种实现的途径和方式。人们之所以需要新闻,人们之所以需要新闻所不断创造的“世界图景”,很大意义上都是为了满足人的娱乐性的或者情感性的需求。威尔伯·施拉姆、威廉·波特在《传播学概论》中指出:“大众传播主要被用于娱乐的占有的百分比大得惊人。”他们还指出,查尔斯·赖特在《大众传播:功能的探讨》一书中也曾经从社会学的角度,在拉斯韦尔提出的三个功能范畴之外又增加了第四个功能——娱乐。而威廉·斯蒂芬森在《传播的游戏理论》中,集中谈的不是传播的旨在实现改变的工具行为，而是有关传播的目的不是完成任何事情而只是一种满足感和快乐感。斯蒂芬森并不赞扬工作传播和贬低游戏传播。完全相反，他认为传播一愉快在心理学上是有益的。……他觉得，大众媒介的游戏行为是有益的，如果主要是从说教和社会效果的角度来研究大众传播，那是错误的，应该从它的游戏和愉快因素的角度来研究。出于这个原因，他决意发展"大众传播的游戏理论而不是信息理论"。①

这里需要特别说明的是，虽然新闻的娱乐功能是不可忽略的，但是，我们的媒介却不能一味追求新闻的娱乐性。更不能因为强调娱乐性而制造一些虚假离奇的新闻事件。我们虽然肯定人的游戏与娱乐本能是合理的，但这种完全出于本能的人性，也特别需要高层次的文化加以必要的提升。新闻在尽量满足人的娱乐需求的同时，必须注意尽可能的人性引导。由于近年来媒体的市场化程度进一步加深，一方面是受众猎奇心理的驱使，一方面是广告商大笔广告费用投放的诱惑，加之一些媒体职业责任意识较低，使得有些新闻对于一些严肃事件的报道也出现了泛娱乐化的倾向。如几年前关于马加爵案的报道，这种过于娱乐化报道使马加爵案读起来简直像是一部"现代轻喜剧"，而不是什么值得全社会反思的悲剧事件。这些报道中，有关于疑似马加爵的人物出现在全国各地的报道，如上海刑事法律网上的《"疑似马加爵"窜入沪高校》《云大马加爵凶案：四川宜宾抓住冒牌"马加爵"》《宁波？上海？甘肃？警方全力围捕马加爵》，新浪网上的《兰州出现"疑似"马加爵 警方水陆空全面盘查》《疑似马加爵惊扰各地》等文章；有颇具戏剧性场面的报道如新浪网上的《我抓到了马加爵冰凉的手臂》《我敲响马加爵宿舍的门 冲出 5 个警察》《记者现场"逮马"落空》等。清华大学李希光教授指出，商业利益取代了公共利益，"越来越多的新闻已经成了广告和娱乐的囚犯。"②这是我们的新闻应该时时警惕的。

5. 关智性

一些新闻事实以及新闻作品带有较强的知识性，有助于受众加强自身文化素养，提高生活和工作能力。所谓增知强能。我们的社会已经进入知识经济时代，知识的不断更新与增强，直接关乎着人们的生活质量。从新闻中得到信息，获取新知，是新闻实用价值中的一个重要方面。

新闻的启智作用，是我国近现代早期的新闻人和启蒙思想家们从一开始就非常重视的。梁启超等人就都提出过关于新闻可以"开民智"的主张。所以，我们的现代新闻一定要注意利用新闻使人活跃心智，而千万不可以用新闻愚弄受众。不要用一些低级的庸俗的内容去麻木受众的心理，降低受众对于事物的感知能力，尤其是分析批判能力。

---

① 威尔伯·施拉姆，威廉·波特.传播学概论[M].陈亮，周立方，李启，译.北京：新华出版社，1984：37-39.

② 以上资料转引自世纪中国[Z]，2004(4).

此外，在很多时候，人们只是想知道这个世界的状况和变化，“知道”本身就得到了满足，就会产生一种比他人优越的心理和感觉。而这种“明晓”性，往往只是求得一般地了解，没有功利的和实用的目的。早在1930年，日本新闻学者杉村广太郎就在他的《新闻概论》中就特别强调：“‘欲知道；欲使人知道；欲被人知道。’这种声浪是任何时代任何国家的一种的共通的欲望。由这种欲望才产生新闻纸。①”所以，新闻能够给人以“知晓”，也是一种非常重要的价值。

三、新闻的功能性价值构成

尺度性新闻价值主要应用于新闻事实选择的环节中，是新闻进入传播过程之前的一种考量标准；而在新闻传播之后，又会对受众以及社会发挥一定的作用，产生一定的功能，或者对受众形成一定的影响，产生一定的社会效果。就整个新闻事业而言，更是如此。一件一件的新闻传播之后，不断地对社会发生或多或少的影响，这就是新闻的整体性的社会功能。而本节所要探讨的新闻事业的社会功能，归根结底就是探讨新闻价值的有用性含义，我们称之为功能性新闻价值。

实际上，新闻的社会功能，从不同的角度看，是可以做出许多不同的解释的。如，有学者认为新闻的社会功能可以从三个层面来认识，即：①“新闻传播的基本功能”，其主要意义是指“告知新闻信息”；②“新闻传播的直动功能”，主要包括“政治宣传功能”、“经济促进功能”、“社会组合功能”、“文化娱乐功能”；③“新闻传播的连动功能”，主要指“新闻文化在参与社会化过程中的作用”等②。

对于功能性新闻价值的比较权威的解释，可以参照西方传播学中的媒介功能理论。所谓媒介功能，指的是在媒介与社会的互动过程中，媒介所发挥的实际作用。而西方传播学认为，传播媒介的功能有正面和负面、显性和隐性之分。媒介的正面功能，自然指的是新闻媒介对社会发展的积极作用；而媒介的负面功能，又显然是指其对社会历史发展所起的消极作用。其次，所谓显性功能是指媒介所发生的那些显而易见、立杆见影的社会作用；而隐性功能又是一种不易察觉的，或者暂时不甚明显的社会效果。美国传播学家默顿这样说道：“任何有利于一个社会系统的适应与调整的结果，皆得谓之功能”。③ 根据这样的说法，我们吸收西方传播学家如拉斯韦尔和赖特以及施拉姆等人关于媒介功能的正面意义的观点（详细内容见本书第七章），可以把新闻事业的社会功能也就是功能性新闻价值的要素概括为以下几个方面：

1. 传播信息，社会了望的基本功能

新闻事业的产生和发展是以人们对信息的需求为内在动力的，人们接触新闻

---

① 杉村广太郎.新闻概论[M].上海：上海联合书店，1930：1-4.

② 程世寿，胡继明.新闻社会学概论[M].北京：新华出版社，1998：137-163.

③ 袁军.新闻媒介通论[M].北京：北京广播学院出版社，2000：251.

事业的最直接、最根本的目的就是获得大量的、最新的信息，及时了解世界的变化，调整自己的行为。新闻报道是信息的载体，首要功能就是能够报道新闻，传播信息，从而把世界最新鲜的面貌展示给受众，同时，也起到了望社会、观察社会最新变化、发现社会发展过程中的问题的作用。这也是一切新闻事业的基本功能。

2. 关乎舆论，凝聚社群的导向功能

舆论就是公众对社会上某些事态大体相同的意见和言论。一般而言，它具有评价性、自主性、倾向性、扩散性等特点。新闻传播的广泛性和大面积覆盖性，使它与舆论的关系极其密切，所以，世界上最早的新闻学诞生，就是以李普曼《舆论学》的出版为标志的。毫无疑问，新闻媒介是舆论最好的载体，而新闻受众则始终都是舆论的主体。在一定意义上，新闻信息是舆论的来源，它可以引发公众对于某些社会事件的普遍议论；而有些新闻信息则又直接来源于舆论，或者是对舆论的反映。

新闻媒介发布代表一定阶级、集团、社会群体的意见倾向的事实，控制某一报道的量和度，这就可能形成或引导舆论；从群众中收集舆情民意进行报道，这是反映舆论；新闻甚至还可以夸大或歪曲事实制造舆论。但总而言之，无论代表舆论、反映舆论，还是制造舆论，新闻都具有引导舆论的功效。而新闻对于舆论的引导和反映，归根结底都是为了能够达到凝聚一定的社会群体，实现一定的政治或经济目标。

3. 传授知识，提高文化素养的连带功能

由于新闻传播内容的广泛，传播范围的广泛，受众的广泛，使新闻媒介在文化教育方面也可以发挥一定的作用。在新闻报道中本身就蕴含丰富的知识成分。另外，它通过设置专门的教育栏目传授专业知识。这种教育具有广泛性、长期性、形象性、随机性的特点。当然，它的教育效果也往往只有在潜移默化中见成效。

4. 生活娱乐，服务大众的一般功能

从总体上说传播信息，引导舆论，普及教育都是提供服务，而这里所说的服务功能，主要是指那些满足人们日常生活的需要，如气象、医疗、家政等方面的信息，尤其是那些纯粹娱乐性的新闻，从而满足人们不同层次上的各种需要。随着人们物质生活水平的提高，精神生活成为重要的组成部分，充满人情味的新闻本来就为人们提供了娱乐。近年来，各种文艺文化专栏节目的开设更是使人们的生活越来越丰富多彩。

正因为新闻事业具有这样的社会功能，新闻被传播出去之后才会满足人们的某些需要，才会对受众和社会产生某些效果。所以在新闻价值内涵中，社会功能、人们的需要、社会效果应该是一致的：人们有知晓需要，通过新闻事业的传播信息功能来满足；人们有认知需要，通过新闻事业的舆论引导功能来满足；人们有接受教育的需要，通过新闻事业的传授知识功能来满足；人们有追求精神生活以及休闲的需要，通过新闻事业的文化娱乐功能来满足。所有这些需要和功能，经过实践证明是新闻事业可以达到的社会效果，它们都是属于新闻的功能性价值范畴。

第三节　新闻价值的实现及其过程

我们说，对于新闻价值的理解还不能简单地停留在一个静止的概念上。因为，既然是“价值”，就不能仅仅属于一种书面的指标或者几个僵死的条条，无论任何事物，只要其具有价值，就应该在实际生活或社会活动中加以实现和落实，未能最终实现的价值仍然等于零价值。所以，新闻价值的最后确认还需要通过对新闻价值最终实现的考量。当然，新闻价值的实现归根结底是一个动态的过程。而从理论上说，新闻价值的实现也应该包括两个层面的意义，其一是有价值的新闻的终端到达和实际影响，也就是新闻价值实现的实际体现；其二是新闻价值实现的实际过程，也就是所要经历的运作程序。那么，对于新闻价值的实现的理解也应该从以下这两个方面入手。

一、新闻价值实现的实际体现

如前所述，新闻价值既然包括“尺度性新闻价值”和“功能性新闻价值”两个层面的含义，那么，新闻价值实现的目标，当然也需要从这样的两个方面进行考察。

首先，因为“尺度性新闻价值”即新闻人选择新闻时的判断标准，也就是用以表明一件新闻有价值的具体条件，那么，这样的新闻一旦进入了传播，在其到达了新闻受众之后，就应该使当初的价值判断得到实际地确认。如，属于“关注性”价值类型的新闻的确得到了足够的“关注”，具有“关利性”价值的新闻也使得受众的利益在一定程度上受到了保护，而“关情性”新闻引起了受众必要的情感满足或者相应的同情，至于“关趣性”新闻和“关智性”新闻，也都能取得相关的效果和反应。这就说明“尺度性新闻价值”得到了实现，也就是，当初按照“尺度性新闻价值”的有关标准判定该新闻所具有的价值，就在传播之后得到了验证。而其新闻价值的大小，也主要可以从受众的接受范围和程度尤其是反馈的状况来加以认定。

下面一则新闻：

利益面前，干部退一步

虹桥镇二次改制突出“公平共享”，干部退股、再次分配

本报讯（记者 徐蒙 实习生 谢金晶）曾是集体资产改制“排头兵”的闵行区虹桥镇，又一次来到改革的当口。最近，虹桥镇先锋村、虹五村等10个村进行了“推倒重来”的第二次改制，并定下规则：所有干部退出当年的“岗位股”和受让的村民股权。

为何要推倒重来？20世纪90年代末，虹桥镇推行改制入股，十多年来，乡村变城市，农民并没有全数变股东。当年改制时，村里还有农田，商务楼才零星开建，村民意识不到股权的价值，宁可变现，纷纷将股权转让给村干部，加上当年为进行岗位激励、鼓励干部多持股而设的“岗位股”，村干部手里的股权渐渐多了。虹桥镇党委书记张有为告诉记者，当年改制最成功的先锋村，55％的村民手中没有或只有少量股份。

现在的虹桥镇，已是上海“黄金地段”。当年改制中，土地和物业都没有出让，酒店、写字楼等产权仍属集体资产，十多年中资产规模今非昔比。可是盘子越大，不公平的因素也放得越大：早年退光股权的村民，虽然社会保障不错，却享受不到资产增值红利，心里不是滋味。

“虽然当初转让是村民自愿，但这不等于公平。”张有为解释，改制后土地仍属于全体村民集体所有，而集体资产增值，说到底还是依托城镇化后的土地增值。村民为城镇化作出贡献，却得不到实惠，说明不公平；一大半村民享受不到发展的红利，说明没有共享。

二次改制，虹桥镇坚守“公平、共享”四字原则。而干部退股，就是要把虽说自由自愿，但也因当年信息不对称而多获的利益“让出来”。有些村干部心里有想法，或者说能不能“拖一拖”，或者说最好“别折腾”。

镇党委意识到，如果“拖一拖”，往后就更难改；要是“不折腾”，干群矛盾就会加深。

二次改制中，干部退股没有商量余地，以制度保证必须退出。最先完成的先锋村，没有一名干部不退股，共将538万股岗位股和200多万股受让股全部退还村民，占全部原始股37％。没想到，一些干部退股后反倒踏实了：“感觉一身轻了，再也不会被村民背后议论‘拿多了’。”

干部退股、再次分配只是一个开头。在此基础上，虹桥镇已拟定方案，年内将镇级集体资产也量化分配到每位村民。最近，还将进行全镇民主选举，选出55名村民股东代表，并建立董事会、监事会和股东代表大会。当集体资产真正握在村民手中后，怎么管理资产，干部说了不算，镇长书记也无权动用，只有“三会”通过，才能真正拍板。

（《解放日报》2013年8月29日 一版要闻）

随着社会收入差距的不断拉大，人们要求“公平与公正”的呼声日益高涨。因此，《解放日报》记者采写的这篇报道一发表便引起了强烈的社会反响，并被评为第二十四届中国新闻奖一等奖。本条新闻不仅具有很强的“关注性”价值，也有着极大的“关情性”以及“关利性”。人们通过这样的形式取得了多方面的情感与信息的交流。这样的新闻显然是被证明有着很高的新闻价值的。

其次，就是“功能性新闻价值”的实现。这当然也要从新闻价值的四大功能构成进行基本考察。新闻的第一大功能价值是“传播信息”，那么，其价值的实现就需要首先考虑某新闻或某媒体对于信息的传播是否达到了最大范围和最佳程度；其第二功能是“引导舆论”，那么，其对舆论的引导又是否发挥了最好的作用；至于对知识的传授以及文化娱乐的服务功能，也都需要做必要的检验。

我们在这里特别强调新闻价值的实现，实际上是要求我们的新闻人一定要对自己所做的新闻具有价值检验的自觉意识。否则，新闻被我们发布出去，却不管它的价值到底有多大，以及到底有没有新闻价值；尤其这些起初被我们按照价值标准所选择的新闻其新闻价值究竟有没有得到实现，如果不能自觉地进行检验，我们的新闻传播就一定会陷入一种盲目状态。这就是对于我们的事业尤其是对于广大受众不负责任。这样就会失去受众的信任，也会大大降低新闻的影响力。我们的新闻的整体性功能价值也就难免逐步丧失。这对于我们的新闻事业来说是性命攸关的。

如果我们以新闻媒体为主体，考察新闻价值实现的实际体现，对于其功能性价值实现的体现主要可以分为两种形式：新闻媒体使受众获悉；新闻媒体使受众表达。获悉和表达虽然存在方向性上的差异，但是其新闻价值实现的体现实际上是跨越沟通障碍使信息传播最大化、最优化的结果。因而，更高境界的新闻价值实现，还需要从以下几方面进行考量。

1. 跨越"知沟"使获悉

根据社会变迁理论的假设，明尼苏达大学新闻与大众传播副教授P.J.蒂契纳(P.J. Tichenor)与本校两位社会学教授多诺霍(G.A.Donohue)和奥利娅(C.N. Olien)合作提出了著名的"知沟"假设(knowledge-gap hypothesis)：随着大众传播向社会传播的信息日益增长，社会经济地位高的人将比社会经济地位低的人以更快的速度获取信息。因此，这两类人之间"知沟"将呈扩大而非缩小之势。

研究的结论是：①大众媒介似乎具有与其他社会机构一样的功能：加剧或扩大了现有的不平等；②在"知沟"弥合前，媒介的报道量往往开始减退，要让低阶层人群对当今事件和发展的知晓度不至于远远落后，可能需要其他大众信息发布系统。

自假说提出以来，知识沟假说已在各个方面得到改进和拓展。首先，信息有时会扩大知识沟，而有时则可缩小知识沟。多项研究都已经证实，在这一过程中，最为关键的一点就是兴趣或动机。其次，因传播而出现的知识沟不纯粹是知识的差距。这种差距也可能涉及态度和行为。鉴于此，罗杰斯曾倡议，将这种现象重新定义为传播效果沟(communication effects gap)，而不是知识沟①。因而，跨越知识沟使公共信息能够快速全面地覆盖到社会的各个角落是新闻价值实现的基本体现。传播信息，了望社会，传授知识这些功能的实现都以新闻信息传播到位为基础。

2. 引导舆论使"表达"

所谓舆论，就是公众意见，而公众意见的"表达"，有时候也需要一定的科学引

---

① 沃纳·赛佛林，小詹姆斯·坦卡德.传播理论——起源、方法与应用[M].北京：华夏出版社，2000：287.

导，所以，我们的新闻，也同样担负着引导舆论走向的责任。有了正确的引导，公众意见的“表达”才能更加符合事实和事物发展规律。我们的新闻能够实现这样的引导，也就在一定程度上使新闻价值得到了实现。

南京大屠杀死难者国家公祭仪式隆重举行 习近平发表重要讲话

新华网南京12月13日电（记者霍小光 蔡玉高）中共中央、全国人大常委会、国务院、全国政协、中央军委13日上午在南京隆重举行南京大屠杀死难者国家公祭仪式。中共中央总书记、国家主席、中央军委主席习近平出席并发表重要讲话。他强调，自古以来，和平就是人类最持久的夙愿。和平像阳光一样温暖、像雨露一样滋润。有了阳光雨露，万物才能茁壮成长。有了和平稳定，人类才能更好实现自己的梦想。历史告诉我们，和平是需要争取的，和平是需要维护的。只有人人都珍惜和平、维护和平，只有人人都记取战争的惨痛教训，和平才是有希望的。

中共中央政治局常委、全国人大常委会委员长张德江主持公祭仪式。

1937年的12月13日，侵华日军侵入南京，对我同胞实施长达40多天灭绝人性的大屠杀，30万生灵惨遭杀戮，人类文明史上留下最黑暗的一页。2014年2月27日，十二届全国人大常委会第七次会议通过决定，以立法形式将12月13日设立为南京大屠杀死难者国家公祭日。

公祭仪式在侵华日军南京大屠杀遇难同胞纪念馆举行。纪念馆集会广场布置得庄严肃穆。现场国旗下半旗。广场西侧巨大的“灾难墙”，灰黑的底色映衬着“南京大屠杀死难者国家公祭仪式”14个白色大字。一万名各界代表胸前佩戴白花，静静肃立。

……

公祭仪式后，习近平等党和国家领导人和各界代表走进纪念馆展厅，参观《人类的浩劫——侵华日军南京大屠杀史实展》。习近平等仔细观看，在南京保卫战、日军在南京的大屠杀、对日本战犯审判、南京大屠杀历史见证、前事不忘后事之师等展区，习近平不时驻足，详细了解有关情况。

参观结束时，习近平、张德江在签字簿上签名。随后，习近平等亲切会见了参加仪式的南京大屠杀幸存者代表和遇难者遗属代表。

马凯、刘奇葆、许其亮、韩启德一同参加上述活动。

参加过抗日战争的老战士和老同志代表，中央党政军群有关部门和江苏省、南京市、南京军区负责同志，各民主党派中央、全国工商联负责人和无党派人士代表，港澳台同胞代表，为中国人民抗日战争胜利作出贡献的国际友人或其遗属代表，二战中国战区和遭受过日本法西斯侵略的亚洲国家驻华使节代表，南京大屠杀幸存者及遇难同胞亲属代表，江苏省各界群众代表等参加公祭仪式。来自中国、日本、韩国、美国、俄罗斯等国家和地区的200余名中外记者在现场进行采访报道。

http://news.xinhuanet.com/world/2014-12/13/c_1113630026.htm

2015年是反法西斯战争胜利70周年，同时也是中国抗日战争胜利70周年。在这一前夕，国家首次举行隆重的公祭仪式，表达了中华民族牢记战争教训，珍惜和平、维护和平的强烈愿望，在国内外形成了强大的“舆论场”，产生了广泛的社会影响力。这条新闻也理所当然地被新华社评为2014年国内十大新闻之一。

3. 明确需求使“满足”

西方使用与满足理论认为受众并非总是被动的，是包含丰富的社会多样性的个人所组成的集合体。

起源于20世纪40年代的“使用与满足”理论在美国的研究背景始于对“好”节目差收听(视)，“坏”节目好收听(视)的研究。在当时收音机家庭普及率达到80%以上的美国，那些以启蒙、教育和修养为目的的节目并不拥有很多听众，而轻喜剧、肥皂剧以及猜谜游戏等娱乐节目收听率却高的出奇，导致了一些学者对广播媒介的“使用与满足”研究，继而对印刷媒介、电视媒介的这类现象也开始研究①。

使用与满足研究在卡茨的文章中更加系统。他指出，大部分的传播研究皆致力于调查这样的问题：“媒介对人们做了些什么?”。他建议将研究的问题改成“人们用媒介做了什么?”他与其他两位学者指出研究涉及的范围：

①需求的社会和心理起源；②需求本身；③需求产生的期望；④期望指向的大众传播媒介或其他来源；⑤这些来源引向对不同形式媒介的接触(或参与其他活动)；⑥由接触造成需要的满足；⑦与满足同时产生的其他后果，也许大多是无意获得的结果。

他们举出瑞典研究者于1968年提出的使用与满足的模式，包括下列要素：

受众被设想为主动的，也就是说，对大众传播媒介的使用重要的一部分被认为是有目标导向的行为。

在大众传播的过程中，将需要的满足与媒介的选择联系在一起的主动权在受众。

媒介必须与满足受众需要的其他源泉相竞争②。

该理论的提出在传播学理论中主要是对受众媒介使用目的的差异性的一种探讨。它引导我们去关注新闻传播的受众。这一研究认为在很大程度上，大众传播的使用者是有控制权的。从某种意义上也就是说，新闻价值的实现也与受众自身因素有很大的关系。受众自身需要什么样的新闻，寻求到这样的新闻，从而达到受众心理上的最大满足，这是实现新闻价值的更为重要的一个方面③。

---

① 郭庆光.传播学教程[M].北京：中国人民大学出版社，2003：180-182.

② 沃纳·赛佛林，小詹姆斯·坦卡德.传播理论——起源、方法与应用[M].北京：华夏出版社，2000：321.

③ 沃纳·赛佛林，小詹姆斯·坦卡德.传播理论——起源、方法与应用[M].北京：华夏出版社，2000：321.

二、新闻价值实现的运作过程

新闻价值实现的运作过程以受众接收到新闻为起点，整个价值实现的过程体现为新闻对受众兴趣、情感、意见的触动和影响。在这一过程中包含着受众既有共性又有个性的价值评价和价值认同与接受。因此，新闻价值实现的运作过程既是一个新闻影响受众的过程也是一个受众自觉或不自觉接收、接受新闻的过程。

1. 终端接收——新闻价值实现的起点

一则消息只有通过大众媒介传播出去才称其为新闻。同样，一则新闻只有受众接收到了才谈得上价值实现。无论是在昏昏欲睡的车厢里被早新闻主持人用高亢的声音播报出来，还是在熙熙攘攘的广场大屏幕停驻 10 几秒，或是成为世界上收视率最高的新闻节目——中央电视台《新闻联播》节目的一部分，对于新闻来说，它的价值实现的起点就是被那些有心或无心的耳朵、有心或无心的眼睛所阅听的那一刻。但是，也正如以上描述的那样，我们的生活弥漫着传播，我们的周围充斥着新闻，而我们的耳朵和眼睛在大多数的时间里保持着开放的姿态。新闻很容易就吹进了我们的耳道，新闻很容易就反射在我们的晶状体上，受众接收新闻在当今这个传媒发达的时代几乎不存在技术障碍。但新闻价值的进一步实现在这里就面临着一个关键的瓶颈——它必须由所处的代表人类群居社交需要的始端深入到人类共通情感、社会地位以及个人兴趣等所共同形成的各种私密心理的狭窄甬道。新闻价值进一步实现，就是要突破受众接收新闻如闻耳旁吹风、似睹“浮光掠影”的阶段，击中他们更为敏感、持久、深刻的感知需求。新闻价值的要素说等新闻理论，其实就是对受众接收、认同、接受新闻的价值评价、判断的经验总结和归纳。

童兵教授认为新闻传播中价值传递的实现，是新闻信息收受者对新闻信息传播者的价值观的认同。他指出，新闻受传者总是处于特定的社会需求去获知新闻，新闻也只有能够满足特定的社会需求才能实现它的价值①。

在西方传播学研究中，美国学者提出的“预存立场”概念也涉及受众价值观对传播效果的影响。预存立场，指受众接收信息之前所固有的态度、观念，乃至世界观和价值观。预存立场是受众筛选外界信息的“过滤网”。如果信息内容与受众预存立场相一致，就比较容易通过，否则，受众就可能视而不见、充耳不闻，或采取怀疑、歪曲乃至抵制等消极措施，使传播失效②。也许有些新闻直面受众时并非以价值观的形态示人，但在受众看来它符合受众的基本利益，具备关注性、关利性、关情性、关趣性、关智性其中一种或多种特质。

2. 价值评价伴随新闻价值实现始终

黄旦教授认为新闻价值评价在新闻传播过程中的作用是不可忽视的，在某种

---

① 童兵.理论新闻传播学导论[M].北京：中国人民出版社，2000：50-51.

② 张国良.传播学原理[M].上海：复旦大学出版社，1995：191.

意义上，新闻价值主要是通过评价方式而实现的。他提出了新闻生产与传播过程中存在的二级评价模式——初级新闻价值评价和终极新闻价值评价。

他认为，新闻价值评价就是指对新闻价值的判断、评定和发掘。初级新闻价值评价是新闻传播者依据新闻价值对新闻事实的预测和判定。他将“新闻敏感”与之相联系。并且，黄旦教授进一步指出新闻价值的实现从根本上说，首先是建立在预测评价的基础上①。而终极新闻评价是指广大新闻接收者依据新闻价值，对收取到的新闻所进行的判断和评估，它往往以社会效果的形式反映出来。终极评价是对新闻的最后鉴定，也是对初级评价是否正确的检验。他指出，终极新闻价值评价是众多新闻接收者，根据自己的需要，对新闻逐条品味，从而做出有价值、少有价值、无价值等评价。因此终极评价的反应可能比初级评价的判断更为复杂和多样。其次，初级评价只为新闻价值的实现提供了可能，而终极评价则是对新闻价值有无、多少的最后确认，是新闻传播者所提供的可能能否最终成为现实的根本鉴定。在这个角度看，终极评价比初级评价更为重要。初级评价所做的一切，都是为了终极评价，都是为了能经得起终极评价的检验。也因此，新闻传播者总是很重视终极评价的反应，并认真收集受众的反馈意见，以使下一次的预测性评价更为准确和有效②。

这就和新闻的功能性价值构成有着重要的联系。在终极评价中，新闻所起到的社会作用，如传播信息上通下达，提供娱乐，了望社会，引导舆论，传授知识等反映了新闻价值实现所激起的受众、社会反应，表现为新闻的社会效益。虽然“效益”与“效果”并不完全等同，但它们对于表达新闻传播的成效，也还是可以有所通用的。从新闻价值理论的观点来看，新闻报道之所以产生一定的效果，当然首先来源于新闻价值要素本身的客观属性，即这种属性本身具有达到某种效果的功能。而效果的实现与否或实现大小，又受到具体新闻工作和传播过程的影响。在胡正荣的《新闻理论教程》里，认为“效果”和“效益”是不同的：“效果”指行为带来的一定的结果，这种结果可以是好结果，也可以是坏结果；“效益”是单指行为带来的良性的结果，即对人、社会有益处的结果。但是，如果给新闻价值一个衡量标准，那么用社会效果或社会效益都是可行的。至于“功能”和“效果”，却应该是一个问题的两面，王益民在《系统理论新闻学》中阐释：“功能”从事物本体出发，意在它具有发挥某种作用的能力；而“效果”则从事物作用结果出发，意在表明它发挥作用后的情形。新闻价值的重要内涵之一是新闻的有用性，那么，新闻事业的社会功能属于新闻价值范畴，新闻报道的社会效果是其功能起作用后的表现。

3. 新闻价值实现的多元运作

新闻价值是一种客观存在，它是新闻所含的事实本身所具有的价值要素③。

---

① 黄旦.新闻传播学[M].杭州：杭州大学出版社，1995：168.

② 黄旦.新闻传播学[M].杭州：杭州大学出版社，1995：169，170.

③ 童兵.理论新闻传播学导论[M].北京：中国人民出版社，2000：51.

在进入新闻制作流程后，事实本身的价值要素并没有改变，但在新闻的采、写、编、排、印、播等过程中，对某些价值要素的强调和省略，事实的叙述顺序，版面位置编排乃至纸张的运用，都是对原先事实价值的重组与再生产，以期突现新闻价值。在这一过程中可能出现价值增值或削减。

童兵教授指出，一条新闻在社会上公开传播之后，它所实现的价值不止新闻价值一种，因此，新闻的传播价值和新闻价值是两种概念。新闻的传播价值是指，新闻传播之后实现的各种价值效应之和。新闻传递的是多元价值，因此新闻的传播价值总是大于新闻价值，它除了新闻价值之外（这是最基本的价值效应），还有信息价值、宣传价值、审美价值等多种价值效应。他还认为新闻至多是最大限度地实现了新闻事实的新闻价值，新闻的特殊文体、写作、编排也具有一定的宣传价值和审美价值，即新闻事实所具有的宣传价值和审美价值，通过新闻和新闻媒介这些载体而增值了①。

当新闻进入大众传播领域，其多元的价值实现使新闻价值的实现呈现出多元模式。一则新闻之所以能让人将它完整看完的理由固然是因为事实吸引人的特质，但在实际的新闻传播中更重要的是它被登在了报纸的头版头条，它被用复合标题套红强调，或者撰写它的记者文辞优美。这些附加价值的实现无疑也为新闻价值的实现铺平了道路。

在此，我们应当看到整个新闻价值实现的运作过程虽然是新闻作用于受众的过程，但在整个新闻事业流动、发展中，它更应该被看成是新闻事业运作的价值标准修正的一部分。新闻到达受众，实现了新闻的价值效应后依旧会通过各种渠道将其反馈给新闻的第一价值评价者——新闻工作者。回到这一阶段，与“新闻价值”关系重大的是新闻工作者的价值观念和新闻制作能力。新闻价值观指人们关于新闻价值的取向和标准。它是人们的价值观念在新闻评价中的体现。新闻价值观属于意识范畴。在不同的历史阶段、不同的社会环境以及不同的年龄层次等各个人群和个体中，所持有的新闻价值观是不同的。因此，对待同样的新闻事实所做出的选择、评价也就各异。我们的新闻工作者当然要对我们现有的新闻政策和新闻理论进行深入的学习和理解，从而树立科学的社会主义的价值观，以指导自己的实际的新闻工作。这是新闻价值实现的最根本的前提。新闻事件能够为公众所知，能够得到广泛地传播，当然离不开新闻工作者的具体的劳动，也就是采集、写作和编辑等等。那么，这些具体的工作能力尤其是产品制作过程，也就直接关系着新闻价值实现的程度。一个业务能力强的新闻工作者，能从众多的事件中分辨出新闻价值较高的事实，能使用适当地写作技巧和最佳的编辑手法使新闻价值的要素得以合理体现。不虚张，也不掩饰；不夸大，也不缩小。相反，本来新闻价值很大的新闻也可能因为新闻工作者的能力有限和制作粗糙而被忽略或淹没。

---

① 童兵.理论新闻传播学导论[M].北京：中国人民出版社，2000：53.

基本概念与问题思考

1. 谈谈新闻价值的由来。
2. 什么是黄色新闻?
3. 简述新闻价值要素。
4. 叙述新闻价值的不同定义。
5. 什么是新闻的功能?
6. 简述西方学者关于新闻功能的几种说法。
7. 简述新闻价值的实际体现。
8. 说说新闻价值实现的一般运作过程。
9. 什么是"知沟"理论、使用与满足理论?

第六章　新闻的舆论作用与宣传职能

在人类整体的社会结构体系中，社会意识的状况对于整个社会的性质、发展及稳定的状况可以起到十分关键和重要的作用。而在很多时候和很多情况下，社会意识的状况又直接受到社会舆论的左右和引导。尤其是具体到一个国家、一个民族、一个地区，甚至小到一个工作和生产单位来说，社会公众的舆论，都极其强烈地影响着整体的社会意识和人们的思想状况。而在现代传媒的社会当中，新闻事业对于整个社会的舆论导向作用又显得格外巨大。西方传播学家最早提出"魔弹论"的观点，虽然有失偏颇，却也在很大程度上表明了新闻传播对于社会公众的意识与观念的强大的冲击力和影响力。所以，对于新闻的舆论导向和宣传职能的问题，我们也特别以专章的篇幅来进行讨论和讲述。

第一节　新闻宣传与舆论导向

新闻与宣传、舆论三者之间有着密不可分的关系。但是，在传媒市场化的大背景下，我国的新闻理论界对于新闻的宣传工具的性质曾经有所回避，甚至希望新闻能够尽量淡化宣传色彩，担心把新闻和宣传联系起来就会越来越失去受众。其实，人类的新闻事业从诞生之日起，就一直担负着思想和各种宣传的社会功能。当然，直接的政治宣传和战略性的舆论导向的确不能完全等同，但它们在性质上和作用上是大体一致的。以下我们首先分别搞清楚"宣传"与"舆论"这两个概念的具体内涵，以及各自的特征问题。

一、宣传的性质与特征

宣传一词由"宣"和"传"两个单音节词组合而成。应该说，这二字原本作为两个意义独立的词，其基本含义是本来有些相近又并不完全一致的。据考证，甲骨文中就已经出现了"宣"字，"传"字则最先出现在周朝金文中。"宣"字最初的意义为古代帝王的大室，《说文》解释："宣，天子宣室也。"段玉裁注："盖谓大室。"后引申为广、大，以及周遍、普遍和宣布、传布等；"传"，较早的用法即传授，也有延续、继承和传达、传送等意义。而两字合成一词来用，最早见于《三国志・蜀志》，其中记述刘备："先主亦以为奇，数令羕宣传军事，指授诸将，奉使称意，日遇有加。"这里的"宣传"意思是"宣上命于下"，即"传达宣布"之意。但在中国古代汉语中，"宣传"一词的使用是比较少见的。

据中国语言学家推测，现代汉语中的“宣传”一词，可能源于日本人以汉字意译——propaganda，随后反过来流入中文词汇。在现代汉语中，它是一个动词，意指向群众说明解释，并有号召或鼓动之意。那么，新闻传播学中的宣传是指什么，其具体特征又有哪些呢？

1. 概念辨证

新闻与传播学中的“宣传”，比较有代表性的解释大概有以下三类：一类强调宣传的目的性，如：“宣传就是把一种信息有目的地扩散出去。”另一类强调宣传的影响力，如：“宣传，从广泛的含义来说，就是操纵表述来影响人们行动的技巧。所谓表述，可以采用说话、文字、图片、音乐诸形式。”又如：“宣传意味着把事实转变为一个主义。”第三类则从宣传的效果方面来加以解释，如：“宣传这个术语比较实用的含义是指它在传播过程中试图去影响他人的观点，让他们去接受习惯、法律或行为的标准，或去影响涉及到社会组织的他人观点，调整各成员的关系。”①这些观点大多从一个侧面和角度对宣传进行了意义的阐述，对于全面理解“宣传”的内涵大有启示。而在西方传播学中，宣传的最权威的定义，最早是由美国政治学家、传播学家拉斯韦尔提出的。他认为：所谓宣传，是运用语言、符号等种种表意工具，以控制和影响多数人的思想和感觉，从而达到一定目的之一种企图。在约翰·费斯克等编撰的《关键概念》一书中，则更直截了当地强调：宣传（propaganda）即“为了实现某些政治目标而对信息与形象有意进行的控制、操纵与传播。”②

我国新闻理论界对于“宣传”一词的比较统一的解释可以《中国大百科全书》新闻出版卷中的词条为依据。该书中的解释为：“宣传是运用各种符号传播一定观念以影响人们的思想和行动的社会行为。”③理论家们对此的具体阐述是：这一定义中的“影响人们的思想和行动”属于宣传目的，反映出宣传工作的现实性和功利性；“传播一定的观念”属于宣传的内容，显示宣传的意识形态属性；而宣传的对象即定义中所说的“人们”也就是社会大众，反映出宣传的社会性。完整意义上的宣传，是由宣传者、宣传对象、宣传内容和宣传方式等因素组成，一般称为“宣传四要素”。

2. 宣传的特征

那么，宣传作为新闻的一种职能，它又具有什么样的特征呢？一般来说，宣传的特征有以下几点：

（1）目标性。宣传是传播、扩散主体的思想主张或者政府以及党派（集团）的方针政策的有意识的活动，因而任何宣传都具有明确的目的性和功利性。宣传者在确定一项具体的或长远的宣传任务或宣传活动的时候，一定是首先有宣传目的

---

① 张国良.新闻媒介与社会[M].上海：上海人民出版社，2001：166.

② 约翰·费斯克，等.关键概念[M].北京：新华出版社，2004：226.

③ 中国大百科全书(新闻出版卷)[Z].北京：中国大百科全书出版社，1990.

或宣传目标的。所有宣传活动都必然是为了达到一定的目标而进行的。当然，宣传的目标会有大有小，也会有短期或长期的区别，这要根据宣传的任务和性质来决定。但是，宣传的目的，是一定要在宣传任务确定的时候就首先得到明确的。

（2）族群性。一般来说，人类社会上所有的宣传活动都应该是有组织的族群性或党派集团性的行为。这种集群性行为包括种族的、阶级的、政党的、政府的以及社会团体的等等。有了一定的组织和集团为依托，宣传活动才能面向广大的社会范围和受众，也才能形成一定的规模和趋势。而各个阶级、政党或社会团体所进行的有目的的宣传，又都必然是为了维护本阶级或团体的利益，为了反映本阶级以及团体的意志，从而实现自己的最终的一种社会性目标。当然，这些阶级和团体的宣传，又大多不是只面向本阶级或本族群的受众成员的，而更多地是面向社会各个阶级、各个阶层以及全体社会公众。从而以自己的思想和主张来影响社会舆论，取得全社会的更大范围的理解和支持，并最终能够统一行动，达到最好的社会效益。

（3）附着性。宣传工作大都是政府和政党的长期的有计划有目的的常规性工作。而这种长期的宣传工作又往往并不是单纯地独立地开展的。它更多的是依附于新闻、教育、文艺等各项具体的工作之中。一方面，宣传工作要利用不同的机构和领域，进行全方位、大规模的宣传攻势；另一方面，宣传工作也要借助于不同的方式和渠道，开展灵活多样的宣传活动。所以，宣传工作虽然看上去总是附着在许多社会文化门类之上的，但本质上它却有很强的主导性。

3. 新闻与宣传的关系

正如前文所谈到的，新闻事业常常承担宣传的任务，具有宣传的职能；而宣传工作也必须借助新闻传播的力量，依赖于新闻媒介的载体。但是，新闻与宣传又决不是完全等同的。它们之间有着非常密切的联系，而基本性质和目的等方面又有着根本的区别。

首先，两者的联系在于，新闻媒介是一种特殊的宣传工具。新闻和宣传都是传播信息，他们的传播过程都是："传者──→受者"，都是从一个信息优势点（对于宣传来说，应该是观点聚合点）扩散到信息薄弱点（对于宣传来说应该是观念淡薄点）。新闻媒介在承担传播新闻信息职能的同时，也理所当然地可以而且应该承担宣传的任务。而且，新闻和宣传也可以相互转化。新闻报道并非都是宣传，但许多新闻发布后又能直接产生宣传效果。宣传具有多种类型，新闻宣传只是其中之一。因此，一方面不能把任何新闻都归入宣传；另一方面，有些新闻包含在宣传活动中，也有些宣传活动通过新闻媒介的传播转化为新闻。两者相互融合、渗透，成为新闻宣传。这就是新闻与宣传的基本关系。

就两者的区别而言：①宣传重在传播观点，而新闻则是在于传播信息。宣传在于告诉我们什么是好的，什么是应该响应的、应该赞成的以及应该去做的；新闻则是在告诉我们世界上发生了什么，什么正在发生等等。②宣传注重时机，而新闻则注重及时。宣传必须在恰当的时间下才能进行，如果时间不恰当将会起到负面的作用；而新闻则更加强调时效性，在某种意义上，“昨天的报纸就是今天的废纸”，因此没有实效性的新闻，就不再是新闻，只是一个过去的故事或事件而已。③宣传可以重复地宣讲，而新闻则注重更新。宣传只有反复地进行才能取得一定的效果，而新闻则不能重复报道一个事实。④从传播者的角度来说宣传具有主观性，强调自己的观点，而新闻则讲究客观性，是对世界的一个方面或过程的客观的描述。

二、关于新闻的舆论导向

新闻不完全是宣传，却担负着宣传的重要职能。而新闻宣传的社会作用，很多时候又是通过新闻的舆论导向来实现的。舆论导向也并不完全等同于宣传，它似乎比宣传来得更间接更隐蔽，但其力量却往往更深入更持久。那么，什么是舆论呢？新闻的舆论导向又是如何运作的呢？以下我们仍然从舆论的概念谈起。

1.“舆论”一词的源流及舆论的定义

寻找“舆论”一词的源头，要从“舆论”两字各自的含义说起。首先，“舆”的古义是车厢，或轿子，后引申为拉车的车夫或抬轿的轿夫，古语中有“舆人”两字，指造车的人，因而“舆”也就泛指众人或普通老百姓。“论”即议论，或言论，古今义相同。“舆论”两字合成一词，顾名思义就是指“众人的议论”，或“老百姓的共同的意见”。“舆论”一词完整地使用，最早见于《三国志·魏·王朗传》，王朗在上疏劝阻曹魏以孙吴没有兑现以孙权之子孙登为人质的承诺作借口，拟兴兵讨伐时，指出：由于“舆人未畅圣旨”，“惧彼舆论之未畅”，而不宜出兵。说的是舆论能够显示人心的向背。后来的《梁书·武帝纪》中有“行能藏否，或素定怀抱，或得之舆论”的话，准确地揭示了舆论具有评价功过得失的功能。

英文的“舆论”一词写作“public opinion”，其基本意义为“公众意见”。徐向红在《现代舆论学》(1991)一书中认为：1651 年，霍布斯在《利维坦》这部向教会和君主制宣战的著作中最先使用了这一概念。该书中说：“会议的公众意见就是辩论所得的决议和一切审议的目的。”而论辩者在讲演时也十分“注意人们的公共情绪与舆论，并运用直喻、隐喻、例证和其他讲演术的武器说服听众”。看来，这主要是指会议或演讲现场内的“公众意见”，显然还没有包含更大的范围。一百多年后，法国启蒙思想家卢梭在《社会契约论》(1762)一书中又一次提到“公众意见”，他说：“公众意见是一种法律，监察官就是这种法律的执行者”，“在为了代表公众意见而设置的法庭并不需要有丝毫强制力的踪迹。”[①]卢梭充分肯定了“公众意见”的巨大力量。

而舆论被当作一门独立的学问，则是到了 19 世纪末才从西方开始的。1922 年出版的《舆论学》被称为舆论学的奠基之作，其作者是美国著名报刊专栏作家李

---

① 邵培仁，叶亚东.新闻传播学[M].南京：江苏人民出版社，1995：48-49.

普曼。李普曼在《舆论学》中对舆论的定义是："他人脑海中的图像——关于自身、别人、他们的需求、意图和人际关系的图像，就是他们的舆论。对人类群体或以群体名义行事的个人产生着影响的图像就是大写的舆论。"①

此后，学术上对于"舆论"的解释可说是五花八门。即使是在表述上大致相近的一些说法，在具体的概念使用或细微的表达上也往往千差万别。如有人认为："舆论是公众对社会上有争议问题的大体相同的言论。"而另有人则认为："舆论是利害相近的人们对某种事情大体一致的议论。"也有人认为："舆论是多数人对于某一种事件有效的公共意见。"还有人则干脆提出："舆论是把少数人除外的多数人的意见。"《美利坚百科全书》认为："舆论是指群众就他们共同关心的问题或感兴趣的问题公开地表达出来的意见的综合。"而同样是美国的学者，卡莱尔却完全从反面提出："舆论是世界上最大的谎言。"②

我国新闻学者陈力丹在《舆论学——舆论导向研究》一书中给出的定义是："舆论是公众关于现实社会以及社会中的各种现象、问题所表达的信念、态度、意见和情绪表现的总和，具有相对的一致性、强烈程度和持续性，对社会发展及有关事态的进程产生影响。其中混杂着理智和非理智的成份。③ 这一定义应该说是更为符合下定义的规范，而且对于舆论产生的原因和过程描述也更为全面。

2. 舆论现象的特点

舆论的定义千差万别，同样，舆论现象成为学术界研究的对象以来，中外学者关于舆论的界说也实在是难于计数。这些不同的界说有的是大同小异，有的却也相差万里。如果对舆论现象的性质和特征做更为全面的理论性描述，我们认为，《大不列颠百科全书》中的解释可以作为我们加以展开理解的主要思路和依据。其中是这样指出的："几乎所有的学者和公众意见的操纵者，都同意舆论的含义至少包括四个因素，即：①必须有一个现实的、有争议的社会问题；②必须有多数社会公众对这个问题表示关心并发表意见；③在这些意见中，至少要有某种一致性；④这种意见会直接或间接地产生影响。"

根据这样的基本思路，我们是否可以对舆论的基本特性做如下归纳：

（1）舆论首先是一种公众的议论。也就是说，公众是舆论的主体。"没有公众，就没有社会舆论"。④ 公众参与的人数越多，其舆论的强度越大，影响力也就会越广越深远。没有公众的参与，或者公众置若罔闻的意见，就根本不会形成舆论。所以，公众的参与程度及人群范围，决定舆论是否能够形成，以及是否可以持久。从这样的角度看，公众是舆论产生的根本前提。

（2）舆论是一种成一定规模的显性传播。没有公开陈述的意见当然不是舆

---

① 李普曼.翻译为《公众舆论》.

② 张国良.新闻媒介与社会[M].上海：上海人民出版社，2001：194-195.

③ 陈力丹.舆论学——舆论导向研究[M].上海：上海交通大学出版社，2012.

④ 刘建明.当代舆论学[M].西安：陕西人民教育出版社，1990：43.

论，因为一个人的自言自语或内心独白，那只能属于隐性传播。而如果意见被发表出来，也以显性的传播方式表现出来了，但在传播的范围上形不成一定规模，带动不起一定数量的社会公众的共同议论，当然也不能称其为舆论。所以，舆论的显性传播并引起相当规模的公众议论，是社会舆论的必要条件。

（3）舆论是相近意见的沟通与交流。意见是指人们对特定事物所持的看法或见解，是人们的某种态度的语言表述。舆论传播中的意见不仅具有陈述性、倾向性，而且具有相近性或趋同性。如果各自的态度和意见纷乱无序或者分歧很大，就暂时形不成正常的舆论。只有通过各种意见的交流、沟通，逐步趋于相近和一致，一种有效的社会舆论就发生了。如果各自的观点一直处于对立或对抗状态，那就只能叫争论或辩论，而不能形成舆论。

3. 舆论的分类

舆论虽然是千差万别、极不稳定的一种社会现象，但是，舆论也是可以分为不同的层次和类型的，而且舆论在其发展的不同阶段和时期也是有着各自不同的特点的。因此，我们大致将舆论作如下的一些分类。

按照舆论的主体来分：舆论起码可以分为社会舆论与新闻舆论。两者之间存在重要的关系：社会舆论既是新闻舆论的来源，也是新闻舆论引起的结果。社会舆论是指未经新闻传播的舆论。新闻舆论是指经过新闻引导的舆论。经过新闻舆论整合的社会舆论是新形态的和新质地的社会舆论，其实是以新闻舆论为主的社会舆论。社会学研究认为，社会舆论是社会调控的手段。不同的社会制度，社会舆论具有不同的特点。

按照舆论的表现状态还可以分为：潜舆论、显舆论、行为舆论。潜舆论是指在公众中存在的还没有表现出来的意见或者态度。显舆论是公众已经表达的意见或者态度。而行为舆论是指公众的舆论已经付诸于行动，在行动上有所表现。这三者的强度是依次递增的。此外，舆论还可以分为正面舆论和反面舆论。对于舆论的控制来说，应该在舆论的潜在状态就积极进行调整，以免负面的舆论出现，造成对社会不良或不利的影响。

4. 新闻媒介对舆论的作用

那么，新闻媒介与舆论之间的关系，应该怎样进行具体的界定呢？前者又是如何对后者发生影响的呢？一般来说，新闻媒介对舆论的作用主要表现在以下几个方面：

（1）反映舆论。分散的个人意见要公开表达、参与大范围的社会讨论，最终形成一致意见也要公开表达才能作用于社会，成为具有实际意义的公众意见。新闻媒介履行的是面向全体社会成员的大众传播，对社会全面开放，其传播涵盖范围之广、公开性程度之高都是其他传播渠道所难以比拟的。同时，它的传播又是持续、大规模的运作。这样，公众就很容易、也很自然地选择在新闻媒介上发表评论，最后的“达成一致”通常也是在新闻媒介上形成并广为传布的。舆论形成的自始至终，都常常少不了新闻媒介这条最公开的渠道。马克思曾把报刊比作驴子，每天驮负着公众舆论在社会成员面前出现，让人们评价；也曾认为"报纸是作为社会舆论的纸币流通的"。报刊如此，此后兴起的广播、电视以及互联网等新兴媒介亦是如此。

（2）设置舆论。虽然新闻媒介不能直接决定人们怎样思考，但是它可以为人们确定哪些问题是最重要的，亦即它对某些问题或事件的强调程度与被公众的重视程度成正比。新闻媒介愈是大量报道或重点突出某些问题或事件，公众愈是重点地关注和议论这些问题和事件。这就是新闻媒介的"议程设置"功能。正如朗·诺顿所说："报纸是所在地议事日程安排的最主要的提议者，它在决定大多数人将要谈论什么，以及大多数人对问题的看法和想法。"威尔伯·施拉姆也认为，新闻传播可以集中人们的注意力。不仅来自远方外界的新思想、新观念、新知识大部分要通过新闻媒介，"在何者重要、何者危险、何者有趣等一系列问题上，必然有很大一部分意见是来自于媒介。报纸、广播、杂志像山坡上的守望者一样工作着，它们必须决定向人们报道些什么内容。这种选择的行为——选择报道何人，选择拍摄何物，选择引用何人言论，选择记载何事——在很大程度上决定了人们的所知、所论。"①如在文化大革命期间，我国新闻媒介曾经大量报道国内的阶级斗争问题，公众舆论于是就全都把阶级斗争当成最大的问题。改革开放以后，我国新闻媒介又以经济建设为报道中心，于是舆论的议题又转到了现代化建设上来。

（3）引导舆论。我们说，舆论是一种社会公众的共同的议论和意见。而作为社会公众的普遍的和共同的意见，又不会是突如其来的和一成不变的。它一般都有一个酝酿、显现、传播和形成的系列的环节和过程。那么，在这样的过程当中，舆论方向和趋势的引导作用就极为重要。所谓新闻的舆论导向，就是指在新闻传播过程中，传播者通过对议题的设置，并根据对某些问题和事件的强调程度，来对公众的态度和意见有所影响。当然，新闻对舆论的引导，实际上也是一种宣传作用。只是宣传作为组织传播的活动，其目的更明确，手段更直接。而新闻对舆论的引导则更需要顺乎民心、合乎民意、因势利导、重在引导。尤其是在舆论出现方向不定，或者暂时摇摆彷徨的时候，新闻媒体更要及时把握真理的走向，为公众舆论指点迷津。所以，我国的政府和党的领导人历来十分重视舆论的导向作用。1948 年 10 月，刘少奇在《对华北记者团的讲话》中，就对报纸的导向作用和意义做了深刻的阐述，他说：报纸"出得好，就能引导人民向好的方向走，引导人民前进，引导人民团结，引导人民走向真理。如果搞得不好，也可能散布落后的东西、错误的东西，而且会引导他们分裂，引导他们斗争，引导他们互相磨擦。因此，新闻事业，新闻工作，它的影响是最大的，不是平常的一件事情。"②

① 邵培仁，叶亚东.新闻传播学[M].南京：江苏人民出版社，1995：56.

② 中国共产党新闻工作文件汇编（下册）[Z].北京：新华出版社，1980：249.

三、新闻、宣传、舆论的互渗与互动

新闻、舆论与宣传三者有很大的相近性，但三者又决不是完全相同的。如果将三者做一些较细微的比较，它们的主要区别在于：

(1) 新闻主要传播事实，提供信息；宣传主要分析事实、解释事实、提供认识事实的种种观念(如各种理论、政策、决定方针等等)；而舆论主要强调事实、议论事实、发表对重要事实的看法和见解。新闻传播要求真实、客观、公正、全面、适时、适量；宣传活动要求围绕中心，统一口径，抓主要矛盾；而舆论则让各种意见相互碰撞、畅所欲言，在讨论中选择正确的思想观点。

(2) 新闻传播主要向公众提供信息，至于公众接受这种信息之后采用什么态度和行动则由各人自己决定；舆论的传播者面对重大事件或重要问题常常带有一定倾向，希望自己的见解能够得到他人的认同和接受，进而一起采取行动；宣传者主要向公众传播自己的主义、思想和各种观点，特别讲究宣传的目的性、劝服性针对性和普遍性，力求使受众不折不扣地接受这种宣传，并按照其意图行动，宣传者也愿意为这一行动结果承担责任。

(3) 舆论和新闻都十分重视新近发生或可能发生的事实，强调时新性、重要性、接近性、显著性、趣味性等价值取向；宣传不仅重视现在的事实，也重视过去的甚至早已被人所熟悉的事实，因为宣传的目的不是报道事实和让人们接受客观存在的事实，而是借助典型、生动的事实论证自己的观点，让人们理解、接受这些事实所说明和揭示的观点或道理。

新闻、舆论与宣传三者的最大的共通性和互动性在于，在传播的内容上往往互相交叉，在传播的形式上也常常是相互借鉴，而且，尤其是在传播的媒介上更是不分你我，共同使用。甚至有很多时候，在对某些重大事实的传播上，新闻、舆论与宣传三者可以是三位一体的。例如我国的党的代表大会或各级人民代表大会的召开，新闻传播要作为新闻事实进行报道，同时，也要对大会做出的各项决议和决策进行大力宣传，而在舆论导向上，也自然是要按照大会的各种新的精神来对全社会加以引导。这时候的新闻、舆论与宣传三者就基本上是融为一体的。

新闻、舆论与宣传三者的关系极为复杂，实践当中既要注意利用其各自的优势，也不要完全用其中的某一项职能代替或取消其他的职能。也就是说，宣传工作是十分重要的，但不能完全把传播当作单一的宣传事业，因为这样很容易使新闻传播减弱其客观性，甚至降低新闻传播在受众心目中的公正客观的形象和地位；新闻工作虽然常常强调客观真实，但如果只是纯粹报道某种事实，而毫无传播者的思想取向，其一是很难绝对做得到，其二也容易使新闻陷入低级庸俗的层次；至于舆论，是界于新闻和宣传两者之间，既可以使新闻具有明确的倾向，又不至于完全像宣传那么直截了当。所以，新闻、舆论与宣传三者缺一不可。

第二节 新闻宣传的基本规律与方法

新闻事业自从诞生之日起，就与宣传结下了不解之缘。任何时代、任何国家、任何集团所控制的新闻传媒，都不可能不承担宣传的任务。我国的社会主义的国家政权确立以后，利用新闻媒体进行社会主义事业的有关宣传，自然也是必不可少的。新闻媒体在中国社会主义改革开放和中国特色社会主义建设事业中肩负重要的社会责任，并通过宣传来加以实现。改革开放至今，已经形成了以党报党刊为核心，以广播、电视、互联网为重要手段的多门类、多层次的新闻信息媒体系统，形成了中国特色的社会主义的新闻宣传事业，在我国改革开放的历史进程中起着非常重要的舆论导向作用，这个作用是不可忽视的。但是，新闻又毕竟不只是为了宣传，宣传却要充分利用新闻工作和媒体。那么，宣传具有哪些特殊的规律和规则呢?

一、宣传的基本特征与规律

作为新闻传播中的宣传，虽然依托的是新闻媒体，但又与纯粹的新闻传播有很大不同。首先是，宣传绝对不追求商业上的赢利，但却特别追求政治意见的有效传达与正确灌输；其次，宣传不强求表面行为的顺从，但却着力于理想的引导和人心的归向；第三，不在乎一时一事的得失和个别人、个别单位的反映，但十分注重全局性和普遍性的政治反映，等等。

目前，世界范围的宣传状况正在经历着一系列根本性的改变。其特征总体上表现为以下几点：①政治宣传的原动力，已经从态度行为的劝导逐步转变为信息的感知和理解；②宣传效果的获取与形成，已由原来的主要依靠属于同一价值观体系的倾向性符号，正在转变为依赖属于不同一价值观体系的中立性符号；③政治宣传由原来的紧张对峙，转变为平和对话、相互沟通、求同存异；④由对共同价值观的强调，转变为相互依赖性的强调；⑤在宣传活动中，由对受传者被动性的认识，转变为对受传者主动性的重视，即不再把受传者看作是被动的反映者，而看作是讯息接受中的有目的的有需求的主动行动者。有人甚至曾经预言，在今后许多国家的机构中，尤其是在商业、企业部门，宣传机构可能要被公共关系机构所取代，政治口号和政治说教可能要让位于经济现实和经济传播。对于未来的宣传事业的发展，我们应该不断地认识其新的规律，并进一步适应它、顺应它。

关于宣传的基本规律，学术界又有种种大同小异的说法，归纳起来主要有以下几条：

1. 趋向与控制相协调的规律

为了保证宣传目标的更好实现，随时掌握宣传对象以及相关社会范围的思想活动的趋向，以便及时对于宣传工作进行必要的调控，这就是要按照趋向与控制相协调的规律来掌握宣传的进程，即为了保证宣传中的正常趋向，必须实行必要的手段加以干预，通过一系列的控制活动，使宣传工作中的各种活动趋向合乎宣传目的的总的走势和基本方向，从而更顺利地实现预期的宣传目的。一般来说，控制过程大致有四个阶段：第一，充分估计宣传工作所面临的可能性。宣传趋向往往存在多种可能性，必须在宣传之初就充分估计，全面预料和把握。第二，在各种可能性趋向中，选择最好的趋向作为目标，使之符合宣传目的之需要。第三，控制一定条件，使宣传趋向朝选定的方向和目标进展。第四，衡量成效，纠正偏差。在控制活动中，总会发生趋向与目的不尽一致的情况，这就要及时采取措施予以纠正，使宣传趋向继续朝预定的目标发展。

2. "重复"与"新异"相交替的规律

宣传的"重复"，是指在特定时间内，不断宣传同一思想、同一观念、同一主张，或同一思想主张间隔一段时间再度宣传的做法。宣传工作的重复是由人们的认识规律决定的。一般来说，人的一些思想认识，往往要经过多次反复地接触和接受才能得以形成或者改变。而宣传中的"新异"，则主要指新奇的观点、材料和新近发生的事情。因为，好奇之心人皆有之，在宣传活动中运用那些新观点和新材料来加以说服，很可能更易于人们的快速接受。宣传的重复与新异相交替规律，就是宣传的重复与新异互相结合、互相补充、互相促进的综合作用规律。

3. 连续性与阶段性相照应的规律

宣传中的连续性与阶段性相呼应规律是指宣传在时段上，将连续性与阶段性相互交叉，巧妙变换和衔接，以便共同发挥作用的规律。宣传的连续性是指宣传内容的前后一致，而且要接连不断，保持宣传内容的相对稳定。阶段性是说在时间上每一个时期的宣传，都必须有一个突出的目标或中心。而这些阶段性的目标或中心又都是为最终的宣传目标服务的。所谓"连续"是有"阶段"的"连续"，"阶段"是"连续"中的"阶段"。两者在宣传活动中互相依存，只有很好实现连续性与阶段性相统一、相衔接和呼应，才能更好地达到宣传目的①。

二、普通心理学对宣传工作的启发

当然，以上是从宏观上阐释宣传的基本规律，如果从微观一点的角度分析，从每个接受宣传的个体的心理角度出发，把握一些普通心理学的规律，会对我们在宣传工作中如何形成和改变人们观点，有极大的启迪。

1. 结论在宣传中的作用

新闻媒体进行宣传，是在宣传内容中做出简要的结论，总结表达过的内容，还

---

① 邵培仁，等.20世纪中国新闻学与传播学.宣传学和舆论学卷[M].上海：复旦大学出版社，2002：156-158.

是把这个任务交给受众自己去作？研究表明，在广播或电视里发表讲话时，最后做出结论的讲话比不作结论的讲话，其说服作用要大得多。可以这样认为，最后有结论的讲话，其基本思想比较容易被听众理解，因而对听众的影响自然会比未能被听众理解到同等程度的讲话有力一些。即使演讲人的讲话已完全为听众所理解，以普遍性结论的形式对这个讲话的基本论点最后做出表述，还是能肯定地影响听众的意向，使听众按相应的方向改变自己的态度和观点。而这一情况也适用于文字报道、报刊文章和书籍，如果所传播的某种信息带有明确的结论，其说服力就要比没有这种结论的信息大得多。由此可见，在对某一问题进行分析后，再就所宣传的观点做出总结性的结论，人们的态度和观点有可能在宣传的影响下大大地改变。

2. 宣传的一面法和两面法

在宣传的时候，宣传者要决定：是只向受众介绍那些有利于证明他所宣传的思想的论据和事实，还是也向受众介绍对立方面的观点和论据？对此我们可以得出这样的原理：第一，如果受众对所宣传的观点持肯定的态度，并且预料这种观点是当时情境中唯一的观点，而宣传者又必须立即给受众以影响，那么，比较正确的做法应是，从对宣传者有利的一面去分析，并下功夫阐述足以论证这一观点的各种论据。第二，而如果受众同时也听到一些与当时所宣传的思想相对立的观点，也就是说处在有争论的情境中，或者如果宣传的目的是要使受众对某个问题形成长期的坚定的观点和信念，那么，这就必须从两面去论证所宣传的观点了，除了说明宣传者所处立场的论点外，还要分析相反的论点。不过应当从宣传者的立场，有倾向地加以论证，对受众还应当说明，所宣传的观点由于哪些理由而比对立观点具有更大的优越性。

3. 分析不同观点时先后次序的意义

在分析各种不同的观点时，是先谈宣传者自己的观点，再谈对立的观点？还是采用相反的先后顺序？根据心理学的规律，人们对一套材料的开头和结尾部分比对其中间部分较能记住。因此，在集中讨论各种不同的观点或论点时，凡在讨论的开头或结尾提出的观点，比在讨论中间提出的观点，具有较大的说服力。显然，宣传者所认为对其观点有利的基本论点，应当放在宣传内容的开头或结尾部分进行阐述。而且，当宣传者必须阐述两种相反的观点时，他应当先谈他所要宣传的观点，然后再批判性地分析相反的观点，最后又回到自己的观点上来。这样，运用对观点和论据的阐述的先后次序，说服作用的效应就可以大大地提高了①。

三、取得良好宣传效果的方法

郑保卫在《当代新闻理论》一书中阐明，新闻媒介要发挥好宣传作用，要取得良

① 肖·阿·纳齐拉什维里.宣传心理学[M].金初高，译.北京：新华出版社，1984.

好的社会宣传效果，要赢得群众的欢迎与信任，就必须正确处理好宣传与新闻的关系，要坚持新闻规律和宣传规律的结合与统一，努力实现新闻与宣传的双重价值；要讲究宣传艺术，善于用事实说话；要坚持对上负责和对下负责的结合与统一。

1. 努力实现新闻与宣传的双重价值

"新闻宣传"将"新闻"和"宣传"两者的目的结合起来，做到既提供满足受众需要的最新新闻信息，又宣传符合传播管理者和控制者思想立场的观点主张。这就必须既尊重新闻规律，又尊重宣传规律，既考虑新闻价值，又考虑宣传价值，要尽力实现新闻与宣传的双重价值。

要处理好这些关系，关键在于对新闻事实材料的选择。通常情况下，若从新闻价值出发，一般注重选择那些能引起群众共同关心，使群众感到有益、有用、有趣的事实；而若从宣传价值出发，主要选择那些能证明宣传者自身观点，体现宣传者立场倾向，并能对群众产生思想影响的事实。因此，想要新闻宣传获得良好传播效果，要尽量选择那些既含有群众关心的，对他们有益、有用和有趣的最新事实信息，又含有能证明宣传者自身观点，体现宣传者立场倾向，并能对群众产生思想影响的事实材料。当然，在很多情况下，具有新闻价值的事实并不一定具有宣传价值，而具有宣传价值的事实也不一定具有新闻价值，这就需要有区别地加以处理。

一般情况下，现实生活中新近发生的各种事实，在是否含有新闻价值和宣传价值上，大体可以组合成以下几种情况：

1）既有新闻价值，又有宣传价值

有些新近发生的事实，如涉及党和政府的重要会议、重大决策、具有全局影响的重大事件，以及关系国计民生而又为群众所关注的各种重要问题等，都属于这种情况。对这种同时具有新闻价值和宣传价值的事实，新闻媒介应当集中力量，重点进行报道。

2）有新闻价值，但有无宣传价值尚难断定

有些新近发生的事实，如一些突发事件，新闻价值很大，但有无宣传价值，一时尚难断定，而新闻的时效性又不允许延误时间。在这种情况下，只要不涉及党和国家的机密，不违背有关宣传思想和宣传方针，就应当不失时机，及时地加以报道。而关于这一事件的宣传价值，可以通过连续报道逐步体现出来。例如，一些涉及群众生命财产安全的重大灾难性突发事件，事故原因还不知道，具有什么宣传价值一时还难以断定，如果等弄清事故原因，找出宣传价值后再报道，显然就失去了新闻价值。这时就应当抓紧时间快采快写快编快发，及时报道出去。等到通过进一步采访，了解到了事情的来龙去脉，弄清了事故的原因之后，再通过连续报道来表现其宣传价值。

3）有新闻价值，但与宣传方针相抵触

有些新近发生的事实，很有新闻价值，群众也很想知道，但却涉及党和国家机密，或同有关宣传思想、宣传方针相抵触。此类事若公开传播，会引发社会不良后果。类似这样的情况，往往比较复杂、敏感，一般也都是宣传政策和宣传纪律不允许报道的。因此，对这类事情应注重社会效果，一般不宜公开报道。当然，新闻单位可以通过内参等渠道向上级及时反映情况，以促使问题得到解决。

4）有新闻价值，但没有宣传价值

有些新近发生的事实，如一些奇特的自然现象、最新科技动态以及社会趣闻轶事等，说不上有什么宣传价值，或者根本就没有什么宣传价值，但这些事情却是群众感兴趣并希望知道的，对这类事实，应从满足群众获知需要出发，尽量予以报道。

5）有宣传价值，但没有新闻价值

有些事情，从领导部门角度看，很重要，很有宣传价值，但从群众的角度看，却觉得没有什么新鲜内容，不具有可读性。例如，一些没有多少新意的文件、通知、负责人讲话，或空洞无物的理论文章，以及例行的一些没有新鲜内容的会议、外事和领导同志的活动等。对这类事实，应当尊重新闻规律，考虑传播效果，以不报为好。如实在要报，须尽量挖掘其中带有新意的内容，或选择一个新颖的角度，或是采取简讯报道方式。

2. 讲究宣传艺术，善于用事实说话

新闻宣传要讲究宣传艺术，才能为群众所接受，从而收到良好的传播效果。按一般人的心理，群众较难接受传播者的硬性说教，特别忌讳那些空洞、死板、生硬、口号式的宣传方式，而较易于接受那些具体、生动、有内在说服力的事实。因为他们愿意通过了解事实，自己做出判断，得出对事实的结论和看法，而不愿意听别人指手画脚，说长道短。即使是一些评论文章，他们也希望立足于对事实的解释和评述，并且希望传播者以平等的、交谈式的方式说话。这样可以寓理于事，以情感人，以事服人，使群众心悦诚服地接受你所宣传的思想观点。

常言道："事实胜于雄辩"，在劝服群众方面，最有说服力的无疑是那些实实在在的客观事实。在日常生活中，常常是你说了千条道理，万条道理，不如拿出一件事实更有说服力。因此，新闻媒介在进行新闻宣传时应当提倡用事实说话，提倡运用现实生活中那些具体、生动、形象而有说服力的事例和典型来启发和引导群众。只要我们客观地、忠实地、朴素地叙述自己所见所闻的事实，那么群众就可以从我们对事实的叙述中，接受我们在选择和整理加工事实时所蕴含的某种立场和观点，这样，宣传的目的便自然地实现了。

"用事实说话"，是新闻传播的基本要求，也是新闻传媒与新闻工作者应当掌握的一项重要的宣传艺术和传播技巧。

3. 坚持对上负责和对下负责的结合

新闻宣传要想取得好的效果，还要注意坚持把对上负责与对下负责很好地结合与统一起来。一方面，新闻媒介要注意替党和政府做好宣传，要通过实事求是的宣传报道，向人民群众讲明党的纲领、路线、方针、政策的正确性，讲明执行各项工作任务的方法和途径，并且如实反映工作中的成绩与经验、困难与问题、失误与教训，使广大群众认清形势，明确方向，坚定信心，增强责任感，从而自觉地团结在党和政府的周围，共同去为实现自己的宏伟目标而努力奋斗。

另一方面，新闻媒介还要注意主动替群众做好宣传，要积极、大胆地为人民代言，要善于通过大量反映群众生产和生活实际状况的报道，帮助党和政府了解民情民意，体察百姓困难，从而更加自觉、有效地为人民群众多办实事，多办好事。这样才会使我们的新闻宣传得到群众诚心诚意的拥护和欢迎，才能真正达到新闻宣传的目的，收到新闻宣传的理想效果①。

第三节　新闻引导舆论的方式和技巧

前面已经谈到，对于新闻的宣传作用，很多时候都不能直截了当地利用新闻去进行宣传。新闻对于整个社会的行为意识和思想动向的积极作用更多地只能采用舆论引导的方式。而舆论引导就不能采取强硬的手段，也不能总是直通通地宣教。所以，新闻对于舆论的引导也就必须讲究策略，讲究方式，以取得最好的舆论效果。

1. 典型说话　正面引导

所谓正面引导就是对于新闻事件多讲正面的事实，而尽量少讲或适当回避反面的事实。多报道社会主流的前进与发展的状况，而尽量对那些负面的东西少做传播。因为从哲学的角度来看，任何事物都同时会存在着正反两个方面，社会的发展也总是在正面因素与反面因素的对立和对抗中前进和发展的。尽管有时候反面的力量会显得强大一些，但历史唯物主义告诉我们，社会的积极的一面总会战胜消极的一面，前进的力量总会战胜倒退的力量。为了使广大人民增强前进的信心，以尽量削弱消极因素的影响，我们就要在舆论上坚持正面引导，从而引导人们更准确地看清社会的主流，看到光明的前景。如果我们的新闻舆论一味地热衷于暴露社会的阴暗面，在一些非主流的问题上纠缠不休，就很容易干扰广大群众的信心和斗志，甚至削弱人们积极进取的信念和情绪。这就十分不利于创造一个推动社会进步的良好舆论环境。

多讲正面的事实，说来说去，还是要让事实说话。而让事实说话的最有效的办法就是以典型说话。典型说话就是通过各种各样的正面典型的报道来影响社会舆论的方法。从社会学的角度看，典型是指在一定历史时期内所产生的同类事物中最突出最具有代表性的人物和事件。典型存在的哲学基础是共性与个性的统一。典型报道之所以能够在舆论导向中发挥重要作用，是因为它能够为社会公众提供一个认识世界的桥梁和窗口。所以，典型报道一向是我国社会主义新闻事业的一大特色。用典型说话，用能够代表社会前进力量的人物和事实说话，比讲很多空洞

① 郑保卫.当代新闻理论[M].北京：新华出版社，2003.

的大道理都更有说服力和影响力。

2. 公众参与　开放启导

这种方式是让受众直接参与新闻传播活动，让他们以受众的身份和从受众的角度发表意见，现身说法，以影响社会舆论。随着新闻传媒业的不断发展，受众直接参与的方式和渠道越来越多。如，对某些问题的讨论，就某一问题进行对话交流，请受众点评具体的节目或栏目，发表群众来信，进行民意调查和测验等等。

在传播社会学中有一种理论，叫“社会参与论”，也叫“受众介入论”，其主要观点是：①大众传播媒介应该是公众的讲坛，而不是少数人的传声筒；②时代在发展，受众在变化。许多人已不满足消极地当一名接受者。一种试图积极参与报刊的编写、广播电视节目的制作与演播的自我表现愿望正在增长；③让受众参与传播，正是为了让他们接受传播。因为“人们对于他们亲身积极参与形成的观点，要比他们被动地从别人那里听到的观点容易接受得多，且不易改变。”④参与传播也是受众表达权、反论权和言论自由的具体表现。上述基本观点已得到了联合国国际传播问题研究委员会的认同，并在1980年的报告中指出：“不要把读者、听众和观众在信息传播中当作消息情报的被动接受者，大众媒介的负责人应该鼓励他们的读者、听众和观众在信息传播中发挥更加积极的作用，办法是拨出更多的篇幅和更多的广播时间，供公众或有组织的社会集团的个别成员发表意见和看法。”①

这种方式主要是通过增加新闻报道的透明度，让新闻受众具体感受某一社会变动的发展过程或某一事件的真实经过，从而使广大公众能够直接进入完整的事实本身，并从中受到相应的启发。其具体的方式有：现场报道、进行式连续报道、广播电视中的直播式剪播等。

我们当今的时代就是一个开放的时代，这种改革开放型的社会环境要求我们的新闻传播增加透明度。这种透明度实际上表现在两个方面，一是增加整个新闻传播的透明度，即重大事情要让人民知道，尤其是那些事关国计民生或对人们的思想行为产生重大影响的新闻事件，应该尽可能地快速报道，以期先入为主来引导社会舆论。二是增加具体新闻事件报道的透明度，包括新闻事件的现场、发展变化的过程等等，都直接而真实地展示在受众面前，让受众自己去思考、去判断，进而做出结论。

3. 反面教材　警示启导

这种方式是新闻媒介对于那些不利于实现社会目标，不利于社会规范建设的思想、行为和事件进行曝光，予以批评，实施舆论监督，从而从反面或侧面引导社会舆论。

舆论监督是新闻传播的一项重要功能，也是新闻舆论导向的一种重要方式。新闻舆论监督的基本含义，是对社会运行中的偏差行为进行矫正和制约。新闻舆

---

① 邵培仁，叶亚东.传播社会学[M].南京：南京大学出版社，1995：47-48.

论监督是一种多层次、全方位的社会监督。它的监督对象，既有对公民个体行为的监督，又有对社会团体和经济实体的群体行为的监督，也有对党政权力机关的决策、执法、施政的整体行为的监督。其监督的层次越高，社会效应越显著。对高层权力机构及政府官员的社会偏差行为的监督，往往产生显赫性甚至震动性的社会效果。这样的报道具有较强的警示作用，但也需要注意倾向与分寸，不可太多、太滥、太密，避免产生传播的负效应。

4. 光环效应——造势与借势

"光环现象"是一种比喻的说法，意指在信息传播过程中，由于某种原因，使一传播对象具有远大于其他对象的信息量而引起的聚焦现象。在阿尔弗莱德·马克隆·李(Alfred McClung Lee)和伊丽莎白·布兰特·李(Elizabeth Briant Lee)的《宣传的完美艺术》，是这样解释的："它将某事务与好字眼联系在一起，借好事物的光，使我们不经证实而接受或赞同另一事物。"①

光环现象的形成主要是来自两个方面：一是"光环"之源——作为造势的基础。事物本身的影响力是事物造势的基础，就拿奥运会来说，本身就具有对广大人民的吸引力，它是世界上运动水平最高的运动会，"更快、更高、更强"，是奥运会追求的精神境界。对于中国人来说，是展现我们中华健儿身体素质，提高民族自信心、知名度的舞台，它是凝聚全球华人的巨大向心力，一旦奥运会举行，就具有很大的人们想知道的信息量，这时的信息传播就会有很好的效果。而且，我国申办奥运会的成功，2008年奥运会将在北京举行，人们将更加关注我国健儿在自己的土地上与对手竞争角逐。于是就产生这样的一种舆论，关注奥运会就是爱国。二是光环之媒——造势。媒体对于奥运会的报道，也会促进、增强对奥运会的关注。各种媒体对奥运会的报道也是各不相同的，唯一相同的就是凸显我国健儿的成绩，关注我国的成绩，媒体对于报道本身就加上了一种爱国的倾向，观众在接受信息的时候受报道的影响，加上奥运会本身特有的特质，人们的爱国情操被再次加深。尤其是在现场直播某一比赛的时候，真的是不亚于运动员的紧张程度。此时，运动员已经不仅仅是一名普通的运动员了，他已经成为了国家的象征，他战胜了对手，也就说中国胜了。当国旗升起，国歌奏响，这种象征则得到了最大化的放大。

借势，媒体通过对奥运的报道，来唤起人们的爱国热情。也就是说借助奥运这个与爱国情结显著的事件进行报道，而且在报道的形式上，都采用表达强烈的爱国热情的语言来进行，无疑，引导舆论的效果是非常显著的。

舆论调控的过程中，应当学会借助新闻事件本身的价值，和受关注的程度来进行调控，而且调控的时机也是非常重要的，因为新闻事件发生的时候，及时地进行报道，人们是非常关注的，而当新闻事件过去的时间长了，人们对于该事件的关注

---

① 沃纳·赛佛林，小詹姆斯·坦卡德.传播理论的起源、方法与应用(第四版)[M].郭镇之，等，译.北京：华夏出版社，2000：114.

程度就会降低，就不会起到舆论的引导作用。

在中央电视台为赠台大熊猫征名的工作中，中央电视台也正是借用这个事件的受关注程度，充分造势与借势，既反映了舆论，同时又营造了这样的一种舆论，“团圆”是我国人民的愿望，是众望所归，台湾回归的趋势是不可阻挡的，从而掀起了一个爱国与统一的舆论高峰。

第四节　新闻舆论功能的两种典型情境

我们在第一节中提到，新闻具有反映舆论和引导舆论的作用。当新闻舆论反映社会事件时，新闻媒体是以公众意见的代表者的身份出现的。新闻舆论监督在本质上并不是新闻媒体的监督，而是人民群众通过新闻媒体对国家事务和社会公共事务进行的监督，是对人民群众广泛监督的客观反映。这是新闻反映社会舆论的情境。另外一种典型的情境是，当社会爆发某种“危机”，尤其是重大突发性事件，如果危机与大多数人有着切身利害关系，往往成为社会“热点”或“焦点”。面对这类事件，人们议论纷纭，各执一词，而且真假难分，良莠并存。新闻媒体必须加以组织和引导，使社会舆论由无序走向有序，由分散走向集中，最终被导入正常的轨道。下面我们就对这两种典型情境分别作详细讨论。

一、舆论监督——新闻舆论的特殊功能

在我国，新闻的舆论不仅可以引导社会公众的舆论走向和观念倾向，而且还特别承担着舆论监督的作用。我们的党和政府也一向高度重视新闻的舆论监督功能。中国共产党的十三大政治报告就这样指出：“要通过各种现代化的新闻和宣传工具，增加对政务和党务活动的报道，发挥舆论监督的作用……”报告中还指出：“把党内监督、法律监督、群众监督结合起来，发挥舆论监督的作用。”

1. 新闻舆论监督的意义范畴

所谓新闻的舆论监督，是指新闻事业利用其本身在社会中的地位和优势，代表公众，对政府机关、公共机构、党派团体、厂矿企业等的活动，乃至于社会中的某些不良现象，进行监督。概而言之，新闻事业通过对各种情况和意见的报道和沟通，激起社会舆论的力量，对政府和社会机构及个人的社会行为进行调节，以促进社会机制正常、健康地运行。

舆论监督在更大的意义上是一种权力制约力量。特别是社会的政治权力，尤其需要制衡机制，不受制约的权力必然滋生腐蚀权力机能的细菌。而在制衡权力行为的各种因素中，新闻舆论监督是一种非常重要也是非常有效的监督因素。同时，舆论监督还是一种社会民主机制，新闻舆论监督能否正常开展，是社会生活民

主化的一个尺度。而对这种监督的承受能力的强弱，则是社会民主整体意识的指标，也是权力机构运行的整体效应的体现。

对于新闻传播来说，所谓正确地行使舆论监督主要包括三层意思：其一，必须有利于社会的进步和促进广大人民的团结为目的，而不能打着“舆论监督”的幌子，对某些公共事务发表一些不正确的言论，导致社会的混乱和人心的混乱，更不能像西方的“揭丑”、“扒粪”报道那样，在媒体上相互攻击；其二，必须真正代表人民的意愿和社会大多数人的要求，来反映真实的情况并形成真实的正确的舆论，而不是利用虚伪的报道和偏颇的舆论，来混淆是非，扰乱是听；其三，舆论监督的方式必须是提供事实，平等讨论，而不是脱离实际地打棍子、扣帽子，甚至乱做结论、定性质。新闻传播者必须牢记，舆论监督只不过是新闻事业反映情况与意见的一种途径，最后的解决问题还要靠司法部门或其他行政部门。

对于新闻传播开展舆论监督，还必须注意澄清一些不正确的看法。我们在前面强调新闻宣传以正面宣传为主，这并不意味着排斥新闻媒体的批评报道。在新闻传播的整体活动中，正面宣传和舆论监督是一致的，而不是对立的。舆论监督有利于激浊扬清、扶正祛邪，也一样产生正面作用。搞好正面宣传和开展舆论监督都是有效地引导人们的思想认识取得进步、行动趋于一致。因此，通过有效的新闻舆论监督，揭露那些损害党和人民利益，以及危害社会的不良现象，针砭时弊，从而显示党和政府及其新闻舆论机关对全体人民负责的精神，密切与人民群众的联系，化解社会矛盾，维护社会稳定。我们不能把舆论监督与坚持正确舆论导向对立起来。所以，新闻舆论监督是弘扬主旋律，突出正面宣传的有机组成部分。

2. 新闻舆论监督的范围和效果

新闻的舆论监督从根本上说就是体现舆论的社会调节功能。其监督的范围和效果主要表现在以下三个方面：

(1) 维护和加强固有社会规范，向一切违法违规现象作斗争，使社会保持良好的运行秩序。

(2) 适应已发生变化的社会关系，建立新的价值标准和社会规范，使社会不断进步。

(3) 反映民意，促使政府的决策和政策更加完满和有效地得到落实和执行。

舆论监督的重点是权力组织和决策人物。对权力组织的监督包括对决策过程的监督和对决策效果的监督。对决策人物的监督包括对决策人物产生的监督和对决策人物行为的监督。但是，在监督的范围上，舆论监督必须严格注意两点限定：一是舆论监督决不可以进入到公民的隐私范围，而要集中在公共事务上；二是权力组织应公开一切同公众有关的决策过程①。

---

① 邵培仁，等.20世纪中国新闻学与传播学：宣传学和舆论学卷[M].上海：复旦大学出版社，2002：372-374.

正确开展舆论监督，使之有利于改进工作，解决问题，增进团结，维护和促进社会稳定，是我们的新闻事业应该很好发挥的一种重要作用。

3. 新闻监督与社会发展

大众传播的三个基本功能，“监视”、“协调”以及“传承”是相互联系的，没有监视功能，自然就难于实现对社会的协调；而如果不能对社会进行协调和监视也无法对社会遗产进行传承和积累，社会也就无法进步与发展；只有对社会遗产进行更好的传承与积累才能更好的监督社会、协调社会，促进社会的进一步发展。而这三种功能中最根本的一个就是监督功能，只有及时地对社会各个方面进行监督，才能发现社会的不协调的地方；而通过对社会进行监督，也才能更好地总结社会发展规律，才能将优秀的社会遗产进行更好的积累。因此，没有新闻的监督功能，社会的一些不良现象就和容易任意膨胀，有害社会的或者有损公众利益的事情也有可能滋生和蔓延，社会的运转也是会受阻的，甚至导致整个社会的混乱与无序。所以，新闻监督与社会的正常发展关系极为密切。

新闻的监督功能也是随着新闻被传播而随之具有的功能，传播以“传通”为目的，而新闻则相应地以传播的效果为目的，新闻传播的影响力，就是这个新闻的生命力，新闻将社会上好的一面进行宣传，而对不好的一面进行批评，无论宣传与监督，在其本质上都是一种对社会状况的“监视”。将这种社会状况如实地报告给广大的受众，从而由社会大众共同调整社会前进和发展的方向。

二、危机报道——新闻舆论的及时引导

由于经济、政治、自然等种种因素，当今世界是一个突发性灾难事件频频发生的时代。而危机对于一个组织和政府来说，可能是灾难，也可能是转机。美国的“9.11 事件”和我国的 SARS 危机、禽流感事件等等，都已经深刻地表明，政府的危机处理能力，在危机爆发时将起着决定性的意义。与此同时，媒体作为一种重要的社会力量，对相关舆论引导得如何，在很大程度上影响着危机事件处理的进程。

1. 危机和危机报道

中文里的“危机”一词是“危险”和“机会”的复合词。按照《韦氏英文辞典》的解释，“危机”是指“有可能变好或变坏的转折点或关键时刻”。这就是说，“危机”是一个具有决定性的阶段，它决定了事态向着更好的还是更糟的方向发展。① 社会学家普遍认为我国已进入了一个充满危机的高风险社会：从国际环境来看，伴随着我们加入一个全球化开放社会的是金融危机、财政危机、战争危机、能源危机等全球性危机随时可能的降临；就国内情况而言，我国正处于一个向城市化、工业化转变的社会转型期，这个转型期所必然面临诸多复杂的社会安全问题，如贫富分化、

---

① 史安斌.危机传播与新闻发布[M].广州：南方日报出版社，2004：1.

社会治安、食品安全以及随时可能出现的各种高强度传染病和各种自然灾害，还有火灾、矿难、车祸、建筑安全事故等等。

既然危机的本质具有两重性，危险总是与机会并存，而且两者是可以相互转换的，所谓“祸兮福之所倚，福兮祸之所伏”，危机是恶化与转化的分水岭，也就是说危机是可以预防和控制的。而这一切很大程度上依赖于危机传播。危机传播是指：“针对社会的危机现象和事件，如何利用大众传媒及其他手段，对社会加以有效控制的信息传播活动。”它的目的在于，按照社会传播和新闻传播规律，对危机处理过程进行干预和影响，使危机向好的方向转化。在时间紧、非常态的情况下，大众传媒更多地被运用到危机传播当中。

2. 危机报道中的舆论引导策略

“舆论导向正确，是党和人民之福；舆论导向错误，是党和人民之祸。”在大众传媒日益发达的今天，媒体必须以高度的责任感，树立国家大局意识，努力提高危机报道的引导水平。因此，在危机时刻媒体要注意传播策略，讲究引导技巧，在不知不觉中传达政府的声音，在潜移默化中树立政府和媒体的形象，在正确引导中维护社会的稳定。

1）对危机事件进行及时、客观、充分的报道，满足受众的知情权

大众传媒肩负了“社会守望者”的职能，这就意味着媒介应准确、客观地反映社会真实情景，监视环境变化。而知情权指的是公民获取有关社会公共领域信息以及本人相关信息的权利，某种程度上媒介能否行使守望功能决定了民众能否拥有知情权。

在危机爆发的初期，若不能有效地利用正式的信息渠道向公众公开危情，各种流言甚至谣言就会通过非正式的渠道乘虚而入，引发公众恐慌的情绪。在旧的体制和观念的影响下，我们曾在危机信息传播方面存在着种种的“误区”，如担心在媒体上公开危情会“暴露社会的阴暗面”，“影响社会的稳定”，对一些重大危机事件采取少报不报甚至封锁消息的做法，其结果是“小道消息”盛行，流言、谣言满天飞，反而引起了更大的混乱，使局面变得难以控制。毕竟危机发生时，大众对信息如饥似渴，饥不择食。这时谁先发布消息，大家都会蜂拥而至、洗耳恭听，而且往往对信息会不加分析与怀疑，即使是以讹传讹也深信不疑。

意识到在危机报道中，信息往往有“先入为主”的特点，如果政府从一开始就掌握主动权，利用媒介在第一时间内公布真实信息，各种小道消息、谣言往往会不攻自破，从而避免因为缓报信息而陷入舆论被动的不良局面，有效减轻危机造成的负面影响。2003年在我国一部分省市区发生的SARS疫情就是一个很好的例子。在SARS爆发的初期，由于没有及时地向社会公布疫情，SARS迅速从一个省蔓延到数个省市区。对此严重的情况，中央采取了果断行动，通过新闻传媒如实地向社会公布疫情，并采取了有效的防止措施，很快控制了疫情。

2）发挥议程设置功能，引导社会舆论的发展

对于媒介而言，危机事件尤其是重大突发事件，大都包含了时新性、重要性、接近性、显著性等诸多新闻价值，具备较高的报道意义。但是危机传播不同于一般新闻的传播，它是在极大压力下对不确定状态作出的传播。因此，新闻媒体必须树立大局意识，保持冷静，不盲目追求轰动效应，讲究宣传报道艺术，在满足公众信息需求的基础上引导他们正确看待和应对危机事件，维护社会稳定。舆论的形成与大众媒介的议程设置有密切关系，媒体或许不能直接告诉人们怎样想，却能告诉人们想什么。媒介在报道危机事件时，应当把握报道的度，即对危机事件不炒作、不渲染，不自主给危机事件定性，不刻意使用刺激性字眼，不连篇累牍渲染，而可以将政府的应对措施“设置”成公众关注的焦点，在公众当中形成广泛的相关的讨论议题，达到主导舆论、引导舆论朝着有利于危机解决的方向发展。

例如，当 2008 年春节前，中国南方大部分地区出现几十年罕见的冰雪灾害，媒体除了及时报道天气情况并反映各地灾情，更多的是把重点放在国家以及各地方政府如何采取各种应急措施抗灾救灾的报道上，从而号召全国人民众志成城迎战恶劣的冰雪天气。当媒体报道了国务院总理温家宝连夜从北京赶赴湖南指导抗冰救灾，在长沙火车站看望滞留的旅客并与他们亲切交谈的场景，其实就是在引导这样一种舆论——天寒地冻，风雪连天，总理与我们一同携手并肩。而当电视上播出总理看望三位为抢修电网而牺牲的烈士的家属，并对他们说：“今天面对你们，我无法用更多的言语来表示安慰，我给你们鞠个躬吧！”“总理深深的鞠躬”一时间让无数人为之动容，从而更加坚定了战胜冰雪灾害的决心。媒体主动介入“议程设置”，能够起到把公众对相关事实关注重点和方向引导到有利于解决危机的正向的方向上来，从而赢得主动权。

3）媒体担当“意见领袖”，引导大众科学分析和理性反思

大众传播的强效果论认为，在传播的过程中，媒介还将充当“意见领袖”的角色。“意见领袖”力量的存在有时将影响受众一段时间的判断能力和思维方式。在公共危机发生时，受众不是旁观者，他们也需要科学分析和理性思考，受众的这种思考的源泉就来自于媒体。大众传播不仅作用于受众的感知觉，还进一步影响其思维和情感，这是媒体深层次传播效果的体现。

“意见领袖”的范围不仅包括专家学者或是在某一群体中有权威意见的人，同时也包括影响力较大的主流媒体、掌握大量权威信息的政府部门等。近年来，“新闻发言人”正成为中国各级政府普遍设立的工作岗位。专家学者等“意见领袖”可就特定危机问题与受众实现互动，从一定的高度和不同的角度来阐释有关危机的知识，引导社会舆论的发展。媒体发挥“意见领袖”的作用就是要宣传和报道专家学者的声音，同时也要发挥自身的权威作用，形成自己独立的意见以影响大众。面对公共危机，大众媒体更应该是一台启发社会思考、促进社会进步的“推动器”。和谐是一个长期奋斗的过程，在这个过程中，必然有很多不和谐的因素存在，媒体要

履行责任就要注重社会意见的传达和疏通,引导全社会进入理性思考的轨道①。

因此,在组织危机事件的报道时,媒体“要说”,而且要注意“说什么”和“怎么说”。做到既满足人民群众知情的欲望,又能掌握报道的度,适当控制危机事件报道的数量和规模,之后又能用理性的眼光敏锐发现危机事件背后蕴藏的深层次问题,用发展的眼光审视事件结束之后的改革、应对、完善的问题。媒体如此的舆论引导策略才有利于人心安定和社会稳定,不仅带领群众突破危机的重围,同时也推动了社会的发展。

基本概念与问题思考

1. 简述宣传的含义。
2. 什么是宣传四要素?
3. 简述舆论的含义。
4. 新闻对舆论的作用有哪些?
5. 新闻、宣传、舆论的概念比较。
6. 新闻宣传的基本规律是什么?
7. 如何取得良好的宣传效果?
8. 如何更好更有效地用新闻引导舆论?
9. 什么是新闻的舆论监督,如何开展新闻的舆论监督?
10. 媒体在危机报道中如何进行舆论引导?

---

① 李红雷.公共危机下的舆论引导[J].青年记者,2006(6).

第七章　新闻传播的社会效果

如果说，就新闻传播活动的外在的或者机械的运作过程而言，基本上就是：新闻传播者首先对新闻事实进行选择和采集，然后提炼加工成新闻信息，再进一步地经过编码和制作，继而通过或者运用相关的媒介，最后传播到受众，一个完整的新闻传播的过程也就基本完成了。但是，就新闻传播的根本目的来说，显然还不只是为了简单地完成这样一个机械的程序，而是为了实现一定的社会价值的目标。也就是说新闻传播活动的完成，归根结底，还是要达到一种对受众发生影响以及对社会有所改变这样的精神以及物质方面的目的。如此才能真正使得新闻传播的活动具有了实际的收获。这就是我们在本章中所要研究的新闻传播的效果。从根本上看，新闻传播的目的追求新闻传播的效果，而新闻传播的效果又可以全面检验新闻传播的质量。所以，新闻传播效果是对于新闻传播过程研究的最后的也是最有意义的一个课题。

第一节　新闻传播效果研究概述

要对新闻传播效果进行研究，当然就要首先从理论上明确什么是新闻传播效果。那么，什么是新闻传播效果呢？理论界对其有许多不同的说法。我们认为，新闻传播效果是指新闻传播活动整个过程中以及其后所产生的社会化的影响，它首先表现为对于新闻受众在心理意识、思想观念、态度行为等方面的某种程度的平衡与改变，进而对一定范围的社会文化和社会机构发生一定的影响和导引，乃至最终在全社会的精神的与物质的各个方面取得重要的收效。新闻传播效果是新闻传播目的的最终体现，是新闻传播在受众当中和社会范围所发生的影响和效应。新闻传播效果可以说是新闻传播研究中的最重要的部分。因为从根本上看，新闻传播效果的正反好坏与强弱高低，正是测量和检验新闻传播目的实现程度与新闻传播实际质量的根本尺度。

当然，新闻传播效果的实际测定是极为复杂、需要极其精细的量化研究的一项工作，因而，对于传播效果的理论上的研究和表述也就有着相当大的难度。以下我们首先把以往的一些学术观点分别作一介绍。

一、西方学者关于传播效果的论述

关于传播效果的概念，理论上的解释也有许多不同的观点。比较系统和全面的，应该说是英国传播学者D·麦奎尔的说法，他把传播效果按外在形态、内在性质和作用范围划分为三个内涵层次。首先，把传播效果按外在形态分，有这样三个方面：①媒介的效果，指传播媒介对受众产生的直接效果，不论是否符合传播者的意图；②媒介的效能，指传播媒介达到预期目的的功效；③媒介的效力，指传播媒介在特定条件下，可能发挥的潜在影响，或可能产生的间接效应。其次，按内在性质分，传播效果又可分为：①心理效果；②文化效果；③政治效果；④经济效果等等。还可按作用范围分，传播效果则可分为：①对受众个体的影响；②对群体和组织的影响；③对社会机构的影响；④对整个社会或整个文化的影响[①]。

在整个20世纪，西方传播学者对于传播效果的具体研究，更多的是着眼于传播效果的强弱程度这样的层面上，即关注的是传播活动所产生的效应威力大小的问题。一般认为，他们的效果研究经历了以下三个大的阶段[②]。

1. 早期的强效果论

20世纪20年代，"魔弹论"成为传播效果研究的最有代表性的理论。当时，一些传播研究学者对于第一次世界大战中各交战方在宣传战方面的情形进行传播研究。而在研究当中，他们特别看重那些战争过程中宣传得极为成功，以至直接影响了战争胜负的大量案例。由于那一时期的特殊的历史条件和传播手段，新闻传播在战争中确实发挥了极为重要的作用。于是研究学者们便认为那时的战争宣传是威力无穷的。因而，当时对传播效果的研究，就把宣传者及其所掌握的媒介看成是具有决定性的因素，甚至把新闻工具比做像枪弹一样的"纸弹"，能够把观念、情绪、认识以及动机等诸种因素，利用新闻的形式来"击中"或"注射"给受传者，而受传者则被认为是完全消极的、没有任何抵抗力的靶子，只要被新闻传播的观念打中，他们就会完全被击倒、被征服，所以，"其基本观念是受众的所有成员以一致的方式接受媒介讯息，这种刺激即刻触发直接的反应。"(德弗勒语)这就是著名的"魔弹论"，或者叫做"皮下注射论"，也有将其叫"传送带论"。

从理论的渊源来看，"魔弹论"的产生是和当时较为普遍认同的"大众社会"的理论有关的。这种理论认为，当代社会由于交通和通讯手段的机械化和现代化，极其广泛和有力地促使人们可以更远距离地以及更为频繁地交流信息，而这就完全打破了传统社会的家庭间和朋友间的那种相对封闭的地域性的亲密联系。于是在日益紧张激烈的商业竞争和都市生活中，人们越来越趋于非个性化，所以也就往往容易被大众传播中的信息轻而易举地"击中"，并随之而被改变。其次，"魔弹论"还与当时的本能心理学说有一定的关联，这种学说在关于人们对信息的接受方面，主张机械地"刺激—反映"理论。该理论认为，一般人们只要接受了新闻媒体以及其他社会信息的刺激，就必然会有所反应；而由于遗传得来的基本人性是大同小异

---

① 张国良.传播学原理[M].上海：复旦大学出版社，1995：210.

② 也有学者将西方的传播效果研究分为四个阶段，即：早期强效果论、有限效果论、适度效果论和新强效果论，本书认为有限效果论和适度效果论在本质上是一致的，所以将其归纳为一个阶段。

的，所以往往对于相同的媒介信息会做出很雷同的反应。而尤其是在这一时期中，无线电广播的诞生，这种更加先进的技术手段，对于信息的传播具有了前所未有的逼真性和及时性等特征，这种来自天上的“神”一样的声音，就尤其使得人们感到传播具有“魔弹”的力量了。

但是，随着人们对传播现象研究的深入，传播学者们又逐渐认识到，那些能够印证“魔弹论”的若干事例大都是在特定的社会历史条件下产生的，而其强大的传播效果也只能是在一定范围内和针对着一定的具体对象而出现的。“魔弹论”的观点显然过分夸大了大众传播的力量和影响，尤其是忽视了影响传播效果的各种客观的和必要的社会因素，并否认了受众对大众传媒能动的选择和使用能力。于是，人们又开始研究和寻找有关新闻传播效果的新的理论和观点。

2. 传播的有限效果论

大约在 20 世纪 40 年代，有研究者开始提出了传播的“有限效果论”或“适度效果论”。这一理论认为：很多情况下，大众传播工具并不能够直接改变个人的意见、态度或行为，所以，也就不应承担犯罪或其他不良社会现象的直接责任。在许多时候，大众传播只是通过中介因素的联系而对受传者或多或少地起到一些作用，而这些作用也只能是微乎其微的甚至是极其有限的。美国学者的一项调查证明了这样的理论观点。拉扎斯菲尔德等人对 40 年代美国总统竞选的调查表明：大众传播媒介对选民态度的影响相当微弱。而实际影响更大得多的恰恰是人际之间的接触和面对面的劝说。由此，他们进一步提出“两级传播论”（后来被发展为“n 级传播论”），即认为传播媒介往往先要被某些称为“意见领袖”的人物所接受，然后再由他们传递和影响与自己有联系的人们。此外，心理学家霍夫兰还对美国军队中那些刚刚入伍的士兵用电影等大众传播媒介进行训练和宣传的试验，结果表明，这些宣传基本上只局限于传递信息方面，而在改变态度方面收效甚小。

到了 60 年代，美国的一些社会心理学家又进一步提出“固执的传播对象”的观点，认为在传播过程中受众并不是完全被动的、消极的“靶子”，而是主动的、积极的参与者。面对宣传弹的射击，他们很多时候都不会像“魔弹论”所认为的那样应声倒下。他们不仅能够排斥或抵御“子弹”，甚至还经常对于宣传内容做出另外的以及相反的解释，以至于把接收到的“子弹”反过来用于自己的目的。因此，大众传播的效能最多只能局限于影响受传者前进或后退的速度，而根本不能改变受传者的认知方向。

与此同时以及稍晚些时候，许多研究者又分别从各自不同的角度对于传播效果进行研究。其中有的提出了“使用与满足说”，认为受众使用新闻媒介是为了满足自己的需要。没有受众主动地利用媒介、使用信息，就谈不上传播效果。有的主张“信息寻求”说，认为研究传播效果要以接受者为中心，受众对某一特殊课题的内在兴趣、娱乐价值、选择性接触、多样性需要以及个人性格，都在一定程度上影响到传播效果。也有人主张“设置议题”说，认为新闻媒介的功能在于选择并突出报道某些问题，从而引起公众对这些问题的重视、关注与讨论。还有人主张“文化规范”论，认为通过大众传播，有选择地表现以及突出某种主题，可以逐步形成文化规范的能力，能间接地影响行为①。

这样，原来的“魔弹论”中所体现的“刺激—反应”模式，就基本上被否定，并分别提出了“刺激—社会关系—反应”模式、“刺激—个人差异—反应”以及“刺激—具有亚文化的社会类型—反应”等多种更为复杂和多因素构成的模式②。

3. 新的强效力论

20 世纪七八十年代，西方一些传播学家在对“有限效果论”的批评和反思基础上，又提出了新的理论模式或假说，其研究焦点大都集中于大众传播从综合、长期、宏观的社会效果，并与社会信息化的现实密切结合，而不同程度地强调传媒影响的有力性。他们认为，只要遵循大众传播的某些原则和特性，那么，大众传播仍然能够发挥强大的威力。持这种观点的学者中，最有代表性的是德国的伊丽莎白・诺埃尔・纽曼。她在《重归大众传播的强力观》著作中指出，在一般情况下，大众媒介对于舆论具有强大的效力。她提出了大众传播的三个特性：即累积性、和谐性和普遍性。这三种特性的结合能够对舆论产生强有力的效果。累积性是指大众传播因不断传递重复信息而产生的累积效果。普遍性是指大众传播面向社会大众而必然影响广泛。她特别发挥了和谐性这一论点，她认为和谐性是关于某一文本或问题所造成的统一印象，而这往往是由不同报纸、广播、电视台所共同促成的。这种和谐的效力足以克服受众的选择性注意，因为人们除此之外，不能选择任何其他信息③。

伊丽莎白・诺埃尔・纽曼还提出“沉默的螺旋”模式，其基本思想是，大多数个人力图避免因单独持有某些态度和信息而造成的孤立。因此，一个人为了了解哪些观点是占优势的或得到支持的，哪些是不占支配地位的或者是正在失去优势的，便对其周围的意见环境进行观察。如果发现自己的观点属于后者，往往因为害怕孤立而不愿将自己的观点表达出来。因而，从宏观上看，个人意见的表明实际上是一个社会心理过程：即当人们在表述自己的观点之际，通过观察周围的意见环境而发现自己属于“多数”和“优势”意见时，倾向于大胆表达自己的观点，反之则迫于环境压力而转向沉默或附和。那么，意见的表明和“沉默”的扩散就形成了一个螺旋式的社会传播过程：一方的“沉默”造成另一方意见的增势，使“优势”意见更强大，这反过来又迫使更多的持不同意见者转向“沉默”。如此循环形成“一方越来越大声疾呼，另一方越来越沉默下去的螺旋式过程”。任何“多数意见”、舆论、流行和时尚的形成，背后都存在这样的机制。这就使得占支配地位的或日益得到支持的意见不断得势。而看到这样的趋势并相应地改变自己观点的个人也就越来越多，

---

① 邵培仁，叶亚东.新闻传播学[M].南京：江苏人民出版社，1995：283-285.

② 王政挺.传播、文化与理解[M].北京：人民出版社，1998：271.

③ 程世寿，胡继明.新闻社会学概论[M].北京：新华出版社，1997：175-176.

于是，一方表述而另一方沉默的倾向便形成了一个螺旋过程，这个过程不断把一种意见确立为主要的意见。

在纽曼看来，大众传播通过营造“意见环境”影响和制约舆论，因而舆论的形成不是公众“理性讨论”的结果，而是“意见环境”的压力作用于人们怕孤立的心理，强制人们对“优势意见”采取趋同行动这一非合理过程的产物。社会群体和大众传播是人们判断意见环境（周围意见的分布情况）的主要信息源，而后者影响更大。

80年代初，美国哥伦比亚大学教授戴维森提出“第三者效果假说”：该假说预言，人们倾向于高估大众媒介对他人认知和行为的影响；具体来说，劝服传播所面对的受众（不论这一传播是否为有意的劝服）会认为这种劝服对他人比对自己有更大的影响。而且，不论是否是信息的直接受众，对媒介影响他人的预期将导致自己采取某种行动。

1983年，戴维森发表《传播的第三者效果》一文，其中包括两个基本的假说：①知觉假说：人们感到媒介内容对他人的影响大于对自己的影响。②行为假说：作为第三者认知的后果，人们可能采取某些相应的行动，以免他人受媒介内容影响后的行为影响到本人的权益和福利；人们可能支持对媒介内容有所限制，以防止媒介对他人的不良影响①。“第三者效果”引入了对他人的认知，对他人的认知又与对舆论环境的认知存在着某种关联。

关于“第三者效果”概念，戴维森经过很长时间的思考和孕育。大约在1950年，普林斯顿大学的历史学家Jeter Isely在梳理二战文献时看到一系列材料，激发了他的研究兴趣。他向身为社会学家的戴维森描述了他的发现：“在太平洋的硫磺岛上有支黑人部队，长官是白人。日本人获悉该部队所在地，派直升机发放传单。传单强调这样的主题：这是日本人和白人之间的战争。日本人与黑人并无恩怨，其意思是：‘不要为白人卖命。一有机会就投降，或者逃跑。’第二天，这支部队就撤离了。”该历史学家之所以对此事感兴趣，是因为他根本找不到证据，证明这些传单对部队产生了影响，但问题是它的确对白人军官产生了影响。戴维森的设想是，或许白人军官有负罪感。但他隐隐觉得，还存在其他原因。在几年后的一项有关媒体作用的研究中，戴维森问记者，他们认为报纸社论对读者的想法有何影响。记者的回答常常是：“社论对你我这样的人没多大影响，但是普通读者受的影响通常更大。”由于无法找到证据证明这一判断，戴维森没有深入研究下去。但是，这一问题在他脑中挥之不去：许多记者认为，社论对他人的态度影响很大，对他们自己却没什么影响。不久后，在全国大选的地区选举中，戴维森为他喜欢的候选人的组织担任志愿者。选举前两天，他的信箱里出现了支持另一位参选者的宣传册。该宣传册制作精美，戴维森认为它无疑会拉到很多选票，因此他必须采取对策。戴维

① Davison, W. P. The third-person effect in communication, *Public Opinion Quarterly*, Vol. 47, 1983, pp. 1-15.

森很快弄来了他支持的党派的众多政治宣传材料，挨家挨户发放。选举后进行的分析却表明，这两份宣传材料对选民没有多大影响。戴维森开始思考，他何以认为另一位竞选者的宣传册会如此有效？

思考的结果是他提出了"第三者效果假说"。至于"第三者"的命名，乃是从两种不同的立场来看的：从那些试图评价传播效果的受众来看，最大的影响不是对"你"和"我"，而是对"他们"——第三者；从宣传者或其他劝服传播者来看，"第三者"是对直接接受信息的受众很关心的人。由此戴维森推测，日本军队发宣传册的目的可能是要影响白人军官，使他们从岛上撤军。正如汉语里所说的："相庄舞剑，意在沛公。"戴维森设计了一系列实验来验证第三者效果假说。第一次实验于1978年在哥伦比亚大学进行，他让该校大众传播学专业的学生回答竞选宣传对纽约人和他们自己的投票意向有何影响；第二次是1981年进行的有关大众媒介与社会化的一个小型民意测验，戴维森让被试评估电视广告对其他儿童和对他们自己小时候的影响；第三次实验针对的是1980年的总统竞选之前举行的首轮选举，戴维森让被试评估媒介对自己和他人的投票意向的影响；在第四次实验中，被试需评估对里根即将采取"强硬政策"的指责会对自己和他人的投票意向产生怎样的影响。四次实验的结果表明，人们倾向于认为其他人更容易受到劝服性媒介信息的影响。此外，戴维森在1981年秋和1982年春又进行了两个实验，其结果和前面几个实验的结果相似。这些实验说明，第三者效果的确存在。

二、我国学者关于传播效果的研究

我国学者关于新闻传播效果的研究起步较晚，但是，我国理论界对于新闻传播效果的研究，却在借鉴西方传播效果研究的基础上，应该说是更为全面和系统的，而且在某些方面和问题上，也取得了更加深入的成果。

较早作为专门的科研课题对传播效果进行全方位多层次理论研究的是江苏省社会科学院社会学研究所《新闻传播效果研究》课题组。该课题组的"新闻传播效果研究报告"发表于新华出版社1992年10月出版的《新闻事业与中国现代化》，其中主要提出并系统研究了影响新闻传播效果的因素，新闻传播效果与新闻传播者的互动关系和作用，新闻传播效果与受众的互动关系和作用，新闻传播效果与政治、经济、社会等环境的互动关系和作用，新闻传播效果的构成和类型，新闻传播显性效果和隐性效果等问题。

1995年1月，由江苏人民出版社出版的邵培仁、叶亚东的《新闻传播学》一书，专门把"新闻传播效果"作为书中的一章，并用四节的篇幅论述"新闻传播效果"。其中对"新闻传播效果的特点与类型"分析得更为透彻。而且又特别研究了"提高新闻传播效果的途径"和"新闻传播效果的检测与评估"。在"新闻传播效果"的研究方面有许多重大突破。尤其在"提高新闻传播效果的途径"问题上，他们提出了五大方略，即“树立全面的受众观念”、“增强传者的威望声誉”、“优化传播的内容形式”、“改进劝服的方式方法”、“完善媒介的传输功能”。对后来的传播效果方面的研究具有很重要的启示意义。

程世寿、胡继明的《新闻社会学概论》，1997年1月由新华出版社出版。该著对“新闻传播效果”的研究主要提出了“相对效果论”的观点。他们认为：“新闻传播效果是相对的、分层的、发展变化的。有时候，新闻传播效果似乎十分有限，有时候又似乎十分强烈。同样的新闻传播，在这一地区、这一部分受众当中影响十分有限，而在那一地区、那一部分受众之中，其影响又十分巨大。”“新闻传播效果要受到各种社会因素，如政治因素、经济因素、社会环境因素、受众自身因素等等的影响与制约，它其实是一种社会舆论综合效应的体现。当某一新闻传播与诸多社会因素契合时，它的效果就显得十分强烈；而当它与诸多社会因素相悖时，它的效果就十分微弱。”该著还分别研究了“新闻传播效果的形成机制”以及影响新闻传播效果的主体因素、客体因素和社会环境因素等等。

王政挺的《传播、文化与理解》，1998年6月由人民出版社出版。该著对于新闻传播效果的研究更注重了“综合的影响”的研究，尤其注重了现代媒体条件下的综合影响的研究。其中谈道：“这样，我们就进入了由媒介所构成的世界，我们诸多的行为都可以认为是媒介作用于我们的结果。事实上，在发达国家，人们便是除工作以外的余暇时间，也有一半花在了电视报纸和广播上。我们的行为综合地受到大众传播媒介的影响。大众传媒发出的信息现实地形成一种道德的文化规范力量，并使得人们自然而然地依据媒介逐步提供‘参考架构’来解释社会现象和事实，表明自己的观点和主张。在这种潜移默化的日积月累的渗透中，受众的思想与行为必然发生相应的变化。”这样的研究视野和角度显然是上升到了一种更高的层次上。该著对“电视人”概念的提出，向人们发出了人会被现代传媒所异化的警告。该著在理论的思辨性上更深入和强烈一些。

童兵教授的《理论新闻传播学导论》（中国人民大学出版社，2000.1）在新闻传播效果的研究上更加条理化。他的关于新闻传播效果的构成的研究，有筚路蓝缕之功。他特别在传播者与新闻传播效果、信息及信息传递与新闻传播效果和传播环境及受众与新闻传播效果等方面提出了许多开创性的观点。如关于“传播致效对信息传递的要求”，他特别强调了“传播者所发出的信息的质量，传播通道的容量与质量，传递方法的选定，是十分重要的。”其中，他所提到的“传播者传递的信息，必须具有备用性”的问题，受众对于信息的接受量的问题，对于新闻传播效果的研究来说都是不可忽略的。他提出的六项“传播致效原则”，尤其具有很强的实践意义：①信息必须利于受众集中注意；②目标必须利于受众行动；③来源不利于受众改变态度；④方式必须利于受众理解劝服；⑤环境必须利于受众接受劝服；⑥针对个性利于受众听从劝服。

黄星民教授提出的“风草论”，是更有意思的一种概念和表达。“风草”一说出自《论语》中的“君子之德风,小人之德草。草上之风,必偃”。“风行草偃”讲的是德教化民的道理,是说君子的德教传播,如风掠过,老百姓接受,会产生像草应风匍匐一样的效果。那么,在现今的时代,要想让广大新闻传播受众能顺应你的意向,信息就得源源不断地送过来,才能使他们一直处于接受的状态。

第二节　新闻传播效果的构成与类型

从理论上对于新闻传播效果的研究是十分重要的,但是,在实践上对于新闻传播效果的具体测定和评估,又是极其困难的。而其最大的难度首先就在于,对具体的传播效果不容易对其形成一套科学而严密的价值评价体系和可以实现量化标准的指标体系。而对于任何科学研究来说,缺乏严密的评价体系和量化指标,都是不能构成严格意义上的科学研究的。为了尽量使得新闻传播效果研究走向科学化,把一直较为笼统的传播效果概念分解成一些构成要素,对于进一步具体地进行传播效果的测定,无疑是十分有效的。

新闻传播效果构成的观点最早应该说是童兵教授的研究所得。他主要从新闻传播对个体的影响方面进行了类别上的划分,也就是把新闻传播效果的大概念分解成了一些小的指标。而我认为,新闻传播效果的构成,还应该包括新闻传播对于社会以及族群性的影响因素。所以,本书就参照童兵教授及其他专家们的观点和思路,从两个层次上来分析新闻传播效果的具体构成问题。

一、新闻传播效果表现在影响个人方面的要素

新闻信息的信宿,归根结底在于一个个具体的受众,所以,每一件新闻通过一定的媒介传播出去之后的无限扩散性的落点,也就是一个个具体的接受者。那么,新闻传播效果的发生,当然也就首先是在这些收受者们的身上显现。总起来看,新闻传播效果在个人影响方面的构成大致可以分作以下的几个方面:

1. 信息知悉

首先,在新闻传播的社会信息中,大部分是一般共享性的以及无功利性的,少部分是劝服性的即宣传性的信息。共享性信息有助于受众了解自己生活的世界,并利用这些信息去认识、熟悉和适应这个世界,利用他人的经验去更好地创造新的生存环境。新闻传播如果使得广大受众得到了这种信息共享,也就取得了一个方面的传播效果。

其次,新闻传播的一部分信息内容,也有关于文艺、体育、服饰、美食等物质生产以外的生活信息,这些信息可以加强受众的生活情趣的养成。受众一旦通过对于新闻传播的接受,增强了生活情趣,提高了生活质量,自然也就是新闻传播的一

种收效。

而在这大量的新闻信息当中，还有相当一部分是和广大人民群众的实际利益密切相关的。受众通过这些新闻和信息，能够使得自己的经济利益和社会权益得到维护和保证，这更是新闻传播效果中的重要部分。

2. 情感满足

新闻传播的某些信息内容可以引起受众强烈的情绪反应，如愤怒、厌恶、同情、爱慕、激动等。每个正常的人都是有着七情六欲的，而人在现实中生活，又常常会由于种种原因而使得自己的情感和情绪受到各种各样的压抑。受众通过对于某些新闻信息的接受，把自己的一些情感调动起来，甚至得到适当的宣泄，也是很重要的传播效果。

此外，新闻传播的信息及其媒介有又着许多审美方面的具体内容和成分。这些具有审美价值的内容，不仅可以使受众在当时的阅读和欣赏中得到精神上的愉悦、陶醉和满足，而且还能够通过长期的潜移默化，不断地增强审美能力，提高整体的文化素养。

3. 态度影响

新闻传播作为人类文化的一个重要部门，作为人的精神和人的灵魂塑造的一项重要的事业，努力引导公众的价值认同，尽量通过对于正确的思想观念、价值标准、人生理想等方面的积极的传播来树立广大受众的崇高的精神追求，既是新闻传播的责无旁贷的天职，也是新闻传播效果在影响个人方面的最高的境界。

关于态度改变，按照传播学的一般原理，新闻传播所传送的劝服性信息，主要的作用在于增强受众的原有态度，因为一系列他们认同的信息，会使其坚信自己原有立场和观点的正确，从而使态度在程度上进一步强化。但是，新闻传播的功能，也能使受众发生态度方向上的改变。受众在一系列同其原持观点完全相反的信息流的冲击下，开始怀疑以至最终放弃自己的看法，或者由于从众心理的推动而改变了自己的立场和观点。这都是新闻传播的特殊效果。

4. 行为导引

在一定的传播环境和一些其他因素的综合作用下，受众由于一系列劝服性信息的影响，终于改变了原有的某些行为或行为定势，按照传播者所引导或肯定的方向，采取新的行为方式或产生新的行为定势。这样的传播效果，是更为显著和突出的传播效果。我们的新闻传播，在很多时候就要坚持这样的高境界的追求，虽然如前所述，大众传播在直接改变个人的意见、态度或行为方面效力相当微弱，但是，只要遵循大众传播的某些原则和规律，那么，大众传播仍然能够发挥强大的威力。尤其是按照伊丽莎白·诺埃尔·纽曼提出的“沉默的螺旋”模式，并遵循其传播的三个特性：即累积性、和谐性和普遍性的规则，新闻传播在人的行为导引方面还是有着较大的可能性和发挥空间的。

二、新闻传播效果的宏观社会化构成

新闻传播作为一项社会化的固定的和长久的伟大事业，其传播效果当然不能只是表现在对于单个的个体人的影响与改变的方面。从更为宏观的和长远的眼光来看，新闻传播活动对于整体的社会影响乃至对于社会历史发展的阶段性影响是不可低估的。所以，我们把新闻传播在较大的社会领域和范围所产生的效果也进行一些构成要素的细分。

1. 政治变革效果

政治宣传一向是新闻传播的重要功能，也是现代新闻传播最基本、最重要的社会职责。现代新闻机构有许多都是直接由政党或政府机关创办、经营和控制的。所以，新闻传播的政治宣传功能是显而易见的，也是在新闻事业发展的情理之中的。那么，新闻传播在全社会发生重大影响，取得重要效果，往往都是首先或突出表现在政治活动领域或政治变革运动当中的。这样的具有最明显的说服力的事例在新闻史上简直是不胜枚举。19 世纪末至 20 世纪初期，改良派的梁启超被称为“言论界之骄子”，中国舆论界的“执牛耳者”。他那新颖的理论、扣人心弦的议论、富有情感的文字、征服了一大批知识者。所谓“通邑大都，下至僻壤穷陬，无不知有新会梁氏者。”①严复则称梁启超“自甲午以后，于报章文字，成绩为多，一纸风行，海内观听为之一耸。”②这都充分表明，梁启超的政治改良思想通过报刊这样的媒介发生了重要影响，因为这毕竟是当时最现代最先进的文化传播手段。而梁启超又创造了一种非常独特的“新文体”，极适合于传达其强烈的政治观念和文化理想。因而也就增强了梁启超的思想传播力度。胡适曾回忆道：“梁先生的文章，明白晓畅之中，带着浓厚的热情，使读的人不能不跟着他走，不能不跟着他想。”③

2. 经济促动效果

被称为传播学集大成者的施拉姆，将大众传播的功能分为三个方面：政治功能、经济功能和一般社会功能。其经济功能包括：关于资源以及买卖机会的信息；解释这种信息；宣传经济政策；活跃和规范市场；开创经济行为。随着现代社会的发展，新闻传播的经济功能日益突出。因而，新闻传播效果体现在对经济发展的影响上，也越来越明显。而且，从理论上说，新闻传播如果对经济发展毫无效力，其社会化的传播效果也几乎就无从谈起。

当然，新闻传播在经济方面的更为重大的影响效果往往是较为潜在的，很多时候并不像对于政治活动的影响那么直接和迅速。但是，正常状态下的新闻传播在经济发展方面也一定是不断地发挥着巨大效力的。而且，这种经济方面的传播效

① 党人列传，戊戌履霜录卷 4[Z].
② 严复致熊纯如书 [J]. 学衡，(12).
③ 胡适.四十自述 [Z]：50.

果也照样是可以进行测量和评定的。改革开放以来,中国经济一直高速发展,与新闻媒介经济功能的充分发挥有很大关系。它不仅为我们的经济发展提供了很好的舆论环境,提供了大量的经济信息资源;而且无论在宏观的以及微观的层面上,也都对经济工作发挥了指导与促进的作用。如2013中国国家主席习近平首次提出了"一带一路"的战略构想,涉及到60多个国家(地区)、惠及全球半数人口,并在沿途各个地方都能找到对接的伙伴,对于未来世界的发展和国际新秩序的建立具有举足轻重的作用。在"一带一路"宏伟战略提出之后,我国媒体对绕这一战略进行了大规模的报道,比如央视不仅推出了《一带一路 共建繁荣》等大型系列报道,而且央视网还推出了"筑梦一带一路"大型专题,集纳了央视相关的各类新闻报道。经过媒体的大量宣传,"一带一路"战略在国内外都引起了强烈的关注,与"一带一路"相关的产业受到人们的热情追捧,相关上市公司的股票价格不断攀升,人民币的国际化进程也越来越快,许多国家在与我国进行贸易时开始选择以人民币作为结算货币,等等。新闻报道对于经济发展的重要影响由此可见是多么的重要。

3. 社群整合效果

按照传播学原理,新闻传播对于社会具有重要的整合功能。而所谓新闻传播对社会的整合功能,一般是指它在社会生活中具有组织、协调、沟通和监督的功能。因而,这样的功能的实现,也就必然会产生相应的社会整体以及一定社群范围的整合效果。新闻传播对社会的部分的与全面的整合效果,是新闻传播效果的更为本质的组成部分。从更深的层次上看,新闻传播归根结底是为了实现最大范围的和最具有良性运行意义的社会整合。而新闻传播对社会整合效果的实现,又主要就是通过新闻传播活动来尽量统一人们的思想,协调人们行动的步调,从而为完成某一共同的事业或任务而同心协力、团结奋斗。尤其是,中国共产党的十六届六中全会通过了《中共中央关于构建社会主义和谐社会若干重大问题的决定》(以下简称《决定》),《决定》指出:"社会和谐是中国特色社会主义的本质属性,是国家富强、民族振兴、人民幸福的重要保证。"所谓和谐社会就是文明法治、和睦稳定、谅解宽容的社会,就是全体人民各尽其能、各得其所而又和谐相处的社会。由于我国社会主义初级阶段的国情,决定了多种所有制形式和多种分配形式基础上的多种社会阶层和不同利益群体的长期共存。那么,正确兼顾和处理他们之间的利益关系,促进社会全面、协调、可持续发展,就成为建设社会主义和谐社会关键之所在。因此,我们的新闻传播经常以大量贴近实际、贴近生活、贴近群众的新闻报道,向公众提供信息,传递真情,传播科学,鼓舞斗志,为建设和谐社会营造良好的舆论环境,从而使我们的新闻传播的社会整合效果在更为宏观的意义上发挥得更为出色。新闻传播的社群整合效果,最终的目标是使整个社会协调发展,良性运行。

4. 文化推进效果

所谓文化,按照一般最广义的理解,指的是人类在社会历史发展过程中所创造的物质财富和精神财富的总和,或者说得更浅白一些,就是指人类在物质与精神方面的全部创造。那么，就新闻传播活动和事业而言，其对社会文化的整体促进效果又可以从两个层面上来理解。第一层含义是，新闻传播事业本身就是人类社会中的一项极其重要的文化事业。新闻传播事业的建设与发展本身也就直接构成社会文化机体的一部分。新闻事业的不断进步，与人类社会文化的前进密切相关。尤其是从现代新闻事业的发展来看，科学技术的进步推动了新闻事业的飞速发展，而新闻事业的发展又更多更快地丰富了社会文化资讯；同时，新闻传播的媒体建设以及机构和从业人员的不断发展与壮大，也标志着社会文化事业的前进。其第二层含义是，新闻传播所传播的内容也是广义上的精神文化产品。从总体上看，其中不仅有政治思想、经济建设等方面的现实的报道和舆论宣传，而且也直接进行一些哲学、社会科学、文学艺术以及娱乐休闲方面的宣传和讨论。这样的一些内容对社会文化的整体促进效果也是更为直接和明显的。

三、新闻传播效果的类型

以上对新闻传播效果的具体构成的描述是着眼于新闻传播效果的内部结构；而对新闻传播效果的分类则是着眼于新闻传播与社会的外部的关系，是从不同的角度上看，新闻传播对于整个社会以及各社会成员又分别有哪些不同性质或不同程度的效果。

对新闻传播效果的分类，理论界和一些专家都已经做过许多有益的尝试。他们按照不同的方法和划分标准，对新闻传播效果进行了多种分类。如按效果显现状态分，可分为显性效果和隐性效果；按效果显示的速度分，可分为即时效果和延缓效果；按效果存在的时间分，可分为暂时效果和持久效果；按效果的社会影响分，可分为正面效果和负面效果；按信息内容和指向分，又可分为规范效果、确认效果、共鸣效果、理解效果、享用效果；而按信息影响社会领域和个体精神的状况分，还可分为沟通效果、宣传效果、教育效果、艺术效果等①。另外，也有人按照效果的反映形态分，将其划分为单一型效果和复合型效果、鼓动性效果和内化性效果，或者模仿性效果与规范化效果。

以上所罗列的这些类型，从字面上看并不难理解，而作为理论上的分析，邵培仁教授等又将其归纳为两大类，然后再加以分析的方法。这两大类型可简单地称为直接效果与间接效果。

所谓直接效果就是对于某些新闻传播活动和内容，反应比较直接的、单一的，甚至是即时报偿的新闻传播效果。也就是偏重于微观意义上的效果。这样的效果一般也被称为显性效果。也就是说，这种传播效果不需要其他社会因素的介入，是由新闻本身引起的直接的和显而易见的反应。这种传播效果往往能产生连锁性的再传播，

① 童兵.理论新闻传播学导论[M].北京：中国人民大学出版社，2000：160-161.

由此及彼地迅速连动。所以这是需要新闻传播者特别关注和把握的一种社会效果。

一般来说，以下的三类新闻传播内容最容易产生直接的传播效果。

一是事件性新闻。事件性新闻是反映具体的社会变动的新闻，与社会公众的关系十分密切，可感性强，冲击力大，因而容易引起人们的普遍关注。尤其政治事件、突发性事件和一些社会纠纷事件等。而是问题性报道。问题即矛盾，尤其在现实生活中，问题主要表现为某些社会现象的应有状态和实际状况的差距。差距越大，矛盾越大，问题越突出，而人们关注的兴趣和程度就越高。三是批评性报道。这是对社会现实中的缺点错误直接进行批评和揭露的报道。这类报道因为针对性强，很多时候可以收到立竿见影之效。

对这一类传播效果的研究，其理论基础是所谓“心理动力模式”，该模式认为有效的信息传播旨在改变个人的内在心理结构—包括注意、认知、态度、动机和学习记忆等，从而才可能进一步改变其外在行为，以符合传播者的意图和目标。所以，新闻传播要想取得对个人以及社会改变上的迅速直接的效果，必须首先从受众的“注意”阶段开始，努力以最佳的手段和最快的速率改变其认知方式和态度，以便更好地追求新闻传播的直接而显著的效果。

所谓新闻传播的间接效果就是指新闻传播活动对于社会及个人所发生的较为间接的、综合的，或者潜移默化的效果。它较偏重于宏观意义上对全社会和人的整体精神所达到的效果。因而更多的情况下，间接效果也表现为一种隐性效果。它具有潜在性、隐蔽性以及递增性等特征。

对新闻传播的宏观效果或隐性效果的研究，可主要运用“社会文化模式”作为理论依据。该模式认为，新闻传播媒介之所以能够产生远期的深度效果，是因为它们所发出的信息足以为受众提供一种世界观和方法论，其信息的整体的以及部分的意义不断对整个世界和人类社会进行着深刻而全面的探索和解释。在具体的一系列的传播活动和过程中，新闻媒介往往通过有选择地提供具有倾向性的事实材料告诉受众：什么是社会所赞同和认可的价值、信仰和规范，什么是社会公德和社会准则所要反对或制裁的观念和行为，从而弥合“个人态度”和“公共道德”之间的差距，对现实社会的基本文化取向产生积极的、正面的影响。同时，“社会文化模式”也认为：如果新闻传播媒介对传播的内容和形式在把握上出现宏观失控的话，那么也极有可能导致对社会文化的取向产生消极的、负面的影响。特别是新兴的电子媒介诞生以后，其传播效果往往可能产生两极并峙、同生共现的复杂状况。所以，对新闻传播的隐性效果必须注意严格地预测和监控。以在根本方向上有利于社会文化的健康发展。

有人认为，新闻传播的隐性效果主要表现在以下 3 个方面：

1. 文化知识的积累

任何形式的新闻传播，本质上都是一种文化传播。新闻受众在接受某种新闻信息的同时，也必然就接受了一定的文化信息。而新闻信息中又总是携带着大量的知识性内容，这更是不言而喻的。所以，新闻受众对新闻信息的接受，往往就积累起了相应的知识。21世纪人类社会已经进入了知识经济时代，信息膨胀、知识爆炸，而这大量的新信息、新知识的传播，又主要依靠新闻媒介。人们在知识经济时代接受终身教育的渠道，实际上也只能主要依赖新闻传播。如人们对纳米技术的了解，对基因知识的了解，大都是通过新闻媒介获得的。受众通过新闻媒介不断积累文化知识，也就同时在不断增强着人的文化素质。这样的过程是长期的，渐变的，又是新闻传播的最重要的宗旨之一。

2. 对人的思想行为的潜移默化

新闻传播的主要任务和传播方式是向人们告知事实。而新闻传播在明里向新闻受众告知新闻事实时，又常常含有某种"暗示"，即在所告知的事实之外，暗示性地引导人们应该怎么想、怎么做。尤其是也在宏观意义上暗示某种思想行为的社会化模式。那么，这种暗示的意义对受众的影响往往是更为潜在的。一个人在思想观念上的变化不可能是一朝一夕的事，它是需要在一点一滴地积累中由量变而发生质变的。新闻传播对人的思想行为方式的塑造，永远是最艰难的过程，也正是在这样的意义上，人们才把新闻传播者称为"人类灵魂的工程师"。

3. 对社会进步与国家发展的影响

新闻传播的更为重要的潜在效果还突出表现在对国家发展与社会进步的根本影响上。专门研究大众传播与一个国家的政治、经济和社会发展的关系的科学，被称为"发展传播学"。这一研究已经受到许多传播学者的重视。而新闻传播对于国家社会的发展的影响也主要表现为间接的和隐性的。尤其是在国家的政治、经济基本处于良性运行状态的时期，新闻传播对于社会发展的宏观的与整体的影响更是平稳的不易察觉的。当然，新闻传播也经常会直接影响社会的政治和经济的明显地发展与变动，但那就是属于直接效果的范围了。而新闻传播对社会发展的长久影响则只能是一个非常漫长的过程，很多时候是要在一个相当长的历史阶段之后才能显现出来的。所以，新闻传播对于社会发展具有深层的导航作用。①

理论界对新闻传播效果的研究还经常重点谈论正面效果和负面效果的问题，这对于一个新闻传播者来说并不是难于理解的现象，况且在新闻传播过程一章中也已经有所涉及。所以在此也就不再做具体的分析和论述了。

第三节　提高新闻传播效果的途径

可以说，取得新闻传播的最佳效果就是全部新闻传播活动的最终目的和根本归宿。而新闻传播效果又显然是存在着高低、好坏以及正反方面的区别的。那么，

---

① 邵培仁，叶亚东.新闻传播学[M].南京：江苏人民出版社，1995：289.

如何尽量优化新闻传播效果，以及如何更大面积和幅度地提高新闻传播效果？无疑是新闻传播研究的极为重要的课题。美国芝加哥大学社会学家温.卡特赖特曾经提出过信息接受效果的四原则，即：一是信息引人注目；二是受传者接受信息后有可能采取行动；三是信息有明确的目标；四是达到目标的途径简便、具体、直接。传播学家韦尔伯.施拉姆对此做出肯定的评价，但认为还要加上一条，即重视环境和社会因素对受传者采取行动的影响①。

从定义和内涵上说，传播效果是一个及其丰富的概念。无论是西方还是中国，学者和研究者都对此有很多不同的界定和解析。但是一个无可置疑的全球共识是，提高传播效果是一切新闻传播活动的最终目标和根本归宿。效果研究中的议题设置理论认为，没有进入媒体议题设置议程的事件，对于绝大多数受众而言，相当于是不存在的。按照这种观点，可以说没有效果的传播也相当于是不存在的。正因如此，如何提高新闻传播效果一直以来都是全球尤其是传媒高度发达的西方国家最热门的研究方向之一。我国学者经过多年的努力，也逐渐形成了一套自己的体系。

一、影响新闻传播效果的主要因素

按照传播学的观点，传播是传受信息的过程。传播过程的开展离不开传者、受者、信息、媒介四大要素。因此，影响新闻传播效果的主要因素也应该从传播的流程和结构中去寻找。

对于传播结构的研究，德国学者G·马莱茨克模式被认为是最为详细而充实的，在学术界享有“研究清单”的美誉。该模式细致地表现了新闻传播过程中各个要素的作用以及相互之间的互动和影响，如下图所示。

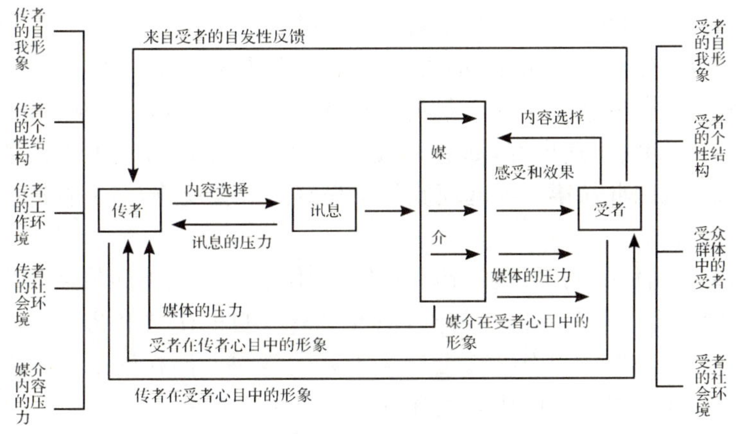

马莱茨克传播模式图

① 邵培仁，叶亚东.新闻传播学[M].南京：江苏人民出版社，1995：294.

从马莱茨克模式中我们可以看出,新闻传播是一个动态的系统,其中各种因素不但受到自身和社会因素的影响,同时各因素之间也存在着这种制约关系。而这种种因素都会最终影响到新闻传播的效果。具体来说,主要有以下几点:

1. 传者因素

对于大众新闻传播来说,传者主要是报社、电台、电视台等新闻机构。他们是新闻信息的发布者和最重要的"把关人"。传者的自我形象、个性特征、工作环境、社会环境以及来自媒介内容的压力等都会影响传者对于新闻的把关,从而影响传播效果。

传者的自我形象,主要是指传者自身所塑造的在受者心目中的形象,通俗地说就是传者的知名度和美誉度。施拉姆早已指出:"如果传播者被认为是他谈论的领域的专家,或者他处于不会从他所鼓吹的改变中得到好处的地位,他们就会比那些不被认为是专家和客观的传播者有效果。当传播者被认为是具有可靠和可信赖的这两种品质时,就会产生最大的效果①。"在传媒竞争日益激烈的今天,传者的声誉显得越来越重要。

传者的个性特征和个性结构是影响传者形象的主要因素,主要涉及记者、编辑的个性、素养和喜好,如思想开放还是保守,写作上喜欢怎样的文风,知识素养和逻辑思维能力如何,等等。而传者的社会环境是最为复杂的因素,涉及政治环境、经济环境、法律环境、文化环境、国际环境等等,传播作为社会的一个子系统,其效果的发挥与这些社会环境密切相关。

2. 信息因素

信息因素当然就是传播内容因素。信息是传者与受者之间相互联系和互动的基础。新闻传播的效果归根到底是取决于新闻信息本身的内容质量。传播内容是否具有较大的新闻价值,是否具备时新性、适宜性、真实性、重要性、亲近性、趣味性等,形式上是否为受众喜闻乐见,都决定了新闻传播的效果。高层人事变动、重大突发事件、自然灾害等新闻事件总是能获得更多的眼球关注。一些形式新颖的栏目也往往能在短期内迅速窜红,如《焦点访谈》和《新闻 1+1》,由于其节目形式在当时都是全新的,因此从第一期起就收到了良好的社会反响,并一直持续多年。

3. 媒介因素

媒介作为新闻传播的渠道和新闻信息的载体也是影响新闻传播效果的重要因素之一。不同的媒介具有不同的特点,由此具有各自的优势和劣势。同样一条新闻,在报纸上刊登和在电视上播放会产生不同的效果。而在网络高度发达的现代社会,互联网往往可以使新闻传播发挥更快更广泛的效果。

4. 受者因素

受众是新闻传播的接受者和传播效果的评判者。作为具有独立思想的人,受

---

① 威尔伯·施拉姆,威廉·波特.传播学概论[M].北京:新华出版社,1984:226.

众十分复杂，是影响传播效果最重要也是最难以把握的因素。

受者的气质、接收信息的喜好、预存立场等都会影响受者选择什么样的内容以及接受什么样的信息。这其中最关键的因素是预存立场。在对信息的接收中，受众会发生选择性注意、选择性理解和选择性记忆的过程。其中选择的标准就是预存立场。受众倾向于接受与自己预存立场相同或者相近的信息。因此，那些与受众预存立场不符的信息很难得到受众青睐，取得好的社会效果。

值得注意的是，传受双方所处的社会环境并不一定完全相同，而由于传受双方所处的地区甚至是地段的不同，也就往往会对新闻信息产生不一样的理解。因此不难理解为什么同样一条信息，不同地区不同社会阶段的传播效果会有很大不同。这提醒我们，要提高传播效果，必须设身处地的考虑目标受众的社会环境，不仅仅是大的宏观环境，还应该细化到地区、地段等细小环节，而不是单纯的从自身的社会环境去考量受众所处的环境。

二、动态多层面地提高新闻传播效果

由于一切新闻传播都是传者、讯息、媒介和受者四个方面互动的过程，因此，从总体上来说，要提高新闻传播效果就应该从这四个方面去做努力。具体而言，大致可以包括提高传播者的声誉、重视受众、改进传播的内容形式、改进劝服的方法，等等。

但是，从实际的传播过程来看，对于媒体和社会而言，提高新闻传播效果又主要包括提高单个新闻或节目的社会效果和提高新闻事业对整个社会引导的有效性两个层面。尽管后者在某种程度上是建立在前者的基础上，但是两者仍有着很大区别。前者是将新闻作为一个个的单位个体，涉及的主体主要是新闻传播机构和其目标受众，我们可以将这一层面称为微观层面。日常传播中常常提到提高新闻传播的效果，主要就是指该层面的含义。而后者将新闻作为一个与其他事业相对应的整体，其效果评价主要是面对整个社会的影响而言。我们可以将这一层面称为宏观层面。

如果说微观与宏观之别还主要是从横向上观察新闻传播的结果，那么，从纵向上看，由于新闻传播是一个动态的发展过程，因此提高新闻传播的效果也必然是一个动态的过程，我们有必要动态地多层面地来把握提高新闻传播效果的方法。

1. 微观层面：提高单个新闻或节目的社会效果

1）加强策划和预测

策划，通俗的讲，是遵循新闻传播规律对新闻报道的展开或节目播出所做的有创意的规划和设计。包括确定选题、报道规模、报道形式、实施方法、节目播出的程序、可能遇到的问题及其解决方法、节目播出各阶段的应对措施，等等。所谓预测，在这里主要是指对新闻报道和节目播出后社会效果的大致估测，这种估测的结果可以为策划提供指导。策划和预测相结合，能大大提高对新闻和节目效果的控制力，从而使其社会效果按照预期的方向发展。

在一些重大新闻事件报道中，策划和预测十分重要。2014 年南水北调中线一期工程经过 10 年的艰苦施工终于通水。全国媒体云集湖北随即掀起了一场新闻宣传大战。《湖北日报》整合力量，抽调骨干记者组成报道团队。在经过前期的进行准备和系统策划后，《湖北日报》于 10 月 23 日正式推出大型系列报道《汉水北上》，在之后的两个月时间内共刊发 23 期、36 个版面。这组气势磅礴的报道引起了强烈的社会反响，读者、专家好评如潮，也得到了宣传主管部门的肯定。中宣部新闻局 2014 年 12 月 29 日第 370 期《新闻阅评》专题介绍了这组报道，给予了高度的赞扬。十堰市委、市政府专程给《湖北日报》传媒集团送去感谢信，代表 330 万水源地人们向“汉水北上“报道组报道感谢和敬意。假如没有前期的认真策划和准备预测，这组长达两个月的大型报道不可能进行的如此井井有条、层次分明，不可能产生这么强的社会效果①。

值得注意的是，策划和预测并不仅仅限于新闻传播的前期，而应该贯彻在整个新闻传播的过程之中，即随时根据实际情况对新闻报道和节目播出进行下一步的策划和预测，保证整个传播过程都在可掌控的范围内。

2）提高有效信息量，注重信息的梯度开发和组合开发

扩大信息量既是当今受众的客观需要，也是传媒机构竞争的重要砝码，信息量的大小和质量直接关系到新闻传播效果的大小和好坏。要加大信息量就必须提高有效信息含量。充斥大量无用信息的报道只会令受众感到厌恶。因此在报道新闻时，首先要坚决摒弃那种无信息含量的所谓“信息”，摒弃为了凑版面而不顾质量的做法；其次，新闻要扣住实际，能短则短，做到精而简炼，不能一件小事就写得洋洋洒洒，一个动作就拍得没完没了；再次，要充分调动每一种传播手段，发挥多符号传播优势。

在荣获 2013 年中国新闻奖二等奖的新闻《记者目击：兰州桃树坪隧道五名被困工人获救瞬间》中，记者第一时间不间断记录了 5 名获救工人的生命状态、救援队伍的科学组织、坚持、不放弃；医疗队伍的精心准备和照顾。在没有一句解说词的情况下，用画面、声音、字幕等电视元素生动地突出了新闻最重要的现场。报道立体丰满：现场是一个状态符号，也是一个引子，记者巧妙的采访和资料的运用，让大家在现场的气氛中，共同回味了救援的艰难过程和救援的科学性、有效性。同时面对特殊的采访对象，记者首先关注工人的生命状态，在身体和心情允许的情况下才采访，体现了救援第一、尊重对象和人文关怀的报道理念②。

---

① 赵洪松，胡祥修.高瞻远瞩策划细致入微呈现着力全方位创新——湖北日报“汉水北上“系列报道剖析[J].新闻前哨，2015(2)：8-10.

② 记者目击：兰州桃树坪隧道五名被困工人获救瞬间[EB/OL]，http://news.xinhuanet.com/zgjx/2013-06/20/c_132470741.htm.

信息的梯度开发和组合开发是提高信息质量的有效途径。我国新闻报道大多数都是等到事情有了结果再写一篇新闻作全面概括，这导致报道时效性差。必须加强信息的梯度开发，变一次性的终端报道为“事前有预测报道，事件发生后有动态报道和追踪报道，事后有反馈总结报道”这样分阶段的连续报道[①]。

信息具有组合性、运用的多角度性和扩缩性的特点，这要求我们要注重信息的组合开发，加大深度报道、连续报道、组合报道和全方位报道，灵活利用文字、图片、声音、图像等多种传播元素，让信息以深入、全面的形态出现在受众面前。不过，值得注意的是，文字、声像这些因素并不是组合得越多越好。传播学研究者通过双通道编码理论、提示—累积理论和一系列实验证明，在传递文字的同时，增加多通道信息，会额外增加人脑的感应力，相应地减少文字通道的精力，从而无法充分调动抽象思维，调动记忆库中的文字感知和记忆系统，最终影响受众对信息的记忆程度[②]。换句话说，并不是越复杂的形式受众记忆就越深刻，效果就越好。两种传播元素的科学组合是最有效的传播形式。

3）着力塑造品牌形象

现代营销学认为，品牌是指用以识别自身的产品或服务并与竞争对手相区别的名称、术语、符号、图案，或其综合的体现。品牌资产能够加强消费者的忠诚度，吸引新的消费者，使相关产品或服务盛行于竞争环境，这又会使一个品牌在较长时间内获得持续的、可预测的市场份额，即强者恒强[③]。品牌理论对于竞争激烈的媒体具有重要意义。良好的品牌形象是媒体稳定和扩大受众群、获得较好的社会效益和经济效益的基石。新闻报道和节目要想赢得受众的好感和关注，离不开所在媒体品牌力量的支持。在媒体竞争激烈的今天，新闻节目品质的优劣一直被看作是能否致胜的关键。“内容为王”更是被新闻工作者所推崇。一档个性鲜明的节目设置，创意新颖的节目形态，新鲜体贴的信息服务，无疑是会受到群众欢迎和喜爱的。

按照市场营销学的观点，实施 CIS（企业识别系统）是企业品牌塑造的上佳选择。CIS 包括理念识别系统、行为识别系统和视觉识别系统三个子系统[④]。对于新闻媒体而言，理念识别系统主要是指媒体的形象宣传语和报道与节目中所折射出的独特的新闻理念和价值取向，前者如《东方早报》的广告语“影响力至上”，后者如湖南卫视的“快乐”理念。行为识别系统主要指媒体对外所表现出的凝聚力以及对外宣传活动、公益活动等，如东方卫视举办的“蓝天下的至爱”慈善公益活动。视觉识别系统包括报头、报徽、频道台标、背景设计、主持人风格、字幕设计等。

---

① 李良荣.新闻学导论[M].北京：高等教育出版社，1999：32.

② 彭伟步.网络不同媒体组合的传播效果检测分析[J].国际新闻界，2002（2）.

③ 沃尔特·麦克杜威尔，约翰·萨瑟兰.电视新闻的品牌资产与节目导视的效果分析[J].新闻大学，2004（春）.

④ 许向东.CIS 与媒体形象的塑造[J].新闻与写作，2004（3）.

因此，新闻媒体应该至少从上述三个方面着手积极开发自己的品牌之路，拟订简练鲜明的形象宣传语，制作精美传神的形象广告，力求在新闻报道和节目中贯穿自己独特的理念和价值观。平时充分利用各种资源，举办一些公益活动和宣传活动，注重报纸和节目包装。在具体的新闻报道和节目制作中，应大力开发品牌的力量。品牌节目往往也意味着个性，湖南卫视《晚间新闻》一改以往的正统报道新闻的形式，采取了"说"新闻的方式，在诙谐轻松的传播环境中达到理想的传播效果"MTV式的新闻"被称为加演片，体现了新闻性与文艺性的自然嫁接[①]。《晚间新闻》体现了以人为本的新闻价值取向和传播者的平民视点，显示了对时代、对生活、对观众的一种尊重，从而塑造了较好的品牌现象。

2. 宏观层面：提高新闻事业引导社会的有效性

新闻传播具有传受信息、整合社会、传承文化、娱乐身心等功能，新闻事业通过这些功能创造健康良好的社会环境，帮助人们提高自身的素质，使社会拥有越来越多的具有良好知识结构的公民，促进社会的良性发展、稳定和文明程度的提高。这些都是新闻事业引导社会的表现。提高新闻传播效果，从宏观上看，就在于提高新闻事业引导社会的有效性。

1）建立透明公开的信息传播机制，减小社会震荡

新闻事业常常被称为"社会的守望者"，守望社会的疾苦、灾害、不平。然而，这种"守望"的实现必须以相对透明的传播环境为前提。政府信息公开对于保证民众知情权和媒体的采访权、提高新闻事业对社会引导的质量有重要意义。

2003年"非典"肆虐中国，为了防止社会动荡，在"非典"前期，政府沿用了过去对于重大突发灾害的传播机制，试图将灾害真相"捂"起来，"堵"住信息流。然而，这些举措导致社会流言四起，人们陷入高度恐慌之中，疫情的防控也受到极大影响。4月，媒体以全新的形象出现在公众面前，每天公布各地疫情报告，利用各种渠道向公众传播"非典"知识。很快，流言不攻自破，社会渐渐恢复理性和平静。

在我国，信息公开，首先指政务公开，政府行政行为公开，支持媒体问责政府，批评政府和官员的缺点错误[②]。其次，要尽快完善新闻发言人制度。政府新闻发布会属于丰裕度高的传播渠道，能完整传播信息、减少歧异误解以有效地影响公众态度，同时，它还是一种两级传播模式，能构建一个全方位覆盖公众的传播网。这使政府、媒体和公众能够保持一种良性互动，保障新闻事业功能的最大发挥。尤其是在突发事件日益频发的今天，政府还应尽快完善公共危机管理机制。避免出现重大事件时，只能在各机构内临时拼凑一个应急班子，头痛医头、脚疼医脚。不仅导致政府形象受损，还容易影响媒体的正常报道，造成社会的误解甚至恐慌。总

---

① 罗源，谢颖.受众的"接受"——关于新闻传播中接受问题的思考[J].西南政法大学学报，2004(2)：54.

② 童兵.政治文明建设：新闻信息资源的富矿——再论新闻理论研究的新课题[J].现代传播，2004(5).

之，信息的及时公开，是保证社会安定和谐的重要举措，而新闻传播则是最主要的渠道。

2）提供真实、公正、充分的信息，平衡各群体利益

信息是意见构建的基础，良好的舆论首先依赖于信息的真实、公正和完整。需要注意的是，信息的真实并不仅仅是指单个事件的真实，即 5W 真实，还必须是整体真实。有些新闻报道就单个事件而言是绝对真实的，然而，如果放到大的社会环境中，就会发现它偏离了社会真实。如我国媒体曾经一度热衷报道农村致富代表，一时间，农民买私人游艇、私人飞机等的报道充斥各个版面，这样的报道尽管事件属实，然而，这样的富农毕竟是少数，大多数农民还在为生活奔波。因此，富农报道热这种不符合真实性要求的行为是媒体应该摒弃的。同样，媒体在报道时，还应注意信息的公正性，努力平衡不同的利益群体。在宣传解释政策、报道政策贯彻执行时，尤其要注意信息的过滤、整理和解析，对政策意义的解释要充分、深入，帮助不同利益群体正确把握政策，采取恰当的行动，为社会营造良好和谐的氛围。

3）增强宣传的艺术性，淡化宣传色彩

新闻媒介既传播新闻，也从事宣传，中外皆然。在我国，由于政治体制和新闻体制的原因，新闻媒介充当着更多的宣传角色，新闻事业对于社会的引导也常常是通过宣传来实现。因此，增强宣传的艺术性，使其得到受众的理解和认可，也是提高新闻事业引导效果的有效途径。《南方都市报》2005 年 11 月 11 日的要闻《陈水扁：左打连宋　右踢李登辉》，虽然是时政新闻，可是标题仍然做得鲜活生动，就连正文的语言也是生动活泼的，“陈水扁一连两天接受电视媒体访问，炮火四射，横扫连、宋，更露骨批判‘情同父子’的李登辉，举凡和连战、宋楚瑜、李登辉的私下谈话，都被摊在镁光灯下检验。”编辑的手法也是花了心思的，小标题分别是“陈水扁开炮”、“亲民党：可能控告陈水扁诽谤”、“陈水扁开炮”、“‘台联党’：医生应开镇定剂给扁”。嘻笑怒骂中把难啃的时政新闻带入一个轻松的阅读环境。

此外，增强宣传中的人情味和亲切感也是重要的技巧。新闻传播者如果能够通过各种方式与受众建立较为特殊的亲近关系，努力寻找在民族习俗、地域风貌、职业特点、团体意识、文化背景等方面的共同点或接近性，以期在感情沟通上首先建立一定的基础，使受众心理上产生一种“自己人”的感觉，那么，将容易达到理想的传播效果。

4）加强媒介素养教育

新闻传播是传受双方互动的过程，新闻事业的发展离不开受众整体素养的提高。因此，媒介素养教育对于提高新闻传播的导向效果同样十分重要。媒介素养教育的主要任务和宗旨是让受众通过正确的选择、正确的理解和正确的记忆，成为积极主动的媒介信息使用者。媒介素养教育对传播效果的贡献关键就在于它能让受众对信息作出正确的选择和主动思考，对媒介信息进行恰当的解析，从而得到积极的效果。

三、努力减小新闻的负效果

新闻传播的效果并不都是正面的，而是存在着正反、好坏、强弱和高低之分。要谋求新闻传播最好的社会效果，就应该努力避免负面效应，减小新闻的不良效果。在这一点上，新闻媒体和政府管理机构都有义不容辞的责任和义务。

对于新闻媒体而言，首先必须树立全面正确的社会效果观。在我国，虽然传媒市场化进程正在提速，但是社会效益仍然是首位的，应坚决摒弃那种为了追求经济效益而不顾社会效益的行为。近几年，我国假新闻、有偿新闻泛滥，新闻炒作时有发生，同质化倾向明显，给社会带来十分恶劣的影响，严重损毁了我国新闻事业和媒介在人们心目中的形象，这些都是片面谋求经济利益的后果。

由于事物所具有的多义性，新闻事件所表现出来的多主题性，使得某些不在人们的主观选择之内的问题和想法，最终通过事件或报道本身无意识、间接地表达出来，称为影响受众的隐性导向因素。目前一些媒体对这方面往往缺乏认识和重视，所以这样的问题常常会表现出来，如一味地追求揭黑幕、报大案，甚至在结论不够权威的情况下也不惜冒失实的风险抢先报道，因此报道中往往有很多"据说"、"据传"等词，从某种程度上助推了假新闻的产生。媒体从业人员在采写新闻时应多进行换位思考，跳出自身的思维局限，站在受众的角度来分析一下所采写的新闻中可能含有的隐性的负面导向因素，并尽力避免出现在我们的新闻报道当中。

此外，媒体应建立相应的把关机制、内部审查制度和科学有效的评价体系。主动对传播内容进行分析，根据受众反馈及时摒弃可能造成负效果的因素，加强对不良导向问题的防范意识，同时加强对新闻从业人员的相关教育，以新闻自律来抵制负效果。

对于政府机构而言，应建立多元化的有效的新闻监管机制，综合采用行政手段、法律手段、经济手段和文化手段来对新闻传播进行社会调控，最大限度地减小可能出现的负效果。

行政手段的主要特点是权威性、强制性和直接性，是运用命令、指示，通过组织自上而下的行政层次的贯彻执行，对新闻媒介及其传播活动进行组织、指挥和某些调节。法律手段具有明确性、稳定性、强制性和权威性，在全球化发展的今天，法律调控的作用将大大提高。通过隐私法、诽谤法、国家安全法等新闻法规，可以有效减小新闻传播可能对个人和社会造成的伤害和震荡。经济手段最突出的表现是对恶性传播或不良传播实行经济制裁，而对引起广泛社会反响的优秀新闻报道予以奖励，从而达到减小新闻负效果的目的。

近年来，我国新闻理论界对提高新闻传播效果的研究不断深入，还有人提出，我们的新闻传播要想从根本上提高传播效果，归根结底，还是取决于新闻信息本身的内容质量及其表现形式。那么，如何优化传播信息的内容及其表现形式，以下几方面的经验值得借鉴：

第一，与受众利益和心理需求的相关性。新闻信息所提出的问题，能够使受众感到这正是自己心理上某种不平衡状态的反映，或者正好解决了自己认识上的混乱问题，这样才能被受众喜爱并乐于接受。也就是说，新闻传播者所选择和传播的新闻，必须让受众感到是与自己的利益和需求息息相关的。这种相关性首先就大大拉近了新闻与受众的感情上的距离。使他们对信息的接受过程是完全主动自觉的，而不是被强行灌输的。受众通过对这样的新闻信息的获得，在心理上得到了最大的满足，这就是信息内容取得最好传播效果的一个重要方面。

第二，揭示事物的矛盾性。新闻对社会现实的反映，只有从更深的层次上抓住了事物的矛盾运动及其发展趋势，才具有最大的新闻影响力。长期的新闻传播实践证明，受众最欢迎、最感兴趣的是那些真实地深刻地反映了事物内在矛盾性的新闻作品，尤其是那些从根本上揭示出了某些事物矛盾运动的最深层奥秘的新闻力作。因为从哲学的角度来讲，事物内部的矛盾，最能体现该事物的本质。新闻作品从根本上揭示了事物的矛盾性，自然也就反映出了该事物的本质真实。而这种本质真实通常总是被掩盖着的，受众从事物的表面往往是很难认识清楚的。新闻传播者以自己独具的敏锐，把事物的矛盾暴露出来，既帮助受众认清了其本质，又在一定程度上提高了受众对事物本质认识的能力，增长了受众的智慧。这当然是最佳的传播效果。

第三，表现思维的新异性。所谓思维的新异性，主要是指思想方法和思维方式迥异于通常的和旧有的方式与方法。面对飞速发展的社会历史和日新月异的大千世界，人们的思想观念需要不断地加以更新，而人们的思维方式更需要不断地有所改变。新闻传播者在传播新闻事实的同时，也要尽量采用适合于新的时代特征的思维方式去观察事物，反映现实，要敢于打破人们习以为常的思维定势和心理惯性，从而更及时地甚至更具有超前性地认识和表现社会生活的崭新面目。这样，才能使得新闻内容和表现形式具有时代的活力，也才能具有更大的新闻感召力。

第四，新闻形式上的新颖性。在信息的表达形式上，要努力掌握受众的兴趣和口味，要尽量谋求新闻的可读性、可视性、可听性。在语言技巧、图片处理、节目编排、播发程序、色彩倾向等各个环节上，都要研究其与提高传播效果之间的有机联系。总之，新闻信息的形式如果既简明扼要、通俗易懂，又新颖别致、引人注目，受众一定会喜闻乐见。

此外，对于劝服的方法和手段，许多传播学家做过多次试验、探索，积累了一些重要的经验。大致可归纳如下：

第一，只说一面还是正反两面都说？也就是，我们的新闻报道对于社会现象或者某些工作的开展，是报喜不报忧好，还是既报喜又报忧好？按照传播学的观点，这要与受众的思想素质和文化水平联系起来加以考虑。一般来说，对文化程度较高、独立思考能力较强的受众，如果提供某一事件的全面情况，他们可能会更容易接受些，以后如果接触到反宣传时，他们也将具有一定的防御能力；而对那些较容易接受一面之词的文化层次较低的受众来说，如果遇到反宣传，将会产生认识上的左右摇摆。

第二，有争议的意见是先说好还是后说好？这种情形在新闻机构组织“问题讨论”，或者撰写解释性新闻时常常会遇到。对此，要根据传播内容本身的性质，参照传播的环境条件和受众的素质加以通盘考虑。一般认为，某一问题的正反两方面的论点如果是由不同的传播者相继提出的，并在表述的时间或篇幅上也大体相等，那么先提的一方不一定占优势。但如果是由同一传播者提出来的，其所传播的不同观点又是受众不熟悉的，那么，先提的观点更有利于受众的接受。而在信息组合中，于最后提出来的观点，特别是经过启发引导受众顺理成章归纳出来的观点，一般更有利于受众的理解和记忆。

第三，问题的结论如何做出？新闻传播中的结论性意见，是明明白白直接告诉受众，还是让受众自己去得出结论，这需要具体问题做具体分析。首先要看新闻信息的性质如何，如果是政策性信息，或者是依据法律、道德能够记忆肯定或否定的信息，那就只能明确无误地作出奉告。如果是对争议较大的“热点”问题的报道，由于其产生的原因很复杂，矛盾纠葛很多或者涉及面很广，有的事件本身还在发展变化中，问题的性质还没有彻底暴露，或者出于策略的考虑一时还不便表明结论的，那么最好采用“中性”报道的形式，提供全面的、翔实的事实材料，让受众自己去思考、去判断。其次也要看受众的思想素质和文化层次如何，如果是对缺乏思辨能力的或者阅历不深的受众，则结论性意见以明白为宜，而对各方面水平较高的受众，如果说得明白如话、一览无遗，则反而会影响传播的效果。

第四，在劝服中诉诸感情还是诉诸理智？一般认为，新闻传播者如果能够通过各种方式首先与受众建立较为特殊的亲近关系，努力寻找在民族习俗、地域风貌、职业特点、团体意识、文化背景等方面的共同点或接近性，以期在感情沟通上首先建立一定的基础，使受众心理上产生一种“自己人”的感觉，那么，将容易达到理想的传播效果。如在主持人组织的现场实录报道中，采用交谈式、对话式的传播来沟通感情，并欢迎受众对节目的更多参与，就比单纯说教式、煽动式的传播更能奏效。而在新闻传播的实际运作中，往往需要将诉诸感情与诉诸理智有机结合在一道加以使用，并最终依靠新闻信息本身所具有的真理性对受众进行劝服，这样才可能更为有效地获取新闻传播的最佳效果。

提高新闻传播效果在具体的做法上当然还有很多，如完善媒介的传输功能，开辟广阔的发行渠道，建立长期的受众反馈网络等，需要新闻传播者在传播实践不断地加以总结，以永远掌握新闻传播效果的命脉。

第四节 新闻公信力与新闻传播效果

随着新闻传媒事业的发展，媒介公信力正为越来越多的人们所重视。在这样一个媒介化了的世界中，公众是否接受被传播的信息，与承担传播任务的新闻媒介是否被公众信任有直接关系。新闻媒介的公信力作为一个重要的话题被提出并一再得到强调。公信力是大众媒介最主要的竞争力，是媒介生存、发展、获得经济效益和社会效益的前提，媒介要获得良好的传播效果，它首先要有很高的公信力。

一、国内外对于新闻媒介公信力的研究和观点

公信力来源于英文词汇 credibility，这个概念最早是从公元前 4 世纪古希腊时代亚里士多德所提的“风格”(ethos)一词演变而来①。学界一般认为，公信力最先是西方政治学中的一个概念，是指领导者获得其选民信任(trust)和信心(confidence)的能力。后被引入传播学，在美国，媒介公信力研究已经有 80 多年的历史。其基本观点认为，媒介公信力评价是公众通过社会体验所形成的，是对于媒介作为社会公共产品所应承担的社会职能的信用程度的感知、认同基础上的评价，而媒介公信力则是指媒介所具有的赢得公众信赖的职业品质与能力。乔治·华盛顿大学媒体与公共事务学院的戴索(Carin Dessauer)认为，“公信力是一种信赖，也是一个品牌。”②“公信力”和“可信度”在英文词汇中都是 credibility，但是却是两个不同的概念范畴，理解公信力，必须从媒介与公众的关系角度来考虑，公信力这个概念常常和“公众信任”联系在一起。“公共信任意味着媒体被依赖，被相信，成为公众的依赖。③”而可信度系接受讯息者对传播者可相信程度(believability)的评估，因此是一种‘认知的可信度’(perceived credibility)④。可见公信力是一个比可信度范畴大的概念，简单地说，公众也许不怀疑某家媒体报道的新闻真实性，但是有可能对它的客观性、公正性等等品质产生疑问。

此外，西方学者对媒介公信力的研究基本涵盖了媒介的新闻表现、媒介行为、新闻可信度、新闻从业人员的职业道德规范、受众的媒介使用特征等，成为一个多维度、多向延伸的研究领域，研究的问题包括媒介公信力的组成、影响媒介公信力

---

① 廖圣卿，李晓静，张国良.中国大陆大众传媒公信力的实证研究[J]. 新闻大学，2005(春).

② 何国平.论媒介公信力的生成与维系[J]. 新闻与传播研究，2004(2).

③ 埃弗利特·E·丹尼斯，约翰·C·梅里尔.媒介论争——19 个重大问题的正反方辩论[M].王维，等，译. 北京：北京广播学院出版社，2004：34.

④ 罗文辉，林文琪，牛隆光，蔡卓芬.媒介依赖与媒介使用对选举新闻可信度的影响：五种媒介的比较，[EB/OL]. http://www.cddc.net/shownews.asp? newsid=4986.

的因素、衡量评价媒介公信力的指标、构建提升媒介公信力的途径与方法，等等。就其本质来说，公信力应该是一种心理指标。

国内学者一般认为，媒介公信力是指“传媒能够获得受众信赖的能力，它通过传媒及其提供的以新闻报道为主的信息产品（包括广告）被受众认可、信任乃至赞美的程度而得到反映”，①这一定义着重从传播学的角度阐释传媒与受众的关系，形成并加强传媒与受众的良性互动，有助于提高传媒的公信力。当然，公信力不是传媒与生俱来的品质，而是体现在媒介长期的传播实践当中。是社会和公众所赋予媒介的一种信息话语权。因此，新闻媒介公信力的构建是一个长期系统的过程，同时这个过程也是塑造媒介品质的过程。

目前，新闻学界对于媒介公信力的界定，还有许多不同的解释。

有人认为，所谓新闻媒介公信力，就是指社会公众对新闻媒介的信任程度，即社会公众对媒介新闻报道真实性、公正性、中立性的信任与否，对媒介记者编辑责任感、正义感、是非观的认可程度。也有人认为，媒介公信力等同于权威性，“是指媒介在长期的发展过程中日积月累而形成的. 在社会中有广泛的权威性和信誉度. 在受众中有深远影响的媒介自身魅力。”②

何国平在《大众媒介公信力形成过程的分析》一文中的论述，将媒介公信力放在整个传播过程和系统中去考察. 将其看作是大众传播系统互动的产物。即媒介公信力“是指传播者以社会责任为己任，通过大众传播渠道提供真实、客观、全面、及时、权威的资讯而获得的凝聚在大众媒介上的普遍社会认同。”③这一看法更全面地体现了媒介公信力是传者和受众在传播过程中互动而建立起来的一种信任关系。为在传播过程中系统地考察媒介公信力的维度，探讨如何塑造和提升媒介的公信力提供了思路和方法。

二、媒介公信力的生成机制

公信力是怎么形成的？解决好这个问题，有利于媒介可以从源头以及各个环节进行相应的控制，以更好地实现有效传播，提高各自的公信力。张洪忠在《大众媒介公信力理论研究》中把媒介公信力的产生归结为媒介框架与受众框架的重复博弈④。这也是国内外学者对于公信力的生成机制比较权威的观点。这里首先对媒介框架和受众框架的含义以及两者的关系进行论述，然后分析公信力如何在这两者的博弈活动中产生。

框架的概念来源于贝特森，由高夫曼将这个概念引入文化社会学，他在 1974

---

① 郑保卫，唐远清.试论新闻传媒的公信力[J]. 新闻爱好者，2004(3)：9－11.
② 黄晓芳.公信力与媒介的权威性[J]. 电视研究，1999(11)：22－24.
③ 何国平.大众媒介公信力形成过程的分析[J]. 新闻界，2004(2)：36-37.
④ 张洪忠.大众媒介公信力理论研究[M].北京：人民出版社，2006：143.

年出版的《框架分析》一书中对“框架”一词进行了阐释。高夫曼认为，人们在不知不觉中监控着社会环境，以便根据周围的变化来调整自己的期望和行为。高夫曼引出框架概念本身，是要阐述人们如何理解每天生活中发生的事件，他认为对于一个人来说，真实的东西就是他或她对情景的定义。这种定义可分为条和框架。条是指活动的顺序，框架是指用来界定条的组织类型。① 简单地说，高夫曼定义的框架就是人们将社会真实转换为主观思想的一种基模，就是人们或组织对事件的主观解释与思考结构，是理解社会行为，或处理事情的一套原则，人们借由框架来确立情境的意义。所以，框架是个人或组织对事件或信息的设定、认识、辨识和标示。那么框架是如何来的呢？高夫曼认为一方面是源自过去的经验，另一方面经常受到社会文化意识的影响。

我国台湾学者藏国仁认为，媒介框架是新闻媒体或新闻工作者个人处理意义讯息时所依赖的思考基模，也是解释外在事物的基本结构。媒介框架其实就是一种意义的建构活动。新闻工作者将原始事件转换为社会事件，并在考虑此事件的公共性质与社会意义后，再将其转换为新闻报道。在此转换与再转换的过程中，新闻工作者一方面以自己的经验（框架）将此事件从原有情境中抽离，另一方面则将此事件与其他社会意义连结，产生新的情境意义②。

受众框架是指受众在接触媒介时，他们的认知基模会影响对新闻报道内容的选择、解读与判断。也就是说面对新闻媒介，受众并不是被动的接收，而是有自己的认识框架来对新闻内容过滤，从自身的框架对新闻报道的真实性、客观性、人文关怀等方面进行诠释。

首先来看媒介框架。藏先生认为媒介框架的内涵结构包括媒介组织框架、新闻个人框架、文本框架三个部分。媒介组织将框架是指新闻工作者中所制定的一系列惯例与程序，决定了社会事件是否会被选择和报道，是媒介的一个框架机制。新闻个人框架包括记者和编辑两个部分，是指新闻工作者受到自身认知结构影响，自有一套常人理论，一是据此一定工作目标，而是受制于这些认知结构，无法逃脱这种自我成见的限制。文本框架是指新闻写作文本是一种语言意义的建构过程，语言与其他符号讯息是对社会真实的转换，在这个过程中文本本身有一个框架③。也就是说，媒介框架事实上是经过三个子框架作用下的结果。这样，客观世界的真实最后形成新闻报道的流程是：客观真实⟶媒介组织框架⟶记者个人框架⟶文本框架⟶编辑个人框架⟶新闻报道。

再来看受众框架。受众框架对于新闻报道内容首先是过滤式的选择，对于完全与框架要求不相符的内容不予选择，而对于其他内容有一个同化或改造的步骤，即与自身框架一致的内容进行吸收与同化，对于与自身框架不一致的内容，进行改

---

① 斯蒂文·小约翰.传播理论[M].北京：中国社会科学出版社，1999：300.

② 藏国仁.新闻媒体与消息来源——媒介框架与真实建构之论述[M].台北：三民书局，1999：108-109.

③ 藏国仁.新闻媒体与消息来源——媒介框架与真实建构之论述[M].台北：三民书局，1999：109-148.

造。然后，受众框架对报道产生意义的诠释，并影响更深的心理层次与媒介的消费等行为。反过来这些行为又影响到媒介框架。

因此，新闻真正形成不是在媒介报道之后，而是在媒介框架与受众框架共同作用之后。也就是说，一则新闻实际上是经过媒介框架和受众框架的互动后，才产生意义的。一系列的媒介框架和受众框架的互动，就构成了整个传播过程。

社会事件经过新闻媒体的框架化报道后，由客观真实变为了媒介真实。在媒介框架后，媒介真实不可能完全是现实的翻版，媒介真实和客观真实是有差别的。然后，在传播过程中，媒介真实又经过受众的框架化，变为了受众接收的真实。这样，就存在着客观真实、媒介真实、受众真实三个方面的关系。受众对媒介的客观、公正等公信力维度方面的评价，并不是在媒介真实与客观真实之间的对照，它的作用机理是媒介真实与受众真实的对照，也就是受众框架对媒介真实的评价。受众框架对媒介真实的评价在两个层面上，一是在事实层面，通过受众框架自身对客观真实的诠释，对照受众理解的媒介真实，从而判断在基本的真实层面上媒介是否真实。二是在价值层面上，受众框架对媒介真实的基本价值理念的判断。因此，换言之，公信力的产生其实就是通过受众框架和媒介框架的反复博弈而形成的。

通过媒介框架与受众框架的重复博弈产生的媒介公信力也有一个纵向的发展历程。张洪忠将其依次归结为以下 3 个阶段：

1. 计算型阶段

受众框架与媒介框架的博弈是一种理性的计算。在这一阶段，由于受众无法预期媒介的表现，是否信任，还需要通过与媒介解除后的认知来判断。对处在这一阶段的媒介来说，它的第一次表现可能都会影响到公信力的高低。由于受众对公信力的每一次接触都是一次媒介框架与受众框架的信任博弈，媒介框架与受众框架的每一次不一致，都可能影响到受众对媒介公信力的评价，成为一个公信力的破坏因素。

2. 了解型阶段

第二个阶段是建立在受众对媒介有了前期的了解基础之上，受众对于媒介的信任不需要在接触之后才能做出判断，对于媒介的未来行为有一定的预期，能够预见到下一步的媒介表现。在这个阶段，媒介与受众之间建立的一种相互可预测的信任关系是稳定的，不会因为媒介框架与受众框架某一次不一致而受到影响。

3. 认同型阶段

第三个阶段也是最高的层次阶段，在这个阶段，受众对媒介的理念和偏好高度认同，把媒介当成自己的一样，能够分享媒介的成功，并且主动地替媒介思考，甚至为媒介做出行动。如果要想传播得到好的效果，第三阶段是每个媒体应当追求的目标。

三、提高新闻媒介公信力的对策

面对上述情势，要保持我国新闻的可持续发展，我们有必要建立新机制、采取新措施，不断提高新闻界的形象，增强传媒公信力。

1. 加强新闻工作者的职业道德修养，强化新闻职业道德

职业道德素质是新闻媒介和新闻工作者社会信誉的保证。新闻报道具有极强的公共性。没有高度的职业规范和职业道德水准，新闻媒介和新闻工作者必然会缺乏社会公信力，而没有社会公信力的新闻机构或新闻从业者最终必然会遭到社会的唾弃。我国新华社在2003年9月26日播发了两条电讯，报道了本单位4名记者在山西繁峙“6·22”特大矿难事故报道中接受当地负责人和矿主钱财的事实，并公布了对他们的处分决定。中纪委驻新华社纪检组和监察局已将此案例收录进警示教育录像片，全社职工结合正在进行的“护牌”行为，展开广泛的警示教育。

新闻记者的角色认知和职业意识是影响传媒发挥舆论引导、社会整合功能的重要决定性力量。媒介要加强新闻工作者的职业道德修养教育，提高思想认识，为完善规章制度、构建制止虚假新闻、重塑媒介形象的长效机制打好思想基础。媒介要常年不懈地对新闻工作者进行职业道德教育，坚持用马克思主义新闻观指导工作，通过不断学习，强调扎扎实实的采访作风，宣传正确的新闻职业意识来提高新闻工作者职业道德的整体素质。

2. 媒介自省，进一步完善考核制度

各新闻单位要制定相关的考核制度和规定。现在很多新闻单位对采编工作的考核都是实行量化的记分制度，这样的制度本身没有错，但是，如果过于依赖这样的制度，也容易引导个别记者、编辑做出一些急功近利的行为。在坚持和完善现行的考核记分制度的同时，媒介还应该强调对记者、编辑全年的综合考核，这样的全年考核也应该将记者、编辑在本年度是否编写了虚假新闻列入其中。从而激励记者坚持真实、全面、客观、公正的报道原则，坚持深入细致的采访作风，认真核实消息来源，确保新闻事实准确，杜绝虚假不实报道。要尽量减少采编人员用电话采访，强调记者到现场采写新闻。原则上要求记者提供电话录音存底，以便于相关编辑及时核对和媒介日后自我查对。重大新闻的采访应该多个记者采写，然后综合对比形成稿件。

在原有规章制度的基础上，进一步完善相关规定，从采访、编辑、校对、审读、阅评等环节进一步规范管理，落实防范措施。努力做到内部防范和外部监督相结合。严格稿件分级审核制度和编辑责任制度，严格执行报道实名制和回避制。同时，不断创新方法，促进编读互动，强化社会监督，完善公开纠错机制。

3. 行业自律，弘扬新闻专业主义精神

专业主义的职业要求是客观、公正、平衡的报道方式和实事求是、通情达理的评论方法，这是新闻媒介的报道和评论获得公信力的有效途径。新闻专业主义要求新闻报道活动必须恪守新闻规律，符合“真实、客观、公正、全面”的专业标准，并且行业内形成良好的氛围，形成互相监督、良性竞争的行业态势。

真实性是新闻的第一生命。新闻专业主义以追求事实真相和真理为目标；客观性原则要求我们在报道新闻时力戒夸张、夸大和炒作，最大限度地将事件的原貌提供给社会；公正性原则要求新闻报道必须兼顾新闻事件所涉及的双方的权益，特别是在批评性报道中，应该给予被批评方以充分的发言和辩白的机会，以防止由于主观的偏向造成失实和伤害；全面性原则要求在报道新闻事件时要对它的普遍性作出正确评价，不能以偏概全，把孤立的社会事件误导为普遍的社会现象。上述几项原则构成了新闻工作的职业精神。这种职业精神的本质就是对国家负责、对社会负责、对报道对象负责、对新闻受众负责。这种对新闻原则的态度是媒介公信力的来源。一旦新闻行业内部形成抵制诱惑，恪守新闻规律，坚守新闻专业标准，彼此之间相互监督、相互促进，整个新闻行业在受众心目中的形象就能得到提高，媒介公信力的整体水平也就得到了相应的提高。

因此，作为社会组成部分的新闻传媒及其从业人员，需要行业内部的自律，以保证新闻传媒能够在科学合理的、与传媒业实践相匹配的职业道德体系框架内规范运作。

4. 完善社会监督和立法，加强道德规范和法律约束

业界人士认为，造成大众传媒公信力缺失，其终极原因应该从媒介管理和监督制度本身存在的缺陷中去寻找，而不应仅仅局限于媒介的种种行为表现。大众传媒是在制度中生存的，其表现行为由制度所决定，媒介行为的无序与错乱，实质是媒介管理制度和监督制度缺陷的间接反映。

从目前我国媒介在职业道德方面的监督来看，对记者的监督主要是依靠传媒自身来执行的。然而，由于媒介本身也是利益单元，所以仅靠媒介的自律是不够的，还应当对新闻媒介及其从业人员进行社会监督。即建立和完善监督机制，加强对新闻媒介和记者的道德规范和纪法约束。

在社会监督方面，国外的一些成功做法为我们提供了可资借鉴的范本。例如：英国早在1953年就首创了全国性的报业评议会(后易名为“报业投诉委员会”)制度，根据为保护编辑和公民双方的权利而精心制定的规则，听取针对报界新闻报道准确性和公正性的诉怨。这个成功的范例导致美国和许多国家及地区纷纷仿效。根据我国的国情，国内新闻教育界有关人士建议成立类似于媒介道德委员会之类的机构，以加强媒介规范和纪律约束。这一组织除了规定一些工作中必须遵守的细则并强化监督机制外，还可以对媒介的职业道德建设进行监督，设立媒介信用等级的评价机制，建立媒介信用记录和信用公告制度，制定相关法规，严厉惩罚有偿新闻、虚假报道和虚假广告。

一个健全的、和谐的社会离不开媒介及其公信力，媒介的公信力需要用制度来捍卫。2005 年 3 月中宣部、广电总局、新闻出版总署出台了旨在加强新闻职业道德建设，规范新闻采编人员的行为，维护新闻界良好形象，促进新闻事业健康发展的《关于新闻采编人员从业管理的规定（试行）》，各家媒介也相继出台了相关的制度细则，如近期经济日报社制定并实行的《经济日报防范虚假新闻守则》明确提出严禁捕风捉影、凭空编造、夸大其辞，严禁擅自组织或参加其他媒介、公关或广告公司等单位的组团采访活动等，并向社会公开承诺接受监督。这些举措对提高媒介的公信力将起到积极的促进作用。可见。完善监督机制，并在完善相关制度的基础上，尽快制定有关法律，方可避免新闻的权钱交易，从根本上提升媒介公信力。

总之，在媒介竞争日益激烈的今天，公信力已作为一种无形资产而成为各大媒介在竞争中取胜的重要砝码。同时，媒介自身对公信力的关注，也是对其在竞争中出现的一些不良现象的匡正。在我国且前新闻法规还不健全的情况下，强调公信力，也可为媒介争取到一个更为良好的生存环境，从而取得更大更好的新闻传播效果。

基本概念与问题思考

1. 什么是新闻传播效果？
2. 请叙述麦奎尔把传播效果按外在形态、内在性质和作用范围划分的三个内涵层次的内容。
3. 什么是“魔弹论”、“两级传播论”、“沉默的螺旋”？
4. 西方传播效果研究的三个主要阶段是什么？
5. 如何理解新闻传播效果？新闻传播对个人和社会具有哪些影响？
6. 你认为新闻传播效果的提高可以有哪些方法和途径？
7. 新闻传播中的结论性意见，是明明白白直接告诉受众，还是让受众自己去得出结论？只说一面还是正反两面都说？新闻传播中的结论性意见，是明明白白直接告诉受众，还是让受众自己去得出结论？
8. 如何减小新闻的负效果？
9. 什么是新闻媒介公信力？
10. 谈谈如何提高新闻媒介公信力。

传 播 论

第八章 新闻实体的生成及传播流程

这一章是关于专业的新闻传播活动的基本过程和主要环节的研究。是对新闻活动的动态性的研究。其中包括新闻最初的“缘起”以及进入传播的整个流程。就“新闻的缘起”而言，通常称作“新闻的本源”，也就是新闻材料或者叫新闻实体的来源。中国新闻学先驱徐宝璜在他的《新闻学》一书中将新闻来源解释为：“新闻于何处求之乎？求之之处，曰新闻之来源。”①甘惜分主编的《新闻学大词典》认为，新闻来源是指新闻材料的出处和供应新闻材料的媒介②。依照常规，新闻来源依靠媒介把信息传递给公众，同时媒介也依靠新闻来源来获得新闻的原材料。这是整个新闻传播活动全过程的起始的环节，所以我们将其称作“缘起”。而本章所讲的新闻的“传播”，也是从具体的对于新闻事实转化为新闻形态，并进一步进入整个传播活动的实施过程，按照其各个环节的顺序，分阶段地来进行研究。所以，本章的基本内容就是对新闻活动的具体步骤和过程的理论阐述。

第一节 作为特定事实的新闻的缘起

本节的标题，之所以特别对“新闻的缘起”又做了一些限定，即强调了“作为特定事实的”新闻的缘起，就是为了与整体的新闻事业以及新闻活动的起源问题相区别。因为在有的教材中，著作者也常常把新闻的起源称作“缘起”，我以为那是不太准确的。用“缘起”来表明一个具体的事实的发生和来源，似乎更贴切一些；而整个新闻事业的发生用“起源”来表述就显得更为搭配得当。作为理论专著不能不计较这些细小的方面。

一、新闻实体

童兵教授曾经指出：“新闻传播的本源，指新闻的基本来源。”而且又指出“本源同起源只是一字之差，但它们分别研究不同的问题。”③新闻的缘起讲的就是新闻事实的来源，它既是某一独立的新闻事件进入整个传播过程的开始，也是这一过程的全部的新闻形态和实体的依据。所以，我们也就把一个具体的具有新闻价值

① 徐宝璜. 新闻学[M]. 北京：中国人民大学出版社，1994：33.

② 甘惜分. 新闻学大辞典[M]. 郑州：河南人民出版社，1993：5.

③ 童兵. 理论新闻传播学导论[M]. 北京：中国人民大学出版社. 2000：1，47.

并可以进入传播过程的事实或事件称作“新闻实体”。刘建明在《现代新闻理论》中又这样提出：“事实是新闻的形态，正像艺术形象是文学的形态一样，显露出新闻外在的特色，获得稳定的实在性。就新闻的主干而言，缺少了事实就抽掉了它的视觉对象，它在受众面前就不存在了。”根据以上的这些说法，我认为有必要在理论上正式确立“新闻实体”这一概念①。那么，这样的“新闻实体”到底由何而来，缘何而起？我们的新闻理论又要给出一个什么样的理性化的解释呢？

我们在讲新闻的特征的一章中就已经强调，“真实是新闻的生命”，新闻的第一大特征就是真实，真实也可说是新闻的安身立命之本。那么，新闻的缘起，当然也就是事实的发生。陆定一在《我们对于新闻学的基本观点》一文中早就明确指出：“新闻的本源是事实，新闻是事实的报道，事实是第一性的，新闻是第二性的，事实在先，新闻（报道）在后。这是唯物论者的观点。”②事实作为“新闻的本源”，在这里已经讲得极为透彻。而且这实际上也是非常容易理解的道理。然而，大千世界，万事万物，古往今来，宇宙时空，所有的自然与社会的存在都是“事实”。正如罗素所说：“事实这个名词照我给它的意义来讲只能用实指的方式来下定义。世界上每一件事物我都把它叫做一件‘事实’，太阳是一件事实；恺撒渡过鲁比康河是一件事实；如果我牙疼，我的牙疼也是一件事实。”那么，这所有的“事实”是否全都可以叫做“新闻事实”或者能够构成“新闻实体”呢？这几乎不用回答。那么，新闻事实究竟是怎么发生的？什么样的事实才能成为“新闻实体”？说到底——一种具体的个别的新闻形态的形成和进入传播，又究竟是由何起始（缘起）的呢？本著以为起码要具备以下几个条件或者分作以下几种类型。

二、新闻实体形成的几种类型

1. 重大事件

重大事件包括社会性的重大事件和自然界的一些重大事件。社会重大事件主要是指关乎国家的大政方针、国计民生，甚至民族的前途命运，历史的运行进退——这一类的社会事件。如全国人民代表大会的召开、各级政府的换届改选、国际性的合作或者争端、全国国民收入的状况等等。对这一类事实的报道，一般属于常规报道。报道的内容和重点往往由政府主管部门来统一掌握尺度。而自然界的重大事件如流星雨的发生，太阳黑子的爆发，大气臭氧层的减少，等等。这类事实一旦发生，就是非常重要的新闻原始材料。重大事件作为新闻传播活动的缘起是不言而喻的。

这里需要特别加以说明的是，在市场经济时代，社会的重大事件与人们的重视

---

① 刘建明．现代新闻理论[M]．北京：民族出版社，1999：1，66．

② 陆定一新闻文选[M]．北京：新华出版社，1987：2－6．

程度并不能完全等同。在我国，尤其是一些与老百姓日常生活并不能直接相关的“国家大事”，一般市民对于这一类新闻的关心程度反而不是很高。这样的新闻一般被称为“硬新闻”，虽然这些新闻都会在重要媒体的重要位置上发表，而对于大多数普通市民来说往往不能投入最大的关心。所以，如何作好“硬新闻”，让我们的镜头和话语真正能够充分调动起广大受众阅读积极性，从而变不关心为关心，尽量提高“硬新闻”的注意力和收视率，是我们新闻人的重要职责。

2. 突发事件

突发事件当然是指社会上以及自然界发生的一些完全超出人们能够预料和想象的事件。这样的事件不一定和每个人的切身利益直接相关甚至更多时候都是毫不相干，但是，它们却往往对人们的心理具有极强的冲击力。本能性的“新闻欲”或者“同情心”以及对全社会乃至全世界共同关心的心理，使得人们极想最及时地了解那些外界的突发性事件。所以，突发事件越是来得快速和突然，其形成的后果越是严重或惨烈，就越是容易引起人们的强烈的关注和兴趣。因而突发事件也往往会形成一个时段中的新闻的热点。由此看来，突发事件也是最好的新闻发生点。作为新闻的缘起，突发事件在新闻传播过程中具有天然的最大程度的新闻吸引力。社会上的突发事件如上海嘉定的百万黄金抢劫案，美国 2001 年“9.11”恐怖袭击；自然界的突发事件如山体滑坡，龙卷风灾害等。都是极其容易引人注目的。

3. 变异事件

变异事件指的是指一事物突然离开该事物的原本的正常状态或者常规的运行秩序，而表现出一种非常规的或反常态的存在与运动的状况。因而给人一种明显的或突出的前后的巨大反差或者完全对立的感觉。按照辩证唯物主义原理，一切事物总是在不断地发展和变化着的。但是，当事物在他的正常的运行轨道和范围之内变化和运动着的时候，或者仅仅是处在很不明显的微弱的量变过程之中的时候，就不会有新闻发生。新闻基本上不讲述常态中的和常规中的事物。而事物在某种因素和条件的作用下，突然离开了常规，出现了极大的异常，新闻便由此发生了。而且事物离常态越远，对比性越强，其新闻意价值就越高。所以有人曾经极端地说，天下不幸新闻幸。甚至还有更加调侃地说法——新闻媒体最容易发“国难财”。因为社会上出现了变异很大的灾难性事件的时候，全社会的注意力就会高度集中到媒体上来。例如 2003 年国内发生了“非典型性肺炎”，这是有史以来从未有过的一场连续性变异事件，因为每天的“非典”人数和病情程度都在变化，而每一种变化都可以表明整个疫情的进展和演变。所以每天的情况变化也都牵动着所有人的心。这样的变异事件是新闻媒体需要时时加以关注的。

一般日常生活中的以及人们身边的事物变异，尤其是与人们切身利益密切相关的事物变异，更是新闻发生的最好起点。比如 2006 年《一折机票今年将能买到》的新闻：

民航总局出台新规，放宽国内航线审批，鼓励增加航线

本报讯据《重庆晚报》报道民航总局近日出台新规：从3月20日起，航空公司申请运营国内航线不再需民航总局审批，只需到民航主管部门登记注册即可。航空公司称，这意味着航线将越来越多，价格越来越低，一折机票今年将能买到。

民航总局规定，除北京、上海、广州、深圳等繁忙机场外，各地航空公司申请国内航线，只需到主管部门登记。

重庆江北国际机场航班起降量为200架/天，尚未达到饱和，被列入自由申请航线之列，本地航空公司只需向民航西南管理局备案即可。

线权放开，意味着航班会增加。海航称，由于重庆没有基地航空公司，要申请开新的航线，必须以航空公司所在地为核心，重庆飞外地多数航线都必须经停某地。

航线权的放开，使他们无需再受飞行基地限制，可考虑在重庆增飞新线。

国航表示，他们已有增飞新线计划。其他航空公司也拿出计划，申请包括重庆—哈尔滨、重庆—沈阳等长线航线，以及重庆—丽江等旅游线路。

航空公司表示，航班增多，其结果是价格继续下滑。

随着红眼航班的解禁、机票最低折扣的放开等，今年肯定买得到一折机票。

【来源：新京报】

4. 新奇事件

新奇事件一是“新”，一是“奇”。“新”当然是最新发生、前所未有；“奇”则是在形式上或内容上以及形式与内容的各个方面上不同寻常、独具特色。既然是既“新”又“奇”，那么，就肯定是不会常常发生，而一旦发生，新闻必须及时报道，否则就会变成不新不奇，或者减弱与降低其新奇性。

人们在日复一日的常规生活中往往会感到枯燥无味，尤其在现代的高度机器化物质化的生活秩序中，人们会更加感到沉闷麻木，甚至是再美满的家庭生活也难免产生所谓“审美疲劳”，所以人们就特别需要有一些新奇的事物带来一种新鲜的感受或者刺激。这样才能经常保持精神上的激情和活力。因而我们的新闻工作在很大程度上就是为人们的精神提供这样的动力和资源。及时从现实生活中发现那些有新闻价值的希奇事件，以最快的速度向受众进行传播，从而使人们及时接受其既“新”又“奇”的心灵刺激。那就是在向人们输送独特的精神的营养。

5. 期待事件

期待事件也可叫做预知事件，也就是该事件的主体内容是人们早就预先知道会在一定的时段发生的。但只是还不知道其最后的结果以及将会怎样发生。例如2014年APCE峰会在北京举行、2022年冬奥会在北京举办，等等，但在刚刚宣布这些举办地之时，其具体的举办的过程和所有会议情况又全都是未知数。人们共同期待着它的发生，而当它一旦成为事实，也就是很好的新闻事实和新闻的起点。

期待事件在一定意义上可说是一种超前新闻事件。值得特别重视的是，许多期待性新闻事件都有很强的心理吸引力和召唤力，而由于其普遍的预知性，人们已经知道它即将出现和发生，所以，新闻人必须能够捷足先登，把已经开始发生的事实及时准确地报道出去。

6. 常规事件中的新异点

毫无疑问，在构成整个世界和人类社会的全部事件以及物质材料和结构形式中，更多的部分都只能是常态的与常规的。日夜交替，四季轮回，工作休息，按部就班。那么，这种非重大的、非奇异的、非突发的日常事物之中又有没有新闻发生或者可以发现呢？回答当然是肯定的。不过，从一般的日常形态中或常规事件中去发现新闻点，在难度上要更大一些。日常生活看上去平平淡淡，其实也正是这些平平淡淡的日常生活，却往往孕育着和诞生着很有价值的新闻事实。对常规事件中的新异点的发现和发掘，要求新闻工作者一定有良好的新闻敏感。刘建明教授曾经这样论述新闻事实的产生与形成，对于我们理解常规事件中的新闻因素有很好的理论启发意义：

> 事实是个历史运动过程，主要从混沌走向萌芽，再达到成熟。记者对事实这三个发展阶段缺少认识，很难发现新闻线索，捕捉到重要事件。
>
> 事实的混沌是指事实最初的迷蒙状态，各要素处于面目模糊的胚胎阶段。它既是“这个”事实，又不是这一事实，但它是一定事实的孕育过程，表现出难于把握的无序状态。记者不认真思索，看不到事实的任何迹象，但它又确实处在骚动中。事实的混沌表现为社会矛盾的隐伏，矛盾的各个侧面没有明确的走向，在一定时空还没有出现新事件。自然现象的混沌更具有普遍性，一切自然界的事件都无一例外地起始于混沌，并沿着从无序到有序的进程发展。……
>
> 事实起始于混沌，构成事件的先兆。记者的采访不是从事实线索开始，而是从事实的混沌阶段步入，就可能有助于发现、甚至预测重大新闻。事实的混沌包含着新事件的起因和其他潜在的现象，有关因素在混沌中不断增长，表明新事件就要发生①。

记者对于混沌状态的事物的发现和认识，也就是对常规事件中的新闻点的及时的发现和捕捉。所以，必须懂得，新闻往往缘起于平平常常的现实社会与世界。

以上就是一个具体的和单个的新闻传播过程中，一个新闻事实缘起与发生的基本条件和类型。

---

① 刘建明. 现代新闻理论[M]. 北京：民族出版社，1999:1，72－73.

第二节　新闻事实、新闻信息与符号

事实是新闻的本源，是新闻传播的整个的活动过程之所以能够开始并形成一系列流动过程的根本的起点。但是，在新闻传播过程中，事实本身又不可能直接进入各个传播环节。它必须通过人的意识的活动，转化为新闻传播的特殊的形式和手段，然后才有可能进入大规模的和大范围的传播。那么，这就需要涉及到与新闻传播密切相关的“信息”与“符号”这样两个更为现代化的传播概念了。

一、信息和新闻信息

信息已经是当今人们普遍熟知的一个概念。那么，从理论上讲，又究竟什么是信息呢？按照哲学本体论和现代物理学的解释，信息就是所有事物的存在方式和运动状态及其表述。任何事物都有它的存在方式和运动状态，或者说是任何事物都处于一定的存在方式和运动状态之中。这是事物固有的自然信息。对事物的存在方式和运动状态加以认识，并用文字等符号表达出来，就是人工信息。显然，新闻是一种人工信息，也就是广义上的信息的一种。但是，信息却并不全都是新闻。童兵教授对新闻信息做了这样的一个解释和界定：“新闻传播活动所传播的信息，只是信息世界中极少的一部分信息，即含有新闻价值的信息，我们称之为新闻信息。所谓新闻信息，是指新近发生的为公众所关注的具有新闻价值的社会信息。”①

所以，对于信息与新闻信息，一定不能过于笼统地去理解，不能从概念上有所混淆。现代信息理论认为，根据信息与人的关系，一般可以分为三种状态：即“自在信息”、“自为信息”和“再生信息”。所谓自在信息，就是还处在未被认识、未被反映和把握的纯自然状态的信息。自为信息则是信息进入了一个具有感知、识辨和反映能力的信息控制系统，是对自在信息的主观把握和认识。“再生信息”是人的大脑对自为信息的加工、复制，并以一定的物质载体加以表现的信息，也就是上面所说的人工信息。从自为信息到再生信息，亦即是人的内在意识向外在转化的过程②。

毫无疑问，新闻信息也是一种再生信息。因为它是新闻传播者对于自在信息（事实）经过感知和识辨之后，在头脑中形成“自为信息”，然后又运用符号将其转化为“再生信息”的过程。但是，新闻信息又是完全有别于一般再生信息的特殊类别

---

① 童兵．理论新闻传播学导论[M]．北京：中国人民大学出版社，2000：1，48．

② 黄旦．新闻传播学[M]．杭州：杭州大学出版社，1997：9，142．

的再生信息。其最根本的标志和要求就是必须具有新闻价值、符合新闻特征、具备新闻要素，且必须能够进入新闻传播。这就是新闻信息的实质。有了这样的理论上的认识基础，对于下一个环节上的问题就容易从理论上加以理解了。

二、符号和新闻信息符号

从以上的分析来看，新闻的传播，归根结底就是信息的传播，也就是对于具有新闻价值的社会化的信息的传播。然而，前文中我们已经谈到，新闻事实不可能直接进入大众传播，不可能直接去面对所有受众原原本本地演示客观原有的事态。但是，我们说，归根到底，新闻所传播的是信息，而信息尤其是人工化了的和经过人工提取的信息又只是从事实中即事物的存在方式和运动状态中抽象出来的观念性的东西，这些纯粹观念性的信息或者叫做“自为信息”当然也不可能从人脑中和人的意识中无所依凭地直接飘离出来，向受众进行传递。那只能是传说中的或者主观臆造的所谓意念交流活动。大范围和大规模地信息传播，还必须借助符号。将新闻事实通过人工化的信息提炼，并进一步转化成编码和符号，也就是把自为信息转换成再生信息，亦即是人的“内在意识”向“外在转化”的工程，才能够真正进入新闻传播的全过程。

从另一个层次上看，传播作为信息的交流与分享，实际上所交流与分享的就是信息符号。符号是人类传播活动的基本要件。声音、语言、文字、图画、手势、姿态、表情等等全都属于符号的范畴。符号在发出以后就可以离开传播双方而独立存在。而且，符号在甲方被认定为代表某种含义，当其被传递或发送到乙方时，在乙方也同样会理解和认可其所原来代表的含义。没有这种对符号的完全相同的理解，符号在传播中就会失去意义。对传播双方来说，具有相同所指的含义，是符号最重要的特点，是符号能够发生“传通”作用的基础。符号只有具备了足够的共同含义，才能参与传播，才能代表传播中的各种实际内容。

在新闻传播中，符号又分为语言符号和非语言符号两类。语言符号包括口头语言——话语，和书写语言——文字，以语言符号为主要符号系统进行传播的媒体以印刷和广播为主；非语言符号指除语言、文字以外可以通过感官感触到的手势体姿、音容笑貌、气味颜色、图画实物等概念的总称，这一类符号的使用主要是电视节目主持人和摄影新闻等，非语言符号可以加强和扩大语言符号传播的信息，也可以否定语言符号传播的信息。

新闻传播，正是通过把若干符号组织起来，去进入传播的渠道和流程，从而最后完成传达一个具体信息内容的传播任务。对于具体的传播过程和流程，我们留在下一节的内容去讨论。

三、新闻信息与符号的五要素

我们这里说的新闻信息的五要素，也就是一般教材中通常所讲的“新闻五要素”。既然新闻传播归根结底所传播的就是新闻信息，所以“新闻信息”才是新闻传播内容的准确代码，而且，新闻信息的传播，也归根结底是通过一定的符号系统加以负载的。于是便把原来的“新闻五要素”之说，调整为“新闻信息与符号的五要素”。

在新闻传播的活动中，专业的新闻工作者从新闻事实中提炼出必要的信息。并按照一定的规律和规则对具有新闻价值的信息进行必要的编码，从而使原本的新闻事实转化成完整的可以进入大规模传播的符号系统。这就是新闻的制作，也就是新闻作品的生产。而这每一件具体的新闻作品，或者叫做个别的新闻符号系统，又必须具备完整的要素，这就是“新闻信息的五要素”。

在传统的新闻理论教材中，“五要素”被简称为“五何”，即何时、何地、何人、何事、何故；也被称为“五 W”，即：When、Where、Who、What、Why。西方还有一种观点，认为五个“W”之外，还应加上一个要素“H”，即“How”（如何）。这当然也很有道理，不过，为了表述的简便，我们省略这个说法，而只把它看成是五“W”的延伸和发展。

五要素启用于 19 世纪 80 年代的美联社。1832 年美国科学家莫尔斯发明了电报。1884 年，美国华盛顿和巴尔的摩之间建立了电报通讯，莫尔斯的电报开始应用。1851 年，美联社首次用电报播发新闻。从此，一些通讯社先后陆续启用电报发稿，使新闻传递更为及时，这在新闻史上是一次重大的革命。但是，由于当时的电讯技术还不完善，收发电讯经常发生故障，往往使电讯稿中断而作废。于是，迫使那种从头说到尾的“编年体”式的写作格式不得不加以改变，那就是在消息开头的第一段，尽量把时间、地点、人物、事件、情况经过以及发生的原因等都浓缩进去。这样，一旦电讯发生故障，只要第一段收到了，仍可作为一条完整的新闻予以发表。美联社记者约翰.唐宁于 1889 年 3 月 30 日第一次发了这样一条在第一段中就包括五个“W”的消息，成为新闻史上的创新之作。后被称为“倒金字塔”式的消息结构。这也是后来的“新闻导语”形成的历史背景。从此，新闻稿第一段必须具备五要素，称为新闻导语。虽然到了 20 世纪 30 年代，由于电讯技术的进步，不常存在中断电文的问题了，而且人们也逐渐感到这种模式化的写法不免太老套，有的不再把五“W”全都写进第一段，而是放到正文中去交代。但是，五“W”仍是新闻的必备要素。

时间、地点、人物、事件以及原因和结果，是新闻事实向新闻信息和新闻信息符号转化的过程中，绝对不可遗漏和缺项的要素。否则就无法使受众确实信服。当然，有的新闻文本对这五个“W”可以做适当的省略。但这是有条件的。如果其中的有些要素已经是众所周知的，自然就可以不必为了凑齐“W”而罗嗦重复。但这些被省略的要素一定要是受众在接受其整体信息时能够很容易地自行补充起来的。决不可以是记者本人并没有搞清楚的事实成分。传播者也决不可在最基本的新闻要素上搞虚构和编造。这是所有新闻工作者都必须遵循的共同法则。

四、新闻信息的特征

新闻从本质上说是一种信息。只是它首先必须具有新闻价值，然后又必须通过新闻的特殊的符号形式和媒介形式加以传播，才能够成为新闻信息。因而，新闻信息也照样具有一般人工信息共同具有的一些特征，我们将其归纳如下：

（1）共享性。或者也叫做使用不灭性。这是信息和物质实在的显著区别。任何物质本身都携带着自己的信息，这就是所谓自然信息或者自在信息，但是，物质实在却并不完全等同于信息。它必须通过人的感知、认识并进行必要的转化，才能成为可流动的信息，或者叫做人工信息与再生信息。而信息一旦生成为再生信息，就有了共享性和使用不灭性。也就是说，作为具体的物质实在，是不能被人同时共享和不减少数量地共同占有的。我给你一支笔，你给我一张纸，我就失去了笔，你也就失去了纸。但是，你给我一条信息，我给你一条信息，我们各拥有两个信息。所以，新闻传播媒介发布一条消息，可以使亿万受众同时接受和共享。

（2）扩缩性。信息在传播过程中可以压缩也可以扩展。对于一件新闻事实，可以用几十个字加以高度浓缩的报道，也可以写成几万字的长篇通讯；可以用图片的形式来反映其瞬间的形态和信息，也可以用影像的手段来连续播放其系列和和动态的状况。这种信息的扩缩性特点，决定了信息开发和利用的多层次性。按照不同媒体和受众以及传播条件的要求，对同一个新闻题材，可以写成简讯、消息，也可以写成长篇通讯或者更加注重细节和艺术性的报告文学。因此，新闻的体裁和篇幅并不是完全由新闻事实所单独决定的，而是更要依据新闻报道者所需要达到的信息层次而定的。

（3）组合性。两个以及两个以上信息的有机组合，可以强化或者改变某些信息，也可以产生新的信息。2015 年 6 月 1 日晚上 9 点 28 分左右，重庆东方游船公司所属旅游客船东方之星轮在由南京驶往重庆途中，突遇龙卷风发生了翻沉，事发客船共有 458 人，其中来自江苏、上海两地人员最多。在客船倾覆事件发生后的第三日，《新民晚报》综合央视、新华社相关报道，加上自身媒体采访的报道，采用照片和数字虚拟图片两种形式，图文并茂地推出“长江客轮翻沉事件特别报道”专版，对事件的各方面反应、最近进展以及上海的应对策略等进行了全方面的展示。

长江客轮翻沉事件特别报道　A4

新民晚报

截至上午三个切割点作业完毕，暂未发现生命迹象

切割开舱救援是今日重点

救人还是第一位的

打捞力量不断壮大

本市部署善后工作

首笔赔款已支付

整船打捞难度在哪？

船体总重量大

可能产生次生危险

空气集中部位有存活可能

多方驰援期待奇迹

（4）多角度利用性。这是信息和物质形态的又一显著区别。物质的使用属性往往是确定的，而信息却可以从多方面加以利用。如2001年美国经贸大厦和五角大楼被恐怖袭击事件，就可以从政治形势角度、国际经济状况角度、军事防御角度、恐怖主义猖獗角度、国际和平新要求角度等等各个方面来进行认识和报道。事件越是重大，为人们对信息把握提供的角度越丰富。

第三节　新闻传播的基本要素与一般流程

新闻传播的流程，是由新闻传播的各个连续不断的环节共同构成的。在关于这个问题的描述和阐述上，目前的新闻理论界歧义较大。我们不妨先做一些客观性的介绍。

一、新闻传播行为的构成要素

中华人民共和国成立后，而且也是在“文革”以后，国内非正式出版但是以书籍形式出现的第一部新闻理论著作就是甘惜分教授的《新闻理论基础》(无正式出版社和统一书号，只在封面标明中国人民大学新闻系，并在封底注明“校内用书”字样，印刷时间为1981年12月)。该书中专门用一节的篇幅讨论了新闻传播行为的构成要素问题。甘教授认为，新闻传播行为基本上由三个要素构成。其构成的成分和三要素之间的关系可以用下式表示：

事实⟶新闻报道者⟶新闻接受者

其中，事实是行为的客体，新闻报道者是行为主体，新闻接受者是接受主体。新闻事实是独立于主体之外的客观存在，新闻接受者具有了解外部世界发展变化的信息需求；新闻报道者开展报道活动，为满足接受者的需求去选择和传递有价值的新闻事实。新闻报道者与客观事实之间以及与接受者之间，处于相互衔接的双重互动关系，成为沟通新闻事实与新闻受众的中介，对传播行为的发生起着启动作用。①

一部分新闻学学者和新闻理论家对此观点是完全赞同的，他们认为，甘惜分教授把新闻传播要素视为事实 ⟶ 新闻报道者 ⟶ 新闻接受者，有其深厚的学术渊源。早在2000多年前，古希腊哲学家亚里士多德，在他的《修辞学》中就曾经把“讲者、听者、内容”称作演讲的三要素。演讲是一种典型的面对面的传播方式，其三要素之说无疑也启迪了后来是传播学研究者。因为传播学关于传播要素的说法，与亚里士多德的观点有惊人的相似之处。传播学认为，构成传播行为最基本的要素有三个：一是传者，二是受众，三是信息即内容。因而，把新闻传播要素设定为：事实 ⟶ 新闻报道者 ⟶ 新闻接受者，不仅无可挑剔，而且有两个明显的优点：一则既符合传播学原理，又突出了新闻传播的特点；二则把“事实”作为新闻传播的起始点，鲜明地坚持了事实是新闻本源的立场和观点。事实不仅是新闻产品的本源，也是新闻传播行为的依托和新闻传播活动的起点。②

另一部分研究者则认为，把新闻传播要素列为三项，似乎太简单了。于是提出了四要素的说法。四要素的构成和公式为：

新闻传播内容⟶新闻传播者⟶新闻传播媒介⟶新闻接受者

这一公式把传者这一环节分解为“传播者”和“传播媒介”两个部分。持这一看法的研究者认为，传播媒介是用来传播新闻信息的物质手段，它可以扩大新闻传播的空间范围，加快新闻传播的速度，提高新闻传播的质量，改善新闻传播的效果。

---

① 甘惜分.《新闻理论基础》. 中国人民大学新闻系(校内用书)，1981:12. 38－46.

② 项德生，郑保卫. 新闻学概论[M]. 武汉：武汉大学出版社，2000:10. 67－68.

尤其是，如果省略掉“传播媒介”这一要素，在现代的新闻传播活动中是根本无法进行的。

近年来，还有提出新闻传播活动的五要素说，其要素构成和模式如下图所示。

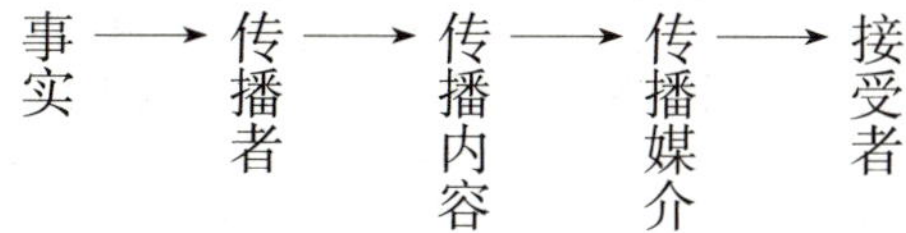

上图是黄旦博士于20世纪90年代初就提出来的。他对此进行了这样的阐述：“事实是产生新闻的客体，传播者是生产主体，新闻则是传播者这一主体对客体作用的结果。”“事实是多种多样的，因而事实的信息也就难于穷尽传播者不可能也不会对所有的事实信息都进行反映，也就是说并不是所有的信息均能进入新闻产生与传播过程。只有那些能够满足主体的需要和愿望，传播者觉得有必要传播而接受者也希望知道的信息，一句话，能够消除主体不确定的信息才能被传播者所注目并成为反映对象。”黄旦博士强调：“新闻的产生过程就是新闻的传播过程。……新闻传播诸要素是互为联系和制约的，离开这一过程，新闻无从产生亦无从谈起。”①

黄旦的观点实际上在理论上进一步突出了两点：一是传播者对事实的主体选择和加工处理的过程，这是五要素中前三个要素的内容；二是传播诸要素的联系和制约，缺少哪一个环节和要素，都会造成传播过程的中断或半途而废。所以，新闻传播必须是这五要素紧密联系、环环相扣的。

二、新闻传播行为要素和新闻传播流程的进一步表述

以上我们介绍了半个世纪以来我国新闻理论界关于新闻传播行为构成要素和模式的几种有代表性的说法。这些说法的提出者当然都是有着各自的非常充分甚至言之凿凿的理由和依据的。但是，这些不同的说法虽然差异并不是很大，却又很难完全统一和一致起来。这很容易使理论在一些枝节的问题上造成不必要的混乱。尤其是在教学当中，更是容易造成广大学生的无所适从。所以，本书力图将以上的各个观点进行一些综合和调和，从而使大家的说法尽量趋于大体上的统一。

对于新闻传播行为的要素和新闻传播活动的环节问题，我主张在各自的观点中取合理的成分，从而对新闻传播行为的要素和新闻传播活动的环节及其模式做出统一的描述。而为了统一大家的观点，我们不妨先把思路统一起来。其实，后两种说法在基本思路上是一致的，即把新闻传播行为的要素和新闻传播活动的环节统一起来考察。因为归根结底，新闻传播行为的要素离不开新闻传播活动的过程和环节。而新闻传播过程中的每一个起着沟通前后要素甚至占有主体地位的对象

① 黄旦．新闻传播学[M]．杭州：杭州大学出版社，1997:9，139－141．

和环节,也就同时属于必不可少的要素。根据这样的一种思路,我们对于新闻传播行为的要素和新闻传播活动的模式的看法,似乎更倾向于黄旦的观点,他对整个新闻传播流程的描述更详细了一些也更符合传播学中的“五 W”模式说。而我们又认为黄旦的这种单向模式图还缺少一个环节,那就是“反馈”。所以我们吸收项德生等学者的见解,在黄旦模式图上增加“反馈”一项。我们的新闻传播行为的要素和新闻传播活动的流程模式就成了如下的公式:

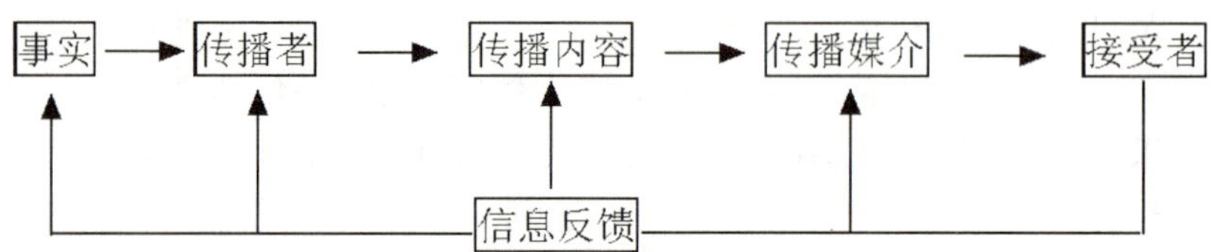

这里,我们把每一个环节上的构成都作为新闻传播行为的要素,它们共同构成新闻传播活动的全部流程。这样以来,“要素”的认定也就显得更全面了一些,而且,对于传播流程的表述,也改变了以往的那种线性传播模式和单向传播模式的说法,肯定了双向传播的根本性质和机制。由于这种模式能够通过回收反馈信息而自动调整传播行为,故又可以称为控制论模式。但是,正如项德生等人指出的:“新闻传播的接受者是边界不确定的模糊人群,给反馈的实现带来极大的困难。及时准确地了解受众对新闻报道的评价,实在是一种勉为人难的事情。然而,只要尽力发挥传受双方的积极性,反馈机制终将会健全起来。网络传播技术在新闻报道中的推广应用,给彻底解决这一难题带来了希望。”①

三、西方传播学传媒再生产理论对传播过程的论述

英国文化研究学派的代表人物之一霍尔,在其关于传播过程的论述中,将传播过程划分为生产──→流通──→分配/消费──→再生产四个阶段,并视其为一个结构性的整体。从而以之取代传统大众传播研究所谓“发送者──→信息──→接收者”的线性模式。如此以来,大众传媒再生产过程即可简单分为“生产──→流通──→消费”三个最基本的环节。生产是起点,包括信息的采集、整理、加工等;消费是终点,也可说是第一个结构性整体的目的地,终止区;流通是中间环节,包括广播电视的播出、平面媒体的发行等。那么,所谓再生产,实质上只不过是又一轮的结构性整体的新的循环而已。对于社会再生产,马克思曾经说过:“我们得到的结论并不是说,生产、分配、交换、消费是同一的东西,而是说,它们构成一个总体的各个环节,一个统一体的内部发差别。……一定的生产决定一定的消费、分配、交换和这些不

① 项德生,**郑保卫**.新闻学概论[M].武汉:武汉大学出版社.2000,10,77-78.

同要素相互间的一定关系。当然，生产就其片面形式来说也决定于其他要素。”①大众传媒再生产作为社会再生产的组成部分之一，三个环节之间彼此影响、相互作用，使传媒再生产得以不断运转。

毫无疑问，传媒再生产的运转是一个周而复始、无限循环，而又不断有所发展，不断有所提高的永远前进着的过程。作为单个的一次性结构性的整体，即“生产⟶流通⟶消费”的完整过程完成之后，也就是第一次的信息通过生产和流通而达到消费的止点之后，下一轮的再生产过程又重新开始，如此循环往复，使传媒再生产永远持续和延续。那么，我们需要从理论的层次上加以追问的是，人们最初为什么要进行传媒生产呢？而自从有了生产，有了流通与消费，第一轮传媒再生产过程结束之后，下一轮的以及再下一轮的传媒再生产又是如何开始运转，而且，又是什么力量推动其向前发展并进行新的循环呢？从根本上看，这其中的推动力或者称之为原动力，就是受众需求。一般的经济规律告诉我们，没有需求就不会有生产，而没有生产当然也就无所谓流通与消费。然而，从进一步的逻辑关系上考量，消费又可以创造出新的生产需求，并从而创造出生产观念上的内在动机，而后者又反过来成为生产的前提。就人类的新闻传播活动而言，人类最初需要生存与发展，当然就需要了解环境，而为了消除对于环境认识的不确定性，就自然引起了新闻信息的最早的生产。此后，为了生产新闻信息等传媒产品，便又促使人类进一步创造种种工具和设备，发明种种技术和规范，来适应传媒再生产。以致不断扩大新闻信息的影响范围。这也就是马克思的“需求是同满足需求的手段一同发展的”论断所阐明的道理。已经得到满足的第一个需求本身、满足需求的活动和已经获得的为满足需求而使用的工具，又引起新的需求。有了传媒产品的生产，即有了传媒产品的流通和消费，这一生产过程结束以后，通过消费使受众的需求得到满足，然后又不断产生新的需求，从而进一步要求生产出新的传媒产品。这样就使传媒生产、流通、消费不断向前发展，使受众需求不断得以满足。

根据以上的论点，受众需求就是传媒再生产活动的起点和基本动力。因此，有学者从受众需求在传媒再生产过程中的地位和作用出发，提出传媒再生产模式还应增加一个环节，即应该描述为“受众需求⟶生产⟶流通⟶消费”，这样四个环节的循环运行。但是，也有人认为，“生产⟶流通⟶消费”主要是指传媒再生产不断运转的经济活动和物质生产过程。而“受众需求”则是促使传媒再生产的运转活动的动力，是一个传媒再生产过程过渡到下一个传媒再生产过程的契机或介质。而并非传媒再生产活动中的一个具体化的环节。所以，也有人将其修订为以下的一个传媒再生产的运行图式：

“生产⟶流通⟶消费”⟶新的受众需求⟶“生产—流通—消费”
（第一个循环）　　　　　　　　　　　　　　（第二个循环）……

① 马克思，恩格斯．马克思恩格斯全集(第3卷)[M]．北京：人民出版社，1995，82.

由以上图式可以看出，“受众需求”与“生产──→流通──→消费”之间不断循环，不停运转，传媒再生产也就永远发展，“受众需求”也就不断得到满足。这是对于新闻传播流程的一种更有理论深度的表述。

基本概念与问题思考

1. 新闻实体、新闻的本源、信息、信息符号。
2. 新闻事实形成的几种类型。
3. 一般信息的三种状态。
4. 新闻信息的特征。
5. 新闻传播行为的构成要素。
6. 西方传播学传媒再生产理论对传播过程的论述。

第九章　新闻活动的双重主体：传者与受众

本章所要讨论的新闻的“传者”与“受众”，从新闻传播“活动”的最基本的“活动”构成成分——即整个“活动”中的“活动”者来说，两者都是新闻活动中的主体成分，新闻传播“活动”的全部“活动”都是由这两个主体来“活动”的；而从新闻传播“过程”的构成要素来说，二者又属于“传——受”流程中的两端（即始点与终端）的行为者。新闻的传者与受众是新闻理论研究的最“主体”的内容之一。而我们之所以把这两者放在一起（在一章当中）来讨论，一是因为他们本身就是相互联系而存在的，没有前者就没有后者，失去了后者前者也不会凭空存在；二是因为更便于从传播过程的整体上，把握和理解新闻传播的根本意义及主体构成。特别是进入自媒体时代以来，“传——受”两者之间的界限越来越模糊，“受众”借助新媒体平台自觉与不自觉的成为新闻的“传播者”，传者和受众存在着相互的转变。

第一节　传播主体：新闻传播过程中的主导者

新闻传播者，不仅在整个的新闻传播活动中处于主体的地位，而且在全部的新闻传播流程中也起着主导的作用。他们的职业，不仅仅是一般性的社会工作，而是对于整个社会具有极其重要的影响力，有时甚至可以左右历史发展和进程的一项工作。他们在社会结构中有着极为特殊的身份和角色，记者甚至被称作“无冕之王”。难怪著名新闻理论家童兵教授在他的《理论新闻学导论》中，在第一章概括地论述了“新闻传播行为”之后，第二章就直接进入对“新闻传播者”的研究。而且，在全章的正文之前，童教授还特别隆重地引述了两位外国名人的名言。其一是，普利策：“倘若一个国家是一条航行在大海上的船，新闻记者就是船头上的了望者。他要在一望无际的海面上观察一切，审视海上的不测风云和浅滩暗礁，及时发出警告。”其二是，高尔基：“你们的责任，你们的使命，就是做最伟大的真理的向导。”紧接着，童教授就用一段充满激情和诗一样的语言，开始了这一章的讲述：“新闻传播者是新闻信息流永不干涸、永不停息的推动力，是新闻传播活动中最有生气、最具主体性和能动性的‘守门人’。有了他们，信息才能成为讯息，传播活动才得以运转，传播媒介才得以发挥作用。新闻传播者肩负着历史的重任和人类的嘱托，他们必须由一批优秀的人才组成。新闻人才的发现和培养，是新闻传播事业生生不息的根本保证。”①如此看来，新闻传播者有着非同寻常的职业身份，充当着重要的社会角色，也承担着艰巨的历史使命，那么，如何才能成为一名合格的或者优秀的新闻传播者呢？我们需要从理论上明确以下几个问题：

一、新闻传播者的角色定位

角色一词，源出于戏剧用语。20 世纪 20 年代的社会心理学家 G·米德将这一概念引入社会心理学，并被广泛用来分析个体心理、行为和社会规范之间的相互关系。个体通过社会化，成为社会角色。社会化指个体通过社会实践学习知识和技能，并在某种程度上被引导着去适应他所在的社会群体的规范，从而使自己从一个自然人变成一个社会人的过程。作为社会人，当然就不再是一个孤立的个体，而是整个社会中的一个分子。因而，也就必然要在社会中担当一定的社会角色。所谓个体的社会角色，就是指人们在特定的社会和群体中占有的地位与身份。那么，新闻传播者的社会角色又如何加以定位呢？新闻传播者的社会角色又有哪些方面的特征呢？

恩格斯曾对新闻传者的角色有过全面的、深刻的阐释。他说，新闻事业是一个非常有益的学校，通过这个工作，传者会在各个方面变得更加机智，会更好地了解和估计自己的力量，更主要的是会习惯于在一定期限内做一定的工作。按照他的分析，新闻传者的岗位是个令人羡慕的职业，他的头上常有机会戴着事业成功的光环；同时这个岗位又是险象丛生的行业，尤其在采访过程中常常会遇到各种危险、各种障碍以及各种冷遇。这样的说法表明了新闻传播者整体角色的复杂性。

根据新闻传者的职业身份特点，其角色又可以具体分为基本角色和派生角色。前者表明新闻传者的社会职业特征，是区别其他社会行业与行为的本质特征；后者则是基本角色与新闻传播活动各层面发生联系时产生的角色。比如我们说传者是社会事件最及时的记录者和传播者，指的就是基本角色。而我们经常把新闻传者视为党和政府决策指令的宣传者，是社会的耳目喉舌，是人类灵魂的工程师等等，这些则是指新闻传者的派生角色。

1. 新闻传者的基本角色

新闻传者的基本角色是新闻信息的传播者和公众领域中的意识交流家。新闻传者这一角色的产生顺应了社会信息流通的需要，从其诞生之日起，就以各种信息搜集人和传播人的形象活跃于社会生活的各个领域，成为社会各个群体之间相互联系的纽带，相互沟通的桥梁。他的行为对于传播的价值实现和效果完成有着决定性的作用。那么，具体而言，新闻传播者的角色特征又有哪些呢？

第一，新闻传播者是“信息流通的主动力”。作为整个传播行为和活动中的主

① 童兵.理论新闻学导论[M].北京：中国人民大学出版社，2000：26.

动者，专业的新闻传播者是使社会信息的流动永不停息的主要推动力，是新闻传播过程中的最活跃的因素。新闻传播活动中的“事实”作为信息的原生态，如果没有人去发现、采集并转化为可流动的信息，那么，它就不可能进入传播过程，甚至只能自消自灭。而如果整个社会都失去了这种对于信息的及时采集和传播，信息也就会凝滞。再进一步说，一个社会如果在信息的流通方面长期不能及时和畅通，那就必然会造成整个社会生命力的衰退。反之，一个社会只有充分保持信息的活跃，才能保证社会血脉的畅通，社会生命力也就自然会强盛。而且，由于信息具有使用不灭的特性，所以信息的传播范围越广、传播力度越大，信息的占有率越高，整个社会的总体信息就越是丰富。所以，新闻传播者正是充当了信息流通传播的专业的角色，才使得全社会的信息有了及时流通和传播的可能。而新闻传播者的“信息流通主动力”作用发挥得越好，社会历史的政治、经济和文化的发展就一定会健康旺盛。

第二，新闻传播者是社会信息传播的主体“选择者”和“把关人”。按照新闻传播的基本规律，新闻信息的传播需要经过许多环节上的新闻选择，而新闻传播者不仅是新闻信息的传递者，而且又首先是新闻信息流量和流向的控制者与引导者。他们在新闻传播的各个环节上担当着“选择者”和“把关人”的角色。“把关”是传播学中的一大范畴。最早提出“把关人”这一概念的，是传播学四大先驱之一的心理学家库尔特·卢因。卢因在1947年发表的《人际关系》一文中首创了把关(gatekeeping)一词，这是他从英文的守门人(gatekeeper)一词化用来的。所以，有的论著中也称其为“守门人”。也就是说，参与传播的每个人都不可避免地要从各自的观点上，对信息进行筛选和过滤，而这种筛选和过滤的行为就叫把关(守门)，从而可以进一步地说，在任何传播活动中，都必然要受到一些个人或集团的控制。其后，传播学家们将这一论点，发展成为传播学中的把关人论。施拉姆等对此作了以下这样的比较具体和形象的阐述：“在信息网络中到处都设有把关人。其中包括记者，他们确定一场法庭审判，一件事故或者一次政治示威中究竟有哪些事实应该加以报道；包括编辑，他们确定通讯社发布的新闻中有哪些应该刊登，哪些应该抛弃；包括作家，他们确定有哪些类型的人物和事件值得书写，什么样的人生观值得反映；包括出版公司编辑，他们确定哪些作家的作品应该出版，他们的原稿中有哪些部分应该删除；包括电视、电影制片人，他们确定摄影机应该指向哪里；包括影片剪辑，他们在剪辑室内确定影片中应剪掉和保留哪些内容；包括图书馆管理员，他们确定应该买些什么书籍；包括教员，他们确定应该采用什么样的教科书和教科片；包括负责汇报的官员，他们确定应该把哪些情况向上级汇报；甚至可以包括餐桌旁的丈夫，他们确定当天在办公室发生的事件中，有哪些应该告诉妻子。”①所以，一般认为，把关人在对信息处理的过程中主要有以下三方面的作用：①删去某些信息；②增强某些信息的重要性；③降低某些信息的重要性。这其中就显然参与

① 威尔伯·施拉姆，威谦·波特.传播学概论[M].北京：新华出版社，1984：161-162.

和体现着传播者本人的主观选择的倾向或意愿。而新闻传播者当然就是新闻传播活动中的最主要的“把关人”。既然如此,新闻的把关就肩负了一种巨大的责任,因为新闻的传播者毕竟不是一个家庭中的“餐桌旁的丈夫”,家庭里夫妻之间的信息交流是完全私人化的,餐桌旁的丈夫只要对妻子和自己负责,而新闻传播者的传播则是面向全社会的,所以他们对于信息的选择和把关会直接对整个社会和广大公众的利益带来影响。因此新闻传播者的信息选择和把关人角色,干系重大。

第三,新闻传播者是“意识交流的桥梁”。新闻传播者作为社会信息的传递者,从社会结构的纵向来看可联系上与下,而从横向上说则可沟通左与右。而新闻传播活动所传递的信息中,既包括上对下的精神,也包括下对上的意愿。政府、政党、集团通过传播者而向下向外发布政令、政策、方针、计划,使传播者发挥“喉舌”的作用;而基层、民众、外界又有赖传播者而向上级、政党、政府反映意见、建议和呼声,从而发挥“耳目”的作用。在功能健全的条件下,新闻传播者就成了社会上下意识沟通和交流的纽带。尤其是,在这样的一种关系中,新闻传播者还具有“监督权力的镜鉴”的职能和角色。因为,新闻传播者通过大量的社会决策与社会现实的公开报道,使政府官员和公务人员的行政行为与个人品质处于较高的透明度中,以便全社会对其实施评议和监督。这里需要特别指出的是,传播者作为“意识交流的桥梁”,在上与下的关系上,一定不能过于重“喉舌”作用而轻“耳目”作用,这是以往历史上常常出现的问题。至于对左右的沟通方面,由于人们社会身份、经济地位、政治观点、文化水平等方面的差别,往往对于各种事物的认识和观念有着很大的不同。新闻传播就需及时提供交流的机会和渠道,使得社会上不同的见解得到沟通,尤其还要进行一定的舆论引导,使得某些公众意见尽可能的达到统一和一致①。

总之,新闻传者的基本角色定位就是新闻信息的传播者和公众领域中的意识交流家。而新闻传者的社会行为与社会各个领域有着各种各样的联系,因而,其基本角色也向着派生角色延伸。

2. 新闻传者的派生角色

新闻传者的社会活动与社会生活的其他层面发生联系时,他的派生角色是复杂多变的。新闻媒体生存的政治制度和经济环境决定了他的派生角色特征。就我国具体的国情而言,新闻传者的派生角色主要表现在以下几个方面:

首先,新闻传者是社会信息监控的实施者。新闻传者有着社会监督和调节系统的作用。最突出的表现形式是新闻舆论监督。新闻舆论监督是保障国家长治久安的重要手段,也是公民参政议政的主要渠道。在这一点上,不仅传统意义上的新闻传者继续发挥着监督作用,同时,借助于微博、微信等现代交际、通讯平台,普通公民也可以及时迅速地发现或转发新闻信息,进而在社会监督领域,特别是法律监

---

① 以上观点和本章中的部分观点吸收和借鉴了童兵的说法,见理论新闻学导论[M]. 北京:中国人民大学出版社,2000.

督、行政监督、政治监督等方面发挥重要的补充作用。这样既可以影响决策机关科学化运作，也是消除社会丑恶现象的净化手段。

其次，新闻传者又是人民群众利益的忠实维护者。社会主义国家的新闻传者以为人民服务为宗旨，肩负维护人民群众根本利益的崇高职责，任何时候都要真实准确地反映人民群众的呼声和愿望，做忠实的人民利益的表达者和捍卫者。新闻事业作为社会主义国家的大众传播机关，是党和政府的耳目喉舌，是社会公众与决策机关联系的纽带与桥梁，新闻媒介就是沟通政府与广大人民群众各种精神交往的有效渠道。相对于传统媒体，新兴媒体的大量出现，使得这种沟通更加便捷，互动性更强。

再次，新闻传者是社会历史的档案员。新闻传者的职业特征决定了他是社会历史事件最初的见证人和书记员。他的每一则报道都记录着社会历史发展的脚步。今天的新闻就是明天的历史。新闻传播者为今天传播最新的信息，同时也为未来提供最真实的历史档案。当今时代，新闻传者的范围不断扩大，普通公民对于新闻事件的自发参与意识越来越强，广泛而全面地记录着自己生活的周边事件，反映着社会日新月异的变化。由于基数庞大，他们的记录往往更加迅速和及时。

二、新闻传播者的综合素质要求

既然如前文所引，新闻传播者是社会大航船上的“了望者”，是“最伟大的真理的向导”，是“人类灵魂的工程师”，那么，新闻传播者也就承担着极其重要的社会与历史的责任。因而，这样的一种事业和职业，对于从业者来说也就有着更高的素质方面的要求。我认为，作为一个新闻传播者的整体素质，可以用下式表示：

新闻传播者的整体素质 ＝ 长 × 宽 × 高。

（其中：长 ＝ 业务专长；宽 ＝ 知识面；高 ＝ 思想境界）

这样的一种素质构成，是一个立体化结构，而不是平面的或者仅仅是点与线的连接。而且，这三方面的关系是相乘关系，而不是相加关系。所谓相乘关系，就是指一个新闻传播者如果具备了较强的业务专长，然后再有很宽的知识面，其专长也就会成倍数地增长；进一步再具有很高的思想和精神境界，对社会的发展和事物的本质在认识上能够站得更高，看得更远，其整体素质也就成几何级数的增长了。

那么，这三方面的构成又具体包括哪些详细内容呢？根据童兵教授的观点，我们归纳如下：

1. 超常的新闻敏感

所谓新闻敏感，是指新闻传播者在现实生活中能够迅速而敏捷地捕捉和判别各种事物变动的信息，并及时衡量信息中所含有新闻价值大小的能力。一个良好的新闻工作者，尤其是一线记者，对于常规生活中的万事万物，都有极其敏锐的辨别眼光和感知能力，特别是对于那些具有非常性特征，或者是暂时还潜藏与隐含着的一些异常与反常性特征，都能够最及时地发现或了悟。新闻敏感既是对重大新闻事件的快速反应能力，也是对处于萌芽状态新闻素材的透视能力。当然，新闻敏感并不完全是与生俱来的，但也不能否认需要一定的天赋，而更重要的还是在长期的新闻实践当中积累和训练而成的。可以说是新闻传播者总体业务水平的集中、综合表现。

众所周知，对于文学艺术的创造来说，创造主体需要有丰富的艺术灵感。因为艺术的创造虽然也源于生活，却最终要成于虚构。所以，虚构的创造过程必须有灵感的降临，才能创造出出色的艺术。而对于新闻传播活动来说，新闻传播者最需要具备的素质，就是新闻敏感。因为新闻永远面对的事实，是绝对真实的事实。新闻传播绝不可以凭籍灵感去加以任何性质的想象和虚构。而且，新闻的事实又必须首先有"新"的基本属性。而传播者能够及时抓住新闻事实的"新"的特征，当然就需要"敏感"。所以，新闻敏感在新闻传播中就同艺术灵感在艺术创造中一样，是必不可少的也是最重要的传播者的主体品格。

对于新闻敏感，如果运用心理学的观点和理论来加以解释，就是新闻传播者经过一定的新闻实践的积累和训练，已经自然养成的一种思维的待激状态。在这种状态下，新闻传播者已有的新闻价值观念作为特定的知识结构潜藏在意识深层，如果大脑对进入自己认知领域的各种信息保持高度警惕，一旦遇到符合新闻价值标准的目标，立刻就会予以捕捉，产生职业性的思想"火花"。所以，新闻敏感者对于事物的新闻价值的判断，类似条件反射，完全形成了一种职业化的习惯反应。这是一种非常可贵的职业习惯。

归根结底，新闻敏感的核心是一种鉴别能力。依靠这样的一种能力，记者可以迅速判断出哪些事实是有新闻价值的，哪些则是没有新闻价值的；哪些是可以进入新闻选题的，哪些则是没有选题意义的。有的学者还从不同的角度对新闻敏感的内涵进行了更加细致的解释：

（1）从受众角度来看，新闻敏感是记者对某件事能不能吸引受众注意力的判定，它要求记者懂得受众的心理需求，尽量选择那些受众感兴趣的事实和内容进行报道。

（2）从社会角度来看，新闻敏感是记者对某件事对当前社会运行有无价值的判定。它要求记者立足全局明察实际中存在的各种具体问题，通过捕捉新闻典型、解剖典型，提炼出具有全局借鉴意义的信息。

（3）从事实角度看，新闻敏感是记者对事物中核心事实的判断。一件包含多方面信息的事物，新闻价值在事物中的分布常常是不均匀的，那些对事物形成和发展起决定作用的事实往往是最有新闻价值的信息。这就要求记者能够透过纷繁复杂的现象挖掘出本质，提炼出核心事实①。

---

① 陈作平.新闻报道新思路[M].北京：中国广播电视出版社，2000：55.

例如，秦始皇兵马俑被称为世界第八大奇观，20 世纪最伟大的考古发现。但是这个奇观的发现却源于中国新闻社一位青年记者的灵敏捕捉。1974 年陕西秦陵附近被挖出了一批“泥娃娃”，这一开始在当地并没有引起什么重视，而这位记者却凭着职业敏感，一下子意识到这可能是国宝现世，立即写成一条新闻，首先在“内参”上发表，终于引出这个世界大发现。

一个成熟的新闻人，当然要特别关注和追踪社会上发生的主要新闻事件，即那些能够产生重大影响和关注程度的头条新闻以及挂帅新闻。因为历史在一步一步的进程中，总有一些事情因其特殊的意义而被作为大大小小的里程碑或标志性事件，这些事实当时即引人注意，事后又被载入史册。作为新闻人来说，当然就一定要及时地紧紧抓住这些事件，而且事先就应该预见它的意义，并通过最快速的新闻报道，反复利用和扩大这些事实的影响。比如“西安事变”，当年蒋介石一被扣留，眼光敏锐的新闻记者们知道这事将会有划时代的意义，于是争相报道。以后的事实也证明这个事件确实影响了中国现代史，成为中国历史上的一个重要转折点。还有一种情况是事件本身在一开始表现出来的现象未必多么重大，但一经新闻人发现之后，和当时的形势、社会背景相联系，便能够产生极大的连锁反应，从而引发出一件有社会、历史影响的大事。比如美国“水门事件”的报道，这个事件由于当时大多数人并不知其幕后的实情，所以并不把它看成什么大事。但是当时的两位主要的新闻人了解了一定内情之后，他们敏锐地感到这是一件潜在的大事，是一个值得一点的“炮捻”。于是两个小记者经过长期调查，终于查出了总统的丑闻，从而导致了美国尼克松总统的下台。从一定角度说是新闻记者促成了这个历史事件的变动。

如果说第一类大事的报道是由于新闻人高度机警的捕捉，在第二类大事的报道中又多了记者敏锐的观察、辛苦的挖掘和勇敢的披露，它更直接地参与和推动了历史的变动。

2. 较强的沟通交往能力

新闻传播者要快速、广泛地发现并采集新闻，当然就必须同社会上各色各样的成员和各个阶层的人们打交道，只有建立广泛而开阔的社会联系，与社会生活的各个方面随时保持密切和畅通的连接，才能及时抓住社会运行发展的新动向，发现萌芽中的新事物新状态。如果不善于参与社会活动和调动人际关系，那就是从事新闻传播工作的严重缺陷。首先，对社会问题和新闻事实的调查研究是新闻传播工作的基本方法。而调查研究能力又包括对事物的观察、访问、追根溯源以及分析、判断等基本能力。

而作为一个优秀的新闻人，其最良好的素质就是能够和生活完全打成一片。他甚至可以和任何人成为朋友，从任何人的身上得到有用的信息。河南人民广播电台经济专题处处长兼节目主持人陈明就是这样一位典型。他主要负责对农民的报道。他对普普通通的农民，有着真诚的认同感和深厚的感情。他“见了农民话就多，地头一坐也不嫌脏，抽着烟，天黑了也不走。他爱人不让他买菜，因为他能和卖菜的老农聊个没完。”他把自己融入了老百姓之中。有人称他是“山民的儿子”，对此，“他感到很光荣。”①

较强的沟通交往能力还包括采访过程中的情感性交流。意大利著名的记者法拉奇是一位谙熟“情感因素”内蕴的高手。她能熟练地使用“情感手段”攻破一个个叱诧风云的政界人物的防线，激活他们接受采访的欲望并启动他们的智力活动。20世纪80年代初，法拉奇曾对邓小平进行一次成功的采访。据说性格内向、从不愿宣扬自己的邓小平先生，起初并不愿意接受这次采访。但法拉奇精心设计了一个极富人情味的开头。这次采访是这样开始的：

法拉奇一见邓小平就说：“明天是您的生日！”（引起对方回忆）

小平同志有些惊讶：“我的生日，我的生日是明天吗？”

法拉奇肯定地答道：“不错，邓小平先生，我是从您的传记中知道的。”

小平同志接着说：“既然你这样说，就算是罢！我从来不记得什么时候是我的生日，就算明天是我的生日，你也不应祝贺我啊。我已76岁了，76岁是衰退的年龄啦！”

法拉奇立即把话接过来：“邓小平先生，我父亲也是76岁，如果我对他说那是一个衰退的年龄，他会给我一个耳光呢。”（把邓小平与自己的父亲联系起来，给人以父女相称的温情）

小平同志笑了笑：“他做得对。你也不会这样对你父亲说话的，是吗？”（共识，以父辈口吻交谈。）

对话不多，但人情味浓浓的。交谈时间不长，仅几分钟，却已激起小平同志谈话的愿望，并启动了记忆闸门②。

3. 出色的编码表达能力

新闻传播者活动方式的最后落脚点就是新闻作品的制作与报道。而在现代高科技的条件下，新闻作品制作主要有文字语言和视像以及声音广播等形式。所以，驾驭现代采编工具的能力也是最常规的要求。随着传播技术的不断进步，现代社会的新闻传播者必须及时适应新的传播技术和手段，除了必须具备的文字表达能力以外，目前普遍应用的录音、摄像、照相、网络等技术与技巧，都要熟练地掌握。写作技巧和图像表达能力都是新闻传播者向社会传播新闻事实和信息的根本手段，是沟通传者与受众的唯一的桥梁。因而新闻的编码表达能力是决定新闻传播

---

① 陈明，贾世秋.认同别人是一种快乐[J]. 现代传播，1996(2).

② 刘京林.大众传播心理学[M]. 北京：中国传媒大学出版社，2005：187-188.

者素质高低的一个最根本的方面。因为，对于一个传播者来说，其他方面的素质全都具备了，新闻信息也顺利地掌握到手了，却不能以准确的以及精彩的书面或画面形式表达出来，新闻的传播或者根本就不能实现，或者由于表达的不利而达不到很好的效果。

4. 专业的信息筛选能力

由于网络技术的不断普及，新媒体平台大量应用，传统新闻传播者不再以采访作为获得新闻信息的唯一手段，借助于微博、微信等信息平台也可以获得海量信息。基于以下两个原因，新闻传播者应对这些信息具备新闻专业的筛选能力和判断力：一是专业的新闻传播者借助其自身的的眼光和素养，在纷繁复杂的的海量信息中可以提取最具价值的信息，让受者可以在最短时间内获取最具价值的信息，从而实现新闻行业自身的经济价值①；二是面对新媒体时代的来临，新闻传播者的范围逐渐扩大，不再局限于专业新闻从业人员，一些新闻接受者通过新媒体平台也在扮演着新闻传播者的角色，但是新闻专业素养的缺乏容易造成其传播的信息表现出浅表化、碎片化和情绪化的特征，容易构成虚假新闻。因此新闻传播者有责任、有义务对新闻信息进行甄别和筛选，保证新闻信息的真实性和客观性。

因此，新闻传播者还应该具有广博的文化知识和社会知识。新闻传播者的知识结构是在“专”的前提下，越“杂”越好。当然，在“杂”的基础上，也不要各个方面都是一知半解，浅尝辄止，还应当尽量在某些专业和领域有更加深入的了解。因为，新闻传播者所面对的是整个世界和人类社会，作为新闻信息的缘起，新闻事实有可能发生在世界的各个角落或社会的各个领域。如果一个新闻传播者缺乏相关的一些专业知识，有时候就无法准确判断某一事实有无新闻价值。知识的广博不仅可以对某一专业性事件及时发现其新闻性，而且还可以帮助新闻传播者对于相关领域的事实进行必要的比较，从而在更加开阔的视野上，居高临下地判断和把握事实的新闻价值及其本质与特性。

三、新闻传播者的一般权利

所谓权利，指公民或法人依法行使的权力和享受的利益。新闻传播者的权利，分为一般权利和角色权利两种。一般权利指新闻传播者同非专业传播者即普通公民一样，依法享有从事传播新闻信息和监督国家机关及国家工作人员行政行为的权利。角色权利则专指新闻传播者完成本职工作必须具备的职业权利。主要包括：知察权、编辑权、传播权、监督批评权、秘匿权，此外还有比较特殊的人身安全权等。本著主要依据童兵教授的观点，对此做以下的具体解释：

1. 知察权

知察权，一般称作知情权，又称知晓权、了解权。本著认为，知察权的概念更适

---

① 刘鹏.传统媒体融合转型的若干趋势[J].新闻记者，2015(4).

合新闻传播者的专业特点。因为知情权应该是所有公民的基本权利，而知察权的概念强调一个“察”字，应该说更具有了解甚至监督的意义。在民主社会，公民有权依法知晓政府及公务员的行政行为及一切与其利益或兴趣相关的社会性活动的信息。而公民的知情权在很大程度上有赖于新闻传播者的公开报道才得以实现。因而，新闻传播者也就具有了该职业所特有的采访权和报道权。这就是指新闻传播者的职业行为——收集、核实信息以及传递信息的活动不受阻碍。政府、公务员及一切有关人士不可拒绝提供公民依法应当知晓的信息。凡政府、公务人员及有关人士有意扣压公共新闻信息，或有意传播虚假消息，以及阻止传播者正当传播信息，都可被认为侵犯该项权利。如果新闻媒介知晓某一信息而隐匿不公开报道，也应该被认为侵犯了全体公民的知情权。

2. 监督批评权

依据宪法，公民享有对政府及其工作人员进行监督与批评的权利。而新闻传播者的监督批评权，则专指传播者以事实为依据，以法律法规和社会道德规范为准绳，利用新闻传播媒介对政府、公务员及社会其他行业和人士的行政业绩、个人品行和违法失职行为进行公开报道，以实施监督与批评的权利。实际上，这是新闻消息权、公开传播权、控告权和言论出版权在国家政治活动、经济文化活动和整个社会生活领域的具体运用。独立、负责地开展舆论监督与新闻批评，是新闻传播者的重要权利之一。

3. 秘匿权

秘匿权主要是指“取材秘密”、“消息来源秘密”、“保守职业秘密”等权利，其具体内涵就是新闻传播者为了对有些信息来源的权益甚至是人身或名誉保护，而不向外界透露消息提供者身份和姓名的权利。国家法律保护这项权利，以保证信息渠道的畅通，保护消息提供者不受报复和打击，更不能受到人身和名誉的伤害。在民主社会，新闻传播者享有必要的秘匿权。但是，在一定的条件下，为保证司法正常进行，司法机关在取证程序中，新闻传播者也不得以秘匿权为由拒绝提供有关证据。

4. 人身安全权

由于新闻传播者常常活跃在社会势力尖锐较量的领域，人身安全常常受到比一般人更多和更大的威胁。所以，必须对新闻传播者提供特殊的人身安全保护权。为此，国际交流问题研究委员会倡议为新闻传播者提供特殊保护。日内瓦公约中关于保护国际武装冲突受害者附加议定书里，设置专条保护新闻传播者。规定应将在冲突地区从事专业任务的新闻人员视为平民而予以有条件的保护。联合国教科文组织通过的关于大众传播工具的 1978 年宣言规定，必须保证从事大众传播事业的新闻人员和其他人员在本国或国外都能得到保护，保证他们有进行本职工作的最好条件。当然，新闻传播者也不得在特有的人身安全权的掩护下从事同其身份不相符合的活动。

第二节　接受主体：新闻传播中受众的地位和意义

“接受主体”也是从文学理论中移植过来的一个概念。在文学理论中，接受主体主要指作品的阅读者，之所以称其为“主体”，就是为了强调文学的接受者在阅读中并不完全是被动的和仅仅是处于接受训育的地位的，文学的阅读和鉴赏，其阅读和鉴赏的过程，也是读者与作家共同创造文学形象的一个过程。所以，读者在文学鉴赏中也是以“主体”的地位和身份而出现的。我们把这一理论引入新闻学，一方面因为新闻的接受者也有与文学接受相近和相似的性质，即他们可以在接受中发挥自己的联想，以便从整体上了解新闻事实，同时也可以加入自己的观点和评判；另一方面也因为新闻传播的受众本身就是社会主体的最重要的构成。以下我们主要以传播学理论为依据来考察和研究新闻传播的受众问题。

一、受众的含义

对新闻传播中的接受者，通常称为受众，有时也被称作受传者、阅听人，等等。受众是新闻信息流程的终端，是媒介产品的消费者，也是对信息、讯息、媒介以及传播者的最终检验者与评判者。受众是新闻传播活动中的又一个活跃的因素，是新闻信息传受过程中积极主动的参与者，是不可忽略的反馈信源。正因为如此，本著特意把受众定位为“接受主体”。

受众的概念虽然一直被广泛使用，但是，也有学者对其本身所具有的缺陷进行过批评。黄旦博士曾经指出：“第一，它只突出了受方的规模与数量，却无法说明他们之间在参与程度上的差别，这一点，在新闻信息的接收上尤为明显。第二，‘受众’或‘受者’的集合体，更多地会使人注意到其被动的一面，忽略了传播过程中信息分享的独有规律，尤其是接收者在其中所起的积极主动作用。第三，演讲、戏剧、电影的听众、观众与广播电视的听众、观众之间，书籍的读者与报纸的读者之间，新闻信息的接收者与其他信息的接收者之间，其接收心理、习惯、特点、表现等等均有较大差别。当接收者一语不断扩大，受众一词成为所有接收者的统称时，虽然突出了他们的共性——在传播过程中所处的位置，却使他们的个性特征受到了掩盖和遮蔽。”①

受众的概念从字面上看的确容易产生误解。而且，以往的一些权威性专业书籍在解释这一概念时也较为含糊，如《新闻学词典》中就是这样加以解释的：“受众(audience)，在传播过程中‘受’的一端的读者、听众、观众的总称。若为个别人或

---

① 黄旦.新闻传播学[M].杭州：杭州大学出版社，1997：218.

个别团体，则称‘受方’。”[①]这样的解释显然是过于简单了一些，对于受众在整个新闻传播过程中的全面的作用没有揭示出来，更容易让人只从“受”(接受)与“众”(众多)这两个简单的层面去加以理解。然而，受众的概念在新闻传播学的研究中毕竟已经约定俗成。而且，一些专家也已经从理论上注意到了受众的整体的价值，童兵教授就对受众下了这样一个比较全面和深刻的定义：“受众是新闻信息传播流程中的终端，是新闻媒介及其承载信息的消费者，又是对于新闻媒介、新闻信息和新闻传播者本身的检验人。受众是新闻传播系统中的一个复杂的子系统，他们是新闻信息的受传者，又是反馈信息的发布者。如果他们把自己所收受的信息进行加工制作之后再次转传于他人，他们则成了下一级传播(通过人际传播或大众传播)的起始者。总之，受众是新闻传播活动中的积极能动的行为主体。”[②]所以，我们在具体的论述中会尽量突出其作为“接受主体”的地位和其他方面的意义。

二、新闻受众的特征

作为新闻传播整个流程中的一个重要部分的主体构成，受众的地位和角色，至关重要。许多时候甚至直接决定某一单个的新闻传播活动过程的优劣与成败。因而，正确认识新闻传播受众的角色特征，合理把握他们的总体的状况和需求，是确保新闻传播活动永远立于不败之地，并不断实现高质量的重要一环。那么，新闻传播受众主要具有哪些根本特征呢？

1. 人群范围的广阔性

就受众的人群范围来说，可以说是无所不包的。我们可以给它用一个简短的语句来表述就是，凡具有社会交往能力的人，全都在新闻传播受众的范围。实际上，受众人群的广阔性也是随着人类新闻事业的发展而逐步扩大起来的。印刷术的发明和广泛地应用，促进了报纸的产生与兴盛，而报刊的发行尤其是商业化报纸和大众化报纸对于市场的开拓，完全打破了原来只有少数人占有的文化和信息传播与接受的特权。随着报纸由上层垄断而进入寻常百姓之中，大量的普通读者涌进了新闻接受者的行列。后来，电子媒介的问世，几乎使新闻传播波及到全球的各个角落。如果说大众化报纸的出现表明普通人在通信界的地位得到了承认，那么，电子新闻传播媒介则是把每一个普通人直接带到了新闻传播的接受范围。黄旦博士说过一句十分精彩的话：“现在令人惊奇的并非谁是新闻接收者，而是谁还不是新闻接收者。”从这样的意义上看，新闻传播的受众的含义已无特别的限制，它几乎囊括了社会中的所有的人，或者更准确地说是包括所有具有最基本的社会交往能力和文化接受能力的人。

---

① 新闻学词典[Z]. 杭州：浙江人民出版社，1988：206.

② 童兵.理论新闻学导论[M]. 北京：中国人民大学出版社，2000：142.

当然，受众范围的广阔，并不等于每个人都是事实上的受众。一般来说，受众又有着现实受众与潜在受众之分。坚持接触和利用新闻媒介的人是新闻传播媒介的现实受众。具备健全的阅听能力而尚未接触全部或部分新闻传播媒介的人属于潜在受众。新闻事业的目标就是要尽量把这些潜在受众最大限度地改变成现实的受众。

正由于受众范围的广阔，所以对媒介的要求也就具有多样性。尤其是随着新闻传播技术和媒介的进步与发展，媒介形式和传播手段越来越丰富先进和多姿多彩，而媒介形式越是多样化，受众的需求又反而越是不能被完全满足。一方面，他们对现有传播媒介的水平要求越来越高；另一方面，他们也不断产生着对更为先进并具有更为立体化和接近性功能的新的媒体的渴望。比如印刷媒体时代就希望能有形象化的图片来满足直观的需求，又进一步希望有通过听觉来进行传播的媒体出现；有了广播以后又希望能再发明出可以传播连续活动的画面的媒体，等等。总之受众对媒体的需求是多种多样的和不断变化的。新闻传播者也必须注意受众的这方面的特征，尤其是他们对现有媒体的更高水平的要求。

2. 社会阶层与文化成分的差异性

人类社会自产生了私有制以来，人们在社会中的地位就出现了种种差异。这种差异主要体现在经济地位和政治地位上。而处在不同的政治地位和经济地位上的人，在思想观念和信息需求上是有着重大差别的。尤其在现代生活中，受众既作为一个独立的行为主体，又总是某个阶级、阶层、组织和社区中的一员。他们既有一定的生活经验，可以对自己所接触的媒介和信息独立地做出有独立见解的评价，又可能会受到其所在阶级、阶层、组织和社区的共同立场和价值观念的影响和压力。因而，新闻传播者对于广大受众的这种社会阶层的差异性，尤其是由此产生的社会立场和价值观念的差异性，应该有充分的了解。

人们的社会地位的差异，甚至生活区域的差异，以及民族环境和地理环境的差异，对于人的文化素养和文化层次的影响也是十分直接的。如果从整个新闻业所共同面对的所有现实的以及潜在的受众范围来看，他们在文化成分的组成上是十分驳杂的。而且，最主要的是由于受众的文化素养和层次的不同，也就决定着人的文化观念和生活习俗的不同，因而其对于新闻信息的需求也就必然有着明显的分野。根据这样的特征，新闻传播媒体的读者定位是十分重要的，而同时媒体对于潜在受众的开发和争夺也是必不可少的。这就特别需要研究受众的文化构成问题。

3. 对新闻接受的期待性与选择性

新闻传播活动之所以能够存在，新闻事业之所以能够产生，首先就是因为人们有着对于新闻的需求。按照现代新闻理论的解释：接受，是对一种事物和观念的容纳，又指接触信息传播后可能产生的反映。而能够容纳与收受的前提则是需求。受众由于缺乏某种信息才产生收受这一信息的动机，动机是一种被意识到的需求。而这样的需求又常常直接表现为一种心理期待。也就是说，人们在自己的日常生活中，总是希望能够不断地听到和看到一些新鲜的事物或者得到一些新鲜的信息。这样的心理期待，有些是出于对自己切身利益的关心，也就是希望知道社会上和自然界一些可以直接影响自己的现实生存以及未来发展的事物和情况的变动；而也有一些则只是出于好奇之心。尽管那些新近发生的事实与他们自己的生活和工作毫不相干，但他们仍然有着及时了解的期待和愿望。这就是人类天然的一种求新求变的兴趣心理所决定的。关于受众收受信息的目的，也就是产生心理期待的根源，学术界有着不同的理解。日本学者和田洋一认为，受众期待新闻的目的是：得到报酬，寻找线索，符合倾向；台湾学者郑贞铭认为，受众收受信息是出于：寂寞、好奇、自我的目的；还有的学者认为是：消遣、做伴、认同、警戒。总之，我们的新闻传播者必须充分了解受众的这种自然的兴趣，尽量满足他们对事物的好奇心并及时反映与他们的切身利益密切相关的信息。新闻传播活动才能有更好的收效。

新闻心理学中有一个专门术语叫做“选择性接触”，又称为“选择性注意”。指的是注意的指向有选择性地集中于某一特定的对象，而同时离开其他对象。具体地说，就是当人们同时接收两个以上的信息刺激时，不可能对每个信息刺激都做出相同的反应，只能有选择地注意和接受注意集中就是一个取舍的过程，没有取舍也就没有集中注意。所以，人们的这种选择性心理，决定了他们对媒介的取舍和对新闻信息的取舍的必然性。这是新闻传播受众的又一大特征。

一般来说，受众在接触信息时，会自觉和不自觉地注意那些与自己原有观念、态度和价值观相吻合的信息，或自己需要与关心的信息。这种依据自己的需求和态度对新闻媒介、新闻信息的取舍，称为受众的选择性接触。受众的这一特征表明，对一个具体的受众来说，是不可能去接触所有的媒介，也不可能去接受所有的新闻信息的。一定的媒介和一定的信息，只能和只需要满足某些特定的受众。

当然，在受众面前，新闻传播者也并非无能为力、无所作为。了解了受众的这样的特征，他们也可以通过更新传播内容、扩大信息容量、优化传播手段等办法来强化新闻信息的刺激力，引起受众的集中注意，改变受众的固有观念。有学者指出，要吸引受众的集中注意，可从改进新闻传播的功能性因素和结构性因素入手。所谓功能性因素主要指新闻传播的信息内容。在内容上，既要重视那些可能即刻满足受众需求的信息，如购物、消遣、解难等方面信息的传播，又要重视那些通过坚持不懈地长期传播，可能改变受众原有观念和态度的信息的传播。结构性因素主要指新闻传播的信息形式。传播者可以通过对信息的对比、强度、位置、重复、变化等不同的配置，以期引起受众的集中注意。

三、新闻传播受众的一般心理机制

心理学指出，需求是在一定的生活条件下，有机体对客观事物的需要。需求一旦被意识到，就以行为的动机形式表现出来。人本主义心理学家马斯洛提出了著名的需要层次理论。马斯洛的理论是以他对人类基本需求的理解为依据的。他把人类纷繁复杂的需要分为以下五种：人的生理的需要、安全的需要、爱和归属的需要、尊重的需要和自我实现的需要。对新闻信息的需求，是人们的基本需求之一。人们不仅对信息的数量，还对信息的质量有着各种各样的需求。其中，对新闻信息质量的需求，既受生活的直接需要的制约，又由受众的心理机制所决定。认识和掌握这些心理机制，按照受众的心理规律进行新闻传播活动，会极大地提高新闻传播的有效性。

对于受众的共同心理有人曾经提出四大类，即“求新心理”、“求真心理”、“求近心理”、“求短心理”。① 也有人提出六大类，即“求知”、“求新”、“求同”、“求异”、“求趣”、“求美”。② 我们综合这些不同的说法，对受众的心理机制做出如下概括和分析。

1. 受众心理的一般构成

1）求新求知欲

心理学反射原理证明，作用于人的感官的事物和对象，无论其外在形式也好，以及其所包含或传达的实际内容也好，越是新鲜，越是世界上或人们的感觉范围内从未有过，越能激发人的愉快心理，越能促使人对该刺激物的充分的注意。这就是人的求新心理。从新闻理论的角度来看，这就表明人人都有一种“新闻欲”。新闻活动的产生，归根结底就是为了满足人们的求新心理，从这样的意义上说，“新”就是新闻的生命。

而对新情况、新知识、新变动信息的认知渴望，是人的动机心理的反应。人为了自身的生存和发展，需要及时感知客观世界的变动，以便进行自我调适，适应变化的外部环境。世界万事万物，社会人生百态，无一不处于不断的、反复的变化之中，变化是永恒的、绝对的，稳定则是相对的、暂时的。新的变动、新的事物、新的经验、新的问题是层出不穷的。人们为了及时了解外界的变动，以从精神上或社会实践上适应这些变动的情况并充分利用这些变动后的机遇以求新的发展，这就产生和不断加强了人的认知需求。根据这样的内在需求，受众接触新闻媒介和新闻信息，首先是为了了解外界的各种实际的变动，以在自己的社会活动和生活实践中采取相应的应变措施，保存和发展自己；其次，也是为了获得更多的关于外部世界的知识，从而能够通过学习更加了解世界、认识世界，而每个人也必须通过对于世界知识的学习来强化自己的智力和能力，所以，学习知识是人一生的事业。新闻信息传播的根本使命，正是要不断地向广大受众报道新近发生的事实，和事物变动的信息，同时，其中也承载着各种各样的丰富的知识，成为名副其实的百科全书。

2）求同共鸣欲

求同心理实质上也是一种从众心理，指人们在社会生活中和群体交往中常常

① 汪新源.新闻心理学[M].武汉：华中理工大学出版社，1988：188-213.

② 童兵.理论新闻学导论[M].北京：中国人民大学出版社，2000：150.

具有的追求赞同或追求从众的心理现象。在新闻传播受众的信息接受中，表现为受众对于同自身具有某些共同性的事物，即同自己有某种共同性的新闻信息感兴趣的心理。这种心理在自媒体信息求“关注”和“点赞”等形式中表现得尤为突出和明显。求同心理的普遍性主要是由于受众作为认知主体，对遇到的与自己过去曾经了解过的或经历过的某些事物相类似的认知对象会产生特别的亲切感。人的观念在被外界和他人认同之后，会使已有的某些定势得到强化，也能够进一步使自己的自尊、自信等心理得到强化，所以，受众总是积极地追求认同，追求从众。

在具体的接受新闻信息的实践中我们可以发现，受众对于报道同自己相似或相同的社会角色的新闻往往表现出更为强烈的兴趣，对于报道与自己生活经验相类似的新闻感到更有味道，对于同自己观点相仿、情感上能引起沟通的报道也更容易产生共鸣。这显然都是求同心理起作用的结果。从新闻价值的角度来看，这也就是新闻事实、新闻信息同受众在心理上具有了接近性。

3）求异好奇欲

好奇之心，人皆有之。求异，正是人的好奇心理之一。按照心理学的原理，有机体遇到一反常态的奇异刺激物或者从未经历过的崭新环境时，会产生一种朝向和探究的反射，因而使得注意得到强化。好奇心理是一种直接兴趣，是不需要引导即可自然产生的一种关注和感兴趣的心理指向。求异心理不是出于得益动机，而是一种无专门目的的、感受上的愉悦与满足。

由于这种求异心理，在新闻传播的活动中，受众对于奇怪少见的事物和反常超常的对象，更容易表现出强烈的关注和浓厚的兴趣，为此，新闻传播者在报道新闻事件和新闻人物时，一定要努力发掘出人物的个性、事件的特征，也就是尽量发现其中的与平常事物相“异”的方面，以充分刺激受众的求异心理，取得更好的新闻传播效果。

4）求趣游戏欲

求趣也是一种非得益心理，指人们对于有趣味性的事物的心理指向。这样的心理只是对事物所含有的能够给人于愉悦感、轻松感和舒泰感的形式和内容产生强烈的心理沉浸和投入，达到精神上的兴奋和满足是这一心理过程的直接后果。虽然这样的兴奋和满足与那些得益性心理如受到教育、获得知识、产生行动的欲望和动力等等有着效果上的根本的不同，但是，它却能够使受众的身心得到愉悦和陶养，尤其是它能够促使受众更有兴趣地去接受那些可得益性的和有功利性的新闻信息。所以，在新闻传播活动中，传播者特别注意新闻事实本身所含有的趣味性，尤其是在文字表达上以及栏目或节目编排上多增加一些轻松幽默的形式，是取得更好的新闻传播效果的重要手段。

5）求美鉴赏欲

心理学把求美心理视为创造心理之一。求美，当然是指人们对于具有美的形式和内涵，符合美的规律和标准的事物所发生的心理指向。美的事物因为在形式构造上以及内在蕴涵上与人们本身天然具有的和后天培养与发展起来的特定心理结构，有着最高的吻合性和契合性，所以，人们在对美的对象进行欣赏和接受的过程中，就能产生最大的心理满足。美的事物能够调动人的最高的集中注意，能够激发人的最大的精神快感和身心愉悦。不仅本身就能够达到一种陶冶情操的效果，而且更能够大大增强人的进取意识和创造精神。

就新闻传播活动中的美的要求来说，传播者也必须从两个方面加以努力：

首先是新闻内容的美，表现在新闻事实的真实、人物心灵的高尚，高扬人类善良的情感，导引人们高雅的情趣；其次是新闻形式的美，主要包括标题美、句式美、文字美、文章整体上的结构美，此外还有媒体制作上的美的要求等。这些内容在新闻编辑学中还要详细讲述。

以上所阐述的只是新闻传播受众的正面心理，也就是有利于新闻传播活动的受众方面的心理。新闻传播只要很好地了解这些心理，充分地调动和利用这些心理，就可以取得更好的新闻传播效果。然而，受众心理又决不是这么单方面的和简单化的。

2. 受众心理的负面因素

1）受众的逆反心理

受众逆反心理是指当新闻报道同受众需要和受众观念不相符合时所产生的具有强烈抵触情绪的态度和表现。逆反心理与新闻传播者所要达到的传播效果是完全相反的，甚至是针锋相对的。受众逆反心理的表现主要有以下几个方面：

（1）强化原有态度。当新闻宣传所着意导向的内容与受众自己原本态度和认识发生矛盾时，受众会更加坚持自己的原来的立场和观点。如新闻传播关于计划生育的宣传，对那些一定要生一个儿子的人来说就容易发生逆反心理。你越说计划生育对他本身也有好处他就越是反感。于是就越是顽固坚持自己的观点。

（2）做出逆向选择。当受众对于某一事物还不了解，却突然接收到涉及这一事物的简单生硬甚至带有强制命令的宣传时，反倒容易激起人们强烈的对立情绪，而故意做出完全与宣传内容相违背的行动上的选择。如在 2015 年 5 月 2 日的庆安枪击案事件中，新闻报道初期就存在对于警察枪击事件的热议和死者及其家属的同情，到后期即使央视权威媒体发布监控视频，证实民警的正当的职务行为，但自媒体平台上仍旧存在对于民警相关行为的质疑。

（3）贬损宣传者。由于态度和情绪的对立，受众不仅不接受传播者的宣传，而且连宣传者的人格和名誉都会产生怀疑甚至加以贬损和攻击。如 2014 年底至 2015 年初，发改委多次在油价下跌的情况下屡次上调消费税，并通过媒体解释说，油价价跌不利于中国经济的发展。这一宣传，不仅未得到认可，反而引起了部分民众的反击。

至于导致逆反心理的原因，除了受众本身具有“刻板成见”的原因以外，很多时候也是由于新闻传播的失实、失真、失当、失策所造成的。逆反心理是新闻传播产生负效应的主要根源。所以，传播者必须时时注意自身原因，调整报道策略，尽量避免逆反心理的产生。

2）受众的情绪失控

由于新闻传播在分寸上的或者倾向上的把握不当，也容易发生受众情绪失控的状况和局面。情绪当然是主体受到外界刺激之后而产生的心理反映，如喜、怒、悲、恐、憎，等等。情绪从本质上说是属于非理性的心理范畴的。而且，在我看来，情绪虽然也是一种情感状态，但是，它又比一般的情感更具有冲动性和不稳定性。它在很多时候是更容易不受理智的导引和制约的。尤其带有公众性的社会化情绪，在一定条件下，非常易于向更大的范围扩展和蔓延。新闻传播在某些问题的报道上如果发生失当，或者仅仅是在措辞上不够适度，就很可能造成受众情绪上的失控。比如 2011 年 7·23"温州动车事故造成 40 余人死亡，时任国务院总理的温家宝第一时间赶赴现场组织救援工作。《温州日报》某位女记者抓住记者会上一个宝贵的机会，向温家宝提问："您曾经在多个场合赞扬过温州人的创业精神，在这次救援行动中，温州人展示了创业之外的另一面，我想问一下，您对温州人在这次救援中的表现如何评价?"一时舆论哗然，关于她的帖子瞬间在网上数以万计的流传。不过，有网友认为该问题是在求温总理表扬，"不如不提"。而其个人资料也是在短短一个小时左右就被网友们公布出来[①]，这就是一个生动的例子。

3）受众的认知偏差

受众的认知偏差是指在受众头脑中不自觉地形成对宣传者或对新闻信息的误解，从而导致其对传播者宣传意图的偏离。这是著名的新闻心理学家刘京林最早提出的一个观点。在阐述受众的认知偏差的具体内涵时，刘京林首先对受众的认知偏差和受众的错觉以及受众的认知偏见做出了严格的区别。他指出，错觉是指"在特定条件下对客观事物必然产生的某种有固定倾向的歪曲知觉"。它表现得比较直接，比较明显，而当产生错觉的条件不存在时，它也就随之消失。受众的认知偏差也不同于受众的认知偏见，偏见是指"不以客观事实为根据所建立的对人对事的态度"。受众的认知偏差一般不是传播者有意误导的结果，而且新闻事实本身也并非编造，其对受众的影响有时不易被察觉。那么，受众的认知偏差有哪些具体表现呢?

（1）因移情引起的受众的认知偏差。有些新闻报道容易诱发受众不自觉地设身处地（即所谓移情）去感受被报道者的命运，并因之造成认知偏差。如在反映个别道德素质低下的人对于热心帮助自己的爱心人士，不仅不感恩反而讹诈当事人的报道中，媒体竭力渲染了人心的丑恶和当事人的无助与无奈，这使得受众在帮助他人时将心比心，总是心有疑虑，把本来意图表达的批判意识转变成了对于人们互助精神的阻挠。

---

① 女记者"讨表扬"走红网络，2011.07.29 http://informationtimes.dayoo.com/html/2011-07/29/content_1431360.htm.

（2）因期待不成引起的受众的认知偏差。指当受众对宣传者或新闻报道内容的某种期待不能得到满足时所产生的认知偏差。如我们的一些揭露性报道，在揭露事件的过程和提出解决问题的办法以及实行的措施上重心失衡；对事件的过程和严重的后果做了过多的铺陈和过分的渲染，而对百姓所期望解决的问题却轻描淡写。这类报道虽然对揭露恶性事件起到了一定的震慑作用，但同时它又会压抑受众对扬善抑恶的期待，淡化了百姓对有关部门的信任，这便在一定程度上偏离了传播者的宣传意图。

（3）因误解传者角色而引起的认知偏差。每一位传播者都具有双重角色——职业人和社会人，也都不同程度地存在着因双重角色引起的角色冲突，即：对一个新闻传播者来说，是应当首先表现出职业人的角色，还是应当首先表现出社会人的角色。如在对灾难的报道中，是立即援助受难者，还是把新闻报道放在第一位。在某些特殊情况下，当传播者正当地履行其职业人的角色时，受众却强调其社会人角色；反之，当传播者更多地表现出社会人的角色时，受众却又强调其职业人的角色，因而出现了受众对传播者角色的误解，并因之而出现受众的认知偏差。这都会直接影响新闻传播的效果。新闻传播者必须注意研究受众的认知偏差问题，以尽量减少受众的认知偏差的发生①。

案例：

2005 年 5 月 9 日下午，福建省厦门市风雨交加，一个骑车人由于马路上的水坑而栽了跟头，摄影记者柳涛拍下了这个场景，并随即在媒体上发布了相关照片。此事引起了社会各界人士的热评。对于柳涛的行为，口诛笔伐者有之，肯定赞赏者有之，冷眼静观者有之，旁敲侧击者亦有之。而对柳涛行为的各种评论表明，很多人在进行道德评价时经常自觉或不自觉地陷入一种道德苛求和道德放纵的思维模式。

① 刘京林，罗观星.传播、媒介与心理[M].北京：北京广播学院出版社，1999：104-113.

所谓道德苛求，就是对一个道德主体提出过分的、过高的道德要求，其表现形式有二：一是把某种情境下其他角色应该履行的道德强加到承担某一角色的道德主体身上，或者要求具有多元角色的某一道德主体履行在特定情境下相冲突的所有角色道德；二是用过高的道德标准去要求一个道德主体，要求其履行"被提倡的道德"甚至"被崇尚的道德"，把诸如乐于助人的"行善"，甚至像大公无私、毫不利己、专门利人的"美德"作为道德责任和道德义务来要求。而一旦道德主体没有履行这样的道德，就被视为不道德、没有良心，等等。

在对柳涛行为的评价中，上述两种形式的道德苛求都存在。如有人把市政管理部门及其人员或者交巡警应该承担的角色责任强加到作为新闻记者的柳涛身上；也有人要求柳涛做一个完人，面面俱到，既要他履行作为记者的职责———报道新闻，又要他履行所谓的做人标准，尽管这两者在当时是相冲突的。即使就做人或者做一个公民的标准而言，也有底线的标准、基本的标准、较高的标准和理想的标准之分。柳涛无论是作为一名摄影记者，还是作为一个公民，既没有义务也没有责任站在风雨交加的马路上提醒路人当心水坑。如果他这样做了，那是他对路人的仁爱之心的表现，是履行了较高的道德标准。他没有这样做，无损于他做人的义务和责任。有人用较高的仁爱标准、行善标准去要求柳涛，恰恰构成了道德苛求的第二种形式。

那么，什么是对柳涛恰当的道德要求？根据当时的情况，我们可以要求柳涛拍摄照片是出于新闻监督的正当意图，是为了提醒相关部门和人员注意马路水坑给路人带来的危害，并督促他们解决这一问题；我们可以要求柳涛的拍摄行为是基于马路水坑对路人没有重大（包括致命）危险这一理性判断；我们也可以要求柳涛在整个事件中对被拍摄的摔倒的路人抱着一定的同情，而不是抱着麻木不仁甚至幸灾乐祸的态度；我们还可以要求柳涛在拍完照片后针对存在的水坑有所作为，找块标志物提醒路人，或者打电话通知警察或市政管理部门来处理。如果柳涛不能做到这些，我们可以对他提出道德批评。但根据有关报道，这些柳涛都做到了。那么，在什么条件下可以要求柳涛站在路边提醒路人注意水坑呢？显然，如果路面上的水坑是由柳涛造成，他就有义务在水坑被填平之前站在路中间提醒路人；如果路人是他的家人，他也有提醒的责任；如果柳涛不是摄影记者，而是市政道路管理人员、交警或交通协管员，也可以对他提出同样的要求。另外，如果路面水坑很大，会给路人带来严重伤害甚至生命危险，柳涛也有责任放下自己的工作而提醒路人。综合对柳涛事件的很多报道，上述条件都不存在，所以对柳涛没有及时提醒路人当心水坑的很多道德批评，都缺乏充分根据，无疑属于道德苛求①。

3. 受众心理与传播效果

新闻传播的传播者和其他大众传播活动一样，期望传播行为能够达到预期的

---

① 吴新文.超越道德苛求与道德放纵[J].新闻记者，2005(7).

意图和目标，产生良好的传播效果。受众作为传播过程中一个非常重要非常活跃的因素，是产生良好的传播效果的关键，一个传播活动只有被受众接受，并产生一定的效果，传播过程才算完整。作为社会群体的人，受众具有一定的心理和生理机制，传播活动须以受众心理为中介，求得理想的传播效果。

受众对新闻信息的认知一般有着从浅层到中层再到深层次的过程，这也是从受众的感觉和知觉到价值形成和维护效果再到社会行为示范效果的过程。受众从认知到态度再到行动，是传播效果一个不断积累、深化和扩大的过程，传播内容如何冲击受众心理，冲击受众心理的哪一个层面，直接影响到传播效果产生的层次。受众是具有鲜明的群体性和社会性的对象，在研究传播效果的同时，一定要注重对受众群体心理特征及其产生的心理效应的研究。

首先从一般的接受和阅读过程来看，主要有两种心理状态：

第一，阅读期待。新闻的阅读期待是从接受美学"期待视野"中衍生而来。在接受美学的代表尧斯看来，期待视野是指读者对文学作品的审美期待。即读者先前各种经验、趣味、素养、理想等各个要素综合形成的对文学作品的一种欣赏要求和欣赏水平。同样的，期待视野也可以延伸到新闻作品中来。我们知道，每个读者在阅读一个新闻报道的时候，也会产生一种阅读新闻作品的期望，希望能从中获得自己需要的新闻信息和各种知识，我们可以称之为新闻作品的"阅读期待"。人的心理是一个动态的平衡系统，要使人们的心理保持一种动态的平衡，就应当不断地从外界吸取信息并向外界输出信息。而报纸和电视等新闻媒体所提供的大量信息正好满足了他们的需求。因此，现代人对新闻信息的了解，对新闻作品的阅读期待都是十分急切的。它会直接影响到一个读者的阅读情绪和审美心理。但由于读者的知识水平、社会阅历、兴趣爱好等不尽相同，因此，读者不同的阅读期待必然会产生不同的阅读审美心理。同时，我们还可以看到，读者的阅读期待反过来又会影响新闻媒体的新闻制作和新闻传输。因为读者的阅读期待是具有选择性的，这种选择性或表现在对某些媒体的喜爱，或表现在对某些新闻信息的偏好上面（或喜欢阅读哪个版面），这就直接影响到广告商对广告版面的投放，并使得受读者喜欢的版面或者新闻地位得以突出。

第二，阅读注意。从心理学的角度来说，"注意"是指心理活动对一定对象的指向和集中，也就是心理活动有选择地朝向一定事物而离开其余的事物，同时对朝向事物的反映达到了一定的清晰和完善的程度。那么，延伸开来，新闻的阅读注意指的是新闻读者被新闻作品所吸引，从而使得阅读的其他几个部分得以顺利开展。新闻阅读注意是新闻审美的初始阶段，它的形成开始于其他心理活动的停止。如果其他无关的心理活动不停止，就势必限制新闻读者不能以审美的态度去对待客体，从而阻碍阅读心理进入审美状态。由于人们的阅读期待的程度有所差别，从而也影响到阅读注意形成的差异性。有的是突发式的，有的是渐进式的。所谓突发式，是指的阅读主体一下就被阅读对象紧紧吸引，整个心理机能也被充分迅速地调动起来，进入“忘我”状态。而渐进式指的是阅读主体的注意是逐渐形成的，有时候还会因其他心理活动的介入而干扰阅读注意。在大多数的情况下，突发式是占主导地位的。由于阅读注意的形成方式不同，读者进入新闻审美的层次和态度也不同。

此外，从影响效应来看，又需要注意以下几点：

（1）威信效应。这是指新闻传播者的权威性、可信性对受众心理以及相应的传播效果的影响。在新闻传播过程中，受众威信效应的产生主要取决于信源在受众心目中的威望和地位，而且这种威望和地位是受众授予的，他们掌握着主动权。一旦受众发现媒介信源的可信度并不如期待的那么高时，该媒体以后在受众心目中的威望和地位就会大打折扣，而来自此信源的新闻传播活动便无法得到传播者期待的效果。在当前的自媒体时代，这种威信效应集中表现为受关注度。受关注度越高，越反应信源在其传播范围内的威信度，并由此而带来丰厚的社会效益和经济效益。

（2）从众效应。这是指受众接受信息时所采取的与大多数人相一致的心理和行为的对策倾向。在一般情况下，受众群体中的多数意见会对个人意见或少数意见产生压力，出于害怕被孤立而被迫或潜移默化地服从多数意见，从而最大程度地与群体达成一致。一般人所共有的从众意识在很大程度上制约着现代人的心理活动①。

（3）接受心境。所谓“接受心境”，是指新闻接受者在阅读、观看前与进入阅读、观看时的自觉或不自觉的基本心理状态②。一般受众在接受新闻信息时，大多还需要一个适当的心境，这样才能投入到即将展开的信息接受过程中。一般来说，受众如果心境不好或不适当，他就不能建立起与接受客体之间的通路，接受活动也就不会很好地产生。适当的接受心境主要是受众对具体的新闻作品应该具有一定兴趣。受众不仅要有一般的新闻兴趣，还必须有针对某一则新闻作品的特定兴趣。虽然受众获取信息的动机不同，有的是为了消遣和娱乐，有的是为了求知和受教，还有的是为了信息与实用，但是他们各自个性化的兴趣和倾向，促使他们在不同的新闻作品中分别实现自己不同心境的需求。而不同的“接受心境”，也会产生不同的接受效果。

四、现代社会的受众定位——受者中心论

1. 传受关系变化过程及原因分析

有研究者认为，人类新闻传播活动到目前为止经历了三个历史阶段，可以概括

---

① 杨纯.浅谈受众心理与传播效果[J]. 新闻知识，2002(6).

② 张小元.回归与超越——理论新闻学新视野[M]. 成都：四川科学技术出版社，2003：254-257.

为：以传者为中心→开始重视受众→承认传者与受众两个主体。早期传播理论代表人物、大众传播学的奠基人拉斯韦尔 1946 年在《宣传、传播和舆论》一书中阐述了传播过程中的"渠道"、"传播者"、"内容"和"效果"等问题，但却并未对"受传者"作出具体分析。当时的许多研究者认为，传播者是绝对的主体，而受传者只不过是大众传播的对象和靶子，所射出的枪弹总能百发百中。社会学家拉扎斯菲尔德等人也相继提出了单向的"两级"传播理论，这种忽略受众心理巨大潜能的理论在当时是被人们推崇备至的。这种理论的传播，导致的直接结果便是在实践中人们也只重视传者和信息，很少有大规模的受众心理调研之类行之有效的措施。具有革命意义的是 1954 年由奥斯古德首创并由施拉姆提出的一种崭新的模式，即奥斯古德——施拉姆的循环互动模式。与以往有较大不同，这一模式提出传播双方都承担着相同的职能，把受众和传者作为对等的双方提了出来。传播理论也就被推进到双向研究的传播理论阶段，而且受众的构成和受众所占的地位也受到越来越多的重视。到 70 年代，一些学者又提出了满足需要论，以受传者作为出发点，其中被引用最广的是"使用与满足"模式，它以个人的需求为起点，传播者将受众的需求放到了第一位。

我国的新闻传播者与受众的角色也经历了从计划经济时代向市场经济时代的转换，走的也是一个从"传者中心"到"受者中心"的路子。改革开放之前，我国新闻当然也主要是以传者为中心，讲求"新闻即宣传"。在当时计划经济体制下，新闻传播者就是党的"组织者"、"宣传者"，是政府机构的分支。由于很少考虑受众的需求，那种完全以传者为中心的新闻，极容易引起受众的冷淡、逆反心理，而造成无效传播。市场经济体制逐步建立健全起来之后，新闻传播者开始从"发号施令"者向服务者转化，把受众的需求放在越来越重要的位置上。改革开放以来，我国媒体逐渐接受了西方 20 世纪 60 年代的"受众是服务对象"等观点，已经开始懂得了受众举足轻重的特殊地位。而到 20 世纪 90 年代以后，大量的传播活动积累下来的经验和教训使得新闻传播者认识到受众不仅是服务对象，也是接受主体，是一次传播活动能否实现的最关键的环节。到了 21 世纪，随着互联网技术的不断成熟和发展，新闻传播者和受众之间的关系又进一步发展。特别是对于新闻传播领域中"大数据"概念认识的不断深入，新闻受众在传播活动中的地位和作用进一步突出。甚至围绕着受众的阅读需求，新闻传播逐步走向了信息"定制"化、个性化的道路。

受众地位的提高可以从理论界的高度重视和新闻实践中的重视两个方面来看。其中原因主要有以下几个方面：

首先，"新闻产品"作为一种特殊商品，要想实现其"商品价值"必须和其他商品一样，完成市场交换，而在"新闻产品"市场，受众决定了新闻产品价值的最终实现。我国的传媒业进入社会主义市场经济环境以后，新闻传媒之间的竞争日趋激烈，竞争的焦点在于对受众的争夺和占有。谁能准确地抓住受众心理需求，谁的覆盖面就广，影响力就大，谁就拥有更多的受众，就能吸引更多的广告商，在竞争中占据最终的优势。

其次，新媒体时代的到来，使受众对媒体的选择有了更多的主动性。手机、网络等新媒体使传统媒体面临着前所未有的挑战，为了适应新形势的需要，新闻传播者纷纷调整自己的角色定位，调整自己的品格追求。为的就是最大限度地争取受众，即最大限度的争取市场。清华大学学者李希光说："在传统媒体时代，受众对新闻的接受多半是被动的和灌输性的，而在新媒体时代，受众对内容的接受几乎完全是主动的和选择性的。"①

再次，关注受众心理的选择是新闻传播由"纯意识形态行为"转入"市场行为"的必然。在我国传统的新闻观念中，新闻传播是一种单纯的意识形态行为，是贯彻党的方针政策的有效手段和方式。我们更强调的是传媒的指导性，受众看到的也是以严肃面孔出现的报道和节目。随着思想观念的变革，人本时代到来，人的个性得到尊重，受众也顺理成章地成为媒体关注的焦点和目标。"分众化"、"窄播"、"小众媒体"等成为新媒体时代的潮流。② 而无论是主流媒体还是纯娱乐性的媒体，在市场经济的大背景下，都必须尊重受众的个性需求，必须绝对重视受众的地位。

2. 传播关系重构：受众中心地位与受众主体性

受众是新闻传播活动中起着决定作用的主体。而从理论上讲，"受者中心论"则充分突出了受众在传播中的主导地位，更加强调了新闻传播活动围绕受众而展开，一切服务于受众的基本理念。虽然传者对新闻传播的内容拥有控制权，但受众对内容也具有选择性；虽然舆论具有导向性，但受众对舆论也具有自主性；虽然传者对受众能产生影响，但受众通过反馈对传播内容也有着制约，不仅可以影响传播效果，也可以左右传播行为。在新闻传播的实践活动中，以受者为中心主要体现在：

（1）报道题材从民生新闻入手，将新闻策划融入老百姓喜闻乐见的报道形式中，以能够得到最佳的收视效果。同时新闻传播者注重受众的反馈，注重倾听老百姓的声音。

（2）报道角度选择平民视角，在新闻传播中，报道者尽量不要采用居高临下的说教姿态，要把自己和受众放在平等的地位。而受众一般都有一种"求近心理"，只有尊重受众，从受众角度去想问题，才能获得受众的尊敬和亲近。

（3）报道方式多样化兼有创新，以新的立意、新的角度宣传报道，给受众耳目一新的感觉。我们熟悉的《东方时空》就是以其多种报道方式实现新闻贴近性，满足受众的收看心理。

（4）报道原则定位在满足受众需要，说出受众想说的话，维护受众应有的权益上。假如新闻作品不能做到为受众说话，不能维护受众的权益，它所包含的价值观

---

① 李希光，孙静惟.全球新传播[M].广州：广州南方日报出版社，2002.

② 李希光，孙静惟.下一代媒体[M].广州：广州南方日报出版社，2002.

和导向性必然受到受众的抵制，那么新闻传播的价值也将无法实现。

（5）报道的最终目的是要实现和受众的正面接受，要避免受众的逆反心理，从而达到“处处得民心”，增强宣传效果，提升收视率的目的。一个好的新闻节目，只有真正地融入到受众的生活当中去，真正地走入受众心里，才能保证自己的消息来源，保持长久而鲜活的生命力。

（6）报道的语言应尽量通俗化，传统的新闻报道“新闻腔”十分突出，语言表达刻板，模式化现象十分突出，严重脱离群众，不能与群众“心贴心”，让受众在心理上就有种排斥感，更遑论接受新闻信息本身。

3. 受者中心论的负面效应及应对措施

新闻传播从“传者中心”到“受者中心”是传播的进步，它提升了受众在传播中的地位，然而“受者中心论”也有可能走向“一切由受众决定”的误区，正确认识受者中心论的负面影响，采取必要措施进行有效地避免和改善是当今的新闻媒介需要特别注意的问题。

1）媒介社会功能和社会责任的弱化

随着人类社会的发展和进步，存在于社会的政治、经济、文化等各个方面的信息越来越丰富，而新闻媒介更是人们获取信息的主要渠道，并担负着引导舆论，指导行为，提供社会的“公共领域”和开展“精神交往”等作用。这是媒介的重要功能，更是媒介的社会责任。

但是，在商业化的语境下，受众既是媒介信息的接受者，又是广告产品的消费者。媒介为追求发行量收视率，提高广告收入，必然重视经济效益，因而也就很容易忽视社会效益。很多时候，媒介表面上是在传播信息，而深层次上却是为了更实际的经济收入。媒介的经济效益不断攀升的同时，公众利益却面临着威胁，媒介作为“公共领域”而提供时政评论、舆论引导、文化教育等方面的社会职责功能日益有所衰微，甚至使一些社会责任感不强的新闻工作者逐步演变成为文化商人。媒介具有的文化传播功能却往往传播一些与社会发展要求格格不入的观念和意识，有时非但不能为社会受众提供真实的信息，形成正确的舆论引导，反而麻痹受众而使得监测环境的功能在经济效益至上的理念下也失去了评判的价值标准，更不用说监督社会、批评腐败现象。

2）媒介主体性和思想性的泛化

由于“受者中心”过分抬高受众的传播地位，必然破坏双方的平等互动的关系，导致受众本位意识的扩张和扭曲，从而衍生出“一切为了受众，一切迎合受众”的受众决定论。如此，媒介很容易丧失作为思想特点标志的主体性，而且会使媒介的主导性方向演变为无原则和不负责任的倾向，沦落为受众的附庸。在时下的商业化充斥的时代，媒介的主体丧失和思想的泛化表现在各媒介之间的模仿和抄袭，“跟风”、“从众”、“时尚”——在这种信息交互传播的过程中，不免人云亦云，甚至为一些带上了时髦光环的腐朽观念提供了迅速生长的土壤，这必将淡漠传者对媒介的独立思考的责任，并抑制传媒的创造力。

3）新闻媒介传播内容和品位的俗化

对于新闻传播媒介来说，“受众中心”并不是要一味满足受众的所有需求，新闻媒介首先要以受众需求为基本的服务目标，但也同时还负有培养受众的消费口味、提高受众的品位以及教化人性中庸俗、低级的弱点的职责。其实，这同样是以受众为中心。因为归根结底，对于受众精神境界的提高，受益者仍然是受众本身。而片面追求商业利益，一味迎合受众的自然口味必然导致新闻的异化。如果过于片面地从“受众中心论”出发，媒介就会迎合受众一般天性中的不良需求，表现出媚俗化倾向，从而把“受众中心”演变为“受众一切兴趣为中心”。从一般人性的基本构成来看，受众的爱好兴趣各有不同，有的优雅有的庸俗，有的高尚也有的低劣。一味单纯地满足受众娱乐消遣的需求，会使新闻传播的内容日趋庸俗化而产生出更多的垃圾文化。

以上分析了“受者中心论”的负面影响，我们的新闻传播工作者在实际工作中就应该对此有高度的注意，而且要具有清醒的意识和有效的措施，尽量避免负面效应的发生。首先，尽量满足受众的合理要求，并不等于完全满足受众的所有要求。需要努力寻求主流舆论引导和一般受众需求之间的最佳结合点，担当起应有的社会责任。其次，维护百姓的利益并不等于简单化地纠缠于诸如停水、停电这类生活琐事之中，新闻内容的路子应该灵活、宽阔，而不能僵化，更需要具有一定境界，否则就失去了媒介更本质的价值和意义。第三，“受者中心论”的转变，绝不是简单的节目改版，更不是单纯地传播形式的变化，重要的是我们的新闻工作者在观念上的彻底更新。作为新闻工作者，就该首先在自己头脑中把受众放在中心的位置，所谓“受众中心”也就首先表现在传播者心中有受众。这样，我们才能真正使新闻扎根于群众之中，从而真正保持永远旺盛的媒介生命力。

第三节　依存与制约：传——受双方的互动关系

说到底，新闻传播的整个活动过程是由传者和受众共同来决定和完成的。在新闻传播的基本流程中，无论缺少这信息流动两端的任何一方，新闻传播活动都不复存在。所以在某种意义上，传者与受众才是一对主体对应物，而新闻信息则只是建立两者的联系与沟通的无形渠道和连通物。其结构如下图所示。

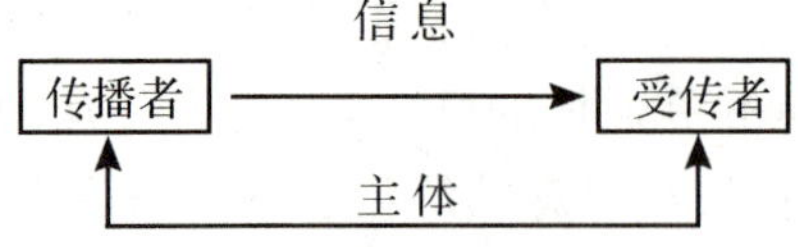

上图看上去只是一种线性关系，其实，二者相互依存，又相互制约，存在着非常

复杂的互动关系。在传播学理论中，施拉姆等提出的经典模式就是将传播视为两个部分编码、解码、传送和接收信号的互动，这种互动的模式强调了反馈和共享信息的连续“循环”。显然，大众媒介的传播不是从信源到信宿的单向过程，而是一个循环互动的过程，信宿作为信息的接收者并不是传播的“终结点”，而是反馈的“起点”。从信宿到信源的反馈可以帮助传播者对后续的传播进行修正，从而使传播在互动的过程中形成一种良性循环。根据传播学的定义，传播“实质上是一种社会互动行为，人们通过传播保持着相互影响、相互作用关系”①。也就是说，双向的社会互动，是传播尤其是大众传播的一个重要特点。互动建立在互相影响和制约的动态发展的系统中，一方依赖于另一方而存在。只存在一方没有互动性可言，没有互动性的系统也是不稳定的系统。同理，在新闻传播的整个系统中，传播者与受众两者相互依存，又相互制约，在互动过程中形成良性循环，最大程度地彰显“以人为本”的传播理念，并使传播效果不断趋向“最优化”。

一、传者与受众互动的历史必然性

在新闻事业出现初期，传播仅仅是传者向受众单向输送信息的过程，受众只是被当作“靶子”。但实践证明，传者与受众之间的关系远非如此简单，正如前文所述，传播实质上是一种社会互动行为。传者与受众之间的互动才是传播的实质性关系，以下我们就来分析其理论上的内在依据以及社会文化动因、技术动因和经济动因等。

1. 内在动因

“互动”是英文单词“interactive”意译。“inter”是拉丁语前缀，意为“相互的”，“active”是“积极的、能起作用的、现行的”。从单词的含义上我们就可以看出：所谓“互动”，就是要双方相互交流而产生有一定作用的行为，它所强调的是平等性与双向性。

从哲学角度来说，事物之间总是互相联系着的，这种联系的方式只能是一种双向的作用，在这种作用中，对任何一方来说，都存在着外来的作用力和向外的反作用力，形成矛盾运动；每一方都具有能动性，而一切事物都是在不断地相互作用中发展。互动建立在互相影响和制约的动态发展的系统中，一方依赖于另一方而存在。只存在一方没有互动性可言，没有互动性的系统也是不稳定的系统。在社会学中，互动理论倾向于关注社会的微观方面——社会互动和作为社会存在的个人。符号互动理论的奠基人通常被认为是美国社会学家乔治·米德②。互动包括 3 个步骤：首先 A 发生与 B 有关的行为或者是行为结果(如文字、图像等)；其次 B 对

① 郭庆光.传播学教程[M].北京：中国人民大学出版社，1999：3.

② 戴维·波普诺.社会学(第十版)[M].李强，等，译.北京：中国人民大学出版社，1999：19.

其读解；接着B根据读解的结果对A作出回应。然后是A的读解、回应……互动论者强调，人们总是处在创造、改变他们的生活世界的过程中，再者，他们不仅对于人们如何行为感兴趣，而且对于人们的思想和感觉感兴趣。互动论者探索人们的动机、目的、目标和他们理解世界的方式。因此，互动表面上是行为的作用，而深层是思想的交锋。

符号学派侧重于研究意义的产生与交换、文本在文化中的地位，它将传播视为一种产生意义的互动行为，受众和传播者具有同等地位。斯图亚特·霍尔在他的名篇《编码解码》①中分析了三种解码方式，第一种是采用主导——霸权符码来进行解码，第二种是采用协调符码来进行解码，第三种是采用对抗符码进行解码。这种分析显然已强调了受众并非是被动者，而是能够在文化霸权的争夺中发挥作用的角色，在文化消费和文化实践中自有其“意义主权”，受众具有很强的积极性和能动性。

2. 社会文化动因

“互动”作为一种观念来说，它的产生与社会文化背景及其对人们的思想意识产生的影响有着密不可分的关系。在社会的现代化进程中，随着整体文化水平的提高，人们的价值观转变的同时，社会心理和社会行为也在不断地发生着变化和更新。2002年2月《世界广播电视参考》杂志的《国际传播环境的新变化》一文中，分析总结了当今国外受众的信息消费特征：一是受众的主动选择性大大提高，二是受众对媒介的需求结构发生变化。主要表现为：“个性化信息为主，一般性公共信息为辅”、“对付费的信息服务和节目的需求逐步上升”、“通过媒介传播个人思想、观点的意识越来越强；通过媒介及其特定信息服务渠道履行知察权或知情权的意识越来越强；要求媒介对受众开放，积极参与节目的策划、制作和播出的意识越来越强。”。可见，当社会发展到达一定程度的时候，人们便具有了更多的社会参与意识和社会责任感，民主意识、法制意识以及对日常生活中的一些自主权的要求也会进一步强化。在这种文化背景下，受众渴求通过媒体来表达自己的观点也就成了一种必然。

3. 技术动因

科技的不断革新是推动媒介互动的技术动力，这也是从印刷媒介时代到电子媒介时代，再到网络媒介时代，传播者与受众的互动越来越频繁与深入的原因所在。科技发展促进了传——受互动，技术体现对人的关注，从这个意义上说，技术革命带来民主进步。以电视为例，在电视从无线到有线，从黑白到彩色，从直播到录播再到直播的发展道路上，每一个前进的步伐都伴随着技术的完美配合。当“互动电视”的风潮在欧洲、美国等地掀起时，中国也开始在基于有线电视的网络双向

---

① 斯图亚特·霍尔．编码解码[M]//文化研究读本．，罗钢，刘象愚．北京：中国社会科学出版社，2000：356-358．

改造方面积极跟进。2000 年，国家级基础骨干网络一期工程提前完成，共建设国家级基础干线网 22950 公里，连接了 24 个省（市、自治区），从而将全国 70%左右的用户连接入了一个大网，为多种增值业务的开展奠定了基础。技术与观念在现实中相互渗透、融合是实现互动的最大前提。

4. 经济动因

在市场经济中，媒介除了担负着传播的社会功能以外，同时也是经济利益的个体。正如喻国明教授所形容的那样："'传播'一词很容易使人以为它是单方面付出的一种行为——像阳光一样，只是给予，没有回收。其实，它一直是带着一根看不见的'倒钩刺'的。它所回收的就是受众的注意力。①"特别是在媒介"供大于求"的情况下，受众不仅是信息接收者，更是消费者，受众就是媒体的"上帝"，谁能争取到最多的受众，谁就能生存下去。由此，"受众本位"的理念渐渐深入人心，传媒比以往任何时候都更加重视受众的反馈，"互动"一词也渐渐成了出现频率极高的"传媒语汇"之一。

二、现代媒介互动的多样化形式

从传统意义上来说，传者与受众的互动形式主要有来信、热线电话、读者调查、征文活动、征集摄影（摄像）作品、受众参与节目录制全过程（现场互动）等。在长期的实践过程中，这些互动形式成了传者与受众之间的桥梁，是媒体贴近受众、聆听受众心声、为受众服务的主要渠道。在新技术条件下，传者与受众的互动形式更是呈现出了"百花齐放"的多样化趋势。

1. 短信与微信

随着手机的普及，短信业已成为传者与受众互动不可或缺的途径之一，但随着微信等即时业务迅速崛起，短信呈现出一种缓慢下降的发展趋势。2014 年，全国移动短信业务量 7 630.5 亿条，同比下降 14.4%，降幅同比扩大了 13.8 个百分点。其中，由移动用户主动发起的点对点短信量同比下降 18.9%，占移动短信业务量比重由上年的 48.3%降至 45.8%。月户均点对点短信量连续五年持续下降，只有 36.8 条/月/户。微信等新型即时消息类应用对彩信业务替代作用进一步加强。移动短信业务收入同比下降 14.7%，收入规模同比减少 91.1 亿元。

2. 互联网

互联网的崛起掀起了一场媒体革命，作为"第四媒体"，互联网自身的互动性、便捷性、即时性是不言而喻的。根据中国互联网络信息中心（CNNIC）2015 年 2 月公布的《2015 年第 35 次中国互联网络发展状况统计报告》，截至 2014 年 12 月，我

---

① 喻国明.试论受众注意力资源的获得与维系，跨世纪中国城市电视发展与展望[M].北京：中国广播电视出版社，2000：101.

国网民规模达 6.49 亿，全年共计新增网民 3 117 万人。互联网普及率为 47.9%，较 2013 年底提升了 2.1 个百分点。

由此可见，互联网已经成为人们获取信息一个重要的来源，而另一方面，电子邮件也成为人们交流信息的一个重要渠道。而 BBS 论坛、社区、讨论组等更是成为民意表达的一个绿色通道。在受到互联网强烈冲击的同时，传统媒体也开始注重借鉴网络的优势来构建自身的互动平台，以期在与互联网的“联姻”过程中拉近与受众的距离。

许多新闻媒体纷纷顺势推出了自己的新闻网站。如广州报业集团属下的大洋网、文汇新民报业集团属下的文新传媒等。媒体通过互联网完成传播互动的方式多种多样，主要的有以下几种：BBS 论坛，电子邮件，网络营销商开发的网络在线聊天系统（如 QQ、MSN、聊天室等），以及网络工程师自行开发或者购买的网上投稿、线索提供系统等。从反馈的角度来看，利用网络论坛进行的传播互动具有以下几个特点：一是具有隐身性。参与评论者可以在不公开自己真实身份姓名的情况下，无所顾忌地对媒体评头论足。二是具有即时性。有的编辑在媒体上公布相关论坛网址以及他的在线时段，定期和读者进行交流。三是可以进行主题讨论。即由一位网友提出一个主题，其他网友以“回复主题”的形式参与讨论。四是具有可保存性和可统计性。只要不是有意删除，论坛中讨论的内容可以长期保存，读者对话题的点击数量、读者的 IP 分布情况（专业人员可以据此分析读者来源于哪个区域）等等，都可以做出精确统计。除此之外，网络论坛也成了媒体的新闻来源之一，即网民所关注的话题将可能成为媒体新闻来源。

3. 无线互动

随着 3G（第三代数字通信）的应用及手机的普及，传统媒体与手机终端和无线技术的“亲密接触”越来越多，手机报纸、手机电视已不再是新鲜事物，而这样的“亲密接触”给传播方式带来的最大变革在于“互动性”的大大增强。以报纸为例，手机短信、WAP（无线应用协议）及互动式的新闻“定制”服务给报纸的发布形式、经营模式甚至采编形态都带来不小的冲击。从目前的情况看，报纸的“无线化”主要有以下几种形式：一是 WAP 版。WAP 技术能让手机与互联网结合起来，为用户带来更大的通信空间。报纸 WAP 版的推出，使传统的报媒进入到了无线平台，报纸和 WAP 版可以互相促动、互相补充。二是短信版。手机短信是报纸最基本的一个无线平台。主要有以下几种实现方式：传统的短信新闻定制；短信互动营销；开辟短信互动栏目如读报有奖、新闻报料、头条新闻定制、读者俱乐部等。三是 WAP 短信互动版。手机相当于电脑，WAP 相当于手机上的一种无线协议的 IE 浏览器，WAP 和短信相当于人们获取信息的另外一种通道，与传统媒体不同的地方是，它具有即时互动性。短信和 WAP 是一个统一的数据库，在内容上报纸可以通过 WAP 和短信两种形式来相互宣传和表现，让用户具有更多的选择。“2006 年 1 月 27 日，解放日报报业集团与中国联通上海分公司共同启动了 i-news 手机报纸的

WAP 版，开了沪上手机新闻门户的先河。i-news 的 WAP 版，就是解放集团搭建在手机平台上的新闻门户网站。网站的内容由解放集团编辑团队精心挑选构建，用户进入该站点后，就可凭各自的兴趣点击相应内容，获取自己所需要的资讯。"①报纸的"无线之旅"体现了很强的互动性，不仅读者的主动选择性增强，各个版面都可以加入互动内容，把用户反馈来的信息编排到版面中去，提高了读者的阅读兴趣，使报纸的贴近性大大增强，也有可能通过这一渠道把报纸的潜在读者转化为忠诚受众②。

4. 数字电视与互动电视

技术的推陈出新保证了传播互动的可能空间得到不断的开发。数字电视技术的全面推广与普及将为电视传媒实现更深层的互动提供可能空间。什么是数字电视？一种说法是：数字电视是利用数字化的传播手段提供卫星电视传播与数字电视节目服务，从而为用户带来集高品质图像质量特色化服务内容于一身的数字电视频道服务③。那么，数字电视将如何使传播者与受众的互动成为可能呢？在节目播出中，观众可发表看法和意见在电视屏幕上，并同他人一同分享。从这种思路出发，电视可以成为互联网 BBS，在观众观看电视节目时，有一个相互交流的空间。由于频道的增多，观众的选择范围扩大，从而为实现分众传播打下基础。观众可选择自己心仪的节目，并可能直接与节目的制作者或主持人或嘉宾直接进行交流，影响节目内容。在数字电视技术的保障下，电视不再像电视，它更像是一个复合体。互动电视的运营模式将以其得天独厚的优势，冲击传统电视。首先，它不仅仅传播工具，它还具备网络所固有的互动性特点；第二，具有多媒体的特点。除视频点播之外，互动电视还包括电视点播、电子节目单、信息电视、电子商务和自我管理服务等、它具备全方位的立体传播机制，具有电脑、电视、个人数字助理、第三代移动电话等收看功能；第三、提供个性化的服务。实现"化大家的电视为我的电视"。智能化的程序使观众运用遥控程序参与直播节目，完全改变了传统电视节目的单向传输方式，将剧情的选择、发展的决定权交给电视观众④。

三、互动的角色与功能

1. 作为服务大众有效途径的互动

"互动"作为一种理念，它的基本出发点应该是"人"，正如前文所说的，最大程度地彰显"以人为本"的传播理念是传播者与受众互动的初衷，而这种互动首先是通过为大众服务体现出来的。服务性的互动通常是通过媒体提供各类服务性节

---

① 新闻晨报[N]. 2006-1-27.

② 申建宏.报纸开始"无线之旅"——报业发展又一革命性机遇？[EB/OL]. http://www.mediaok.net.

③ 李刚，等.中国数字电视开局受挫调查[J]. IT 时代周刊，2004(48)：44.

④ 高清光.PC 与互动电视的未来战争[J]. IT 时代周刊，2004(48)：25

目，如提供咨询、解答知识、交流经验，为受众释疑解惑、解决实际困难。早在1979年8月，中央电视台推出《为您服务》栏目，主要是介绍电视节目和回答观众来信。电视台介绍将要播出的电视节目说明传播者主动和观众拉近距离，让观众先睹为快，提前看到"内幕"，这从一定程度上意味着一种权力的获取和地位的改善，而同时公开回答观众来信也是对大众参与的肯定，信件交流这种方式是一种传统的带有私密性质的互动行为，当它在媒体上公开时等于是在鼓励大众的参与意识。作为党和人民的喉舌，媒体为人民服务是义不容辞的责任和义务。可以说，媒体互动是从服务开始的，在服务的过程中互动双方开始调整自己的位置，而传者也愈来愈重视反馈的通道。

例如，2005年7月18日至8月1日期间，解放日报与上海电视台联合推出了特色互动平台——夏令热线。夏令热线每天集中倾听和反映市民关心的一个专题，接受市民投诉，进行现场采访，邀请相关职能部门负责人进演播室释疑解惑，落实解决措施。记者还将对各级政府和职能部门如何重视群众呼声，把执政为民落到实处，及时采取整改措施，并对为民排忧解难的情况进行跟踪采访报道。还有许多总编辑热线、各类服务热线等都是贴近百姓、服务百姓、为百姓解决实际问题的有效互动途径。

2. 作为议程设置辅助手段的互动

议程设置理论认为：大众媒介加大对某些问题的报道量、或突出报道某些问题，能影响受众对这些问题重要性的认知。在"传者本位"的时代，新闻媒体的确主导着社会舆论的走向，但媒介对新闻的选择并不总是一定能导致观众相应的反应，也就是说，媒介议题与公众议题多多少少会存在偏差。

复旦大学新闻学院在2001年所做的关于中国"议题设置"的调查中，发现有些话题受众关注程度和媒体关注程度不一样。比如受众将环保、腐败、就业、入世这几项排得较前，而在媒体关注的话题中，却排在比较后的位置。也就是说，受众关心的，媒体却没有突出；受众相对不关心的，媒体却把它突出了，两者形成了错位。在"受众本位"的时代，传者与受众的互动是媒介议程设置的辅助手段，让受众参与到议程设置的进程中来能在一定程度上起到适度的"纠偏"作用，这种作用有时是通过媒体直接引用读者的言论内容体现出来的，也有通过媒体采纳读者的反馈建议后对新闻选题、方针、角度进行调整后在后来的报道、节目中体现出来。

例如，《湖北三峡商报》创刊之前，对于版面内容的设置，开展了"有奖征集办报金点子"大型问卷调查。通过市场反馈的信息，进行综合分析，将报纸定位在"替政府分忧，帮百性解难"上。报纸创刊后，仍坚持每半年公开向读者征求意见一次，并以读者对版面、专栏的认可程度，作为设置报道内容的前提①。这种互动，使读者真正感到他们不仅是报纸的读者，也是办报的参与者。在互动过程中，报社对读者

---

① 罗文全.构筑报纸与读者需求互动的平台[J].新闻战线，2003(3).

感兴趣、关注度高的内容应进行强化处理，在报道中予以体现，版面配合同时跟进，需求度足够的话可以出版相关专版、专刊，通过紧跟读者的需求来实现传播的目的。

又如，在第二次美伊战争中，加强同观众的互动成了 CCTV-4 直播报道的一大"超级武器"。在直播期间，CCTV-4 公布了自己的电子邮箱，同中央电视台公众资讯中心合作，收集广大观众发来的大量电子邮件（每天三、四千封）和短信（每天 39 万条），及时了解他们对直播的意见和建议，据此对节目加以完善和调整，并把有关伊拉克战事的最新情况通过短信的形式发给观众，实现了与观众的互动。同时，观众可以提问题和建议，而主持人则挑具有代表性的问题问嘉宾。在这样的互动过程中，传播者对受众的议题与意见给予了较多的关照。

3. 作为提供大众交流平台的互动

英国自由思想家弥尔顿曾在《论出版自由》中指出："一切看法，包括一切错误在内，对于迅速取得最真纯的知识来说，都有极大帮助。"弥尔顿相信真理是肯定的，是可以表达出来的，并且只要让真理参加"自由而公开的斗争"，真理本身就具有战胜其他意见而存在下来的无可比拟的力量。从弥尔顿的这种思想出发，形成了现代关于"观点的公开市场"以及"自我修正过程"的概念，那就是让所有想说什么的人都自由地表达自己的思想。真实的、正确的思想会保存下来，虚假的和错误的思想会被克服。政府不应该参加战斗，也不应该协助其中的一方。尽管这种"观点的公开市场"、"自我修正过程"的带有理想主义色彩，但媒体作为"社会公器"有能力更有责任为公众提供交流平台，从而使传者与受众、受众与受众、政府与公众之间形成良好的互动。

"大众传播机构应担负沟通公共消息与意见的责任"，要"成为意见与批评的论坛。"①无论是处于哪个阶层，人们的利益都需要得到尊重，他们的话语权都应该得到保障。不同的阶层，不同的利益群体之间，也需要利益的磨合以及思想观点的交流。媒体，作为最佳的公众话语平台，作为思想观点的交流市场，理应提供这种最广泛的话语交流的空间，成为整合各阶层观点的最佳场所。这对于社会克服不稳定因素，保护公众利益，建构和谐社会，都具有非常重要的意义。媒体在纷繁复杂的社会结构面前，必须尽到建构公众交流平台的责任。报纸的言论版、网络论坛等互动平台都是公众交流的"市场"，这种交流要有受众与受众之间、受众与编辑之间观点的碰撞，要体现客观与公正性。以《中国青年报》的《青年话题》版为例。用该报总编辑李学谦的话说，这个版是追求"大嘴小嘴都说话"。一个农民的一封几百字的来信，也能刊登，专家学者的几千字的分析文章，也能登。特别是设立"不同观点"这样一个栏目重视观点的冲突，让社会上不同利益的人，让批评者和被批评者在一起说话。《人民日报》编辑陈家兴撰文介绍"青年话题"版："话题的内容无

① 马少华.冲突与宽容的言论生态—中美报纸言论版的比较研究[J].国际新闻界，2002(3).

疑是‘热’的，多是围绕社会生活中刚刚发生的、颇为读者关注的事件、人物指点评说。话题文章不浅不深也不俗，易为读者阅读和接受，不知不觉中就会让读者喜欢上并逐渐培养出一种‘我也想说’的兴趣。因此，广大读者的支持与参与是话题类栏目板块‘火爆’的根本所在。它们的兴起，正是‘读者办报’的一个具体体现，也是与广大读者参与社会生活、发表意见看法的意识分不开的。”①

传播者与受众的互动应该对弱势群体的话语权给予更多的关照。多年前王小波说过这样一段话：所谓弱势群体，就是有些话没有说出来的人。就是因为这些话没有说出来，所以很多人以为他们不存在或者很遥远。……然后我又猛省到自己也属于古往今来最大的一个弱势群体，就是沉默的大多数。这些人保持沉默的原因多种多样，有些人没能力、或者没有机会说话；还有人有些隐情不便说话；还有一些人，因为种种原因，对于话语的世界有某种厌恶之情②。对于弱势群体，中国学者郑杭生等提出以下方略：关心、支持、自助、增权。所谓增权，即“应当尊重和保障弱势群体的政治、经济和社会权利，特别是要加强民主制度建设，保障弱势群体的参与权利，尤其是保障其参与与其有关的各项决策的权利，使其能够表达和维护自身的权益。如果弱势群体被排斥在社会进程之外，不能参与相关决策的进程，他们的声音就无法表达，更谈不上有效维护其权益③。只有当弱势群体的声音通过大众传媒发表出来的时候，传媒才不会让大多数人“失语”，社会的民主进程才更进了一步。

在新媒体不断涌现并不断与传统媒体融合的背景下，传播者与受众互动的途径与形式定将越来越丰富。形式是前提，但“互动”在传播过程中所扮演的角色与功能的实现最终取决于互动的内容。如果媒体纯粹为了互动而互动，将“互动”仅仅作为一种夺取受众眼球、获取经济利益的经营手段的话，只会使传播内容趋于庸俗化，最终后果是导致媒体自身的公信力下降和受众的远离。“互动意识是基于对受众知情权、话语权的尊重建立起来的，心理空间的互动含量比外在手段重要得多。”④面对滚滚而来的世界性互动节目浪潮，BBC 互动性节目制作部主管埃玛·萨默维尔曾经指出：“我们必须谨慎考虑，应该以互动性增强哪些节目；这不是一个多多益善的问题，而是适当地选择节目，能以互动性使其价值最大化的问题。”⑤媒体不能仅仅为了互动而互动，放弃自身所负有的社会责任，传播的内容与实质以及对受众权利的关照才是互动最终的目的。

---

① 陈家兴.传媒“话题”热——中国青年报“青年话题”版述评[J]. 编采业务，2000(413).

② 王小波.思维的乐趣[M]. 石家庄：北岳文艺出版社，1996：85.

③ 郑杭生，李迎生.走向更加公正的社会：中国人民大学社会发展研究报告(2002-2003)[M]. 北京：中国人民大学出版社，2003.

④ 于丹.电视新闻：媒体变局的聚焦点[J]. 中国广播电视学刊，2004(1)：11.

⑤ 梅格·卡特. 广告商不懂电视互动[N]. 全球经济报道，2005-2-17.

四、新闻传播互动的实质

1. 新闻生产的共同参与者

这个问题可从以下 3 个方面理解：

（1）就传播者与接受者的关系来看，后者是前者的不可缺少的协同与合作的共同体。这决不仅仅是指传播者不能没有接收者，更在于接受者在接受过程中同样是一个具有充分能动性的选择者与评判者。传播者在制作、发出新闻之过程的前后，都需要认真地研究并理解其信息的接受对象，以便双方能够尽量达成对新闻信息认识与评价上的默契和一致。丹尼斯.麦奎尔曾经这样说道："当传播者在制作其讯息时，他的脑海里总有一幅接收者的图象，即使后者并不是具体出现在面前。"①这段话极其深刻地揭示了传播者与接受者的根本的内在的依存与制约的关系。原来在新闻生产的一开始，接受者就已经在传播者的意识深处，占据了一定的导引地位。传播者之所以自然而然在脑海里显现着接受者的图象，就是要在制作新闻信息的过程中尊重和靠近接受者的意愿和心理。由此可见，新闻传播的过程，决不仅仅是简单的传者向受众单方向传输和发送的关系，而是双方积极的参与互动，新闻就是在这种共同的参与中产生。

（2）就接受者与新闻产品的关系来看，接受者对于新闻信息的接收也是对新闻再加工的过程。一方面他们要根据自己的经验和观念对新闻做出必要的鉴别和理解，另一方面他们也要对新闻信息本身以至传播者的传播能力和水平进行一定的评判和认定，对新闻传播过程加以某种程度的反馈。同时，接受者还可能在他所接受到和理解到的新闻意义的基础上，制作出新的信息进行"二级传播"。所以，正如社会心理学家安德烈耶娃在《社会心理学》一书中所说："在人们交往的条件下，信息不仅仅是被传递，而且还不断形成、逐渐明确和持续发展。"②在这不断的持续发展中，其结果也许与传播者当初的期望是一致的，也许会有较大差异。总之，接受者的反馈与再创造，是新闻传播活动中共同参与对新闻生产的重要环节。

（3）就新闻传播的根本目的看，整个的新闻传播活动实际上所要实现的目的就是传、受双方的信息共享。当然，这种共享首先建立在各自功利的基础上。接受者期望获得新闻信息而满足自己的新闻欲，传播者也是要通过自己对于新闻信息的传播而对接受者产生一定的影响，并进而获得接受者对自己的工作和人格的认可，以便更加满足传播者自身的经济效益和归属方面的心理需求。概而言之，新闻传播过程既是传、受双方信息共享的过程，也是他们借助于共享而互相影响的过程。这种影响还会进一步波及到下一轮的传播过程。传播、分享、互相影响，然后

---

① 丹尼斯·麦奎尔.大众传播模式论[M].上海：上海译文出版社，1987：55-56.

② 安德烈耶娃.社会心理学[M].上海：上海翻译出版公司，1984：89.

再传播、分享，再产生相互影响。新闻传播活动就是这样不断地循环往复，从而构成波澜壮阔的新闻大事业和奔腾不息的新闻大历史。

2. 沟通与交流的联动关系

按照现代社会学的基本原理，社会是由无数相互联系的个人组成的。而这些个人同时又构成了各种各样的群体，其实社会本身就是一个最大的群体。因此，从根本上来说，每个人都是在一定的群体中生活的。而无论群体还是社会，它的形成又都是以人与人之间的互动为前提的。马克思说过："社会 —— 不管其形式如何—— 究竟是什么呢？是人们交互作用的产物。"①德国社会学家 G.齐美尔也说过，当人们之间的互动达到了足够的频率和密度，以至于人们能够相互影响并组成群体和单位时，社会便产生和存在了②。互动是发生在人们相互之间的社会行为，这一概念是社会学家和社会心理学家探求人类社会行为极其相互影响的基础，当然也是我们研究和讨论新闻传播的传者与受众关系的重要的理论支点。

从较为广泛的意义上说，社会互动是人们对他人发生动作或做出反应的过程，是指向他人或者与他人发生联系的社会行动。而从符号互动论的观点来看，社会互动又与沟通有着极为密切的联系。归根到底，人类沟通的本质是人们之间的信息交流和传递。而信息所以能够起到交流思想和感情的作用，就在于它是具有意义的符号，人们的社会互动正是在符号沟通的基础上实现的。沟通与互动的关系如此密切，以致在许多社会心理学家尤其是符号互动论者那里，"沟通"与"互动"经常在同等意义上被使用。

毫无疑问，新闻传播是人们在社会中沟通和交流的主要手段。正如法国新闻学家贝尔纳. 瓦耶纳所说："这样，在人口众多的社会里，新闻就成了主要的交流方式。新闻形成社会，因为它给社会以形式。是新闻，实际也只有新闻，能使全社会的单子聚结起来，能使潜在的现象明朗化，能够左右潮流，能够引起千百万条件相似的、渴望寻觅知音的人们的共同感应。"③因而，新闻传播自然也就是实现社会互动的最普遍的渠道。而这种互动关系的直接体现，当然也就是新闻传播的传者与受众的连动关系。那么，传播者与受传者的互动作用又具体表现在哪些方面呢？

第一，交流关系。交流当然是新闻传播最根本的社会职能与价值功能。以致贝尔纳·瓦耶纳的《当代新闻学》开宗明义的第一章的标题就叫"交流与新闻"，可见贝尔纳·瓦耶纳是把交流作为新闻的最本质的意义来看待的。他在第一段的文字中就是这样阐述的："个人的存在依赖于他人，权威人士也是在与他人的联系中形成的。社会集团之间也离不开相互交换。交流是社会生活的动力，它是人们的所得和价值的总和的平均分配。个人意识和共同意识不断地、新旧交错地在生活、经济、精神的交往活动中互相渗透。……交流是指两个或几个人之间的互相丰富

① 马克思，恩格斯. 马克思恩格斯全集(第四卷)[M]. 北京：人民出版社，1973：320.

② 周晓虹.现代社会心理学[M]. 上海：上海人民出版社，1997：305.

③ 贝尔纳·瓦耶纳.当代新闻学[M]. 北京：新华出版社，1986：17.

的活动，这项活动是在他们共有的未分资本的基础上进行的。起沟通作用的乃是语言。一切交流都是通过语言进行的，而一切语言又都是由交流支配的。”①贝尔纳·瓦耶纳又进一步描述了人们交流的具体过程和连接方式，认为，一次交流的情况可以用示意图来表示：如同一条通过一个物质中介（或“渠道”），把发报人（或“发件人”）和收报人（或“收件人”）联结起来的链。作为交流客体的信息，是由按照预定程序（或“代码”）集中起来的符号所组成，其中至少有一部分是对话双方共通的。整个过程构成一个系统，因为根据交流的回转（或“反馈”），它可以向两个方向作用——发报人可以变成收报人，收报人也可以变成发报人。在该系统内部，可以通过一系列的调整，有节奏地、不断地对新的成分（“新闻”）和已知成分（“多余信息”）进行平衡，以求达到最佳效果。

第二，交换关系。在社会学中有一派社会交换理论。这一派所感兴趣的是人们在社会互动过程中付出的代价和获得的酬赏。在交换论者眼中，可将人际间的社会互动或交往过程视为“一种至少是在两个人之间进行的交换活动，无论这种过程是有形的还是无形的，也无论其报酬或代价的大小如何。”交换论的代表人物乔治.霍曼斯和彼得·布劳等人认为，人们的社会互动就是一种交换关系。换言之，个人利益是隐匿于人们的社会互动背后的普遍动机，因此，我们可以用交换的观点去考察所有社会互动和社会行为。“邻居们交换恩惠；儿童们交换玩具；同事们交换帮助；熟人们交换礼貌；政治家交换让步；讨论者交换观点；家庭主妇们交换烹饪诀窍。”②甚至在友谊和爱情中也存在社会交换现象。社会交换理论看到了个人的需要满足和幸福对他人的社会行为的依赖。霍曼斯和布劳借用了经济学中的交换概念，将人们之间的交换从物质领域扩展到了非物质领域，为我们了解人类的社会互动提供了有益的借鉴。马克思说过：“假定人就是人，而人同世界的关系是一种人的关系，那么你就只能用爱来交换爱，只能用信任来交换信任。”③这说明在日常社会生活中，社会交换确实是一种十分常见的现象。而在这样的普遍的社会交换活动中，新闻传播无疑是一种重要的交换。除了信息的交换、感情的交换，也包括物质（新闻是一种商品）方面的交换。

第三，公众对话。这也是贝尔纳·瓦耶纳对于新闻的职能提出来的一个观点。他认为，大众的新闻再也不是某一个人的论坛。“它是每个人同公众的对话，也是公众同公众的对话。”在新闻传播的各个媒介上，国家元首对公民讲话，政治家对社会讲话，作家对他的读者讲话，歌唱家对他的“歌迷”们讲话。而报刊也东鳞西爪地登载一些社会上对他们的反映，使他们知道在社会当中是得到一致拥护还是遭到共同的反对；有时一种不近常理的意见反而从另一个角度获得某种支持。总之，社会中的所有成员都可以利用和通过媒体表达自己的意见，只要你的意见是能够为

① 贝尔纳·瓦耶纳.当代新闻学[M].北京：新华出版社，1986：1.
② 周晓虹.现代社会心理学[M].上海：上海人民出版社，1997：311-312.
③ 马克思，恩格斯.马克思恩格斯全集（第四卷）[M].北京：人民出版社，1972：229.

一部分人或大多数人所共同关心的。贝尔纳举例说："最最默默无闻的人，可能在某一天得到同明星或部长一样的发言权，他们什么也不是，甚至连罢工也没有参加，只要偶然被绑架成了人质，或者更简单，有人向他征求国歌速度变化的意见，他们就可能成为新闻人物。"①所以，新闻是公众之间发生最广泛地对话的最有效的方式。

基本概念与问题思考

1. 解释新闻传播者、新闻传播受众、新闻敏感、"选择性接触"。
2. 新闻传播者的素质要求是什么？
3. 新闻传播者的社会责任是什么？
4. 新闻传播者的权利有哪些？
5. 新闻传播受众的总体特征有哪些？
6. 新闻受众的主要心理机制有哪些？
7. 新闻传播受众的负面心理有哪些？
8. 谈谈新闻传播者与受众的互动关系。
9. 把关人在对信息处理过程中主要有哪三方面的作用？
10. "受者中心论"就是"一切由受众决定"吗？

① 贝尔纳·瓦耶纳.当代新闻学[M].北京：新华出版社，1986：18.

第十章　新闻传播的基本规则与规律

在前几章中，我们考察了新闻的缘起，认识了新闻传播行为的要素和整个活动的流程。那么，在这样的行为和活动的全过程中，又存在着怎样的内在的规律和最根本性的原则与要求呢?

大千世界、万事万物，其所有存在、运动、发展和变化都是有规律可循的，而所有理论也都是对于大千世界、人类社会以及各行各业的规律进行理论的概括和总结的。所以，作为新闻理论，就是应该揭示出新闻传播的基本规律，也应该把新闻传播最内在的要求和规则阐述清楚。这才是理论联系实际的最佳结合点，因为在新闻传播的实践当中，必须注意按照规律行事，必须了解其中的基本规则和要求，新闻传播也才能产生最好的效果，取得更好的效益。

第一节　新闻传播的内在规则

一、新闻选择

“选择”是人人熟知的一个概念，而恰恰由于人们对于选择行为的习以为常，也就对于选择在人生中以及各项事业中的重要性缺乏理论性的认识。实际上，人生活在这个世界上，毫无疑问地每天都要面临着一些选择。日常生活上的衣食住行方面的选择，工作生产上的计划方案以及用人调度方面的选择等等。甚至中午到餐厅吃饭也要对饭菜首先做出选择。人的一生实在是时时处在选择之中。选择既然无所不在，为了人们能够更加科学地进行选择，尤其是一些涉及人生事业或者社会发展等方面的重大选择，建立一套专门研究人的选择及其相关理论的“选择学”，当然就是顺理成章的了。有了这样的一门“选择学”，不仅对于我们通常所应用的“选择”的概念，给予了理论化的解释，而且对于相关的一些学科也具有重要的指导意义。我们这里的“新闻选择”的要求，就是以选择学作为理论上的依据的。那么，究竟什么是选择呢?

按照“选择学”的定义，选择就是行为主体对行为目标或方案的搜寻、比较和确认①。而在人类的全部新闻活动和整个新闻事业中，选择无疑贯穿在每一个环节和程序之中。

---

① 孙万鹏.选择学[M].济南：山东人民出版社，1992：55-56.

那么,新闻选择又有哪些具体要求?我们又应该如何进行新闻选择呢?

新闻选择,是指在特定的传播环境下,根据一定的价值取向和原则标准,对新闻事实、新闻作品通过主体的主观衡量与评判,所做出的取舍与认定。进一步说,因为新闻和新闻报道的基本对象是新近发生以及变动的事实,所以,实质上新闻选择首先就是对于能够构成新闻和可以进入新闻传播过程的事实的选择。而由于在传受过程中,新闻传播者、受传者和决策者所处的地位不同,各自承载着不同的社会责任并相对处于一种不同的政治与经济的利害关系之中,所以,他们对新闻的选择标准和兴趣也是有很大的不同的。而在这样的格局中,作为第一把关人和实际操作者的新闻传播者,是处于最重要的和第一位的选择位置上的。所以,关于新闻选择的要求也就主要是讲新闻传播者在取材和制作过程中的选择问题。

1. 新闻选择的目标

归根结底,新闻传播的根本目的就是向社会提供最及时以及最佳最有效的信息,具体而言,也就是要把世界变动的最新事实尤其那些事关社会发展以及国计民生或者为广大受众最为关心的新鲜事实传播向尽可能广泛的接受者。从而让社会的信息流通一直呈现为最快速和畅通的状态。从整体上和宏观上看,新闻传播既不能遗漏或者延迟传播具有新闻价值的以及流通必要的信息,又要避免信息的过量膨胀甚至过多的垃圾信息而造成信息拥堵和泡沫化。在现代世界,每日每时所产生的信息是无限的,而我们的传播者又如何保证信息发布的最佳值呢?这就首先需要明确新闻选择的目标。

对于新闻选择的目标,主要应该从以下两个方面加以考虑:

(1) 是社会公共领域需求度。社会发展与社会稳定是任何时代人们生存的最基本的条件。新闻传播首先必须承担最基本的有利于社会发展和社会稳定的历史使命,充当社会航船上的了望者的角色。新闻传播的最根本的出发点就是要服务于社会,服务于受众。因此,在新闻选择的过程中,一个最高的目标,就应该是考虑我们所要选取的对象以及我们即将由此所发布的信息,在整个社会信息流通以及社会公共领域的利害关系中是否具有一定的必要性或需求度。其社会信息流通的价值越大,其社会公共利益的需求度越高,当然就越符合我们的选择目标。

所谓社会公共信息需求度,当然也是一个十分宽泛的概念,它包括社会各个方面的信息需求性。而它所强调的就是社会公共的信息需求。有了这样的信息传播,或者通过这样的信息流通,社会就能在一定程度上得到活力的激发,社会公共利益就能在一定程度上得到守护,而在更高的境界上,则可以大大推动社会历史的发展。从而取得更大的社会效益。

(2) 是受众应知欲知需求度。现代的新闻传播,已经由传者中心转移到了受众中心的格局。我们的新闻传播不再仅仅是由上而下的灌输和指令,而是围绕着受众、服务于受众。我们的新闻选择当然首先要考虑社会公共的最大利益,尤其是国家与民族的利益,但是,在不违背或并不涉及社会公共利益的前提下,我们的选择目标一定要以受众需求为中心。

而所谓受众需求，一是受众应知的信息，这样的信息虽然并不一定是受众从主观内心中特别渴望了解的信息，但从某种意义上却是他们必须知道的。如近年来在全社会开展的“八荣八耻”教育，这不只是着眼于全社会的发展与稳定的需要，而且从根本上来说是与每个公众个人的切身利益和生活质量都密切相关的，这样的信息虽然并不一定是受众从接受兴趣上最为关心的，却仍然是建立在受众利益中心的基础上的。所以。我们对这一类新闻的选择，实质上也是从受众出发，而从根本上服务于受众的。二是受众主观欲知的信息。传播者在新闻传播活动中是信息的发送者，但是，传播者却又不能仅仅知道把自己掌握的信息传播给受众，还应该知道受众对哪些信息是最想知道的，即受众欲知的，就是我们的传播者必须选择的。

很多时候，即使是同一件事实，或者同一个新闻素材，受众最想知道的其中的信息也是有很大区别的。尤其是在媒介分众化的现实之中，不同受众定位的媒介，就更需要根据自己的受众对象选择适当的角度和事实的有关内容进行新闻制作。如 2014 年 3 月 8 日马航 370 班级失联发生后，国际及国内各大媒体分别从自身定位和角度，对事件进行了报道，而报道的内容则根据自身服务和满足的对象而有所侧重，有的偏重于国际政治，有的偏重于当事人家属，有的偏重于航空公司的日常管理等等，从而满足了不同受众的求知需求。这就是新闻选择的基本目标。

2. 新闻选择的过程

这里有 3 个基本步骤和 3 个基本环节。3 个环节就是传播者在进行新闻采访、写作和编辑的各个环节上，对新闻事实和报道对象进行多层次筛选；3 个基本步骤即在进行具体的事实选择中的搜寻、比较和确认。这三者有循序渐进的关系，而在实际的运作过程中又不是那么界限分明。因为有时需要交错进行或者同时进行。

“搜寻”，就是充分利用新闻资源，广泛收集报道线索，详细占有报道对象的相关材料，特别是第一手资料。如果进行新闻策划，那就要尽量拿出更多一些的策划方案。“比较”，就是在不同事实之间、不同线索之间、不同主题之间、不同素材之间、不同写法之间、不同方案之间，权衡长短利弊，为下一步的确认做好准备。“确认”，就是在反复比较的基础上，做出决断，确定预期效果最佳者作为最终选择的结果。新闻选择归根结底是从多种可行性方案中选取一个满意度较高的方案。所以，选择中尽可能占有更多一些的选择的对象和方案。从而使选择的余地更大一些，选择的空间更多一些，以便有更充分的比较，从多中择优。在实际的新闻选择中，“搜寻”当然是进入选择的第一步，但是，到了比较的环节中，仍然可以继续搜寻；甚至在确认之后，如果又搜寻到新的事实或材料也仍然可以重新比较，或者进一步搜寻，再重新确认。总之三者密切关联，互不可分。

3. 新闻选择的准则

两个方面的依据，即一是新闻价值，一是政策法规和社会道德。

新闻价值标准用于权衡新闻事实或相应作品新闻性的强弱，测度新闻事实或相应作品的信息量和社会影响力。传播者根据权衡和测度的结果，做出取舍或轻重缓急的处理决定。新闻价值标准的具体尺度，就是前面讲过的新闻价值理论和新闻价值要素。

政策法规和伦理道德是社会公认的行为规范。它们作为新闻选择的标准，用于权衡和测度新闻事实和相应新闻作品的社会价值和宣传效力。传播者根据权衡和测度的结果，做出允许不允许出版和怎样出版的决定。其具体尺度是相关的法律政策和成文不成文的伦理律条。

这里还需要更深入一个层次加以说明的是，作为新闻选择标准的政策法规和伦理道德，一部分是专门属于新闻职业的政策和法规以及新闻界的职业道德，包括新闻纪律等等。这是每个新闻从业人员必须牢牢坚守的职业规范。而从另一个层面来说，就是指全社会必须共同遵守的政策法规和伦理道德。我们的新闻选择，一定要符合国家的有关政策法规和有利于社会稳定与发展的道德规则。千万不能在新闻报道中出现与政策相悖或不利于公共道德建设的事实和观点。

新闻选择除了以上的两个主要的硬件的标准之外，还有人提出一些次要性标准。如新闻的可读性标准，版面画面以及文章章节的审美标准等。这些次要标准在新闻价值判断中起辅助作用，有利于新闻选择最佳目标的实现①。

二、新闻信息量

1. 新闻信息量内涵探讨

新闻信息量是20世纪80年代中期，我国的一些新闻理论家提出的一个概念。那么，什么是“新闻信息量”呢？新闻信息又如何来进行“计量”呢？我们就分别来介绍一些专家的学术观点。

何光先先生在他的《现代新闻学》中是这样来定义和解释新闻信息量的：“新闻信息量是指构成新闻的每一个最小的单一事件信息。一个新闻信息，就是一个客观存在的，有时间、空间和人物（或其他主体）活动组成的独立的事实。一条消息或一篇报道，可能由一个信息组成，也可能由两个、三个或更多的信息组成。但要衡量某篇报道是不是新闻，不管它含有多少个新闻信息，主要看其中构成消息和报道的主体事实，或者说是母信息。是否具有新闻信息质的要求的事实。如果不具有，那么其他从属事实，或者说是子信息再具有新闻信息质的要求，也算不上一条真正的新闻。如果把一个信息算作一个单元的话，那么，由一个信息组成的消息或报道，就叫单元信息新闻；由两个信息组成的消息或报道，就叫双元信息新闻；由两个以上的信息组成的消息或报道，就叫多元信息新闻。每条新闻所含单元信息的

---

① 项德生，郑保卫.新闻学概论[M].武汉：武汉大学出版社，2000：81-82.

多少，就叫做新闻信息量。[①]”

李良荣教授根据哲学对于信息的解释：“信息是事物运动的外化，没有运动就没有信息。”分析了决定新闻信息量大小的主要因素：第一，从事物变动的影响力来看，“信息量大小和事物变动对社会、对人们切身利益的影响程度成正比。”第二，从事物变动的规模和空间来看，“信息量大小和事物变动的规模、空间大小成正比。一场全局性的变动总比局部性的变动信息量大。”第三，从事物变动的速度来看，“信息量大小和事物变动的时间长短成反比。事物变动的速度越快、时间越短，信息量越大。‘爆炸性新闻’都是信息量很大的新闻。所谓爆炸性新闻都是突发事件，都是在极短时间内发生的。”第四，从事物变动的可能性概率来看，“信息量和概率成反比。事物按常规、常理、常态发展，按人们预料的方向发展，信息量比较小；事物发展一反常态，出乎人们的意料之外，‘爆出冷门’，‘跑出黑马’，信息量就比较大。”[②]

说来说去，新闻信息量也只能是一个纯概念性的说法，严格地说，新闻信息是很难准确计量，尤其是很难用具体的数字去进行统计和计算的。但是，也有一些学者采用模拟的方法，尽量运用数学公式研究了新闻信息的计量方法。

2. 新闻信息的计量方法

计算新闻信息量的多少，是我国新闻学者 20 世纪 80 年代中期借用信息论中的信息量概念提出来的一个新闻学概念。其理论原理是通过受众收到信息后“熵”的减少来测度不确定性的减少，以此作为信息量的度量标准。一些学者在研究中还根据信息论中的信息量公式提出了新闻作品信息量的计算公式，如刘卫东在其所著《信息论与新闻》中提出以下公式：

$$\text{新闻作品信息量}=\frac{\text{单位新闻信息}}{\text{信息符号之和}}$$

这个公式通过新闻作品中含有的单位新闻信息与作品信息载体的文字符号总和之比来计算其信息量。也有一些学者认为，新闻信息量最简单的计算办法，是指出新闻中含有最小单一事实的数量。

王益民教授在《系统理论新闻学》一书中就重点探讨了从内容上对新闻信息计量的问题。他认为：“新闻信息是广义信息论所说的‘文化新信息’的一部分，即所谓对事物新近运动状态的陈述。新闻稿件中所含的新闻信息量，如前所说，不能从形式上看它篇幅的大小、字数的多寡、或播放时间的长短，必须看稿件所报道的内容如何，即要从内容上计量。”那么，从内容上计量，又有什么规则可以遵循呢？王教授从以下几个方面进行了论述：

（1）关于新闻信息的计量单位。王教授基本同意有人已经提出的“把新闻报道中最小的、不可分割的、能够自由运用的单一事实作为新闻信息单位”。并对其

---

① 何光先.现代新闻学[M].昆明：云南教育出版社，1988：304.

② 李良荣.新闻学导论[M].北京：高等教育出版社，1999：29-30.

优点进行了论证。

（2）关于新闻信息的“比较级差”。新闻信息之间，不仅有主、次之差，还有微、余之别。这种“差别”以及差别的程度，就叫新闻信息的“比较级差”。

（3）关于新闻信息的计量模拟。提出了新闻信息的“比较级差”的概念之后，就说明，信息在量相同的情况下，还有质的区别。主信息，对于接受对象来说，是新鲜的，是他们“欲知、应知而未知”的。次信息，一般说是那些对比、映衬的背景材料，它的价值和作用与主信息相比，差不多要相应减半。微信息，或是新闻中的细微末节，无关宏旨，或是大多数人已知的背景材料，认识价值不大。冗余信息，就是事实以外的空话和废话了，不仅无用，还会造成噪音干扰。因此，新闻信息量可以用以下计算公式来表示：

新闻信息量＝主信息＋次信息×等级比＋微信息×等级比—冗余信息×噪音干扰度

王益民教授还特别指出，这里应该注意划清两个界线：首先，不能只看信息量的绝对值，即不是新闻报道的篇幅和字数越长，其信息量就越大。信息量大，是指它的内容扎实，有分量；反之，信息量就小。其次，不能堆砌事实。新闻信息量以最小的事实为单位，却不能不加选择地无限度地罗列事实。必须突出“主体信息”，去掉属于“冗余信息”的那些不必要的事实。

此外，关于事实外信息的计量。就是新闻在叙述事实、传达信息中，往往蕴涵着一种表现传播者倾向的某种情感或道理，这也在新闻信息量的计算之内。如我们对原苏联领导人去世的报道：赫鲁晓夫用“死了”，勃列日涅夫和契尔年科用“逝世”。这既反映我们对三个人的不同评价，也表明中苏关系已得到改善。这种信息若应用得好，会使单位事实的信息量增大①。

以上所介绍的新闻信息的计量方法，显得繁琐一些、抽象一些，但很值得参考，对于新闻传播的实际活动，也更具有很直接的启发意义。

3. 如何增大新闻信息量

既然新闻报道中存在着不同的信息量问题，也就是说同一单位或单元的新闻报道所携带的信息量是有差别的。那么，我们的新闻传播当然就应该尽量加大单篇或单元的新闻作品的信息量。从而做到使每一个单程的新闻报道活动取得更加事半功倍的效果和收益。然而，增大新闻的信息量又有哪些规律和要求呢？这里起码有两条最能够使新闻信息增大和增值的规律性途径。那就是，①力求新闻传播的全面性；②提高新闻传播的流通速度。

所谓“新闻传播的全面性”，童兵教授做过这样的一些解释：“第一，对一件新闻事实（事件）的报道过程要完整，情节要详尽，尤其是不可或缺的重要过程与情节，必须做出具体细致的报道，实在无法提供有关情况者，要做出交代或说明。第二，对一种社会现象的报道，提供纵向与横向的全方位材料，以及对这些材料的分

---

① 王益民.系统理论新闻学[M].武汉：华中理工大学出版社，1999：76-81.

析，既不隐恶显善，又不隐善显恶，使公众能够毫无障碍地获得关于这些社会现象的总体资讯和全部看法，以便通过独立的观察与思考，得出他们自己的印象和结论。第三，对于有争议的问题的报道，充分顾及和全面报道各种情况、意见与看法，即便是少数人的意见与看法，或者在传播者看来是错误的而不加认同的意见与看法，也应无保留地向公众公开报道，而并不将自己的看法强加于社会公众。”童教授对以上三点这样归结道：“新闻传播的全面性，要求向公众提供全面的而不是片面的、整体的而不是零星的、正确的而不是歪曲的事实、情况和意见。这是全面性最基本的内涵。”①新闻报道的这种全面性，不仅注意到了新闻事实本身的完整性，而且还强调了新闻事实与相关事实和事件的各种各样的关系，那么，其所做出的报道，信息量就一定会非常丰富。

所谓“加速信息流通”，或者叫“加大信息流通量”，按照黄旦博士的解释，其含义也有以下三条：“第一，传得快。新闻喜新不喜旧，流通速度快，流通时间短，不仅可以保证新闻的新鲜性，而且也可以保证新闻尽量减少损耗，以防止失真。然而，就新闻传播来看，新闻信息流动速度的意义不仅仅在此。因为新闻传播过程实质上是以时间换取空间，传播快就意味着拥有更大的传播空间，可以影响更多的人。第二，传得多。一般说来，流通速度是与流通数量成正比的，速度越快，表示能通过的新闻信息也就越多。然而，这毕竟只是一个前提能不能在特定时间里传播更多的新闻，还是要靠传、受双方，尤其要靠传播者的努力。快而不多，轻者造成空耗和浪费，重者会使传播关系结而不紧，甚至有名无实。第三，传得自由。快与多，是与传播中所获得的自由度密切相关的。如果在传播中各种障碍重重、条条框框繁多，缺少必要的自由和决定权，求多求快就等同于缘木求鱼。因而，快是多的前提，多是快的目的，而自由，则是能快与能多的基础。”②这就是新闻信息流通的“多”与“快”的辩证法。而且也从理论上充分说明了加大新闻信息流通量（快）对于增大新闻信息量（多）的根本关系。

实际上，增大新闻的信息量，起码还应该考虑到以下两个层次的问题，第一是单个新闻事实在报道中的信息容量扩展，第二是媒介单位在特定时段和特定版面内的信息容量是否饱满。我们的新闻报道之所以常常让受众感到厌倦，感到看上去很乏味，很多时候就是由于一条新闻中的信息量太少太有限。甚至一看标题就能知道其中的全部信息，而整条新闻中又只是表面地叙述事实最外在的部分。至于一个具体的新闻媒体，或者一个栏目与节目，也往往是满篇的空话和废话，实实在在的信息和内容却非常稀少。这是我们所有的传播者和新闻媒介应该切实加以注意和改进的。

---

① 童兵.理论新闻传播学导论[M].北京：中国人民大学出版社，2000：85.

② 黄旦.新闻传播学[M].杭州：杭州大学出版社，1997：236-239.

三、新闻真实性

真实是新闻的生命。这是毫无疑问的。所以也可以说，没有真实就没有新闻。新闻必须以事实为根本，内容真实是新闻存在的首要条件，也是对新闻报道的根本要求。新闻之所以被公众相信和接受，首先在于其传播信息的真实性。而新闻一旦失实，便失去了存在的基础和根本。

1. 真实性的具体要求

新闻的真实性问题，历来的传播者和理论家无疑都十分看重，甚至视其为生命。然而，多少年来，关于新闻的真实性的实际内涵，却又很少能够得出一种非常科学严谨的理论上的界定和解释。我们认为，新闻真实的具体标准应该称之为"要素真实"。因为，归根结底，新闻的真实性所要求的就是在新闻报道中的每一个具体的事实必须符合客观实际。所谓"要素真实"即表现在新闻报道中的基本要素：时间（when）、地点（where）、人物（who）、事件（what）、原因（ why）和经过（ how）都经得起核对。这六个要素如果是完全符合原本事实而没有任何差错，就可以认定其客观真实性。有了这样的一个标准，新闻真实性也就实现了不仅仅是一种抽象原则，而且具有了很充分的可操作性和可检验性。

这样的要求看上去很简单，但一到具体实践中就往往变得极为复杂。其原因在于：任何新闻报道都是经过选择的。而选择就要对选中的每一个事件还得再选择其中的部分事实进行制作和传播，这里就有对于事件构成因素的主次、轻重、详略等方面的选择和处理。在这样的选择过程中，一般传播者必定会依据不同的立场、观点和思想认识以及不同的价值观念和取向来进行取舍。于是，同一个事件，不同传播者以及不同传媒，报道出来可能会有很大差别甚至大相径庭。但是，对于我们社会主义国家的媒体来说，坚守新闻客观真实，尤其是做到具体的"要素真实"，是不可动摇的基本要求。

按照辩证唯物主义的哲学观，世界上的任何事物都是相互联系的，一个事物的产生、发展、消亡都是在相互联系中展开和演变的。新闻报道要真实地反映一个事件，必须注意它前后左右的联系。这就要求新闻工作者从事实的全部总和中去抽取事实，而不是带着固定的观点到现实中找例子，或者孤零零地表现一个事件。列宁说过："社会生活现象极端复杂，随时可以找到任何数量的例子或个别的材料来证实任何一个论点。"①在具体的新闻报道中，如果记者的采访不深入，凭一孔之见或道听途说，看到一点便以为了解了全面，得到某个信息的片断便以为掌握了事物的全部真相，就很容易由于片面和表面观察而造成失实报道。另外，新闻所报道的客观事物又必然是处在不断地变化、发展以及与其他事物的相互联系之中的，因而

---

① 列宁.列宁全集第2卷[M].北京：人民出版社，1956：37.

也就往往呈现出错综复杂甚至瞬息万变的状况，记者一定要有对一个事物总体发展的眼光来报道新闻，而许多好新闻都是从错综复杂的假象入手，一步一步发掘出真相的。所以，西方的“社会责任论”的倡导者们在《一个自由而负责的新闻界》一书中，对负责任的报刊提出五点要求，其中第一点就提出：“对每日的事件给予真实的、全面的和理智的报道，并将它们置于能显示其意义的特定的前后联系之中。”

2. 局部真实和整体真实

有些学者称其为微观真实和宏观真实。我们认为，新闻真实性，不但要求每篇新闻都达到要素真实，而且很多时候还要通过连续不断的新闻报道反映出整个现实过程的真实。新闻报道中有个体事实，也有总体事实。报道个体事实要真实，它体现的是微观真实，报道总体事实也要真实，它体现的是宏观真实。但个体事实和总体真实之间的关系是十分复杂的。总体是建立在个体之上的，可个体又不等同于总体。它有时和总体是同类的，只有量上的区别；有时它只是总体的一个侧面，甚至只是支流的一个侧面。微观真实和宏观真实能否有机地统一起来，对维护新闻的真实性至关重要。另外，还有学者提出新闻报道的多层次真实。持这种观点的学者们认为，新闻的真实性是随着事实发展的真实，表现为一个认识的过程。因为信息本身有一个不断释放的过程，信息释放完毕，或者说事实的发展完结，报道的真实性才能全部展现出来。事实进展到什么程度，新闻报道的真实性只能达到什么程度，当然这其中也并不完全排斥建立在科学预测基础上的展望性的观点，但绝不允许凭空推断。因此，新闻的真实，还应该是多层次的真实，具体到新闻报道作品，真实性也有一个层次问题。一般来说，文体结构的层次与事实本身的立体构成在层次上是协调一致的。事实原本的结构越复杂，文体结构的要求层次越高。

新闻除了报道某一具体事件外，有时还要对涉及这一事件的大量相关事实进行综合和概括。对这些概括性事实，同样要求做到真实、准确，全面、客观，符合实际，不能以点代面，以偏概全。这就要求，在综合和概括新闻事实材料的过程中，要注意选择那些能够代表和反映事物的基本特征、内在品质和整体面貌的东西，选择那些能够体现和揭示事物内在规律和本质特征的东西。除此以外，对新闻事实的解释和评论也要做到客观、公正、实事求是，要合乎客观事实自身的逻辑，要力求从事实的整体和联系上深刻反映事物的内在规律，要防止简单、片面地认识事物的方法。所以有人说：“整体真实从更高的视野俯瞰个体真实，使个体真实和整体真实相统一，这是更高价值的真实”，①我们的新闻，一定要注意从事物之间的相互联系中把握事物；要能够找出单个事物在整体中的位置和作用；要学会在事物的运动和发展中确定事物的现时状态与未来趋势。总之，要全面地、深刻地认识、把握和反映事物；要从事物运动和发展的过程中认识、把握和反映事物；要从事物的整体和联系上认识、把握和反映事物。只有这样，才能保证新闻报道总体上与宏观上的真

① 刘建明.现代新闻理论[M].北京：民族出版社，1999：59.

实、可信。

新闻采编工作者带着观点找例子，以偏概全，凭局部的真实，妄断整体的真实，是新闻报道有违新闻本质真实性原则的一个突出问题。2006 年 2 月和 3 月份，几家权威媒体报道过这样一条消息：《昆山开发区"零土地"引资 3.3 亿美元》，说的是昆山经济开发区实施"契约式"服务，引导企业增资扩股，2005 年共有 81 个增资扩股项目，工业企业的扩张发展，没有消耗土地资源。应该说，这条消息的立意、主题和指导性，都符合当前科学发展的要求，在长三角地区土地资源日益紧张的背景下，这类新闻既倡导了一种方向，也会给其他地区的发展，提供一种好的思路和借鉴。但是报道只是简单地罗列数字，并且报道的这些数据，没有说明权威性的来源。除了一些数据叠加外，报道还列举了几个企业增资数据，说明企业"零土地"增资，是通过建设高层厂房，向"空中"要土地。但是，新华日报社记者对这个课题进行专题调查时发现，文中所列举的企业增资扩股确有其事，开发区出口加工区许多企业扩大产能，新建的厂房都是向空中发展，厂房"长高"等事实也是真实的。但是，在 81 个增资项目中，没有一家企业增资扩股时是拆了老厂房、原地新建高层厂房。

实际上，由于当地一大批台资、外资企业 2005 年利用第二期、三期的工业预留用地增资扩股，也有易地新建厂房、搬迁企业的，开发区全年的用地指标只占上一年度的 47%，就局部和单个的事实看，昆山经济开发区在 2005 年共有台资、外资企业在 81 个项目上增资扩股发展，这是真实的；增资总额达到 3.3 亿美元也是真实的。其中，厂房扩建，在开发区也出现了纷纷建设高层厂房这样的现象。但是，局部的事实，尽管都是真实的，却与"零土地"增资 3.3 亿美元的整体事实，没有内在的联系，用这类局部事实推理出另外一个整体事实，或者说是将一种愿望，直接说成是发生了的事实，而实际上真实的事实与报道的主题没有内在的联系。既有的客观的事实，被利用为观点的佐证。这样的报道在本质上同样是失实的①。

3. 现象真实和实质真实

新闻的"实质真实"原本被称为"本质真实"。但"本质真实"的概念在新闻学领域一直争议很大。对本质真实的看法有多种，有的认为是指反映事实的客观规律；有的认为是指正确的立场；有的是指全面客观反映事实；有的是指舍去假象、偶然性的事实，报道真实、必然性的事实②。而更多的学者则认为"本质真实"的提法是不恰当，或者说不合实际的。

"本质真实论"不但认为假象是不真实的，甚至"片面的、偶然的现象也是不真实的，只有事物的本质才是真实的。"这样的说法被许多学者认为是不能成立的。因为任何现象都是本质的某种表现，没有不反映本质的现象，也没有不存在于现象

① 晓诤.追求新闻本质的真实［EB/OL］. www.mediumcenter.com.

② 李良荣.新闻学导论［M］. 北京：高等教育出版社，1999：128.

中的本质。即如假象，列宁说它也是“本质的一个方面”。这样，任何一条报道了客观事实某种现象的新闻，它都在某种程度或某个方面揭示了这个事实的本质。对此，有人这样分析道：所谓“本质”原是哲学上的一个概念，与现象为一对范畴，它们所表示的是事物的里表及其相互关系，反映了人们对事物认识的水平和深度。本质是事物的根本属性，是事物自身组成要素之间相对稳定的内在联系；现象则是事物的外部联系和表面特征，是事物本质的外在表现。任何事物的本质都是要通过一定的现象表现出来，而任何现象又都是从某一特定的方面表现出事物的本质。“本质真实论”认为现象是不真实的。那么，是不是指所有事物的现象本身都是虚假的呢？如果是这个意思，那就显然是不正确的。因为，任何事物的任何现象都是真实的、客观的存在。或者，是说现象没有反映事物的本质，而“只有事物的本质才是真实的”？其实，任何现象都是从某一特定的方面表现事物的本质的。没有不反映本质的现象，也没有不表现为现象的本质。即如假象，那也是不能从字面上去理解，认为假象就是不真实的现象。列宁说：“非本质的东西，假象的东西，表面的东西常常消失，不像‘本质’那样‘扎实’，那样‘稳固’。例如：河水的流动就是泡沫在上面，深流在下面。然而就连泡沫也是本质的表现。”显然，假象并不是一种虚假的、不真实的东西。所谓假象，如列宁所说：“假象＝本质的否定的本性。”它是本质的否定方面的表现。所以，无论现象或是假象，它们都是真实的客观存在，它们都从特定的方面反映着本质。那么，本质真实论所谓“只有事物的本质才是真实的”这个观点当然是不能成立的了。新闻是新近发生的事实的报道，它的真实与否只能用所报道的客观事实本身去检验，与事实相符就真实，否则便不真实。这个标准是客观的，而且是确定不移的。

然而，在实际的新闻报道中，又确实经常会涉及表面真实与事实的内在真实的关系问题。如，浙江一家报纸曾刊发了一幅新闻照片，反映的是一群“土里土气”的农村妇女在杭州西湖西山公园“花港观鱼”景点的曲桥上观鱼，一派欣喜欢乐的场面。照片说明的大意是：党的十一届三中全会后，农村经济得到了快速发展，农民生活水平大幅度提高，农村妇女也有条件上“天堂”游览了。然而，读者只要仔细观察这张“新闻照片”，就不难发现，这群农村妇女是清一色的装束：头上包着一条毛巾，身上穿着大襟布褂，腰间系了一条围裙，肩上还挎了一只香袋。这实际上是那个年代杭嘉湖地区农村妇女上杭州灵隐寺进香的“统一着装”。也就是说，这张“新闻照片”表面反映的是“农村妇女游西湖”，而这些农村妇女上杭城的真实目的是“灵隐进香”，“游西湖”不过是她们进香以后的乘兴之举，是“进香”之后的“副产品”。因而，这张“新闻照片”，从表面上讲是真实的（这些农村妇女“游西湖”的镜头是实地拍摄，决非暗房技巧），但从其实质上讲却是失实的①。所以，我们的新闻也的确不能不考虑现象背后的真实性问题。那么，为了避免“本质真实”这一概念的

① 陈应雄.新闻报道中的表面真实与本质真实[J].新闻战线，2003(10).

歧义，我们采用了"实质真实"这样的说法。我们的传播者在报道新闻时的确可以报道一切真实的现象，但是，也应该具有透视现象内在的实质的眼光和能力。虽然并不一定对每一个事实都要去挖掘和发现其本质，却也需要尽量能够看到其中的部分实质性的东西，尤其是那些较为明显的实质内涵。

四、新闻的客观性与公正性

新闻传播必须客观，当然也必须公正。这是毫无疑问的。在新闻传播的全过程中，每一个环节上的传播者都应当时时遵循客观性与公正性的要求，否则，新闻失去了客观，失去了公正，还怎么能被社会接受和认可呢？因而，真实、客观和公正，才是新闻的立身之本。其实，客观性与公正性也是密切相关的，客观才能公正，公正必须客观；客观是公正的前提，公正也就是客观的最直接的结果。因而，我们把这两者放在一起来加以阐述。

先说客观性。新闻传播的客观性，是指新闻传播者按照事物的本来面目如实报道的特性。它首先要求传播者所采集的新闻事实必须是客观的存在，或者是按照客观规律正在发生与发展的事实；其次就是在对客观事实进行信息转换即通过编码制作和形成符号化的程序中，一定要通过对事实的客观的叙述和陈述，让事实自己站出来说话，或者运用事实自身的逻辑的力量来显现新闻传播的倾向性。新闻传播一旦离开客观性，就很难保证新闻报道的真实性。这实在是关乎新闻及整个新闻事业的生命与生存的重大原则问题。

对于新闻客观性的具体要求，李良荣教授曾经这样提出："客观性报道大致包含三层意思：第一，要求记者在事实选择中不带偏见。第二，记者应超然于所报道的事情之外。第三，记者不应该对事实发表评论，把意见和事实分开，新闻报道只提供事实，评论才提供意见。这三层含义构成客观性的基本框架。"①

从客观报道产生的历史看，1798 年到 1880 年，美国处在政党报刊时期，煽情主义风行。共和党、联邦党的各种报刊不惜采用非常卑鄙的手段相互诋毁。由佛伦诺主办的《美国公报》为了辱骂、丑化华盛顿，随心所欲地给他加上"娼妓"、"卖国贼"、"强盗"的恶名，完全是毫无事实依据的捏造和诽谤。杰弗逊担任总统后，也被敌对报纸编造了种种丑闻，被一些报纸闹得满城风雨。杰弗逊无可奈何地感叹："现在的报纸文字什么也不足信。真理落在了这些肮脏的机关报上，也成了可疑的东西。"②在这种情况下，美国报人中的有识之士随即打起"独立办报"的旗帜，反省"黑暗年代"的教训，开始认识到新闻传播的一条最基本的定律，即新闻传播如果太强调突出观点，就有可能歪曲事实，而广大读者最希望看到的就是新闻事实；新闻

---

① 李良荣.新闻学导论[M].北京：高等教育出版社，1999：33.

② 刘建明.现代新闻理论[M].北京：民族出版社，1999：136.

传播只有不带任何偏见地叙述客观事实，才能获得广大公众的认可和接受。塞缪尔·鲍尔斯是倡导“独立新闻学”概念的第一人。早在1855年，他就明确指出应该在事实(Fact)与意见(Review)之间划清界线，分清“思想与情绪，事实与感觉”。新闻应该提供读者最原始的材料，让读者自行判断，这正是“客观报道”的精髓所在。1896年8月，阿道夫·奥克斯买下《纽约时报》后，决心学习廉价报纸报道新闻的长处，摒弃其过于煽情的做法。奥克斯的报纸强调自己的记录性，要求新闻客观公正地报道事件，并且在报道中开始注意将事实和议论分开。奥克斯在办报宣言中说，《纽约时报》将“不偏不倚地、无私无畏地提供新闻，不论涉及什么政党、派别的利益。”在中国，新闻传播的客观性问题是著名报人梁启超最早提出的。他在1903年就指出：“史家必有主观客观两界，作报者亦然。政府人民所演之近事，本周我国所发之现象，报之客观也。比近事，观现象，而思近以推绎之发现之，以利国民。”①新中国成立前，《大公报》《申报》等报刊努力将客观报道贯彻到新闻实践中。大公报还提出“不党、不卖、不私、不盲”的“四不”方针。并为此作出了努力。

在强调新闻传播的客观性时，有一种偏向必须避免，那就是新闻报道的客观主义主张。客观主义也叫“自然主义”，最早是一个文学主张，后被有些新闻人所利用。这样的新闻报道，提倡所谓“纯客观”，即不加选择地罗列事实，堆砌材料。甚至把一些暴力、性爱或其他容易产生有害效果的事实细节也原原本本地加以描述，这就从根本上偏离了客观性的本义了。而这种客观主义的做法在实质上并不是真的“客观”，其中恰恰反映出了这些新闻人在主观上缺乏社会责任感甚至是非常不良的新闻倾向。作为新闻传播的基本规则，客观报道不仅追求信息的实在性，而且要注意对事实的选择性，更要求正确观点的主导性(当然也需要注意主体倾向的相对隐蔽性)。客观性并不等于“用客观代替一切”。李良荣教授曾经指出：“客观性的含义意味着对事实的尊重，对记者主观的否定。但事实上，报道的客观性从一开始就在实践中出现了不可克服的矛盾。那就是：在实际工作中，记者在选择事实中能否真的不带偏见，能否真的抱超然态度，选择、报道事实能否和记者的价值判断完全分离？无论是对新闻工作的现状调查或从理论上分析，彻底摆脱偏见是困难的。”尽管如此，新闻客观性的原则是不能违背的。

新闻传播只有首先坚持了客观性的原则，“公正性”也就有了可靠的基础。新闻传播的公正性主要指传播者依照自己的社会责任和职业道义，保障公民享有平等地从媒介获得资讯、发表意见、进行意识交流以及精神交往的权利与机会。媒介作为社会公共领域，传播者不具有专门传播个人意见或片面事实，并以个人意见与片面事实压制他人意见与其他事实公开传播的特权与自由。在一定的情况下，传播媒介应该为发生争议的双方提供平等利用媒介的机会，所以公正性也叫“公平原则”或“平等原则”；公正性还包括传播者对新闻事实持不偏不倚的中立立场。新闻

① 刘建明.现代新闻理论[M].北京：民族出版社，1999：136.

传播公正性的含义，主要包括以下 3 个方面：

(1) 新闻传播不以一己之立场，片面地报道事实与提供只是自己赞成的一方面的意见；压制、不报道或歪曲另一方面的事实或自己反对的一方的意见；

(2) 新闻传播者不以一己之立场与观点选择、报道和评价、解释某些事实，并且通过这种选择与解释误导受众，造成对部分不同意见者的压力与伤害；

(3) 新闻传播不以一己之立场，剥夺部分人利用媒介表达自己赞同的观点和意见的权利与机会，使得媒介的性质，由“社会公器”蜕变成“个人私器”。

为了保证以上的客观性和公正性原则，有专家总结了一套具体的操作方法，其要点是：

(1) 事实完整。就是要把构成该事件的主要事实全盘报道，给读者完整的印象，不能故意隐瞒某些材料，西方新闻学称之为“多维的背景材料”。

(2) 平衡对等。当社会上对某一事件有多种不同意见，或者双方当事人发生争执的情况下，报道应该让各种见解或让双方都有同等的表达机会，不能在版面上以及篇幅或播放时间上偏袒一方。

(3) 语言中性。客观性报道在很大程度上是一种语言的艺术。文字或语言表达上的感情色彩最容易使得报道失去客观性。因而在进行客观报道时，一定要剔除掉感情色彩，尽量使用中性语言。

(4) 引语运用。即引用人物自己的语言或与事件有关的原始的文本材料。

(5) 观点回避。避免记者直接在报道中发表意见①。

如中央电视台《新闻调查》对记者就有特别的要求：①质疑的精神。《新闻调查》的记者必须要有怀疑一切的介入态度和打破砂锅问到底的工作作风；②平衡的意识。《新闻调查》的记者，应该让事件中的冲突双方和不同的利益集团有平等的发言机会；③平等的视角。在《新闻调查》记者面前，只有被调查者这一相同的身份，没有尊卑贵贱之别；④平静的心态。《新闻调查》的记者要求在“调查”中一定要多一份理性，少一份冲动，这会有助于对事物作出更准确的判断。公正意味着形式上的均衡，也意味着耐心。“当你面对谎话，言不由衷的话，要控制，要一样尊重对方讲话的权利，要等待谎话自己暴露自己。”比如《事故的背后》，先期调查已证明了某药厂的污染，但负责人仍坚持“绝对没有”；“那我们闻到的气味是什么？”“没有啊，我的鼻子没有你那么灵敏。”……片子到这里就结束了。记者柴静就这样在质疑中留下了自己宽容的一面。如今，已经完成了近 30 个；“基本是对抗性”的调查报道之后，在对“质问、咄咄逼人、问到死角”等基本技术熟门熟路之后，柴静开始寻找“既名门正派”又“属于她自己”的表达路径。比如提问，你应当给被采访对象多大的自由表达空间，尤其是负面人物？记者的公正怎么体现在采访的形式上？《失却的光明》里，主治医师处理不当，导致患者失明，柴静给了一个多小时的倾听，没

---

① 李良荣.新闻学导论[M].北京：高等教育出版社，1999：29-34.

有打断，没有鄙夷，听苦衷听懊悔。采访结束后，残联主席哭了，说，从来没有哪个记者像这样听她说话①。

第二节　新闻传播的基本规律

任何一种社会活动方式或社会活动领域，作为一种相对独立的系统来说，都有其系统自身的内在规律。新闻传播活动作为一项与广大人民群众息息相关，对于全社会具有重大影响的社会文化部门，其整个的发展和具体的运作，也必然都有内在的活动规律和运行法则。因而，研究并揭示新闻传播活动的基本规律，对建立系统完整的新闻学知识体系，在新闻实践中自觉按照新闻传播的自身规律办事，当然具有十分重要的意义。

前面我们已经讲到过新闻事业发展的基本规律和新闻传播的价值规律。这一节中的"新闻传播的基本规律"指的是具体的"新闻传播过程中"的基本规律。这也是新闻学中的第三条规律。我们不能把三者混为一谈或者分辨不清。新闻传播的基本规律就是从新闻的缘起以及新闻传播具体实践的全过程中提炼和抽取出来的。又对于新闻传播的具体活动有着直接的指导作用。新闻传播者只能尊重它而不能违背它。

对新闻传播活动和过程的基本规律总结为以下几条：

一、"让事实说话"与新闻事象化规律

1."用事实说话"的争议

很多年以来，我国的新闻工作以及新闻理论都强调要"用事实说话"。但是，进入新的世纪以后，关于新闻是否"用事实说话"的问题，以及"用事实说话"是不是新闻写作规律的问题，曾经在学术上引起了一场不大不小的争议。这最早是由尹连根博士发起的。2001 年，他在《新闻传播》上发表文章，提出"用事实说话"不是新闻写作规律的观点；接着，《新闻界》刊载了季为民的文章，呼应尹连根的观点，此后，陈力丹又在《采・写・编》上发表了题为《用事实说话是宣传方法而不是新闻写作的规律》的文章，从更高的层次对问题进行了论述。到 2003 年，《新闻记者》《新闻爱好者》等杂志还连续发表争鸣文章（前者如何光斑的《论"用事实说话"》、后者如李时新的《从受众角度反思"用事实说话"》等），《新闻记者》还发表"编者按"称："以期使'用事实说话'这个新闻学基本论题的讨论走向深入。"那么，已经延用多年的"用事实说话"的说法到底是违背新闻规律的，还是在文字表达上存在问题呢？

---

① 张洁，吴征.调查《新闻调查》[N].解放日报，2006-6-2.

在这里，我提出把“用事实说话”改换成“让事实说话”，在语言表达的准确性以及内涵的科学性合理性方面，也许会完善许多。对于消除争论双方的误解和歧义，进一步统一认识和观点，有着较强的可行性。

关于“用事实说话”，就其本义而言，实际上是为了强调新闻一定要真实，一定要尊重事实，强调新闻一定要以新闻手段传播事实，也就是要让事实自己来尽量原本地表现自己，即“说”自己的真实地作为“事实”的“话”。就这个短语的使用意义而言，在我们的新闻理论中最初将其看作为新闻之重要规律的时候，其中真正的核心词语本应该说是“事实”，而这里的所谓“说话”，不过是“表现”或者“传达”的通俗说法和习惯用语而已。这里不妨引述一段一般《新闻学概论》通常对这一短语之真正内涵的基本解释：

“用事实说话”之规律

既然新闻的本源就是事实，既然新闻传播全过程的最初的“缘起”就是事实。那么，新闻传播活动也就自始至终都离不开事实。这又一次证明了真实是新闻的生命的基本命题。1957 年 6 月 14 日，毛泽东在一篇文章中提出了“新闻手段”这一概念。什么是新闻手段呢？我国新闻理论界对其做了这样的解释：①消息、通讯、评论、新闻图片以及其他编播形式的总称。②泛指所有的新闻媒介，即报刊、广播、电视等。③“用事实说话的同义语”，即通过对事实的客观报道表达传播者的立场和观点。理论意义上的新闻手段概念专指第三种说法（甘惜分.新闻学大辞典，河南人民出版，1993：4.）。这里的最后一句解释特别强调了“用事实说话”就是毛泽东所提出的“新闻手段”的理论意义上的含义。那么，“用事实说话”其实也是新闻传播规律的最核心的一点。当然，社会意识形态的其他领域和部门也需要“用事实说话”，如文学、历史、哲学等，而新闻的“用事实说话”还应该做进一步的限定就是“用新近发生的事实说话”。在新闻传播的全过程中，“事实”，准确地说是“新近发生的事实”，从其“缘起”开始，到最后的受众的接受，一直是新闻传播各个环节中的主角和被传输的中心对象，是新闻传播得以实施和实现的根本所在。因而，“事实”在每一个环节上都不能“失真”。否则，整个传播过程就会全面失败、毫无意义甚至终于毁掉新闻的生命。新闻传播“用事实说话”的规律主要体现在：首先，对事实的采访一定要深入全面——让事实亲自站出来对自己“说话”，以确保其进入传播渠道以后的保真度；其次，对事件的提炼加工与写作一定要尊重事实——要让事实重新呈现在脑子里，对记者的写作过程“说话”，以保证文本和稿件反映出来的事实不失原貌，这一环节是最容易造成事实的信息丢失或被歪曲的一个环节，传播主体稍有疏忽或者职业道德欠缺，都有可能导致报道失实；第三，编辑制作也要尽量对事实有所了解，避免偏听记者一面之词，同时，又要尊重一线记者的劳动，在这一环节

> 中——要让事实来统一对编辑和记者“说话”，以共同维护新闻的真实性。这样，到达受众这一环节的时候，才能使整个报道真正是在“用事实说话”。这就是贯穿始终的“用事实说话”的报道，也是新闻报道的一条最根本的规律。总之，新闻传播“用事实说话”就是要在每一个传播环节上都绝对地维护事实的真实性。从而使事实传输到受众这一落脚点的时候能够依然与事实的原貌不相上下，或者相差无几。这样的“用事实说话”的传播规律是永远都不可改变的①。

以上这样的表述应该说是非常清楚透彻的：“新闻传播‘用事实说话’就是要在每一个传播环节上都绝对地维护事实的真实性。”但是，就因为这个“用事实说话”的句子在句式表达上使用了一个“用”字，因而从语法结构上来看，这个短语就成了一个“带有介词的动宾结构短语”②，于是便造成了意义理解上的重大分歧。正如在争论中有文章所说：“很明显，所谓‘用事实说话’，说话者并不是‘事实’，而是人（记者），是人在借助‘事实’说自己想说的话。”③还有人更是直截了当地指出：“‘用事实说话’天然就决定了传者要以‘说话’为中心，以传达思想、观点和意见为己任”④正由于这个句子本身存在着的歧义性，也就导致人们在追究其语法意义上的准确解释之时，而完全否定了其被确定为新闻规律时的原初内涵。因而也才提出“用事实说话是宣传方法而不是新闻写作规律”⑤的论点。其理由就是：“‘用事实说话’是个带有介词的动宾结构短语，核心是‘说话’，‘用事实’是方法。”于是，进而所得出的结论很自然地就是：“既然‘用事实说话’的核心词是‘说话’，那么这是一种典型的宣传行为。新闻的目的是向公众报告事实，这是新闻这个行业得以存在的唯一基础，一旦失去这个基础，一切新闻都是为了说话，谁会花钱听人宣传，还会有多少人看报纸或看电视新闻呢？”

而从当时讨论的反方观点来看，其对于“用事实说话”的意义理解和正方是完全一样的，所不同的只是对其评价。何光珽的《论“用事实说话”》中就这样表达自己的观点：“读罢上述几篇大作，我不由得回想了一下自己这一辈子干新闻工作的情况。消息、通讯之类的东西写了不少，但却找不到一篇像陈力丹等同志所说的只报道事实而没有任何目的的新闻作品。当然，按陈力丹等同志的标准，我写的那些消息、通讯都不配称做新闻作品，全是些宣传品。不过，对陈力丹同志所谓‘新闻的目的是向公众报告事实’的说法，我则深表怀疑。不错，新闻是要向公众报告事实的，但报告事实是记者的‘目的’吗？大千世界，每日每时都在发生各种各类事实，

---

① 郝雨，王艳玲.新闻学概论[M].上海：上海大学出版社，2003：119.

② 陈力丹.用事实说话是宣传方法而不是新闻写作的规律[EB/OL].中国新闻传播评论网.

③ 张梦亭.记者不应说话[J].新闻记者，2003(7).

④ 李时新.从受众角度反思“用事实说话”[J].新闻爱好者，2003(7).

⑤ 陈力丹.用事实说话是宣传方法而不是新闻写作的规律[EB/OL].中国新闻传播评论网.

多得像印度恒河里的沙，数也数不清。要把它们都向公众‘报告’，无论多少版，我们的报纸都装它不下。而且，据我所知，还没有一个记者是把他所见所闻的事实统统写成新闻作品送到编辑部去的——任何记者都是对他所见所闻的事实有所选择的；这个选择绝不是从版面容量上考虑的，而是记者价值观使然。他为什么报道这个事实，而不报道那个事实？总是这位记者先生认为这个事实有新闻价值，而那个事实不具有新闻价值。这样，记者把他认为有新闻价值的事实写出来向公众报告，就不能说没有目的——且不论他的目的是正确还是错误，是高尚还是低下；总之，记者不是见啥写啥。他是有目的的，这是一个无法否认、也否认不了的事实。显然，‘报告事实’只是手段，是实现‘目的’的手段。”

那么，由此看来，双方争论的焦点就在于新闻报道者（即记者、编辑等）要不要在新闻中“说话”。至于在新闻要完全尊重事实这一点上，双方是没有分歧的。所以，归根结底，争论的起点还是由于对“用事实说话”语义的误解所产生的。

2. “让事实说话”的修正

的确，“用事实说话”由于首先突出了一个“用”字，把“用”字摆在了全句的第一位，成为主导全句语义的一个关键词，也就真的是“天然就决定了传者要以‘说话’为中心”。因为，所谓“‘用’事实说话”，言外之意就是在事实之外，有人“说话”。或者干脆就是有人要“利用”事实来“说话”，而且是“说”事实以外的“话”。那么，把“说话”进一步理解为“传达思想、观点和意见”，也就是“宣传”工作所要做的事情，那就理所当然了。因此，提出“用事实说话是宣传方法而不是新闻写作规律”，就应该说是顺理成章的。然而，我们传统的新闻理论把“用事实说话”看作是新闻写作规律，原意并非如此（如前文所引）。假如按照反对者们的意见因为“用事实说话是宣传方法而不是新闻写作规律”便真的放弃在理论上倡导的“用事实说话”这一条新闻规律，那么，就实际上等于放弃了新闻坚持尊重事实的根本原则，或者起码会淡化这一根本原则的理性力度。然而，如果不改变“用事实说话”这样的说法，又的确在语言表达上有违原义。所以，在我看来，尽可能地完善其语言表达，避免语句结构造成的歧义，就是最为要紧的。

按照这样的意思和精神，我认为，如果把“用事实说话”修改成“<u>让</u>事实说话”，情况就会有根本的改变。因为，从句义看，“用事实说话”是在“事实”之外有人“用”其说话，“事实”似乎只是被“用”者，而“说话”者则另有其人；而“让事实说话”虽然只一字之差，却完全改变了整个语义内涵，其中“说话”者的身份由原来的事实以外的人而还原（即“让”）给了事实本身。“让事实说话”就显然是新闻人主动退出“说话”者的身份，不再利用事实说自己主观观点的“话”，而是在新闻的传播中“让”事实自己出来“说话”。在“用事实说话”中“事实”是被“用”的关系；而在“让事实说话”中，“事实”就得到了自己“说话”的权利。在这样的新的语义表达中，新闻人就只是成了事实的客观传达者，他只“说”事实，而尽量不去说“话”，或者起码不去画蛇添足与自作聪明地说那些多余的“话”甚至废“话”。这才是做好新闻的一条最基本的规律和准则。

理论表述应该是尽量严谨的，学术问题更应该是一丝不苟。一个字的修改却能够表明整个理论的严肃性。而绝不仅仅是简单地玩弄什么文字游戏。但愿我的这一小小的修正（一字之改）能够引起理论界的关注，或者也许能够引出真正的“玉”来。

当然，再进一步说，既然新闻都是“人”作的新闻，那么，做新闻的“人”就不可能一点都不“说话”。正如何光斑先生在其文章中转引的老一辈新闻工作者李普的一段话所说：“你只报道事实，这很好。但是你报道的事实本身就在说话，就在发表意见。……每个事实本身都在说话，你让它不说是不可能的。你报道这个事实，它说这个话；你报道那个事实，它说那个话。”①而我们的新闻理论之所以特别强调新闻“让事实说话”，并将其作为新闻工作的重要规律，最根本的意义还在于坚持在新闻传播中把事实放在至高无上的地位。新闻当然不能一味地做宣传、但可也不能一点自己的声音都没有。我们提倡新闻“让事实说话”，一方面要“让事实”自己说自己事实的“话”，另一方面，也应该包含事实之中所蕴涵着的倾向与精神之类的“话”。只不过不要由新闻人过于主观地去“用”（即“利用”）“事实”而“说话”了。事实是新闻的生命，新闻一定要“让事实说话”。

3. 新闻的事象化规律

新闻的事象化是运用新闻手段再现新闻的客观影像，力争用形象生动的事实传达和表现事物的真相。这里无论是文字所描述的也好，还是图像所记录的也好，都应该是“事实＋形象”。

新闻“让事实说话”，归根结底，就是要使新闻尽量实现事象化的传播。只有使新闻具有较强的事象性，才能提升新闻的真实性和感知度。新闻是一种“叙事”，即向受众介绍新近发生的事实。记者依据其形象化思维对新闻事实进行排列组合并展开，构成对一则“事件”的陈述。所谓“事象”，就是新闻反映的立体化内容。记者在对新闻事件进行采访后，头脑里便形成了对事实的大体框架及影像，然后按照新闻事实的真实面貌描写客观事象，叙述其内容并完成写作。新闻借助陈述事象的手段，提供事实的原型而不表现媒体的观点，成为受众认识事实原本状态的前提。陈述事象也是实现新闻真实性的要求，它有助于防止随心所欲地扭曲事实，从而保证新闻的可信性。另一方面，陈述事象又是表现新闻客观性的方法。

新闻事象化是一种叙述的方式，或者也可说是一种原则。“叙述”，是指产生话语的行为或者过程。新闻报道以事象化为宗旨，首先在于创造新闻报道的“文本价值”，从而使叙述自身更加完美和艺术，以便使新闻文本更具有可读性、吸引力或感染力。但是，在新闻报道中，事物的特征不是人们事先规定的，而是事物自身具有的。因此，新闻的意义只有在全面而准确地叙事中体现它的具象化，才能突出表现

① 何光斑.论“用事实说话”[J].新闻记者，2003(2).

某类事物的特征，同时也就显示出某一新闻的独特价值。新闻的意义既不是先验的预设，也并非永恒不变。同一个事实的意义可以前后变化，但它们在叙事当时指称的是同一个本质。由于在被事象化了的新闻作品中，正确表述了事实本来的影像，这条新闻就具有了非常的价值。

事实的获得并转化为新闻的事象化过程伴随着三个环节：一是对真实可靠的事实进行认真、细致的观察；二是在一定知觉的引导下，把观察到的事实进行整理；三是借助语言进行有条理的陈述。新闻是事实表象链的复写。新闻的事象不允许进行任何艺术概括，只是真实事例的影像再现。

二、“第一时间”与新闻的时态规律

哲学的认识论认为，时间与空间构成了整个物质世界。时间是一个纵向的坐标轴，空间是一个横向的坐标轴，它们之间所有的交点都对应着相应的事件。一个个活的事件才有机组合成波澜壮阔的社会历史，物质世界才是活的世界。而所有事件又都首先是发生在时间之中的。时间因此成为一个社会范畴，所有的人都以时间的刻度、时间的长度和时间顺延性认识客观事物的运动，并获得相应感受。所以时间不仅仅是一种自然现象，也是人类社会构成的纵向标志。时间使得人类社会产生特定的生活节奏。而时间对于新闻来说更是具有生命攸关的意义。新闻之所以成为新闻。在时间的限定上是非常严格的。因而，一个事件从事实转变为新闻，在时态上的规律是极其重要的。

1. 新闻发生的瞬间性

从宏观上看，新闻是在时间无限延续中的事态链，每条新闻都是历史长河中的一环，或者仅仅是历史过程中的一个转瞬即逝的非常微小的光点。而从微观上看，每个具体的新闻首先都具有相对的时限性。一个新闻事件只有在一定的时间长度上才能体现自己的本性，超过了时间限度，将失去新闻的价值和属性。新闻，首先是一个“新”字。“新”的内涵，包括时间上的及时，和事实内容上的新鲜，而这两者归根结底都取决于新闻传播能够根据新闻的瞬时性特征快速抓取和反映。

新闻的瞬时性，即在一个短暂的时间刻度上显露出事实的新闻性，表现为事实展现新质的一个时刻点。所谓“时刻点”，是指时间轴上几乎难于察觉的一个个可以被看作是静止的点，也可以把它称为是时间轴上的最小单位。每一个新闻事实的发生，都是在这样的时刻点上。这样的时刻点是极短暂的，只有一个瞬间或者是一个有限的时段。所有新闻只有抓住事实发生的一瞬间，或新闻事实变化的那一刹那，才是具有可传播性的新闻。所以，对于新闻发生的时间把握，一般都不能简单地以“近几天”、“近日”、“最近”等模糊性的词语一笔代过，新闻的时间性的内在要求规定了新闻记者应该准确地报道新闻事实发生的准确时间点。否则，新闻记者一旦采用那些模糊的时间词语，就表明一定是忽视了新闻的瞬间性。这在一定的程度上也可以称为新闻的局部失实。

新闻的瞬间性是新闻一定时量中的一个刻度，表明空间依附于短暂时间的存在形式。这个原理不仅意味着空间和时间在客观上是实在的，而且还意味着它们同变化着的事实有着不可分割的联系。任何一个事件或典型事物，都是有限时间内的一幕，记者的采访与写作应在无限时间的长河中寻找有限时间。面对社会变化，记者首先应该考虑某一事件在时间上是从何时开端的，又延续了多长的时间，是否到了时间限制的终点。这样，新闻报道便在时间无限延伸的轴线上，找到了一个时间变量，截取有限时间来表明报道内容的时量。这个时量，如果准确地显露出事物的时间长度，会使新闻具有明确的空间界限，人们不仅可以依据时限了解客观事件，而且还可以判断事件在分量上的大小轻重。

2. 新闻报道的时效性

新闻事件的发生是瞬间性的，因而对新闻的报道就是有很强的时间要求的，超出一定的时间范围，新闻将不再具有新闻性。这里所谓新闻的时效性是指作为一个事实的新闻在报道后持续时间的效率。新闻对事件报道得越早、越快，其反映的信息在受众中保持价值的时间越长，这是新闻时效性的基本含义。

时间不断流逝，标志着事件也在走向过去，新事实一旦产生就不断走向衰老，另一个新事件的出现就是旧事件死亡的开始。新事实一旦萌芽或成熟，在事实刚刚发生的瞬间就给与报道，新闻就会产生很强的时效。因此，新闻记者应尽量缩小新闻的传播时差。

什么是“新闻的传播时差”呢？

新闻是一种高速度传播，或者说，新闻传播是最要求速度的传播方式和手段。有人说“新闻是由时间材料构成的产品”，所以，如果一个新闻事件在一定时间内发生，而传播者不能在第一时间进行报道，那么这则新闻就将贬值、腐烂。那么，所谓新闻的传播时差就是指事件发生和被报道的时间差。时间差越小，此新闻的时效性越强。为了增强新闻的时效性，媒体都在千方百计地追求第一时间进行报道。在第一时间内抢先报道新闻，也往往就是独家新闻。当然，在某种情况下，对于一时被遗漏的新闻，也可以继续寻找该新闻的另一个第一时间，报道其最新的发展，这仍然可以说是第一个把最新的事实传送给受众。

在新闻报道中，为增强新闻的时效性，成熟的传播者一般很注意时段切割的小型化和快速化。因为，人们不仅希望收到刚刚发生的新闻，而且希望每条新闻陈述得精炼、短小而丰富。媒体着眼于社会宏观的变动，力争在每一个传播时段里集中时效最高的信息。而新闻报道做到高时效，很难在一次报道中追求事件的完整和周全。大事件只有通过连续发展才能展示它的进程，把这样的事实切割成碎块加以报道，就不会再影响报道的时效。每次报道截取刚刚发生的事态，通过多次报道完整地再现整个事件，连续性瞬态既体现了高时效，又展示了事态发展纵向过程的始终。

另外,新闻时效性也包含第二种含义,即在新闻作品中,压缩一定时间内的事象而不损失事实的完整性,普遍运用"时间浓缩"的方式。比如半天内发生的事用两分钟的新闻进行报道,观众并没有感到缺少什么,报道时间的短暂不仅减少了资源的浪费,而且提高了时效。这是新闻时效性的第二种含义,即用极短的报道时间表现较长时间发生的事件。记者选择事实的典型场面与细节,压缩那些次要的、不能表现事实意义的过程,是提高新闻时效的基本手段。

3. 新闻传播的时态规律

根据刘建明教授的理论总结,新闻的时限性决定新闻报道具有若干时态规律,即事实只有在一定时态下报道才能保持最好的影响力。这是新闻报道的基本规律。主要表现为:①新闻报道要标出事件发生的具体时间,向受众报告特定的时间刻度,突出事实的"现在进行时态",又称报道的现时态。②新闻内在的时序不能颠倒,颠倒了就要歪曲事实的因果关系,改变事实的性质。时序被破坏,事象就给读者造成谬误的印象。新闻报道陈述事实可以运用倒叙或插叙,但不能违反因果关系的顺时态。③提高新闻时效是事实保鲜的前提,构成事实保持新闻本性不可缺少的条件。事实不及时报道,就会变旧,"落地黄花"就不再是新闻。提高新闻媒介整体报道的时效性,是提高媒介竞争力的重要手段。新闻要尽量缩短事实发生和报道之间的时差态,以更加延长新闻的寿命。其具体规则主要表现为:

第一,新闻时态的确定性。新闻时态是用时间数词、名词和时间副词表示的,同一种情形用不同的时态表达,就构成不同空间的事物,可能有不同的含义。新闻中某些空间发生了变化,陈述时态的语句也要随之改变。例如:某一事态是在一刹那间发生的,而某一事件延续了一定时量,如果缺少时态就很难让受众明确它是曾经有过的,还是将要发生的。在一个大事件中,具体事实的转换都伴随时态的踪迹,不确定的时间概念不能说明事情是否真实发生过。说出事件的现时态和过去时态——某人在哪里说什么、做什么,才有特定的价值,这需要运用恰当的时间语言,指明事实的进程。这就构成了时间上确定的新闻语言和时间语言。新闻的进行时态表现为刻不容缓的报道状态,必须在事实发生后以最快的速度报道出去。新闻再现、记录和反映的是新近发生或正在发生的事实,即使是非事件性新闻反映新经验、新人物、新动向、新问题,也需要确定进行时态的点位,说明它是什么时间内发生的。过去的、将来的和时宜态都以现时态为激发点,展示事件的延续过程,再现实事的全貌。凡是具有发展情节的事件,大都应有过去时态或将来时态穿插其间。

第二,时态对新闻的规定性。时态表明新闻报道的起始点和事件的转折点,确定了事实每个变化的时间而增强了新闻的真实感。新闻报道的时态和真实是并重的,不真实的新闻报道得再迅速,并不是新闻的时效。时效不能牺牲真实,而是要求时间概念的精确使新闻更加真实。一切新闻都在一定时态内具有报道价值,有教育意义的新闻尤其需要在一定时刻报道才显露出更大的价值。因此,某些新闻的时态性不仅表现为时间的直线运动，而且体现为更为短暂的固定性。继发性新闻和突发性新闻比较，变动的时间要缓慢一些，变化过程要长一些，而另一些实事能否成为新闻，需要一定时间检验。要求这类报道搞成“今日新闻”是难以办到的，这类新闻恰恰表现为在某一固定时间报道，事实才表现出最大的价值。这是一种特殊的时态性。时宜性恰恰是事实适时的内在要求，表明新闻在一定的时间内报道具有突出的意义，这就是新闻的适时态。军队的训练成绩只有发表在建军节日的报刊上，才会引起更广泛的兴趣，而发表在别的时间就很难引起更多人的注意。有的新闻本来就会引起轰动，如果发表在更合适的时机将更具有新闻价值。有些重大的非突发性的事实，没有充分发展，事实没有充分的显露出来，等到真相大白再报道就可能铸成大错，等到一定的时机再报道才能让人了解这是一个什么样的事件。

时态的精确化不仅提高了报道的时效，而且让受众看到了完整事件的发展过程。缩短时限，成为新闻报道的重要目标，加快报道频率是提高新闻时效的重要措施。当代新闻事业不断追求通讯方法和印刷发行的速度，利用先进的传播技术，提高了新闻采访和传递的时效。多种时态是事件发展进程中的环节，综合、准确地指出事件的各种时间要素，把事件的发展清楚地向公众陈述出来，成为报道重要新闻事件的基本要求。网络新闻每分钟都在更新，电视新闻每小时更新大半部分，把巨量的信息在几个小时内传到全球各地的公众之中。快时效带动了其他时态的综合运用，新闻报道给人们提供了更加详尽的事件①。

4. “第一时间”解

近年来，“第一时间”这个概念几乎成了一个非常时髦的用语。不仅在报刊上经常会看到“第一时间”这一词语，而且好几家电视台都直接把“第一时间”作为新闻节目的或栏目的名称；不仅在一些政府部门的文件和报告当中经常被用作及时解决和处理问题的承诺或准则以及实际作为后的评断，而且在一些时尚娱乐类的媒体上更是成为许多广告的中心语，如：“电影第一时间在线观看电影第一时间免费下载电影第一时间免费在线播放电影第一时间免费在线观看电影第一时间免费高速下载电影第一时间在线免费观看电影第一时间在线免费播放电影第一时间观看第一时间下载第一时间……”就连通俗音乐也看好“第一时间”这样的一个颇有语言冲击力的概念，而以此命名写成歌词，作为情感倾诉和发泄的一种方式。

那么，“第一时间”又到底是什么时间？“第一时间”又怎么会成了一种无处不在的流行语了呢？

应该说，“第一时间”原本是新闻领域的一个比较专业的术语。由于新闻天然地对于事物的发生发展和变化有着强烈的敏感性，往往是以最快的时间和速度作

---

① 本节中的部分内容采纳了刘建明的观点，参见刘建明.当代新闻学原理[M].北京：清华大学出版社，2003：141—158.

出反映的，为了强调其快速的特征，也就提出了“第一时间”这样的概念。2006 年 1 月 8 日，国务院发布的“突发公共事件总体应急预案”中提出，发生公共事件要在“第一时间向社会发布简要的信息，随后发布初步核实情况、政府应对措施和公众防范措施”。这就更是把“第一时间”以国家政令的形式写入了有关新闻的法案当中。

但是，“第一时间”的具体定义和内涵又是怎么样的呢？许多人都曾经提出过这样的问题。而有些专家也力图对这一名词给出一个科学的说明。刘建明教授曾经这样来定义“第一时间”：“在事件发生和人们的意识之间大都有一段短暂的思想空白，即由于事件突如其来，受众来不及对事件作出任何判断，获悉事实的强烈欲望冲击了对事实的认识，这个关键性的间隙，通常被视为新闻报道的第一时间。”但是，这样的表述似乎在逻辑上有些不很严谨。因为，“事件发生和人们的意识之间大都有一段短暂的思想空白”，这里的“人们”、“意识”、“思想空白”以及所谓“短暂”，这些词语都是所指含糊的。而且，“这个关键性的间隙，通常被视为新闻报道的第一时间”，“间隙”又怎么成为“第一时间”呢？从这样的定义当中好像也还是不能准确理解什么是“第一时间”。尤其是，这样的一个解释对于到处可见的“第一时间”概念又缺乏通用性。所以还是有必要寻找一种更加科学准确的解释。

严格地说，“第一时间”原本是一个并不符合语法常规的概念，因为“时间”是不可数名词，一般不能用序列数词来修饰，包括最近也很流行的“零距离”等都是属于这样的词组，只要用延伸法和归谬法就可以看出其中的问题，如果有“第一时间”，紧接着是否还有“第二时间”、“第三时间”……呢？而有了“零距离”，是否也就应该有“一距离”“二距离”……呢？然而，高科技的计算机网络时代也是语言创造高度发达和丰富的时代，许多原本不合理的说法却成了最“酷”、最时尚的用语。“第一时间”就正是如此流行起来的。而网络时代新生词语的突出特点就是反常化、偏激化甚至极端化。这样的新生词往往是以把词语尽量用得过头为追求，如“零距离”一说，世界上的任何两个或多个事物之间怎么可能有“零距离”呢？但是，通过这样极端的夸张和强调，似乎才显得意义表达的到位。所以，“第一时间”在意义上所强调的其实就是“最短时间”之内。如果按照常规用“最短时间”来直接表达，就显得老“土”、平常、一般化，所以就出现了“第一时间”的概念，而且很快成了流行语。

那么，又到底什么是“第一时间”呢？

“第一时间”实际上就是“时间上的第一个”。任何一个新事物的发生，肯定有知晓上的第一个；而对事物的反映或者传播，当然也有时间上的第一个；包括对事物的作为，也有最先一个的行动者。所以，“第一时间”首先就不是一个固定的或确定的时间长度，而只是一个在实际的时间度量上有很大模糊性的概念。如，一个案件的发生，有时候经过了很长时间还不为人知，十天半月甚至一两个月或更长时间之后才有第一个发现者，那么，这算不算是第一时间的发现者呢？如果不算，对这一案件的发现是不是就没有第一时间了呢？而对于这个案件的反映，公安得到报案，也许十分钟之内就到了现场，也许由于路程等方面的原因几十分钟才到达，这都应该是第一时间到达现场的；而新闻报道者也许不会和公安同时到达，但作为新闻来说，最先反映者也是第一时间进行报道的；或者还有不同媒体虽然到达和报道的时间也略有不同，但是，只要在同一天发布了同样的信息，都会自称是在“第一时间”进行了报道。而这所有的“第一时间”，显然都不是一个统一的和确定的时间长度。再如，春节、十一长假 7 天，放假第一天出了事故，有关部门都没人负责，直到第八天上了班，领导才得知此事赶到事故现场，他算不算是“第一时间”呢？出了事故，记者前往采访，有关部门众口一词底气十足地对记者说：我们得知事故发生后，第一时间赶到了现场！这“第一时间”究竟是事件发生后的 1 个小时、2 个小时还是 3、5 个小时？是事故发生的当天、次日还是 3 天、5 天呢？所以，“第一时间”虽然看上去有“第一”这样的确数来修饰，而实际上它却只能是一个概数词语，是一个相对模糊的时间概念。“第一时间”既不是年月日，也不是时分秒，而应该是一个形容词，即表示最短时间。

既然如此，究竟还能不能给“第一时间”下一个尽量准确的定义呢？笔者认为，“第一时间”主要是相对于事物或事件发生之后的反应速度而言的，尤其是对于新闻传播媒介和负责处理紧要问题的政府机构或部门来说，“第一时间”就是一种最基本的职业准则和要求。从这样的角度来看，“第一时间”就是指事实发生之后最快速地认知，最快速地掌握，最快速地做出必要反应和处理的时间要求。用比较规范的定义性语言来表达，“第一时间”就是在事物发生和相关的责任者反应之间，在时间上没有任何人为的拖延和间隔，而能够达到最及时的和最无障碍的反应过程。这里特别强调两个必不可少的要件：第一是所谓“相关责任者的反应”，因为一般来说“第一时间”的反应首先是对有关的专门人员与机构的要求，比如媒体，广大受众对于事物的了解和知情都是依赖于他们的，他们在反应上的延迟会造成整个社会知情权的被暂时侵犯。而如果是政府有关机构，对于需要“第一时间”处理的事件不能最快速解决，就有可能造成重大损失或社会危害。所以，“第一时间”首先是一种责任要求。而第二个要件就是“在时间上没有任何人为的拖延和间隔”，我们之所以说“第一时间”并不是一个固定的或确定的时间长度，是因为事实发生和人的反应有时会有很多客观的甚至是不可抗力的制约，而直接影响到责任者最短时间获知的可能性，所以我们强调只要不是人为的拖延和间隔，其反应虽然也有一定时间的距离，我们也应该承认他们反应上的“第一时间”。

总之，“第一时间”是有一定的使用范围的，也是有具体的意义内涵的。如果对“第一时间”的意义不做出尽可能明确的解释，其天然带有的模糊性和宽泛性，就很容易被一些人所利用，甚至会成为一些人的“官腔”或“外交辞令”。至于商业性广告中的“第一时间”，很多时候不过是为了故意吸引眼球，以能够取得更大的经济利益而已。

三、新闻传播的涵化规律

1. 涵化理论概说

涵化理论，又称培养理论、教养理论。这一理论起源于美国，主要创立人格伯纳(Gerbner)。1967年，格伯纳及其同事在美国全国暴力成因及预防委员会的资助下，于宾西法尼亚大学的安南堡传播学院开始了他们一系列有关电视内容的研究。安南堡研究小组承担的研究内容包括：①黄金节目中描述暴力的内容分析；②有关美国人经验的全国性调查。这一研究不仅关心电视节目中的暴力的量，也关心它的质。电视的“涵化”效果实际上就是潜移默化的效果。按照格伯纳学派的观点：电视是人类进程中一个极为重要的角色，具有涵化功能。电视涵化理论的最基本的假设是电视是一种具有强大效果的传播媒体。而且现代社会中受众对媒体的依赖性越来越强。人们选择电视的通常目的是“娱乐”。而在格伯纳看来。娱乐内容最可能发挥涵化效果。

20世纪80年代后，格伯纳对研究进一步加以调整，不再注重观众看电视多少与他们认知行为之间的关系，而是将重点放在电视内容对其他方面态度的影响，并称之为“主流效果”研究。

“主流效果”研究认为，接触电视较多的人比接触电视较少的人更容易认同电视所描绘的世界，而电视所描绘的世界又基本上存在一种普遍的规律，即都在灌输社会中的主流意识形态和文化价值。格伯纳对于主流效果研究的解释是：每个人的审美、信念、价值观都不尽相同，原本有着多元化的倾向，但因为观赏电视而变得与电视上呈现的主流意见相认同。看电视少的人意见较难统一，因此，电视在社会文化传播中能够发挥整合作用，电视的涵化功能不是单方面的而是一种多方向过程，类似重力吸引作用。

涵化理论的主要贡献是，传统的效果研究关心短期的效果，这是刺激——反应理论或皮下注射论、魔弹论的范式，而涵化分析认为媒介最主要的效果并非在改变受众，而是维持某种社会结构，使观众对世界的认知符合既有的价值规范和政治经济秩序。涵化理论所关注的是电视对观众产生潜移默化的长期效果，认为电视提供给社会各阶级的人一套同质化的“隐藏课程”，提供一个环境，并且对不同的人提供一套对生活、世界、生命的解释。从理论上讲，涵化理论的一些结论在某种程度上印证了英国文化研究学派、法兰克福学派等的电视媒介影响受众意识形态的观点，并对其有着一定程度地继承与发展。

涵化理论有着较强的批判色彩，它从较深层次上揭示了媒介对于人的重大影响。但是，在现实的新闻报道中，处处蕴含着涵化的影子，而且这是一个普遍的现象。应该承认世界上存在着客观的信息，但是经过新闻报道的信息又一般都是被涵化的产品，没有不经过涵化的新闻报道。因此，我们必须了解和掌握新闻报道的涵化规律。

2. 意识形态下的新闻涵化

新闻传播讲究客观性与真实性,但实质上新闻报道作为意识形态领域的一部分,它总是和社会的政治、经济、文化生活紧密相连。新闻传播受到意识形态的制约表现为报道内容的取舍,与报道控制的力度,使新闻内容受到不同程度、不同范围的限制。

新闻是一种文化,新闻属于意识形态范畴,社会主流的意识形态,包括政治的、经济的、文化的属性,制约新闻的传播方式和内容。因此,新闻的传播总是被打上意识形态的烙印。新闻的涵化往往体现着主流意识形态的属性。

西方新闻客观性总是趋于回避传播体制和所有权对新闻的建构作用,因此避而不谈新闻的意识形态的作用。而实质上,不管在哪种社会制度下,大量新闻媒介都掌握在一定的政党或者国家、社会组织的、或者某些资本的掌控者手中,没有不被涵化的新闻,西方的新闻也是在编辑记者的涵化之下,才与受众见面的。而且西方的新闻涵化虽然一再声称以客观性为准绳,但是仍然避免不了西方的意识形态的作用。在中国,新闻媒体作为党和政府、人民的喉舌,我们旗帜鲜明地提出了新闻的意识形态属性,并贯彻到了新闻报道的方针中去。

3. 新闻的话语涵化

新闻是一种人工信息,是新闻记者通过文字,声音,画面等符号构建的一种"拟态环境"。新闻运用什么样的符号,怎样使用这些符号,是新闻涵化的方式。语言是新闻中运用的最重要的一种符号,因此,新闻使用什么样的语言,运用哪些词汇是新闻涵化的不可或缺的手段。巧妙的使用特殊的词语润色新闻内容,就叫新闻的话语涵化。在不同的国家,不同的报道方针的指导下,在不同的意识形态的统领下,新闻话语在建构新闻事实的时候,往往通过选择不同的词语和句式,或明或暗地显示出自己的立场。

如香港回归祖国时几家通讯社报道的导语:

> 新华社:1997 年 7 月 1 日,中华人民共和国国旗和香港特别行政区区旗在香港升起,经历了百年沧桑的香港回到了祖国的怀抱,中国政府开始对香港恢复行使主权。
>
> 路透社:6 月 30 日午夜时分,当查尔斯王储将香港归还中国时,英国结束了一度强大的大英帝国历史。
>
> 美联社:随着午夜国旗的交换,焦虑不安和兴奋的香港今天摆脱了 156 年的殖民时代,并开始了在欢欣鼓舞的共产党中国主权下捉摸不定的新时代。

语言给受众带来视觉材料以外的丰富内容,发现凭直观不能发现的思想。新闻并不只是感官对世界全面接触，而且是对世界的一种思考方式，形成有关事实的概念。新闻记者运用恰当的词语再现事实的本质，让受众看到事实内在的东西。这就是新闻话语的深刻寓意。作为一个新闻记者，必须在新闻的语言上进行细致周密的推敲与选择，只有这样才能做出高质量的，符合新闻传播规律的好新闻。

新闻话语的涵化归根结底就是新闻主题的涵化。新闻主题是指媒体通过报道某些事实的思想，重要报道的主要目的不只是告诉受众某个新鲜事实，如果可能和需要的话，还要向受众提供记者对事件的理解，深化新闻主题。一则新闻质量的高低、价值的大小，主要看主题是否正确深刻。主题是“统帅”，主题是新闻的“灵魂”，新闻的素材要为新闻的主题服务，因此新闻内容涵化的本质是新闻主题的涵化。

新闻之所以被涵化主要是由于两方面的原因，首先由于记者自己的知识结构和认识能力的不同，导致每个新闻记者对于同一个事实有着不同的理解，每个记者有着自己的主观态度倾向，因此他们对于新闻的报道重点的选择也是不一样的，同时也就决定了新闻的主题的差异性。其次，新闻事实本身，可以从不同的角度去理解，理解的角度不同将产生不同的意义。新闻不但是事实，而且有又存在于报道者的思想意识里。

4. 新闻的技术涵化

新闻技术上的涵化，是运用传播技术加工事实，使新闻具有报道者的思想蕴含。主要是指新闻记者运用摄像机、照相机、录音设备、各种平面的和多媒体的编辑软件等等对事实进行加工，选择，使录制、再现的新闻具有了某种意义。

首先，在广播电视新闻报道中的技术涵化。电视新闻的涵化主要表现在，镜头的距离，镜头停留时间的长短，现场声音的选择，以及对于事实的选择上。对于镜头的距离的选择主要指的是，特写、近景、中景、全景、远景的不同景别的运用上，要突出某个主体，就给予某个人物或者物体特写，让其在画面上显现。要弱化某个人物或者物体就给远景，让其在画面上消失或者隐匿于整个画面之中。比如，各国媒体针对伊拉克战争的报道就表现了不同的意义。以美国的媒体来说，画面上显示的基本上都是伊拉克士兵的伤亡的镜头，或者美国士兵进攻的镜头，反之，如果出现美国士兵伤亡的镜头，美国的人民将有可能对战争采取反对的态度。

在电视新闻的制作的技术上，编辑运用线编和非线编软件针对新闻镜头进行选择加工，删掉与记者编辑意图相悖的镜头、画面，选取、放大自己需要的镜头。这无疑更能显现出媒介编辑新闻在技术上进行的涵化。

在广播新闻的技术上的涵化，不但体现在对声音的录制、同期声的运用，现场音响的选择上，而且播音的各种方式也透漏出编辑部的意图，广播媒体经常使用这些不同的播音方式用在不同的气氛，表现不同的意图，表现对新闻的思想评价。一定的思想感情成为播音的支配主线，用不同的音调、不同的音响方式表达不同的倾向。以致影响听众对报道内容的理解。

其次，平面媒体新闻报道中的技术涵化。报刊新闻的技术性涵化在摄影记者的身上表现的非常突出，针对新闻现场，平面媒体最直观的传达就是图片，因此摄影记者采取什么样的角度，和曝光度，还有拍摄距离的远近来进行拍摄，将能透漏出摄影记者的意图，其中蕴含着摄影记者的影子。这与电视摄像记者的涵化方式是相似的。比如，表现我国领导人与外国来访者会面的时候，中国领导人总是给的正面，而且一般情况下会放在靠近中间的位置，以突出我国领导人的地位与形象。

版面位置、字号对于报纸新闻是常用的技术涵化手段，这虽然不是新闻中的内容，却使新闻产生特定的含义。版面布局包括顺序、空间、符号、线条、色彩等，不同的位置、顺序、线条以及色彩等编排手法，可以体现不同的倾向，对读者产生不同的心理影响。充分使用这些编排手法的特点，恰当地将其运用在不同的新闻的处理中，这是平面媒体涵化的主要方式。

"All the News That's Fit to Print"

The New York Times

Late Edition

NEW YORK, SATURDAY, MAY 13, 2006

Bush to Unveil Plan to Tighten Border Controls

Possible Increased Use of National Guard

QUESTIONS RAISED FOR PHONE GIANTS IN SPY DATA FUROR

LEGAL ISSUES ON PRIVACY

Ex-Qwest Chief Balked — Lawmakers Vow Closer Inquiry on Program

Meet the World's Fastest Man

A Bitter Game: Beijing Battles With Vatican

Tracing Lung Ailments That Rose With 9/11 Dust

Ground Zero Workers Are Falling Ill, but Link Is Unverified

采用大照片和视觉位置的优势点突出新闻

The Sydney Morning Herald

ORIGIN NEWS
SOS CALL FOR JOHNS
PLUS OUR SPIES EYE BRAZIL SPORT

EXCLUSIVE FIRST TEST
AUDI'S NEW STAR
DRIVE

TOP 100 INSPIRING MOVIES
ARTS Page 16

She was a dog and she ruined my holiday, Brimble inquest told

Jammed: new transport card

● Company desperate for cash

STILL WAITING

Terrorism laws put rights at risk

采用大标题配大照片突出新闻

再次，新媒体新闻报道上的技术涵化。新媒体的技术涵化往往既兼具了广播电视和平面媒体新闻报道中的技术涵化手段，同时依据现代网络技术又具备了其自身技术涵化的特点。其中，最为常见的手段包括字幕闪动、信息链接和互动式评论。字幕闪动，可以突出重点信心，引起读者关注；信息链接，通过链接的方式增加新闻信息，拓展受众新闻视野，强化读者对于报道中的信息认知；互动式评论，以读者的评论衍生更多的新闻信息，产生认知倾向，进而引导后续读者对于报道信息接受和理解。总之，借助现代网络技术，新媒体在新闻报道上的技术涵化手段更加丰富，方式更加隐蔽。

新闻报道技术上的涵化，说到底仍然是一种意识对于物质的驾驭，是新闻记者对于设备的操纵与使用。广播电视新闻记者、编辑通过技术工具对画面和声音进行选择和加工；报刊新闻记者、编辑通过技术工具对图片、稿件以及版面进行布局与处理；新媒体通过信息的强化和内容的拓展，这实质上仍然是将报道思想通过编辑技术的运用得以体现，说到底还是媒介的意识对于技术手段的驾驭。

5. 新闻涵化与新闻真实性

新闻的涵化本质上是记者对于新闻事实进行的一种意义化，即将事实赋予了某种新闻意义，将事实本身附加上了记者自身的观察与理解。事实本身是多侧面的，选择新闻事实的角度，是涵化新闻主题的主要的手段。因此，新闻记者对于事实要用立体的眼光去审视，首先从横向的角度观察事实本身，可以有哪些理解的角度，具有哪些意义。其次，从纵向的角度去观察事实本身具有的意义中，哪一个报道角度的意义最大，其主题能够得到最大化或者进一步地深化。然后用生动的事实、必要的技术手段或语言手段，合情合理地将新闻进行成功的涵化。这样，将可以更加凸显事实背后的新闻意义。要特别注意的是新闻涵化本身并不是主观报道，涵化后的新闻在某种意义上说，将更加客观，新闻涵化是新闻记者对于杂乱事实的梳理，以及对于事物本质的发掘。

要做到这样的境界，记者对于事实的选择，一定要遵循事实第一性的原则，不能为了突出新闻的涵化主题而捏造事实，歪曲事实。要用事实对事实进行涵化，而且选择事实的基本元素要具体化，精确化，比如具体的地点、时间、人物等等，不能含糊带过。引用素材要说明来源与出处，不能以“据调查”等词语加以搪塞①。

四、提高新闻价值的一般规律

如果说，前文曾经谈到的努力增大新闻的信息量还只是更多地注意到了量的追求，那么，在这样的基础上，还需要特别注意对于新闻的质的追求。这就要谈到提高新闻价值之规律了。

从根本上说，新闻之价值表示新闻事实对社会的作用和意义，体现新闻事实本身与社会需要之间的关系。新闻传播的最终的完成与成功，归根结底就是新闻价值实现的过程。新闻越能满足社会的需要，其新闻价值自然也就越大。传播的效果当然就会越好。反之，新闻未能满足社会对于它的期望和需求，其新闻价值就相对降低或者等于零。新闻价值从静止的和纯客观的角度来看虽然一般是固定的不变的，但是，由于人们按照不同的立场和观点，又往往从不同的层次和角度对事物加以认识、理解和把握，所以，新闻价值也是一个可变量。那么，新闻价值的提高又有哪些规律可循呢?

首先，使新闻的传播在内容上尽量贴近受众，而且，在负载传播内容的形式和手段上，也尽量使受众易于接受和理解，是新闻传播通向更高价值的主要渠道。因为，新闻传播的实质，就在于通过新闻的广泛发布，使传播者的预先意图能在接受者当中得到相应的反映，使传、受双方对于新闻内容的理解能够在最大的程度上取得一致。传播内容上的接近，只是客观地具备了让接受者充分注意这一新闻的可能；而理解上的一致，才使得传播者与接受对象之间真正得以沟通，甚至在思想上产生共鸣。新闻的价值也才能圆满实现或更大地实现。

然而，要取得双方对于传播内容的理解上的根本一致，又是存在着许多矛盾和障碍的。最主要的，是新闻信息的流动要通过符号进行转换，先是传播者将内容编

① 刘建明.当代新闻学原理[M].北京：清华大学出版社，2003：141-158.

成语言、文字等符号传送出去，后是接受者对收到的符号进行释码还原。这首先就要求传、受双方对于符号的意义的理解具有共同的文化心理基础。尤其是，对象意义的形成往往与感受主体的主观的感受密不可分，社会经验不同，人生经历不同，文化背景不同，观念倾向不同，甚至年龄层次不同，都可能在对同一对象的理解上发生众说纷纭的状况。加之“思想永远不等同于直接的词义”①。因而，传播者在表达上努力使符号更加接近原本的事实，在倾向上能够尽力靠近接受者兴趣和观念，从而极力缩小理解的距离，使传受双方尽可能达到“心领神会”，是追求更高新闻价值的最佳方向。

为此，对于新闻传播者来说，要想能够使新闻价值得到保值并进而增值，一定要从以下几个方面做出最大的努力：

第一，在新闻选择的环节上，应该尽量选择那些与接受对象关系密切的新闻内容，从兴趣和利益的基础上引起受众的最大关注。所以，对于传播者来说，一定要经常了解受众最想知道的是什么。包括对于一个事件的报道，尤其是一些大的事件当中，包含着的信息总是多方面的，那么，受众对于这个事件的各个方面，最希望最快了解的是哪些内容呢？传播者一定要首先要搞清楚，尤其是不同媒体更要根据自己所定位的受众对象进行有针对性的选择。为受众最及时地提供他们最想得到的信息，新闻价值的最大化当然就有了最好的基础。以刁钻角度取胜的美国著名记者罗森塔尔的作品《奥斯维辛没有什么新闻》，光是标题就妙不堪言，他以冷峻的观察、深沉的诉说、浮雕式的手法叙述新闻，制造历史与现实、恐怖与快乐、战争与和平的反差，使新闻作品产生巨大的张力，被普利策新闻委员会视为“美国新闻写作中不朽的篇章。”

第二，在对新闻作品的结构处理及主题确定上，要注意寻找与受众心理和情感的最大共鸣点。为了适应日新月异的社会发展，受众个体一般都有一种强烈地寻求与他人认知一致、精神同步的愿望，因为这不仅使他们能够产生在社会上的安全感和与人相处的和谐感，而且也能使他们感到自己跟上了时代的步伐而不至于“落伍”，不至于“孤独”。在信息化的社会里，在人与人之间的人际交往日益让位于人与媒体的“交流”时，受者就更加需要从媒体信息中寻找自己认知及态度和情感表现的参照点。尤其在网络时代，生活在“地球村”的人们可以凭借电子媒介，瞬间了解到由传播者所提供的发生在世界每个角落的事件。信息传播的畅行无阻必然导致受者对客观世界巨大差别和迅速变化的及时认知。而这种认知往往会带给受者心理上的猛烈冲击和强烈震撼，并促使人们产生改变现状的动力。因此，我们的传者一定要追寻受众最深层的心理与情感，了解他们的愿望、兴趣和爱好，以便制作出最为广大受众喜闻乐见的产品。《中国青年报》1987 年 6 月 6 日至 13 日推出安徽“定远县农村青年恋人‘私奔’采访记”一组 6 篇，获当年全国好新闻评选深度报

① 维果茨基.心理学研究选集[M]//黄旦.新闻传播学.杭州：杭州大学出版社，1997：240.

道一等奖。就是因为记者把握到了其中的深层内涵，感动并激励了更多的年轻人。

第三，在编码制作的环节上，要以写作技巧高超取胜。假如拿同样的新闻材料命题作文，新闻价值大小主要就靠写作技巧的高低来显示。同题新闻写得绝佳者，会给人“崔颢题诗在上头”的感觉。在写作技巧中，有的以惜墨如金叫绝，如路透社《肯尼迪遇刺丧命约翰逊继任美国总统》全文仅 82 字，字字珠玑。有的以独特新闻细节令读者难忘，如著名女记者彭子冈的名篇《毛泽东先生到重庆》中有这样的细节：在张(治中)公馆，毛泽东“打碎了一只盖碗茶杯，广漆地板的客厅里的一切，显然对他很生疏，他完全像一位来自乡野的书生。”有以经典之语传世，如美国《读者文摘》报道《人类登陆月球记》中，有这样的语句：“他(阿姆斯壮)说了一句永垂不朽的话：这是个人的一小步，是人类的一大步。”

同时，在制作和传输的技术上也要努力保持符号传送的清晰度和保真性，以免内容传达的准确性受到影响。

第四，就是在整个传输和播发的全过程中，从时间要求上一定要迅速及时，时间就是生命，时间对于新闻来说更是生命中的生命。要使新闻内容“保值”，必先在时间上“保鲜”，一定要避免因行动迟缓而使新闻失去时效，降低新闻价值。新闻讲究兵贵神速，拼抢新闻是新闻传播的第一要义。特别是在国际性重大事件发生地，谁为“天下第一报”，谁就拔得头筹。在 2003 年伊拉克战争中，新华社创造性地雇用语言和新闻感觉都比较好的巴格达人贾迈勒为“战地记者”，创造了新闻史上的奇迹。伊拉克战争第一天，当地时间 4 月 20 日凌晨 5 时 30 分许，新华社特约报道员贾迈勒听到防空警报立刻拿起电话，拨通了设在开罗的新华社中东分社总部的号码，值班编辑听着电话听筒传来的警报声和爆炸声，同步向全球发出了第一条英文快讯“巴格达发出警报和爆炸声！”从巴格达响起防空警报，到新华社向全球发出这条快讯，仅仅用时 3 分钟，这条报道让中国领先世界 10 秒，使新华社在世界新闻界名声大噪。

总之，在新闻价值实现的过程中，由于环节众多，各方面的干扰也很不少。很多时候，我们都需要预先知道一个新闻在传播中可能会发生的障碍，以便合理地加以排除或避让，从而尽量避免使原有的新闻价值受到损伤，这当然是增大新闻价值的最基本要求。而追求更高的新闻价值这一规律提醒我们，在新闻传播过程中，自始至终应把受众需要放在首位，并把广大老百姓欲知、应知的内容作为最中心的传播内容。对传播者自身来说，要不断提高思想水平、新闻敏感和业务能力，从而生产并传送出具有更高新闻价值的新闻作品。

基本概念与问题思考

1. 新闻的本源(缘起)。
2. 新闻事实、新闻信息、新闻符号。

3. 新闻信息的特征。
4. 新闻信息的五要素,“新闻五要素”是如何产生的?
5. 新闻传播的要素。
6. 新闻信息量,新闻选择。
7. 新闻选择的基本步骤和环节。
8. 新闻选择的标准。
9. 新闻传播的客观性与公正性。客观性提出的历史背景。
10. 新闻客观性的三层含义。
11. 实现新闻客观性与公正性的具体操作要点。
12. 新闻传播的基本规律。
13. 新闻信息量增大的规律。
14. 提高新闻价值的规律。

生 态 论

第十一章　新闻自由与传播体制

本书在《绪论》中就曾经讲到，新闻自由是世界新闻学萌芽阶段的一个标志性的口号和主题。几百年来，人们一直都在不断地倡导和追求新闻自由，且随着现代民主意识的提高，新闻自由越来越受到各个国家尤其是媒体从业人员的普遍重视。特别是到了当前的自媒体时代，借助于现代网络信息平台，民众的新闻参与意识越来越强，因此关于新闻自由的探讨就更加突出和迫切。而在当今世界，不同的国家体制，以及不同的社会阶段，人们赋予新闻自由的含义是很不一样的，对其理解和具体实施就更有很大的不同。总体上可以说，现代的新闻自由都受到了早期新闻自由主义观念的影响，从本质上来说其根本精神有着很强的一致性，只是在具体实践上受到政治体制和文化传统等因素的影响而有所差异。本章就首先考察新闻自由的来龙去脉，并对不同国家的新闻自由观念与实践进行一些大致的阐述。

第一节　新闻自由的内涵及发展

一、新闻自由概念的产生及演变

新闻自由的概念来自西方。新闻自由一词的英文是 freedom of press。这个词在西方国家的不同历史时期有过不同的内涵。在文艺复兴运动期间，freedom of press 仅指言论自由。即文艺复兴运动的先驱们反对教会的思想禁锢，争取自由表达自己的意见。17 世纪初，freedom of press 主要指出版自由。到报刊在西欧各国兴起，freedom of press 又主要指报刊自由。所以，freedom of press 一词有许多中文译法："出版自由"、"言论自由"、"言论出版自由"、"报业自由"等等，现在一般都译为"新闻自由"。

最早提出"新闻自由"口号的是英国资产阶级政论家、诗人约翰·弥尔顿。他在 1644 年的英国国会发表演讲，要求人民有言论自由、出版自由的权利。随后，根据此次演讲出版了《论出版自由》一书。弥尔顿在当时封建专制的环境中，大胆提出了反对封建统治者的思想压制，认为人的理性高于一切，启迪了人们的思想，为思想自由提供了理论支持，是西方新闻自由观念的源头和基础。之后，英国唯物主义哲学家、政治思想家约翰·洛克在《人类理解论》中也阐述了言论自由的合法性问题。他说："人心爱真理，胜过眼睛爱美丽。"无论人们的见解会怎样犯错误，但它只能让“理性”作为唯一的向导，而不是盲从于权威[①]。

18 世纪的法国大革命前期，孟德斯鸠、卢梭、伏尔泰等提出“天赋人权”、“主权在民”、“社会契约论”等人权思想。法国大革命后，资产阶级观念遍及欧洲，已经形成了自己的思想体系。在 1789 年《人权宣言》中，出版自由就第一次以法律的形式确定了出版自由是公民的基本权利，如第十一条中：“思想和言论的自由交流乃是人类最宝贵的权利之一。因此，每个公民都有言论、著述和出版的自由。但是，在法律限定的情况下，应当对滥用此项自由承担责任。”这被法国认为是现代新闻立法的基石。

1789 年，在时任美国驻法公使的托马斯·杰弗逊的推动下，补充了宪法的前十条修正案，并使新闻自由原则终告确立，这是首次将新闻自由的原则变成一个国家的根本大法。1791 年正式实施的《宪法》第一修正案中规定：“国会不得制定关于下列事项的法律：确立宗教或禁止信仰自由；剥夺人民言论或出版的自由；剥夺人民和平集会及向政府请愿的权利”。作为第三任的美国总统，他对于报界表示出了前所未有的宽容，同时也确立了报界独立于政府的特殊地位，成为制衡行政、立法和司法这三种国家权力的“第四种权力”。这的确是一次意义深刻的革命，它意味着真理不再属于任何一个执政的党派，而是“属于全体选民，是个人理智的内在部分”，而不再属于国家的权力当局[②]。

1881 年 7 月 29 日颁布的法国现行《新闻自由法》，不仅是西方主要资本主义国家的第一部完整的新闻法典，也是全世界施行时间最长的一部新闻自由法。它宣布了新闻自由的基本原则，规定了新闻出版的自由权利，取消新闻检查，取消出版的事先限制，可以说更加具有里程碑的意义。

第二次世界大战以后，新闻自由概念又有新的发展。美国学者和报人提出的社会责任论，主张新闻自由是权利和义务的统一。这一思想立足于承认新闻自由是人类一项不可剥夺的权利，又坚持新闻自由必须承担应有的社会责任和义务的原则。二战以来，国际社会关于新闻自由的思想，集中体现在一系列关于新闻自由的国际文件和联合国文件里。其中最有代表性的是 1966 年联合国大会通过的《国际人权公约》及其三个子公约：《经济、社会、文化权利国际公约》《公民权利和政治权利国际公约》《公民及政治权利国际盟约任择议定书》。

可以说新闻自由是资产阶级反对封建专制的产物，但是，新闻自由思想却体现着整个人类社会的进步的要求。从新闻事业产生和发展的历史看，在一定意义上讲，现代新闻事业是民主的产物，新闻自由则是民主斗争的结果，正是人们对言论自由与出版自由的渴求与奋争，促进了近现代新闻事业的不断前进和发展[③]。

---

① http://www.xici.net/b320761/d17199816.htm.

② 车英，吴献举.论西方新闻媒介与民主政治[J]. 武汉大学学报，2003(3).

③ 车英，吴献举.论西方新闻媒介与民主政治[J]. 武汉大学学报，2003(3).

二、新闻自由的本质及内涵

目前，国内关于新闻自由的定义有很多。郑保卫在《当代新闻理论》一书中认为：新闻自由是“人民在新闻传播领域所应享有的自由活动的权利，它是新闻传播与交流得以实现的必要保证。没有一定的自由条件，新闻传播与交流活动就缺乏实现的必要保证；没有一定的自由条件，新闻传播与交流活动就失去了基础，就无法正常进行”。① 刘建明认为：新闻自由是“新闻媒介和公民报道或获取消息、发表意见的自由权”。② 还有些观点认为：“新闻自由是通过报纸、广播、电视、国际互联网等新闻传播工具所实现的一种民主权利”。③

李良荣教授把新闻自由的涵义归纳为三种权利，即：“不受批准自由出版报刊，即不必向政府申请营业执照或交付保证金，在政治上、经济上不受限制，人人都拥有出版权；不受任何形式的事先检查，可以发布任何新闻和发表任何意见（当然，事后的追惩在任何国家都存在，即不容许报刊自由地损害国家、社会、个人）；不受限制地自由接近新闻源。简单地说，新闻自由就是新闻媒介拥有出版权、采访权、发布权。”④可见，新闻自由有着它深刻的内涵，不能把它当作简单的口号。汇集国内外一些学者的观点，我们将新闻自由从狭义上理解为意见表达自由、报刊出版自由等方面的权利，其最基本的意义，就是指搜集、发布、传播和收受新闻事实与新闻信息的权利和自由。这其中包括印刷新闻的出版自由、视听新闻的播放自由，以及整个新闻传播过程的采访、报道、新闻评论的自由等。严格说来，新闻自由并不是新闻传播者独有的职业权利，实际上是所有公民权利的一个重要方面。

新闻自由的程度往往是衡量一个国家民主程度的重要标志。从 1644 年约翰·弥尔顿提出“出版自由”口号以来的几百年中，人们为争取出版自由一直进行了坚持不懈的努力，可以说新闻自由在现代社会越来越得到不断完善。新闻自由从提出的那一刻起就打上了民主政治的烙印，它是公民所享有的一项基本的民主政治权利，是宪法规定的公民的言论、出版自由在新闻传播活动中的体现和运用。但是，任何一种新闻自由都不可能是完全超越现实的自由，同样有它的约束和限制。正如孟德斯鸠说：“自由是做法律所许可的一切事的权利。”⑤在拥有新闻自由权利的同时还需要履行一定的义务，防止新闻自由被滥用。

新闻发表和出版的自由是指一般公民或新闻媒体有自主决定发表或发布、出版自己的新闻作品的自由。它作为一种权利，是公民或新闻媒体传播资讯、信息和

---

① 郑保卫.当代新闻理论[M]. 北京：新华出版社，2003：474.

② 刘建明.新闻自由的七种权利[J]. 新闻爱好者，2001(3).

③ 陈立平.论新闻自由[J]. 湖南大学学报，2002(S1).

④ 李良荣.新闻学概论[M]. 上海：复旦大学出版社，2001：154.

⑤ 孟德斯鸠.论法的精神[M]. 北京：商务印书馆，1978：154.

表达意见和思想的权利，是他们享有表达权的体现。长期生活在英国的恩格斯对新闻出版自由作过清晰的界定，他称出版自由是“每个人都可以不经国家事先许可自由无阻地发表自己的意见的”权利，并称之为“绝对的新闻出版自由”。[①]

总之，对于新闻传播自由的具体内容构成，大致可以从两方面来考虑：一方面对于传播主体来说，它包括了报道自由、采访自由、写作自由以及传递自由；另一方面对于公众客体来说，它包括了获悉新闻信息的自由、选择和认识新闻的自由等。新闻自由是公民共同所有的，如果这两个方面当中任何一个环节出现问题，那么所谓的新闻自由就不是真正的新闻自由了[②]。新闻传播主体的活动自由是进行新闻自由传播的一个首要的过程和环节，也是新闻自由的前提；而同样，受众主体也有自己的喜好选择权，根据个人需要选择自己想要了解的信息，并可以自由发表个人的见解。

三、早期资产阶级新闻自由的主要代表人物及其观点

1. 弥尔顿的出版自由思想

英国政治思想家弥尔顿(John Milton ，1608—1674)提出的出版自由思想，为西方资产阶级新闻自由奠定了基础。弥尔顿于 1644 年演讲中宣称：在所有的自由中，“让我有自由来认识、发抒己见、并根据良心作自由的讨论，这才是一切自由中最重要的自由。”[③]他提出了新闻自由的“天赋论”，“写作自由和言论自由……是一切伟大智慧的乳母”，坚信出版自由是天赋人权，是公民神圣的个人权利自由。而弥尔顿论述中的两个重要思想，即观念的自由市场和理性的自我修正过程，成为资产阶级自由主义新闻理论的基本原则。这种观点认为应该让各种不同意见到公开的市场中发表和讨论，评价谁是谁非，而不是权力机构赐予或决定的。人的思想是建立在理性的基础上的，真理是通过公开的辩论和自由竞争而得出的，要根据每个社会个体本人的理性观点来判断事物是否真理。通过这种公开的斗争，是积极的、正确的思想总会被大众所接收，从而将糟粕淘汰，虽然这个过程中人们有时也可能会暂时被糟粕的东西所蒙蔽，但是经历时间的锤炼，人们会根据自己的理性来修正。作为第一个提出了出版自由口号的思想家和理论家，弥尔顿理所当然地被推为新闻自由运动的思想先驱。

2. 约翰·洛克的新闻自由思想

约翰·洛克(John Locke，1632—1704)是西方新闻自由思想的鼻祖，其自由民主思想主要汇集在其作品《论宗教宽容》和《人类理解论》中。他认为，自由是一个主体有能力按照自己的意愿下决心或思考，决定某一特殊领域行动的实现或停顿。

---

① 展江.英国政府偶胜与新闻自由长存[J].财经，2004(3).

② 郑保卫.当代新闻理论[M].北京：新华出版社，2003：484.

③ 约翰·密尔顿.论出版自由[M].吴之椿，译.北京：商务印书馆，1958：45.

而这一特殊领域的行事是取决于个人的思想和意志的。人们享受的自由权力不应受到法律的约束和控制，自由是个人的权力。权力中心在于人民，政府不过是按照契约委托办事的人。他还提出了著名的“人心白纸说”。认为人心就像一张白纸，上面本没有什么，要通过各种学习有了各种经历后，才形成知识和观念[①]。对于自由，个人必须用自己的观念和意愿来理解和思考。在自然状态下，我们无须听命于与自己意见不同的他人的思想。人与人之间都是平等的，都是有自己理性想法的，没有多于别人的权力，允许与自己不同的意见存在，保持一种平衡的状态。约翰·洛克的人类思想言论自由的一种哲学论证，对托马斯·杰弗逊的影响极为明显，其思想具有很大的超前性和借鉴意义。

3. 托马斯·杰弗逊的新闻自由思想

托马斯·杰弗逊（Thomas Jefferson，1743—1826）担任过美国第一届联邦政府的国务卿和第三任总统。他的身居要职和拥护自由思想给新闻自由带来了巨大的贡献。

杰弗逊是一位新闻自由的坚定拥护者，他说：我们相信最终会证明，人是可以受理性和真理支配的。因此我们的第一个目标是给人打开所有通向真理的道路：迄今为止，找到的最好的办法是新闻自由。杰弗逊的新闻自由观更多的是从发挥报刊媒介监督政府、启迪民智的作用出发。他还提出，报刊是制衡行政、立法和司法这三种国家权力的“第四种权力”，他说：“当公众舆论允许自由表达时，其力量是不可抗拒的。”他还说：“没有监察官就没有政府，但是，哪里有新闻出版自由，哪里就可以不需要监察官。”而且，他还有一句名言被广为流传：“民意是我们政府的基础。所以我们先于一切的目标是维护这一权利。如果由我来决定，我们是要一个没有报纸的政府还是没有政府的报纸，我将毫不犹豫地选择后者。”[②]这段语录被美国新闻界作为标准的范文不断地复制出来，高悬于各报社的墙上。杰弗逊的一个重大历史功绩就是，在 1789 年力促言论、出版自由修正宪法作了大量的工作。并在 1789 年通过了宪法修正案前十条即《人权法案》，这成为美国自由史的里程碑。这一修正案成为了美国新闻自由的法律性保证，并沿用到今天仍具有价值。可以说杰弗逊对于新闻自由得以实行的贡献是不可磨灭的。

4. 约翰·斯图尔特·密尔的新闻自由思想

约翰·斯图尔特·密尔（John Stuart Mill，1806—1873）是 19 世界英国唯心主义哲学家，资产阶级自由主义的典型代表人物之一。《论自由》是他的自由主义思想的代表作。

密尔从一个 19 世纪实用主义者的观点来考察权威和自由之间的问题。对于密尔来说，自由意味着成年人想干什么就干什么，只要在行使这种自由时不伤害别

---

① 刘明轩.自由主义的鼻祖约翰·洛克［EB/OL］.云南省图书馆网站，2005-11-16.

② 赫伯特·阿特休尔.权利的媒介［M］.北京：华夏出版社，1989：26.

人同样的权利。他的这种观点继承和发展了弥尔顿新闻自由是“建立于个人对真理的追求上”的这一观念。认为新闻言论、出版自由之所以需要保障，是因为它们可以帮助人们发现真理，增长知识。也就是说，一旦新闻出版言论自由开放，人们就可以从社会的真理与邪说中辨别和发现真理。密尔还详细论述了保护意见自由和意见表达自由这一主张，其主要观点如下：

“若有什么意见被迫缄默下去，据我们所能确知，那个意见可能是正确的。”

“纵使被迫缄默的意见是一个错误，它也有可能，而且通常是，含有部分真理；而另一方面，任何题目上的普遍意见亦即得势意见也难得是或者从不是全部真理。既然如此，所以只有借敌对意见的冲突才能使所遗真理有机会得到补足。”

“即使公认的意见不仅是真理而且是全部真理，若不容它去遭受而且实际遭受到猛烈而认真的争议，那么接受者多数之抱持这个意见就像抱持一个偏见那样，对于它的理性根据就很少领会或感认。”

他指出思想自由和讨论自由对人们十分重要的原因是：人类一切其他福祉都有赖于精神福祉，而意见自由和发表意见自由是人类获得精神福祉的必要途径①。

上述自由主义思想家的代表性观点，有必要全面加以了解。他们为西方新闻自由主义的形成作出了巨大的贡献。除此之外，诸如法国的孟德斯鸠、卢梭等人的自由观点也都具有重要影响。总结当时出版自由的观点，其基本思想如下：①人与人之间是平等的，自由是“天赋人权”，是人类应该享有的基本权利；②政府不得干涉和限制自由，人权高于主权，个人权利神圣不可侵犯；③人是有理性的，从长期看一时的谬误总会被辨别出来的，真理是可以战胜谬误的。

四、从新闻自由到社会责任论的兴起

自由主义新闻思想可以追溯到16世纪，是西方资本主义国家最早形成的一种新闻理论体系，它“强调个人自由和个人判断原则的优越性以及真理若不受约束即能战胜一切的原理……”②。其根本观点是认为自由主义是单纯而无条件的个人权利观，是天赋人权，国家、政府以及个人都无权干涉，是一种唯我意志的体现；公众通讯工具是对政府实施监督权的体现，政府不得控制、施加影响；自由是不受任何限制的自由，在政府、媒体和公众三者之间，它强调了媒体的绝对自由；它鼓励受众用个人独立理性的观点来看待问题，在自我修正过程中显现真理。

传统的自由主义思想及理论，是在资产阶级同封建主义的斗争中产生的，为一定时期的西方资产阶级的发展产生了巨大的影响。但是，20世纪中叶以后，随着资产阶级统治地位的巩固，这一理论逐渐暴露出它自身的缺陷和实践过程中的弊

① 约翰·斯图尔特·密尔.论自由[M].北京：商务图书馆，1959：56.

② 参见中国人民大学新闻系译《报刊的四种理论》。

端，面临着巨大的危机。柏拉图有句名言："无论在个人方面还是在国家方面．极端的自由，其结果不能是别的，只能变成极端的奴役"。[①] 随着社会的发展，商业化传媒的自由放任操作，使广告和赞助商成为左右传媒界的势力，且垄断的资本集团企图加强对国家的干预，使新闻自由的绝对化导致了新闻自由的滥用。在一定时期内，"黄色"以及一些低俗化、煽情化的新闻充斥着整个媒介，破坏了自由主义提倡的多样化和公正性的理论初衷，社会对媒体我行我素的批评呼声高涨，受众对过度的新闻自由进行了强烈的谴责，自由主义理论受到了尖锐的挑战。

在这样的背景下，西方新闻理论界开始寻找一种权利和责任相结合、相统一的自由；一种不仅仅是强调新闻媒介及其从业人员的权利，也应强调公众和政府的权利的新闻自由。于是，一种"社会责任理论"开始兴起。一般理解为：新闻自由权利要附带一定的社会责任，强调报刊要为政治制度和经济制度服务，媒体在享受新闻自由的同时也要对社会负责；当媒体无节制地放任自己或损害了公众利益时，政府有权对其进行干预和调控；新闻自由权利不是个人权利而是社会权利，是新闻媒介、公众和政府共享的权利。

1947 年，美国芝加哥大学校长罗伯特·哈钦斯为主席的新闻自由委员会发表了《一个自由而负责的新闻界》——亦称"哈钦斯报告"，被称为西方新闻学史上的一个重要的里程碑，其中对西方的社会责任论进行了系统阐述。因而也被视为社会责任论最早的经典性文件。

社会责任论接受了自由主义理论的六项职能：①提供关于公共事务的消息、讨论和辩论，为政治制度服务；②启发公众使他们能够实行自治；③作为监督政府的一个哨兵，以保卫个人权利；④主要通过广告的媒介，沟通商品和服务的买卖双方，为经济制定服务；⑤供给娱乐；⑥维持财政的自给自足，使报刊能够不受特殊利益的压迫[②]。社会责任理论接受报刊有为政治制度服务、启发公众和保卫个人自由的作用，但是又认为报刊在执行这些任务时有缺欠。社会责任理论承认报刊有为经济制度服务的作用，但是又认为不能够把这一任务置于促进民主和启发公众的作用之上。社会责任论也同意报刊有提供娱乐的作用，但是又坚持要求这种娱乐必须是"好的"娱乐[③]。可见，社会责任论是一种继承的批判，其理论根源是来自于自由主义理论。尤其是，最早提出这一理论的哈钦斯委员会，其正式名称就叫"新闻自由委员会"。所以，有专家认为，社会责任论——特别是这一阶段的社会责任理论，从严格的意义上说，并不是完全独立的理论，而是自由主义理论的一种演化形态，是对原有的自由主义理论的革新和发展[④]。

尤其是霍京代表哈钦斯委员会在他的著述——《新闻自由：原则的纲要》一书

① 王建红.西方新闻自由思想的发展及其理论困境[J].新闻知识，2000(9).

② 参见中国人民大学译《报刊的四种理论》。

③ 参见中国人民大学译《报刊的四种理论》。

④ 陈力丹.自由主义理论和社会责任论[J].当代传播，2003(3).

中，提出将新闻自由划分为两种类型，一种是消极自由，另一种是积极自由。霍京认为，不受限制的自由、不受国家或是政府的限制的消极的自由，必定会与政府相对立，是属于空洞的自由。真正的自由应该是尽量消除自由的消极面而加上自由的积极面，变消极自由为积极自由。它一定要能够“有自由”地去达到它的道德责任以及社会需求所真正要求它的目标①。

由此可见，社会责任理论的新闻自由观主要从促进积极的新闻自由、提高政府保护新闻自由、明确言论自由的界限这三方面对传统的自由主义进行改进，它在很大程度上弥补了自由主义思想的不足，指出了当代新闻自由发展的方向，得到西方各界的普遍认同，也标志着西方新闻理论的发展步入了一个的新阶段。尤其是几年之后，施拉姆等人的《报刊的四种理论》出版，在对以上文献进行分析和评判的基础上，正式提出“社会责任论”。

第二节　马克思主义新闻自由观

马克思曾经担任《新莱茵报》总编，具有很丰富的无产阶级报纸宣传的经验。其有关“出版自由”问题的讨论主要集中在《评普鲁士最近的书报检查令》和《第六届莱茵省议会的辩论》(第一篇论文)两篇长篇政论中。马克思通过进步报刊《新莱茵报》，以历史唯物主义的观念作为思想武器，通过犀利的讽刺和有力的辩解，形成并表达了自己的出版自由的思想。而且一直到马克思的晚年，这位思想巨人都始终坚持人民要拥有出版自由的权利，他认为这是一个具有战斗性的权利，是一项可反对当局对人民的制压和剥削的力量，是人民不可放弃、必须力争到底的权利。

一、马克思主义新闻自由观的产生

马克思新闻报刊自由的观点是对前人新闻出版自由思想的一个继承、发展和完善的过程。其报刊自由观点是通过揭露和反对普鲁士政府的书报检查制度的实质，在争取出版自由的长期斗争中形成的，他认为出版自由思想作为一种政治口号提出，是近代科学推动社会发展的结果。

19 世纪 30 年代末，德国正处于资产阶级革命的前夜，随着民主与自由意识的提高，印刷出版行业的进步，争取自由和民主的运动不断高涨，社会舆论与普鲁士的封建高压专制进行了论争，封建统治阶级与资产阶级民主派之间的矛盾十分尖锐。早在 1918 年 10 月 18 日，普鲁士国王颁布了书报检查令来镇压舆论，以达到专制的目的。在广大人民群众强烈要求自由民主的压力之下，普鲁士政府面对国

---

① 邵志择.新闻学概论[M].杭州：浙江大学出版社，2003：194.

内外的形势，难于维持局面。1840 年上台的弗里德里希·威廉四世被迫不得不对旧法令进行修改，为了收买人心，缓和国内的局势和矛盾，于 12 月 24 日通过新的书报检查令，宣布“立即取消出版物所受到的违背陛下意志的、不适当的限制”。但是该法令的修改从名誉上是对作家的写作不给予限制，对报刊出版故作姿态地做了表面地让步；实际上则是对旧的书报检查制度的更加严格的执行。可是很多作家却被这一现象给蒙蔽了，不知实情，为新的政策欢呼，以为光明的到来，甚至连对普鲁士专制政体抱有对立情绪、有青年黑格尔派分子参加撰稿的《莱茵报》，也在 1842 年 1 月 23 日发表文章表示“充满了巨大的快乐”。刚刚走上社会的 23 岁的马克思，对此书报检查令采取了怀疑态度。他以自己特有的政治敏感和对事物的深刻洞察力，看穿了这个新书报检查令的反动性和欺骗性。马克思针对该现象发表了《评普鲁士最近的书报检查令》和《第六届莱茵省议会的辩论》(第一篇论文)，对统治者给予本质上的揭露和全面的抨击，指出了其内在的虚伪性并传达了抗议的呼声。他指出，在德国，新闻出版界堕落，德国语已不再是思想的语音了，精神所使用的话语是一种无法理解的神秘的语言，“因为被禁止理解的事物已不能用明白的言语来表达了。”①

在这一时期，社会的主要矛盾是统治阶级的书报检查制度与人民大众要求言论自由的矛盾。该时期马恩的新闻自由观主要是对前人的新闻出版自由思想的继承，把“自由”看作是“人”的本质的体现，或者说是抽象的人类精神的特权，他提出了自由是人的本质，出版自由是其中最重要的形式之一。他认为“出版物在任何情况下都是人类自由的实现。因此，哪里有出版物，哪里也就有出版自由。”②这时，他所提出的“人民”还只是一个宽泛的概念，是没有权力的普通大众。

二、马克思新闻自由观的理论要点及解说

马克思为出版自由做了有力的辩解，他用历史的眼光对出版自由进行了充分的肯定，并认为出版自由是资产阶级反对封建专制统治的强大力量。在此，马克思在《评普鲁士最近的书报检查令》和《第六届莱茵省议会的辩论》(第一篇论文)两篇文章中，对书报检查制进行了淋漓酣畅的斥责。他认为“书报检查法不是法律，而是警察手段，并且还是拙劣的警察手段”。“受检查的出版物的伪善、无性格、阉人的语调和摇曳不停的狗尾巴，只不过表现了它的内在实质条件”。“受检查的出版物的性格，是不自由所固有的无性格的丑态，这是文明的怪物，洒满香水的畸形儿”。③ 马克思认为新的书报检查制度与出版自由的根据是完全不同的。他认为，检查制度是不自由的体现，是以表面的世界反对本质的世界的斗争，它只具有否定

---

① 童兵.马克思主义新闻经典教程[M].上海：复旦大学出版社，2002：62.

② 马克思，恩格斯.马克思恩格斯全集(第 1 卷)[M].北京：人民出版社，1956：62.

③ 马克思，恩格斯.马克思恩格斯全集(第 1 卷)[M].北京：人民出版社，1956：74，66，67.

的本性。如果没有出版自由，其他一切自由都是泡影。自由的一种形式制约着另一种形式，正像身体的这一部分制约着另一部分一样。只要某一种自由成问题，那么，整个自由都成问题。由此可见，马克思认为真正的出版自由的观念应与人的理性精神相一致，应该不受限制地表达各种不同的观点，出版物是人类自由的实现，出版自由本身就是思想的体现和自由的体现，是人类理性精神的根本体现。

马克思的新闻自由观并没有仅仅停留在出版自由的传统自由主义思想上，而是深入地把出版自由看成是人民精神自由的体现，是人民的基本权利，是人类最基本的自由。马克思认为追求自由是人类固有的天性，他指出："自由确实是人所固有的东西，连自由的反对者在反对实现自由的同时也实现着自由；他们想把会被他们当做人类天性的装饰品而否定了的东西截取过来，作为自己最珍贵的装饰品。没有一个人反对自由，如果有的话，最多也只是反对别人的自由。可见各种自由向来就是存在的，不过有时表现为特权，有时表现为普遍权利而已。①"马克思将特权看成专制，普遍权利才是人民的自由。

如果新闻自由受到非法的限制，成为当权者的特权，新闻自由不可能是人民的普遍权利。这是马克思主义新闻观不可忽视的经典性结论②。马克思把新闻出版自由看作是最基本的自由，他指出："自由出版物是人民精神的慧眼，是人民自我信任的体现，是把个人同国家和整个世界联系起来的有声的纽带；自由的出版物是变物质斗争为精神斗争，而且是把斗争的粗糙物质形式理想化获得体现的文化。"③马克思详尽阐述了出版自由对人民、对国家的重要性，真正的自由是不可阻挡的。只有真正的出版自由，把人民的生活以及需要的消息及时报道出来，对整个世界获得正确的认识，这才是真正的反映人民的精神和权利，是最基本自由的体现。

关于马克思自由报刊思想的理论精髓，童兵教授将其作了这样的概括：

第一，自由报刊是人类精神自由表现的产物，是有原则地、大无畏地以自由的人们的语音来说话，把在希望和忧患之中从生活那里倾听来的东西，公开地的报道出来，并对这些东西作出自己的判决，让国王能够听到人民真正呼声的报刊。

第二，自由报刊不仅有报道的权利，而且还承担着对社会事件发表意见的义务。

第三，自由报刊是自由与独立的报刊，同任何形式的（物质的和精神的）书报检查制度不相容。同时，自由报刊又是在一定的法律规范和道义原则下有机运行的报纸。

第四，自由报刊具有舆论监督和社会批评的功能，报刊对政府和官员的批评和监督。

---

① 马克思，恩格斯．马克思恩格斯全集（第1卷）[M]．北京：人民出版社，1956：63.

② 刘建明．马克思主义新闻观的经典性和实践性[J]．国际新闻界，2006(1).

③ 马克思，恩格斯．马克思恩格斯全集（第1卷）[M]．北京：人民出版社，1956：75.

第五,自由报刊不是挣钱的行业,作家不能为挣钱写作,不能奉命说话和写作,因为自由报刊不是出于书商的投机目的以及指望捞到什么好处而办的。

第六,自由报刊执行独立的办报方针,不受撰稿人干扰。

第七,自由报刊由于绝对自由的需要,它的文章是不署名的①。

马克思主义经典理论家在理论上高度评价和严肃对待新闻自由问题,在实践上为争取无产阶级新闻自由进行过卓越的斗争。他们以高度科学的社会历史眼光,站在辩证唯物主义和历史唯物主义的立场上探索,推动着新闻自由的思想不断发展和深化。

列宁在新闻自由方面也有许多精辟的论述。有学者将列宁的新闻思想分为的三个时期:建党时期、夺权时期、建设时期。在建党时期,由于俄国处于沙皇统治,到处都有严格的书报检查,革命政党没有集会、结社、出版的自由,人民也没有普选权。列宁在1896年流放地起草的党纲中的最低纲领中就提出了实现政治自由(包括出版自由)的九条目标。列宁就现实政治自由的意义写道:"工人最迫切的要求和工人阶级影响国家事务的首要任务,应该是争得政治自由,即争取以法律(宪法)保证全体人民直接参加国家管理,保证全体公民享受自由集会、自由讨论自己的事情和通过各种团体与报纸影响国家事务的权利。"②在夺权时期,1899年和1903年起草的俄国社会民工党的纲领中,"绝对出版自由"(又被称为"出版自由不受限制")被列为党的最近的奋斗目标之一。他认为资产阶级个人主义不过是一种伪善而已,只有在党的正确领导下,为社会主义而创作的自由,才是真正的自由。在建设时期,伟大的十月社会主义革命胜利后,列宁为党的六大所写的修改党章的材料,依旧是"信仰、言论、出版、集会、罢工和结社的自由不受限制。"③他提出"绝对的自由"和"纯粹的民主"是没有的,出版是政治组织的中心和基础,出版自由等于建立政治组织自由。此外,列宁还提出了两种出版自由思想。他说:资产阶级认为,所谓出版自由,就是富人有出版报纸的自由,就是由资本家霸占一切报刊。这种霸占结果是使包括最自由的国家在内的世界各国一切地方的报刊都成了被人收买的报刊。工农政府认为,出版自由就是使报刊摆脱资本的控制,让人民都享有使用相当数量的纸张和印刷劳动的同等权利④。社会主义社会如何维护公民的出版自由和剥夺资产阶级的出版自由,始终是列宁关注的问题。

毛泽东新闻思想是马克思主义新闻学与中国无产阶级和社会主义新闻实践相结合的产物。毛泽东关于社会主义的新闻出版自由可以用"舆论一律"和"舆论不一律"来概括。毛泽东在题为《驳"舆论一律"》的文章中写道:"我们的制度就是不许一切反革命分子有言论自由,而只许人民内部有这种自由。我们在人民内部,是

---

① 童兵.马克思主义新闻经典教程[M].上海:复旦大学出版社,2002.69.

② 陈力丹.论列宁的出版自由思想[J].湖南大众传媒职业技术学院学报,2003(2).

③ 陈力丹.论列宁的出版自由思想[J].湖南大众传媒职业技术学院学报,2003(2).

④ 童兵.马克思主义新闻经典教程[M].上海:复旦大学出版社,2002:156.

允许舆论不一律的，这就是批评的自由，发表各种不同意见的自由，宣传有神论和宣传无神论（即唯物论）的自由。”①该观点把只许反动分子规规矩矩，不许他们乱说乱动的这种政策叫做“舆论一律”。而且指出，这种“一律”，不仅指舆论，而且包括法律。体现了要对反革命分子专政。在人民内部，实行“舆论不一律”的方针，即人民群众应该享有充分的出版自由权利。所谓“不一律”（又称为“放”的方针），就是批评的自由，发表各种不同意见的自由，就是允许先进的人们和落后的人们自由地利用我们的报纸、刊物、讲坛等等去竞赛，以期由先进的人们以民主和说服的方法去教育落后的人们，克服落后的思想和不正确的观点。

综合马克思主义理论家们的观点，马克思主义对新闻自由的基本认识和解释是，新闻自由首先是一个历史范畴，它是在一定的历史发展的阶段，为一定的阶级和政治斗争的需要服务的。其含义也随着历史的发展而不断有所变化。其次，新闻自由也是一个政治范畴。在一定的历史时期和斗争阶段，各个阶级都把它写入自己的斗争纲领之中。所以，在阶级斗争的前提下，新闻自由并不是最终目标，而仅仅是一种手段。正如恩格斯所说，无产阶级夺取政权需要民主的形式，然而对于无产阶级来说，这种形式和一切政治形式一样，只是一种手段。当然，我们在认识新闻自由最终是一种手段时，切莫看轻了它同时又是一个目的。新闻自由对于每个公民来说，都是极为可贵的基本权利。

第三节　不同体制及意识形态下的新闻自由

在阶级社会中，新闻自由从它产生之日起，就与相关的社会经济、政治体制联系在一起，为其服务。它总是代表着一个阶级的自由，以另一个阶级的不自由为条件，例如在封建社会时期，是以控制和压制资产阶级言论自由为条件；在资本主义时期，又是以压制工人、无产阶级新闻自由为条件；在社会主义时期，又与所有敌视人民政权的敌对分子为前提来保障人民的自由权利。可见，新闻自由在反对敌对阶级的时候是一种目的的体现，在维护本阶级利益的时候又是一种手段的体现。

当今世界，主要存在着两种新闻自由观，即资产主义新闻自由观和社会主义新闻自由观。受它们的社会经济、政治体制以影响，存在着实质性的差别。资本主义媒体是无政府状态和集团竞争的经济通过新闻手段的反映，而社会主义媒体是社会主义经济即公有制为主体的市场经济通过新闻手段的反映。资本主义国家的经济制度、政治制度和社会主义国家的经济制度、政治制度是截然不同的。受不同国家社会制度的制约并为其服务的新闻自由，必然也是完全不同的，世界上根本不存

---

① 毛泽东选集（第五卷）[M]．北京：人民出版社，1977：157-158．

在所有阶级共同认可、一切社会普遍适用的新闻自由[①]。

一、资本主义新闻自由

1. 资本主义新闻自由的实质及其形式

资本主义新闻自由就是资产阶级新闻自由，其本质是维护资产阶级统治的自由，一切威胁到资本主义统治、根本制度的自由，都会受到严厉的制裁和限制。但是资本主义国家的新闻媒体总是极力地否认自己的“阶级性”和“政治性”，而注重突出其所谓的“独立性”和“绝对性”，其实从西方国家的社会历史和实践现状看，我们可以看出在实际上远非如此。在资本主义国家，作为资本主义上层建筑和意识形态重要组成部分的新闻媒体，不管情愿还是不情愿，自觉还是不自觉，他总是要维护资产阶级的根本利益和资本主义的根本制度，总是要为资本主义的经济制度和政治制度服务，也总是会体现出自己的阶级性质的[②]。

一方面，资本主义新闻自由是资本主义私有制为经济基础，新闻媒体属于私人所有。而资本的私人占有极易造成财团的垄断，使媒体成为巨大的牟利工具，且各大财团为了相互之间的政治、经济目的而相互争论、攻讦、谩骂等，以此给社会带来绝对自由的假象，其实质却是新闻自由被各大财阀控制，是大财团为代表的少数人的新闻自由；另一方面，资本主义新闻自由依附于资本，是金钱和资本的自由，是有钱人的新闻自由。这种现象在当今的世界还愈演愈烈，无产阶级没有资本集资筹办的媒体也很难逃离被资本强大的媒体财阀的排挤，因而其新闻自由只能是处于被剥夺的命运，而且这种剥夺是在合法的形式下进行的。

可以说，资本主义新闻自由并没有真正的新闻自由的存在，在很多时候，还是不可避免地受到经济制度、法律以及行政等手段来限制和约束。

（1）法律控制。这是以法律规范或者具有法律规范性质的各种行为规则和条例作为制约与调控手段的控制方式。通过法律的强制性执行，是国家维护本阶级的利益，以达到国家控制的目的。比如有些资本主义国家就颁布了相关的诽谤法、新闻出版的检查制、公正审判等手段对新闻自由作出限制。要求新闻媒体依据法律，在法律的范围内进行新闻传播，否则将受到严厉的惩罚。可以说资本主义的法律具有一定的两面性，诸如很多有正义观念的新闻记者都受到过这样法律的制裁。马克思曾做过深刻的揭露：“宪法上的每一节本身都包含着自由的对立面，包含着自己的上院和下院；在一般词句中标榜自由，在附带条件中废除自由。[③]”

（2）行政控制。这是制约者一方运用命令、指示，通过组织自上而下地行政层次的贯彻执行，对新闻媒介及其传播活动进行组织、指挥和某些调节。这一实施是

---

① 林枫.西方新闻自由的虚伪性和阶级性[J].中国记者，1999(7).

② 郑保卫.当代新闻理论[M].北京：新华出版社，2003：491.

③ 郑保卫.当代新闻理论[M].北京：新华出版社，2003：492.

政府对法律控制的一种辅助手段，主要是通过管理条例和行政法规。政府通过集团寡头或新闻界的龙头老大达到约束目的，或直接进行控制、干预。例如，向来以新闻自由为标榜的美国在2002年的“9·11”事件中，对不利美国的报道采取了严厉控制——“下禁播令”。“美国之音”就是因为“不听话”，播放了奥马尔4分钟的讲话，电台台长为此被迫离职。据美国《纽约时报》9月28日披露，自从9月11日之后，已有多名媒体从业人员因批评布什总统或发表不同意见而遭到白宫或国务院发言人批评，有的甚至因此而丢了饭碗。ABC总裁大卫·韦斯廷也因为发表其新闻自由言论而被迫公开道歉。可见，美国等资本主义国家政府表面上声称新闻自由拥有绝对权，但在具体问题上却往往对媒体施加压力，使其不得不按照政府的目的行事。

(3) 广告商以及财团资本控制。广告收入是媒体生存的主要来源。没有广告商的赞助，媒体无法生存。在美国，目前广告收入占报纸经营收入的一半以上，占广播电视经营收入全部。可见媒体对广告商的依赖性，这就便于大广告企业主控制媒体为自己的利益办事，使媒体失去了自身的自主性，要“看别人脸色说话做事”。可以说，广告主扼住媒体的喉咙，媒体也就很难“说话自由”。再加上创办媒体需要的是巨大投资，也只有大型的财团才有资格承担，这使得他们作为媒体的“主人”，一切方针、政策自然要便利于他们为首要条件。如在德国是官方充分尊重新闻自由的少数国家之一，其传媒仍然主要控制在两家财团——贝塔斯曼股份公司和德国斯普林格出版社股份公司手中。正如哈钦委员会在1947年的报告所述：在美国，全国1 700多家的报业，有近六成的报业被控制在155个大财团手中，而其中的13家报业控制了绝大多数的报纸的出版。美国在过去的20年里涌现出了四大广播网：全国广播公司(NBC)、美国广播公司(ABC)、哥伦比亚广播公司(CBS)和相互广播公司(MBS)。全国性广告商纷纷转向这些广播网，这样的趋势导致1 000家电台中的近800家成为这些连锁集团的附属台。[①] 可见，广告和财团资本的市场垄断已经成为新闻自由的最大障碍。

2. 以美国为首的资本主义国家的新闻自由现状

资本主义国家的新闻媒体总是标榜自己是“绝对自由”和“普遍自由”，是以“独立的姿势”观察社会事件和“独立”发表评论，是客观公正的。其实往往体现他们的一种掩盖的心理。资本主义新闻自由的实质是维护资产阶级统治的利益。正如列宁在1921年3月写道：“资本主义使报纸成为资本主义的企业，成为富人发财、向富人提供消息和消遣的工具，成为欺骗和愚弄劳动群众的工具。”[②]在资本主义国家，真正意义上的新闻自由是从来没有过的。

1) 资产阶级新闻自由的垄断性

① 美国新闻自由委员会. 一个自由而负责的新闻界[M]. 北京：中国人民大学出版社，2004：24.

② 展江. 马克思主义新闻自由观再探[J]. 中国政治青年学院报，2001(1).

西方新闻自由理论认为，新闻与言论的自由体现在多数人的权利、少数人的权利和个人的权利都能获得保障；在一个民主法制社会里，个人发表意见的权利无需获得多数人的批准。但是在事实上，以美国为首的西方国家往往将新闻自由当成媒介垄断者的个人喉舌，传达着他们自己的意志和思想。很长时间以来，西方一些国家的基本状况就是传媒垄断，而垄断毫无疑问就是将自由控制在少数人的手上，无法真正实现客观公正性。

美国媒体的集中和垄断步伐一直是在加速进行的，据资料显示：1982 年，美国的全部新闻与娱乐业（包括电视、广播、有线电视、电影、报刊和出版业等）实际上控制在 50 家大公司手里。而到 1996 年则大多集中在 10 家公司手里，到 2000 年，美国的传媒娱乐业几乎被 5 大财团所垄断①。2001 年 1 月 10 日网络巨头美国在线公司（AOL）收购全球最大的媒体娱乐企业——时代华纳公后成立的“美国在线时代华纳”更使垄断达到了登峰造极的地步，形成集网络、电视、电影、广播、报纸、杂志于一身的传媒帝国②。难怪美国左派著名评论家麦可·巴伦特断言：“在美国并没有自由与独立的新闻界。”“因为大财团所拥有的新闻界对新闻和评论实施一种保守的钳制”。③ 这些现象表明传媒越来越控制在少数几个集团寡头手中，双方利益的需要使得政府与这些传媒巨头容易找到政治和经济的巧妙和理想的结合点，从而达成共同的协议，相互利用，各取所需。世界大跨国财团不仅直接控制和操纵新闻媒体，而且还通过新闻媒体精英与政界头面人物发生关系；同时又通过这些政界头面人物表达自己的观点，维护自己的利益，并最终达到影响和左右政府内外政策的目的④。

2）资产阶级新闻自由的阶级性、双重性

在阶级社会里，拥有生产资料的是资产阶级的统治者，作为无产阶级的人民群众没有自己的财产，只能通过被雇佣获得生存。在这样一个社会背景下，一个媒介集团的运行要有大量的生产资料，新闻机构依赖于经济财团，自然就被控制在资本家的手上，替他们说话，为他们办事。新闻舆论作为上层建筑中意识形态的一个重要组成部分，具有与其社会制度和意识形态密切联系的必然属性，必然反映掌握他们利益集团的及国家机器的政治利益。传媒的产生必然要受统治阶级的约束，替他们说话，成为政府的喉舌，一旦它站在政府的对立面，那么毫无疑问政府就会取缔它们，产生新的专门为他们这个阶级服务的话语工具。

在西方资产阶级国家里，他们把凡是不符合资产阶级的模式、把不符合他们的利益和标准的国家，都称为没有新闻自由的国家。他们往往具有高度的自我优越感，用自己固有的一套模式来衡量自己和他国的关系，常常标榜自己是“新闻自由”

---

① 中国青年报[N]. 2003-9-19.

② 陈立平.论新闻自由[J]. 湖南大学学报，2002(5).

③ 麦可·巴伦特.解构“自由媒体”的神话[J]. 国际新闻界，1997(2).

④ 安向清.试析当代西方媒体与“新闻自由”[J]. 湖北师范学院报，2003(3).

的典范而指责发展中国家的新闻自由，认为发展中国家里的受众没有享受到所谓的以美国为标准的“新闻自由”。换句话说，就是批评发展中国家的媒体缺乏独立性，过多的受到政府的干涉和控制，被政府牵着鼻子走。

但是在资产阶级国家却存在着这样一种层层控制的关系：新闻记者——老板——财团总裁——政府机构，这样层层约束的关系，使他们必须服从上一级的意志，否则就会被“炒”掉。巴格迪基安在《新闻媒介的垄断》中这样写道：“老板的干预有时是很直接的和干脆的。但他们绝大部分审查都很巧妙，有的甚至是在不知不觉中进行的，比如部下已经学乖，习惯撰写符合老板意图的文章的就是如此。”①

在资本主义制度下，完全脱离阶级而独立的新闻自由是根本不存在的。新闻从来不会也永远不会绝对自由，它只能作为一种工具存在，直到阶级社会的覆亡。表面上西方国家可以揭露总统的丑闻，随意对政府乱以评论，但是一旦涉及到有关国家政策、决定等问题时，严格控制，各相关的媒体财团也噤若寒蝉。就西方国家的言行不一以及自由标准的双重性，归其原因是由其资产阶级的阶级性造成的。

3）资产阶级新闻自由的虚伪性、欺骗性

西方记者善长于“揭丑”“扒粪”报道，虽说不免有些低俗，但也在某种程度上对政府官员有着一定的震慑力。媒介的批评甚至使一些政府官员在舆论压力下被迫离职。特别是《华盛顿邮报》报道了“水门事件”将尼克松总统拉下台……这样的事件在西方屡有发生，就其作用来说对监督政府职员的行为发挥了积极的效果，但是事实上这一结果容易蒙蔽了其根本性的东西，使我们往往只是看到表层的现象，误以为资本主义国家是民主和自由的。而没有看到其实质是垄断集团势力的不平衡，是资产阶级权力再分配的手段，其根本还是为了维护资产阶级统治者们的利益。

在资本主义国家很少有政治禁忌之类的规定，看上去几乎是你想说什么就可以说什么，好像很有新闻自由。其实不然，在报纸广播不危及资本主义制度和资产阶级国家安全的时候，国家对报纸、广播也可能不大理睬；但是，到了报纸、广播的新闻、言论有可能危及资本主义制度和资产阶级国家安全时，资产阶级的国家机器往往就要毫不客气地惩罚报纸、广播。比较典型的事例是 2004 年 4 月对“英美士兵虐待伊拉克战俘”这一事件的报道。美国哥伦比亚广播公司（CBS）首先获得虐待伊拉克战俘的图片，但是美军的参谋长却一直以保护伊拉克被绑架的美国人为理由一再要求推迟发布。美国媒体虽然是追求利润最大化为最终目的的商业组织，但是在整个纷纷扰扰的虐俘事件报道过程中是很有分寸的，他们的报道都只是针对事实的调查，而对美国在人权、民主、自由的错位却没有媒体作深入的思考。这与美国政府近几年强调在安全问题上要以国家利益为重是分不开的②。

---

① 李平.浅析西方新闻自由的鲜明阶级性[J].美与时代，2003(3).

② 李瑛.从美军虐囚事件曝光看美国新闻媒体[J].新闻爱好者，2004(10).

二、社会主义新闻自由

1. 社会主义新闻自由的本质

社会主义新闻自由与资本主义新闻自由有着本质上的差异，它是为无产阶级和最广大的人民群众的新闻自由权利服务，使多数人的自由得以实现的新闻自由。它是社会主义国家人民当家作主的体现。社会主义新闻自由的特征主要包括以下三点：

（1）社会主义新闻自由是建立在以公有制为基础，是全体人民群众共享的自由。在社会主义国家，媒体不仅代表了党的喉舌，同时也是代表人民利益的喉舌，保证新闻媒体归人民所有。无产阶级从来不避讳自己的阶级性，用社会主义自身的力量来取缔敌对势力对社会主义有危害的反动行为，确保绝大多数的人享有充分的新闻自由。

（2）社会主义新闻自由是摆脱了资本奴役的自由，这也是社会主义公有制的体现。它排除了资本主义私人资本可以控制媒体，为个人的经济效益而不顾社会效益的现象。社会主义新闻自由是将媒体归为国家和全社会所有，强调社会效益要高于经济效益，不允许将媒体变成个人盈利的手段，更不允许个人独揽大权。必须保证媒体将自由控制在人民自己的手上，成为一种人民能真正共享的民主权利。

（3）社会主义新闻自由是有领导的自由，不是无政府的自由。新闻自由从来都不是像资产阶级历来所鼓吹的是完全的绝对的自由。任何自由的存在都不是绝对的，而是相对的。社会主义新闻自由和资本主义新闻自由都与本阶级的利益相挂钩，不存在不受限制和超阶级的自由。

当然，社会主义新闻自由受到各方面因素的制约和影响，还需要不断地加以提高和完善，从而使人民真正的新闻自由权利得到更充分的保障。

2. 我国关于新闻自由的有关法律与实施

在中国，新闻自由是宪法赋予公民的重要权利之一。1949 年颁布的《中国人民政治协商会议共同纲领》明确规定："保护报道真实新闻的自由"。1954 年中国颁布第一部《宪法》，言论自由、出版自由予以明文规定。1982 年修订的《宪法》第 35 条规定："中华人民共和国公民有言论、出版、集会、结社、游行、示威的自由。"这些都为新闻自由提供了坚实的法律依据。

江泽民同志深刻阐述了我国社会主义新闻自由的本质："在社会主义制度下，新闻不再是私有者的事业，而是党的事业，人民的事业。我们的宪法规定，言论、出版自由是中华人民共和国公民的基本权利。广大人民群众享有依法运用新闻工具充分发表意见、表达自己意志的权利和自由，享有对国家和社会事务实行舆论监督的权利和自由。正是为了维护人民的根本利益，对于一切企图改变社会主义制度的违法新闻活动，不但不能给予自由，而且要依法制裁。”[①]与美国为首的西方新闻自由相比，社会主义的新闻自由是一种更完备、更高级的新闻自由。生产资料的公有制从根本上消除了资本对新闻媒介的控制，从物质上保障了人民群众享有新闻自由。新闻自由是人民群众的基本权利。人民群众管理国家事务，行使民主自由权利，新闻媒体反映民众的心声，沟通党和国家与人民的联系，自下而上地对各级国家工作人员实行舆论监督。

马克思主义认为，社会主义是在政治、经济、文化等一切领域对资本主义的全面超越。社会主义新闻自由是建立在资本主义新闻自由普遍形式的基础上，消除了金钱的制约作用后所获取的更大的一种精神交往权利[②]。

社会主义新闻自由其实是一种更广大、更民主、更真实的新闻自由。人民的新闻自由不会被遏制或取缔。就像毛泽东所提出的“舆论一律”又“不一律”的观点一样，我们社会主义新闻自由只是把少数敌对分子排除在外，而全体人民都能享受普遍自由。

社会主义新闻自由是人民共有的基本权利。在我国，人民群众、新闻工作者、党、政府这四者之间都是不矛盾的，没有根本的利害冲突，任何新闻自由的滥用都会给对方带来危害。社会主义新闻自由是人民的新闻自由，其目的就是为人民服务，所以要最大限度地调动人民群众的积极性，发挥好媒体的作用，为社会主义、为人民服务。我国的社会主义性质决定了传媒要站在广大的人民的立场上，而新闻工作者更要深入到基层，把老百姓最想说的话表述出来，并且要让人民享有自由运用新闻媒体的权利，使新闻媒体真正成为人民的喉舌和发扬民主精神的工具。而且，同资本主义新闻自由你死我活的竞争不同的是，我国的新闻自由竞争是良性的，人民是国家和社会的主人，也是新闻事业的主人，享有各项民主自由的权利，是社会主义新闻自由的主体，这是不以人的意志为转移的客观规律。人民可以通过媒体或信访机构等阐述自己的见解和观点，进行沟通，体现人民新闻自由的民主权利。

社会主义新闻自由是一种被赋予政治使命的自由，具有内在责任的自由。我国社会主义新闻自由与西方资产阶级的新闻自由鼓吹的“绝对自由”、“超阶级自由”不一样，它是被赋予权利的新闻自由，允许有一定的相对独立性，但又不能是毫无节制、不受约束的，不然就可能出现自由主义时期的庸俗新闻。我们必须认识到任何一个国家和社会中，都不可能存在绝对的新闻自由。正如英国的约翰逊所说的：“无限制的自由的危险和限制自由的危险，已经构成政治学上的问题，似乎这类理智迄今尚无法解决。如果除了本国当局事前所批准的东西以外什么都不能出版，那么权力就永远成了真理的标准；如果每个空想的革新家都可以宣传他的计划，那就将不知所从；如果每个对政府有怨言的人都可以散布不满情绪，那就不会

---

① 王永亮，刘忠魁.透视美国新闻自由[J].声屏世界，2002(11).

② 展江.马克思主义新闻自由观再探[J].中国青年政治学院学报，2000(1).

有安定；如果每个神学的怀疑论者都可以宣扬他的愚蠢想法，那就不会有宗教。①”

当然，我国的新闻自由当然不是说已经十分完善了，尤其在“文化大革命”和极左路线时期，专横的管制破坏民主、压制正确声音，一时之间窒息了我国的新闻自由。这几十年的经验和教训告诉我们，由于封建思想的残余，经济文化还不发达，一些专制主义、家长作风、特权思想等问题均妨碍了人们充分享有真正的新闻自由。我们在探索建立比西方新闻自由更深入的有中国特色的完善的新闻自由，势必要在理论上有更高的突破，坚定地在党的领导下加强法治建设，进一步完善社会主义新闻制度，这是十分迫切的要求。

基本概念与问题思考

1. 解释新闻自由、社会责任论。
2. 解释哈钦斯委员会。
3. 新闻自由的早期主张是什么？
4. 叙述新闻自由在西方的几个重要代表人物和主要观点。
5. 叙述马克思主义的新闻自由观。
6. 解释社会主义新闻自由。
7. 你如何理解新闻自由？
8. 谈谈资本主义社会新闻自由的本质。

① 韦尔伯·斯拉姆.报刊的四种理论[M].北京：新华出版社，1980：42.

第十二章　新闻的业界原则与社会规范

从根本上说，人类生存在这个世界上，就需要一种秩序。而且，越是高度现代化的文明的社会，其秩序就越是需要高度地规范和严密。一个无序的世界，或者一个严重失序的社会，人类是根本无法生存于其中的，或者起码是得不到生活的基本保证的。于是，亿万年来，自从这个地球上留下了人类的足迹，世世代代的具有了人的智慧的人们就在不断地为自己也为子孙万代建造着生存所必不可少的秩序。在现代社会，在人的社会分工越来越细并且越来越职业化的时代，各个职业领域和范围的规范也就越来越不可缺少。也就是说，在人类社会的普遍的秩序之中，还总是包含着专门应用于各个职业和部门的有较强针对性的社会规则和规范。新闻事业作为一种在社会上影响甚大，对于社会发展和运行有着举足轻重作用的文化传播事业，它本身不仅推动着社会规范的建立和实施，而且，要想使得新闻传播事业能够更加健康地发展和在全社会发挥更好的作用，对于新闻自身的社会性制约与规范也就尤其不可忽略。本章所要讲述的就是新闻自身的社会规范以及与之有关的一些理论问题。

第一节　新闻规范的一般构成及功能

就新闻传播社会规范的具体含义来说，指的就是新闻活动要符合一定的社会规则和社会行为标准，包括思想、观念、道德、习俗、礼仪、宗教、法律、制度等，简称新闻规范。新闻规范是社会规范的一个有机组成部分，受总的社会规范的制约，又具有专门的新闻职业规范的特殊性。

从更开阔的理论视野和理论根源上来讲，社会规范无疑是人类社会特有的现象，是人类文化的重要的成分。从历史发展的角度看，社会规范的形成不外乎两种方式：一种是约定俗成的，即在实际的社会生产和生活过程中，人们一致感觉到必须共同遵守某些严格的规则，社会的生产和生活才能良性运行、协调发展，人们才能在一种基本有序的状态下安居乐业，并且不断创造更加美好的社会生活和生存环境。于是，人们就靠着这样的一些规则来调整人与人的关系，维持团体整合，从而逐步形成人们一致认可的社会行为标准，而这种规则和标准又进一步被固定为人人必须遵从的普遍的社会规范。社会规范的另一种形成的方式属于人为制定的，即国家机关或其他社会组织根据社会需要，依照一定的程序，制定和颁布一些行为规则，也就是通常所说的法律、法规和制度、公约等，这样的一些规则要依靠国家或组织的力量来强制性地促使人们执行和遵从。这是更为直接和有效的一种社会规范。作为一种社会文化现象，社会规范伴随着人类社会的需要而产生，同时也伴随着人类社会的发展而发展。这种发展变化既表现在内容上，也表现在形式上。社会生活是社会规范的基础，社会生活的客观需要是社会规范不断发展的基本条件。

再回到新闻本身的社会规范来看，新闻规范是由社会的整体规范派生和衍生出来的，是社会规范不断细化的必然产物，也是新闻事业不断发展的必然结果。从实践的意义上说，新闻活动必须遵守一定的社会规范，同时，也更应该自觉地和模范地将普遍的社会规范落实为自身的行动规范。这样才能真正成为一名合格的新闻工作者。那么，新闻的社会规范的具体构成有哪些，以及其主要的功能又有哪些呢？

一、新闻社会规范的构成

整体上的社会规范体系的复杂同样导致了新闻规范的复杂性。也就是说，同一般的普遍的社会规范一样，新闻规范也不仅仅是单一的或者只是一些一目了然的书面条文。正如本节一开始所指出的，新闻规范包括思想、观念、道德、习俗、礼仪、宗教、法律、制度等多方面的社会标准，因而具有多层次性和多重组合性。有人从抽象理论的角度将其分为如下三个基本层面：

1. 社会关系规范

社会关系规范是指人们在社会交往过程中、用于维持正常社会关系和特定秩序的行为规范，它包括法律、制度、政令、规约等等。人生活在社会中，就必然要与他人或其他社会群体进行交往，这是人的社会性的显著特征。为了保证交往秩序的正常和整个交往活动的顺利，在交往双方以及全部群体生活中，自然要制定出各种交往范围和活动领域的交往准则与规则，如政治规则、经济规则以及一般人际交往规则等等。人们的所有交往必须按照这样的规则来进行，否则，就会造成失序，就会损害一些人的权利，甚至造成整个社会发展的失调，从而导致人们生产和生活上的混乱。新闻传播活动是一种社会文化活动，是人与人之间、社会群体之间的信息交往活动。而且，这样的一种信息交往活动又具有其他任何简单的人际交往活动所不可比拟的广泛性和影响力，所以，也就更加需要严格地遵守一定的社会关系规范。这种社会关系规范一般以国家制度和法律准则为核心，这是一切规则中的最高准则，新闻规范自然也不例外。另外，有关新闻的社会关系规范还有一些现行的政策、政令以及一般的社会规约等等。当然，新闻的社会关系规范有些属于全社会共同遵守的，有些则是专门应用于新闻领域之中的。这是新闻规范的第一大类型。

此外，新闻的社会关系规范也同其他社会关系规范一样，具有明显的强制性和震慑力。任何人只要触犯了这样的规范，就一定会受到社会规范所规定范围内的各种性质的处罚。所以，社会关系规范是保证各项事业尤其是新闻事业正常运行和发展的最基本的规范。

案例：

21世纪网被责令停办

2015年4月30日，国家新闻出版广电总局向社会通报了对21世纪网、《理财周报》和《21世纪经济报道》新闻敲诈案件的行政处理情况，其中21世纪网被责令停办，《理财周报》被吊销出版许可证，《21世纪经济报道》被责令整顿。据国家新闻出版广电总局相关负责人介绍，2014年9月3日以来，21世纪网、《理财周报》和《21世纪经济报道》先后有多人被上海市公安机关采取强制措施，其中有21人被检察机关批准逮捕。案件发生后，国家新闻出版广电总局和广东省新闻出版广电局开展行政调查。经查：21世纪网和《理财周报》主要负责人勾结公关公司，指使新闻采编人员以对上市公司和拟上市公司负面报道相要挟，迫使相关企业签订广告认刊书、服务协议，谋取不正当利益。同时查明，21世纪网、《理财周报》和《21世纪经济报道》还存在采编和经营不分等违规问题。

据该负责人介绍，国家新闻出版广电总局在调查核实基础上，已于4月28日作出行政处理决定：吊销《理财周报》报纸出版许可证；广东省新闻出版广电行政管理机关协同有关部门依法撤销21世纪网许可证；对《21世纪经济报道》进行整顿，要求其全面加强该报领导班子建设，全面加强采编和经营管理，全面加强新闻从业人员管理。

国家新闻出版广电总局有关负责人指出，21世纪网等新闻敲诈案件在社会上造成了恶劣影响，严重损害了基层和群众切身利益，扰乱了市场和行业秩序，损害了新闻媒体公信力，败坏了新闻队伍形象。

该负责人强调，各新闻单位要引以为戒，举一反三，切实加强新闻采编管理。各主管主办单位要切实履行管理职责，建立健全机制，坚决纠正各类违法违规问题。各地新闻出版广电行政部门要继续深入开展打击新闻敲诈和假新闻专项工作，加大案件查办力度，限期挂牌督办一批重点案件，关停一批违规报刊单位，撤销一批违规记者站，吊销一批违规人员新闻记者证，对涉嫌违法犯罪的要移送司法机关追究刑事责任，对内外勾结、包庇纵容、失职渎职的要移送纪检监察部门追究党纪政纪责任。

2015年04月30日 15:33:56 来源：新华网①

2. 文化体系规范

文化体系规范是指社会环境和历史发展中所形成的具有影响和制约人们行为的一般文化体系和结构，包括民族传统、民风习俗、道德伦理等等。说到底，人是文

---

① http://news.xinhuanet.com/zgjx/2015-04/30/c_134199783.htm.

化的动物。社会文化是人类全部行为的体现及其全部创造的结果。同时，人类创造了文化，而文化又规定了人的活动，甚至限制着人的活动，用歌德的话说就是，成为一根套在人们身上的“精神之链”。人们只要是在社会上生活，就不可能完全逃脱人类文化发展所长期形成的“精神之链”。文化规定了你的存在，制约着你的社会行为。这就是人的社会存在的基本的状况和事实。这种无所不在的制约和规定，就是文化规范。

而且，文化体系与结构的规范具有明显的民族性、地域性特征。它虽然不像社会关系规范那样对新闻行为具有直接的强制性和特定的而又具体明确的目标范式，然而，它却无所不在地笼罩着生活于这一社会环境中的所有行为人，不同程度地或强或弱地诱导他们应该怎样做，而不应该怎样做。从这样的角度看，文化规范对新闻传播行为的规范力量是更为潜在的也是更为深层的，因而也可以说是更为无形的却是更为巨大的。

新闻传播作为一种人类活动，当然首先就要受到人类文化的共同的规范。而新闻传播本身又是一种专业的信息传播和文化传播，也就是说，新闻传播既是一种一般意义上的社会活动和社会现象，又是一种特殊意义上的文化活动和文化现象。这就决定了它更需要在一定的文化环境之中，接受社会的文化规范。就新闻传播在社会活动中的特殊意义而言，它不仅要主动地接受社会的既成的文化规范，而且还要不断地探索和积极传播新的文化环境和文化背景下的社会文化规范。因而，也就首先要求新闻传播者能够自觉地将这种社会的文化规范有机地内化为自身的思想观念体系，进而以其主导自己的新闻传播行为和全部社会行为。

3. 心理内化规范

心理内化规范是指人的内心的精神准则与心理范式作用于人的行为的规范，它包括思想、观念(世界观、人生观、价值观)、宗教信仰等等。心理规范的最主要特征是，通过行为主体的内心自省和自我认识来达到控制行为的目的。此外，它还具有无意识控制的特点。心理规范主要为人类提供某种心理秩序，并利用这种心理秩序更为自觉地规范个体的社会行为。

按照社会心理学的观点，人们内心深处的这种心理规范实质上也是个体内化的结果。所谓“个体内化”，是指社会化的主体——人，经过一定方式的社会学习，接受社会教化，将社会目标、价值观、规范和行为方式等转化为其自身稳定的人格特质和行为反映模式的过程。个体内化是在个体的活动中实现的，它是个体的内部心理结构同外部社会文化环境相互作用、并对后者加以选择和适应的过程。①心理规范一旦形成，对于人的行为就会发生非常稳定性的重大影响。所以，对于新闻传播者来说，不断提高自己的文化素养，自觉养成较好的心理与行为习惯，对于做好新闻传播工作来说至关重要。

---

① 王奋宇.论社会意识形态向社会心理的内化及其过程[J].社会学研究，1988(5)：121.

新闻传播活动既是传播者与受众之间的信息交流活动，又是传播者与受众之间的思想、观念、情感的交流活动，传播者与受众之间共同的心理规范，是达成思想与情感交流和沟通的最好的基础和前提。尤其对于新闻传播者来说，要取得接受者的高度信任，就一定要首先在文化心理方面与他们保持一致，从而追求最佳的新闻传播效果。

二、社会规范在新闻传播中的主要功能

新闻传播活动之所以要按一定的社会规范行事，是因为社会规范在整个新闻传播活动中具有特殊的功能。其主要功能具体表现在以下几个方面：

1. 组织与指导功能

社会规范对新闻传播活动的指导功能表现为多层次、多方面。从宏观上看，社会政治经济制度决定着新闻制度、新闻政策等；社会的政治关系、组织关系决定着各种新闻单位的思想方向传播体制。例如，按照中国的政治经济体制，中国各级政府和党委的机关报，都分别隶属于同级政府和党委直接管辖，是同级政府和党委组织体系中的一个组成部分。中国的各种行业报，则分别隶属于相应的政府直属下的行业机构，如工商、财贸、交通、教育等等部门都有本行业的专门报刊。各种报纸和媒体之间形成一种纵横交错又十分有序的网络关系，而这种组织形式和组织关系，又完全是社会政治经济组织形式和组织关系的反映，并在这种政治经济组织的规范下开展新闻传播活动。一方面，作为政府和部门领导之下的新闻媒体，要接受其上级的各种指令和指导，并基本循着这种社会关系和思想体系组织新闻稿件；另一方面也要接受政府和上级部门人事管理，以及协助开展发行工作等等。

2. 调适与自律功能

社会规范具有调适新闻行为，尤其是调整和指导新闻从业人员在一定社会规范之内进行新闻传播的作用。

新闻业是社会的特殊行业，新闻工作者在社会个体成员中也占有十分特殊的地位。一方面，这种职业上的特点决定了它要与社会的方方面面打交道.。而由于各种各样的原因，新闻传播者与被传播对象（单位或个人），常常会在某些问题上发生一些观点上的不协调和利益上的摩擦。尤其是，个别新闻传播者如果对自己缺乏严格的自律，自觉或不自觉地在某种程度上损害了被传播对象的声誉或利益，也就很容易引起一定的“新闻官司”。另一方面，在多种新闻媒体并存的今天，各媒体之间，各新闻单位之间，以及各新闻传播者个人之间，也会产生激烈竞争，那么，在竞争过程中，也会出现这样那样的矛盾，例如，彼此间抢新闻、抢订户、抢广告等等。所有这些，都需要一定的社会规范来对其进行调适，以很好地理顺各种关系，从而保证新闻传播在社会上的有序而良性地运行。

3. 控制与约束功能

恩格斯指出，历史的发展最终表现为一个自然的过程。这种运动的自然性，无

非是一种完整严密的社会机制起作用的结果。社会控制是社会规范作用于人的行为的最突出和最直接的过程。从这个角度看,任何社会规范都表现为一种社会控制以及约束。

社会规范对新闻传播活动的控制既是立竿见影的,又是全面而深远的。其中,社会关系规范的控制约束功能表现得最为现实和直接。当新闻活动不遵从某些必要的社会规范而自行其事,亦即发生"越轨"行为时,就要受到有关的社会规范的惩罚或制裁。其次,心理规范与文化规范对新闻传播活动的控制作用虽说不那么直接和具体,但是,这种控制力有时却显得更广泛、更深入,也更持久。例如,道德、宗教、习俗等,对新闻传播者的内在控制和约束力就很自然,也很强大和持久。

此外,文化规范更能够在新闻传播者与受众之间创造出一个共同的文化情境,以及架起一座文化共享桥梁。如果双方的文化情境相同或相近,则新闻传播就有了共同的基础,就容易建立广泛的沟通。当然,新闻传播也应该在不同的文化情境之间积极地创造一种沟通机制。以促使全球化的更大范围和程度的文化沟通①。

第二节　新闻法制原理及其构成

在新闻社会规范的构成中,新闻法制是操作性最强的一种规范,而且从理论上讲也是最严密的一种规范。但是,一套完整科学的新闻法制体系的建立却又往往是路途艰难的。本节将对新闻法制的相关概念和内涵进行一些理论的解释。

一、新闻法制的相关概念及法律渊源

1. 新闻法制与新闻立法、新闻法

法制,一般是指法律和制度的总称,及是由一定阶级制定或认可的、体现其阶级意志的法律和制度的总称。新闻法制,是运用法律手段管理和控制新闻事业的程序、原则和机制。所谓程序,包括立法、执法、法律监督等法律运行的各个环节。简言之,新闻法制就是依法治理新闻事业的法律和制度。

立法,是指一定的国家机关依照法定的职权和程序,制定、修改和废止法律和其他规范性法律文件及其认可法律的活动。新闻立法,指的是由代表统治阶级的国家机关制定、修改和废止新闻法律和相关规范性文件的程序和过程。它是新闻法制的首要环节。新闻立法权归于国家政权的立法机构,如中国的人民代表大会及其常设机构;新闻司法权归于国家政权的司法部门,如中国的法院、检察院等司法机构。

① 程世寿.新闻社会学概论[M].北京:新华出版社,1997:246-248.

新闻法，指的是一国法律体系中调整新闻传播活动中各种社会关系，保障新闻传播活动中的社会公共利益和公民、法人等新闻传播参与者权利义务以及相应法律后果的各种法律规范的总称。它既包括专门的新闻传播法律、法规，也包括其他法律、法规当中与新闻传播有关的非专门的规定。非专门法的规定，散见于宪法、刑法、民法及其他法律文本中。新闻专门法简称新闻法。西方一些国家制定了专门法，一些国家没有专门法而援引其他法规。1881 年法国颁布西方主要资本主义国家的第一部完整的新闻法典《新闻自由法》，为法国乃至全世界新闻事业的发展作出了不可磨灭的巨大贡献。1960 年南斯拉夫颁布了世界上第一部社会主义新闻法，1990 年前苏联正式颁布新闻出版法。

新闻法制与新闻立法密不可分，新闻立法是新闻法制运行的前提和基础，而新闻法制则是通过新闻立法设定了新闻法后的贯彻实施。而从本质上看，无论是资本主义的新闻法律制度还是社会主义的新闻法律制度，都是从根本上对新闻自由在法律范围内的保护和限制，都是对媒介权利的界定和监督，区别只在于不同性质的法律制度，保护的是不同阶级的新闻自由和媒介权利。

2. 新闻法制的依据

一般来说，新闻法规的制定以及新闻法制在实施过程中，主要依据以下几个方面：

首先，依据《宪法》。《宪法》是近代形成的民主制的标志，是“依法治国”的核心，是国家的根本法、最高法。各国都把宪法有关内容作为新闻传播法的最重要渊源。比如新闻传播活动被认为是公民实现表达权和知情权这两大基本权利的主要方式。近代以来，表达自由被列为基本人权之一，日益受到重视，成为媒介法的一个核心问题。公民的言论、出版、新闻以及表达自由等权利都由宪法明确规定，属于宪法权利。有的国家还直接规定禁止政府对言论和新闻的事先检查以保障这一权利。如法国的《人权宣言》(1789 年)第十一条、美国《宪法第一修正案》(1791 年)第一条和德国《基本法》(1949 年)第五条等等。在司法实践中，各国这些新闻传播活动的根本性的法律规范在相关的判例中被多次引用。

其次，依据普通法。普通法是调整整个社会生活或者社会生活中某一方面社会关系的法律规范，包括成文的法律性文件和被认可的习惯、司法判例等。从上世纪自 60 年代至今，在保障公民的知情权方面。美国、丹麦、挪威、法国、荷兰、加拿大、澳大利亚等几十个国家就相继建立了政府信息公开制度，甚至颁布了有关的的法律，如美国在 1966 年制定《信息自由法》(The freedom of information act)，1976 制定了《阳光下的政府法》(The government under sunshine act)等；在承认国家利益、维护社会正常秩序与表达自由方面，相关政府也颁布了法律，如英国的《公务员秘密法》(Office secret act)，日本的《国家公务员法》和《地方公务员法》等法律中有关保密的条款，都适用于媒体工作者；在名誉权、隐私权等方面，各国都在民法、刑法中或者制定单行的成文诽谤法、隐私权法中予以保护。

第三，依据专门法。目前很多学者将世界上的新闻法主要分为两类：一类是着重于大众传播活动的基本原则，包括公民从事传播活动的基本权利等方面作出规定。如制定于1881年的法国《新闻自由法》就规定了新闻出版自由和废除新闻出版检查制度，并且把新闻出版活动争议的裁决权归于司法而不是行政，从而为新闻传播创造了一个相当自由的发展环境。另一类就是规范和管理各类媒介活动的法律性文件，如出版法、报刊法、广播法、电视法。这些文件由立法机构议会制定，也有是由主管行政机关制定。有的单独制定报纸法、广播电视法。如法国政府1984年公布关于报刊业管理的报纸法、广播电视法、意大利1984年《报纸法》(47号)、1975年《关于广播电视的规定》(103号)、1981年《出版法》(416号法)等等。

第四，依据国际条约和国际惯例。《世界人权宣言》《公民权利和政治权利公约》等著名国际人权公约以及各区域的人权公约中关于保障公民表达自由等基本人权的规定，为各签约国所遵守。另外还有如《伯尔尼保护文学艺术作品公约》《世界版权公约》等各种国际版权公约，在保障传播活动中的著作权人权益、使信息和文化交流有序化方面也有着重要作用。

第五，依据自律规则。在一些国家，如英国，新闻记者的自律规则被授予准法律(quasi-legal)的地位。英国新闻界的两个自律机构"报业投诉委员会"(PCC)和"广播电视道德标准委员会"(BSC)是英国议会通过立法程序设立的，拥有做出准法律效力裁决的权力。

二、新闻法制的主要内涵

新闻法规包括的主要内涵包括：一是保护或限制媒体人员的权利；二是保障公众的权利和义务。新闻法制的首要任务是建立新闻媒介在传播环境中对事实的报道以及舆论监督等行为规范，使新闻媒介在市场经济秩序和整个社会生活中，能自觉地保证受众的权利和义务不受到侵犯，更好地履行自己的权利和责任。新闻法制是保障权利的重要手段，是以立法的形式保障公民的言论自由权，是实现国家民主、政治文明的必经之路。

有关新闻传播的一些权利的具体内容，本著在新闻的传者与受众一章已经有所涉及。在此，我们主要从理论上进一步说明为什么我们需要这些权利以及这些权利的根本依据。

1. 保护媒介从业人员的基本职能权利

新闻法制的最核心内容和最首要责任，当然就是保护媒介及所有传播主体的新闻报道权。而其他所有有关新闻传播方面的法律法规的构成和履行，应该说都是围绕着这一权利而展开的。

新闻报道权即传播权，从概念的形成过程来考证，其最早是法国人让·达尔西在1969年发表的《电视转播卫星与传播权利》中提出来的。有学者认为，传播权不仅是基本人权中最重要的权利，而且是最终完善基本人权的一种权利概念。[①] 在新闻传播活动中，西方新闻界自诩记者为享有凌驾于社会之上拥有特殊权利的“无冕之王”，并称新闻为“第四权力”的这一说法，正是潜含着一种权力的象征。新闻有着对国会、国家领导人等人物、重大的事件报道的权利，并起着监督的作用，可以说体现着权利向权力的一种转化。很多国家的新闻法制也明确地规定，新闻媒介的报道权受到法律保护，不需要任何申请和批准，也不应该存在新闻检查制度。总之，无论在任何国家，新闻报道权都必须受到有效地保护。

而为了保证新闻报道权，首先就必须保证新闻记者的采访权。采访权是指记者在工作中享有的，在法律规定范围内不受限制地收集信息的权利[②]。采访权是媒体及其记者拥有的一项特别的公权力，是采访自由的主要体现，是行使公众知情权的重要途径之一，同时也是实现社会监督权的重要途径之一。媒体和记者只有通过对于事实的及时而全面地采访，才能最及时地向受众传播有益的信息。也可以通过报道而对国家机关、社会组织等实施公众舆论监督。如果新闻采访权受到阻挠和有所障碍，新闻报道权也就无法得到保障。

此外新闻报道权还包括新闻单位和媒介的编辑权。这是新闻媒介的一项更加专业的业务权，其主要内容包括：决定和实施编辑方针、维护报道真实、评论客观和发表方式的恰当等。编辑有权对新闻进行必要的取舍、删改，以及决定对其发表的形式进行改变。因为编辑往往是阅读新闻稿的第一人，也是稿件发表前的最后把关人。作为新闻稿的汇集处，往往需要站在更加全局宏观的立场，考虑好版面配置、视觉效果等，对新闻稿件进行适当的组织、选择、修改。西方国家新闻界于20世纪60年代兴起编辑权运动，主张编辑权不应该受到媒体拥有者的控制和干涉。早在1919年，日本报业职工就首先提出了编辑权的问题，至1962年，联邦德国已有213家报社的编辑部取得了编辑自主权。到目前为止美国已经有39个州对编制权做出了明文规定[③]。可见编辑权在世界范围内已经受到越来越多的重视。

2. 保障受众的基本权利和义务

新闻理论界通常认为，公民享有最基本的信息自由权和表达权这两大权利。而这两大权利的具体实现，又主要是通过新闻媒介来实施的。

所谓信息自由权，是指公民依法可以自由获取、加工、处理、传播、储存和保留信息的权利，是公民重要的宪法权利和精神权利，主要包括知晓权、传播权、个人信息保护权与隐私权。其中最重要和最基础的是知晓权[④]。知情权是一切民主权利的基本前提，受众如果被剥夺了知情权，民主社会的言论自由权、监督权等自然就

---

① 张玉洪.从西方新闻法制研究管窥中国新闻法制研究[J].声屏世界，2003(5).

② 刘斌.权力还是权利[J].政法论坛，2005(2).

③ 吕倩娜.浅谈美国媒体的编辑权[J].安阳师范学院学报，2005(4).

④ 张艳红.中美新闻发言人制度比较[J].当代传播，2004(5).

无法得到保证。在现代社会中离开了对信息的自由选择和获知,人就丧失了自身同社会联结的纽带,失去了自立于现代文明社会的起码资格。

而所谓表达自由和舆论监督权,则是公民最基本的政治权利。在我国的《宪法》第三十五条就规定了言论、出版、结社、游行、示威等权利,在理论上称为言论自由中的表达权。其中言论、出版自由引申到新闻活动中时,被理解为依法运用新闻媒体发表意见、表达自己意志的权利和自由,也就是公民运用新闻媒体行使表达权。表达权不是专属新闻工作者所有。公民也可以通过媒体来发表自己对政府工作人员及国家机关的看法,提出批评或是表扬的意见。从新闻活动角度来说这就是行实舆论监督权,它包括公民对新闻媒体的监督及对国家政府机关及工作人员的监督。舆论监督权是公民行使《宪法》所赋予的权利,是实现公民言论自由权和表达权的重要手段。

我们的新闻法制构成,从根本上就是为了最有效地保证新闻从业人员的各项权利。从而使得新闻传播事业对于整个社会发展起到更好的作用。

三、西方的新闻法制概况

世界上大多数国家对新闻媒介的管理主要采取法律形式。而新闻法规是国家对新闻媒介实施管理的主要依据。从广义上看,新闻法规包括适用于新闻传播活动的所有法律条文和规定,是具有多个法律渊源,涉及多个部门的法律条款。狭义上的新闻法是指专门就新闻传播活动制定的相关法律条文,如有些国家虽没有单独成文的《新闻法》,却把新闻法规的有关条文写入《宪法》《民法》《刑法》以及其他的专用法律条款中,如《少年法》《保密法》等等。

但是不管是哪种形式,西方新闻法制从宏观上看主要还是围绕"新闻自由"的核心问题展开。主要包括三个方面:一是有效地保护新闻自由;二是有效的限制新闻自由滥用;三是新闻自律等。从微观上看,西方新闻法制主要侧重于研究新闻保密和信息公开法来划定合法采访权与保守国家秘密权之间的界限。如,保守国家机密与受众的知情权问题;平衡新闻监督与司法活动之间的关系;维护社会秩序与保护言论自由的冲突问题;新闻职业保密权与司法公正权之间的关系等。所以,无论采取哪种形式,新闻法规的一个核心问题是:保护新闻自由,同时更要防止滥用新闻自由,从而在确保国家利益、公众利益不受侵害的前提下,鼓励新闻媒介满足公众需要,促进国家发展。从根本上说,正因为有新闻自由,才特别需要有防止滥用新闻自由的规定;而防止滥用新闻自由,在一定意义上又正是为了保护真正的新闻自由。

通观世界各国的新闻法规,对新闻活动和报道的有关的限制,并不完全相同和一致,而且其执行过程也有宽有严。但《国家安全法》《诽谤法》和《隐私法》却是大多数国家所共有的而且也较严格地执行的。

1. 关于国家安全法

新闻媒介不得以任何形式危害国家安全和社会正常秩序，这是各国新闻法规中最为重要的一条，也是国际公认的准则。这其中包括：不得煽动以武力及其他手段推翻合法政府，破坏国家制度和社会秩序；不得泄露国家机密；不得煽动宗教、民族对立，等等。许多国家或者在刑法中规定泄露国家机密有罪，或者制定单独法律禁止任意公开国家机密。例如，英国多次修订的《公务秘密法》，就详细的规定了严禁新闻媒介泄露有关国家安全的机密。法国《刑法典》规定，如果新闻媒介刊载政府认为危害国家内外安全的消息，政府有权没收报纸、取消广播电视节目，甚至逮捕有关记者、编辑。澳大利亚、新西兰等国几乎所有有关国家安全的新闻，都须经过有关部的部长亲自签字才能发表。国家安全法对新闻媒介管制在特殊时期最为明显，即使是在以最自由的新闻传媒标榜的美国也不例外。美国新闻界流行一句话："战争是新闻自由的天敌。①"西方的新闻学家都明确地说，绝对的新闻自由是不存在的。一切危害国家安全或者说危及资产阶级统治、危及资本主义制度的"自由"在西方是不容许的。

2. 关于新闻诽谤

新闻诽谤是各国新闻官司中涉及面最广、案情最为复杂，也是令新闻界、司法界最感到棘手的问题。"不准使用新闻媒介诽谤他人"，是任何国家新闻法规必具的条文，但是，一涉及到具体案件，就往往难于区分和判定。

什么是诽谤？各国法律的解释有所不同。美国法律研究会编辑的《法律的重述》所下的定义为："无确凿的证据而散布对他人不真实的事实并损害他人的名誉。""传播足以损害他人名誉的事实使其在社会上处于不利地位或有碍其与第三人的往来。"

诽谤的对象一般有三种：一是个人（无论是普通公民还是政府官员）；二是某个特定团体（企业、事业及政府部门）；三是企事业单位所生产的产品（包括服务）。

诽谤罪的确认，在西方国家通行的标准，一般有四个条件：一是有特定的对象，即可以由他人确认的对象，而不能仅仅是泛指。如，"无官不贪"、"无商不奸"，虽然指责了所有官员、所有商人，但不是指向特定对象，不构成诽谤罪。二是歪曲、夸大、捏造事实；三是必须含有主观恶意；四是公开传播，造成对象的名誉损害。

3. 关于隐私

美国的《法律大辞典》对隐私权下了这样的定义：隐私权是"不被干涉的权利；免于被不正当地公开的权力……个人（或组织）如果愿意，可使他本人和他的财产不受公众监视的权力。"美国著名法学家威廉・L・布鲁塞在《现代民生国家的新闻法规》一书中对侵犯隐私权的情况分为四类：一是闯入原告的私人禁地。例如

---

① 雷淑容.西方新闻自由实质的一次暴露——析伊拉克战争中的美英媒体行为[J]. 新闻战线，2003(9).

记者用远摄镜头、监听器或装扮成其他身份的人混入他人家庭、病房或私人聚会获取材料，并在媒介上公开传播；二是公开私人物件，使原告的正常社会生活被破坏。例如未经本人同意，公开私人信件、日记、病例、档案等；三是在公众面前将原告置于错误位置。例如，某家地方报纸在报道警察抓获罪犯时，不小心把协助警察的居民名字错写成罪犯的名字等；四是未得本人同意，利用原告的姓名、肖像等进行商业活动，例如刊登商业广告等。

这里需要特别注意的是，在确认诽谤罪时，真实性是防止触犯诽谤罪的最强大武器；但在确认侵犯隐私权时，真实不起作用。而能够起作用的却是“新闻价值”。国外一些法院在判决时，常以传播内容是否有新闻价值作为决定性依据。例如，英国伊丽莎白女王的女儿安娜公主在度假时，和其男友在游泳池裸体游泳，被人偷拍照片，发表在报纸上，引起全英轰动。安娜公主上诉法院，法院以此照片有新闻价值为由，使安娜公主败诉。

四、中国新闻法制的历史发展

中国是到了近代才有了真正意义上的新闻事业，即有了报纸、期刊、广播、通讯社等组织机构，并专门从事新闻传播活动。随着相当规模的新闻活动机构的产生，统治阶级为了更好的管理和控制，新闻法律条款也随之产生，开始规范新闻领域。

1. 清末的新闻法制

在中国历史上，较为独立和正式的新闻法规产生于清代末年。清末的新闻法律主要是规范报刊等印刷出版物的活动，又常常称为“报律”。清末颁布的报律主要有以下几项：《大清印刷物件专律》(1906)、《报章应守规则》(1906)、《报馆暂行条规》(1907)、《大清报律》(1908)、《钦定报律》(1911)等专门性法规。其中比较完整规范的是《大清印刷物件专律》《大清报律》《钦定报律》。

1906 年，清政府颁布了我国第一部新闻法规《大清印刷物件专律》，共有 6 章 42 条。专律的主要目的是为了防范和打击革命出版活动尤其是革命报刊的传播。第一章规定所有出版物都要向设在京师的印刷注册总局登记，以备随时检查，否则给予处罚；第三章规定报纸杂志须向发行所在地的巡警衙门登记注册；第四章将诽谤罪分为普通诽谤、讪谤和诬谤三种，分别规定了处罚标准；第五章规定对公开出版物酿成犯罪者，按教唆罪判处；第六章是关于时限的规定。1908 年的《大清报律》是参照西方法律制度，经过比较完整的立法程序而产生的新闻传播立法，是清朝新闻立法的最后一个成果。这个法律把人民的言论出版自由尽行剥夺，是清政府垮台前最反动的一个法律。该报律共 45 条，重点是规定保证金制、事前检查制和严厉的禁载限制。总之，这些律法条款都是产生于中国封建社会末期的新闻法规，其主要功能则是限制新闻自由，具有明显的集权主义的味道。

2. 辛亥革命后的新闻法制

辛亥革命后，南京临时政府于 1912 年颁布了这一时期的第一个新闻法规——

《暂行报律》。但是，由于遭到当时的报业团体“全国报界俱进会”的反对，《暂行报律》很快被搁置不用。辛亥革命失败后，北洋军阀政府于1914年颁布了《报纸条例》。该条例共35条，有四个主要特色：第一，首次对报纸下了定义，认为：“用机械或印版及其他化学材料印刷之文字图画，以一定名称继续发行者，均为报纸。”第二，沿袭《大清报律》的保证金制度，但取消了事前检查制度；第三，规定了发行人、编辑人、印刷人的条件；第四，增加了禁载内容。1915年北洋政府还颁布了《新闻电报章程》。但是，因为军阀更多的是采用金钱贿赂报社和武力查封报社，虽有新闻法规，报业仍受到极大的残害。1930年，南京国民党政府又颁布了《中华民国出版法》，共6章44条。第一章界定了报纸、杂志、书籍以及发行人、著作人和编辑人的定义；第二章规定报刊发行前必须到所在地登记；第四章规定了禁载事项；第六章规定了行政处分办法。1932年7月1日，国民党政府实施了中国历史上第一部唯一有关新闻记者的法律《新闻记者法》，其中给新闻记者下了资格认定，也规定了新闻记者的任务以及一些不可为之事。1937年国民党政府又公布并实施了《修正出版法》，修正了《出版法》中的一些内容，其法规也更加的严厉。

如果说，清代的报律虽然是统治阶级为了维护统治、进行官报垄断的需要，但却也在一定程度上吸取或渗透了当时西方新闻自由的观念，多少超越了当时极为严酷的封建体制，具有某些方面的进步意义。而国民党统治时期的报业条律又完全是与时代背景相关。由于国民党实行一党专政，妄想用清一色国民党经营的媒体压制进步言论，践踏新闻自由，其新闻自由可以说是名存实亡，但是，客观上因为多元的报业结构的形成，迫使其新闻政策也稍有改变。

以上就是近代我国新闻法制历史发展的两个重要的阶段。

3. 新中国新闻法制的发展历程

新中国成立后，以人民民主专政为核心的新的民主政权的建立，为新中国的新闻法制发展奠定了良好的基础。1949年第一届全国人民政治协商会议正式通过的具有临时宪法意义的《共同纲领》，以及1954年第一届全国人大通过的新中国第一部《宪法》都明确规定了保障人民的言论出版自由，从而在法律形式上对广大人民群众拥有新闻传播自由的权利加以保障。

建国之初，当时的中央人民政府依据国家的基本法律精神，陆续制定了一系列的有关新闻出版方面的法规，如1949年的《关于统一发布中央人民政府及其所属各机关重要新闻的暂行办法》、1950年的《全国报纸杂志登记暂行办法草案》、1951年的《关于严格遵照统一发布新闻的通知》以及1952年的《期刊登记暂行办法》和《管理书刊出版物印刷业发行业暂行条例》等，对报纸、期刊等出版物的出版、发行等方面作出了相应的规定。其颁布的目的在于对那些代表人民政权的报刊加以保护，而对那些敌视人民政权的出版物则作出限定和禁止，从而保障新中国人民报刊事业的顺利发展。[①] 同时在这段时期中，还有许多相应的规章性文件的颁布，如1950年1月新闻总署发布的《关于报纸采用新华社电讯的规定》、1950年2月邮电部和新闻总署联合发布的《关于邮电局发行报纸暂行办法》、1950年4月新闻总署发布的《关于建立广播收音网的决定》以及1950年11月新闻总署和出版总署联合发布的《关于注意保守国家机密的通报》等。总体而言，建国初期我国的新闻传播法制建设是非常薄弱的，更谈不上有完备的新闻法律体系，而且到50年代的中后期由于当时面临的国内外形式，有关新闻法律法规方面的建设基本处于停滞状态，主要依靠党和政府的一些新闻政策和宣传纪律来规范新闻出版活动。

4. 我国新闻法制建设的现状

我国现行新闻法制的来源主要来自三个方面：一是《宪法》有关条款；二是一些基本法律和法规及其司法解释中与新闻传播活动有关的条款；三是有关报刊、广播、电视的专门行政法规和规章。

在我国，对于专门的《新闻法》的制定，经历了一个十分漫长的过程。1979年5月，复旦大学新闻系学生在王中教授的指导下，在校庆学术报告会上发表论文，率先提出制定新闻法的问题。1980年9月，第五届全国人民代表大会第三次会议上，上海代表赵超构在小组会议上以“发扬民主，广开言路，让全国人民都有公开的言论、出版自由”为由口头建议我国制定新闻法。1983年6月，六届全国人大第一次会议上，湖北、黑龙江代表提出了《在条件成熟时制定中华人民共和国新闻法》的书面建议。1984年1月初，中共中央宣传部新闻局会商全国人大法工委和科教文卫委员会，正式向中央书记处提出《关于着手制定新闻法的请示报告》。在得到中共中央和全国人大常委会的批准后，一个由人大常委会教科文卫委员会牵头并抽调新闻、法律等有关部门人员参加的新闻法起草小组很快在北京成立。新闻法制定工作正式启动。此后，新闻法起草小组于1984—1985年间，在北京、上海、成都、广州、深圳等地多次召开新闻界内外人士参加的座谈会，对媒介立法的指导思想和若干重要问题进行了较为深入的讨论。1986年，我国第一部新闻法草案《中华人民共和国新闻法试行稿》起草完毕。1987年1月，国家新闻出版署成立，新闻法制定工作改由该署主持。次年，根据国务院的意见，北京、上海分别设立新的新闻法起草小组，各起草一部新闻法草案。9月20日，中国新闻法制中心在北京成立。同年10月，北京、上海两地分别起草的两部新闻法草案《中华人民共和国新闻法征求意见稿》均告完成。但由于种种原因，我国的新闻法至今依然在酝酿和筹备之中。

在酝酿与起草新闻法的同时，为及时解决新闻工作中亟待解决的问题，国家有关行政部门陆续颁发了一系列针对新闻媒介的法规性文件。所以，我国有关报业管理的现行法规，一部分是国务院发布的行政法规，而大部分则是1987年后国家

---

① 郑保卫.加强法制规范实现法制目标——对我国新闻传播法制建设的司考[J].当代传播，2007(6).

新闻出版署制定的行政规章。其中最重要的是1990年12月25日新闻出版署颁布的《报纸管理暂行规定》和1997年1月2日国务院发布的《出版管理条例》。

在1997年4月，国家新闻出版署公布了《新闻出版业2000年及2010年发展规划》，提出"到2010新闻出版法制建设要建立以《出版法》《新闻法》和《著作权法》为主体及与其配套的新闻出版法规体系。"在2005年末，我国国家新闻出版总署还重新修订了《报纸出版管理规定》和《期刊出版管理规定》，已于12月1日正式施行。这两个规定第一次以规章的形式，确立了审读在报刊管理中的重要地位，明确了审读工作的职责和程序具有重要的指导意义①。

有关广播电视业的法规，在改革开放前，我国已经制定和发布了不少有关广播电视业的规范性文件，其中有些文件至今仍然适应和有效。而广播电视法规的日趋完善，也是在改革开放以后。目前仍在使用具有代表性的是1997年国务院发布的行政法规《广播电视管理条理》。此外，我国所颁行的《中华人民共和国刑法》《中华人民共和国民法通则》及其他法律、法规司法解释中，也含有不少关涉新闻事业的规定，成为我国新闻法制规范的重要渊源。

2015年3月7日，国家新闻出版总署原署长、全国人大常委会委员柳斌杰介绍，人大正研究新闻传播立法，本届人大内有望提交审议。今后凡是属于公共新闻传播范畴的，包括互联网新闻服务等，都将纳入到新闻法管理中来，不过自媒体这一传播形式暂不会纳入。②

第三节　新闻传播者的职业道德规范

新闻道德是新闻传播社会规范中的重要组成部分，是社会道德在新闻传播活动中的具体反映。在一定意义上说，新闻道德是现代新闻事业的伴生物，随着新闻事业的社会化和规模化而逐步形成和建立起来，因此不仅要受到社会政治、经济和文化传统的影响与制约，还有着相对独立的历史继承性。在现代新闻事业快速发展的今天，其重要性也日趋明显。

一、新闻职业道德的含义

新闻职业道德是指人们在从事长期的新闻传播实践中形成的规范自己传播行为的各种观念、习惯以及信念的总称。它是调整新闻界与社会、新闻媒体之间、新闻传播者个人之间关系的规范与准则。它判定人们在新闻活动中什么行为是对

---

① 本刊记者.解读"两规"说审读[J].今传媒，2006(1).

② 柳斌杰.首部新闻法有望提交审议[EB /OL].http://news.sina.com.cn/m/2015-03-09/094031584870.shtml.

的，什么行为是错的，并给新闻从事者一种世界观、人生观、价值观上的宏观性的认识和指导。也可以说，通过这些规范和准则来严格要求广大的传播主体，按照新闻传播的规则和规范行事，并能高度自律，以保证新闻传播活动的正常而有序地进行，从而努力实现新闻传播的最佳效果。

李良荣教授根据《联合国国际新闻规约》和《中国新闻工作者职业道德准则》以及其他国家的新闻职业道德标准，把新闻道德的内涵归结为职业理念、职业态度、职业纪律和职业责任这四个最基本的方面。

（1）职业理念。这涉及新闻工作的宗旨，即从根本上树立"为什么"以及"为谁"从事新闻工作的目标。联合国《国际新闻道德信条》中提出为公共利益服务的理念："职业行为的崇高标准，是要求献身于公共利益。谋求于个人便利及争取任何有违反大众福利的私利，不论所持何种理由，均与这种职业行为不相符合。"而《中国新闻工作者职业道德准则》则要求新闻工作者全心全意为人民服务："为人民服务是社会主义道德建设的核心，是社会主义道德的集中体现，也是我国新闻工作者的根本宗旨。"

（2）职业态度。新闻工作必须严肃、严谨、认真、踏实。联合国《国际新闻道德信条》中指出："报业及所有其他新闻媒介的工作人员，应尽一切努力，确保公众所接受的消息绝对正确。他们应当尽可能查证所有的消息内容，不应任意曲解事实，也不故意删除任何重要事实。"并且强调："任意中伤、污蔑、诽谤和缺乏根据的指控，都是严重的职业罪恶；抄袭剽窃的行为亦然。""对公众忠实，是优良新闻事业的基础。任何消息发表以后，如果发现严重错误，应立即自动更正。"

（3）职业纪律。国际新闻记者联合会通过的《记者行为原则宣言》指出两条记者必须遵守的纪律："只用公平的方法获得新闻，照片和资料。""对秘密获得的新闻来源，将保守职业秘密。"除此之外，世界各国的新闻职业道德准则中，规定新闻工作者"不得以任何名义索要、接受或借用采访报道对象的钱、有价证券、信用卡等；参加各种会议和活动不得索取接受任何形式的礼金。"等等。

（4）职业责任。竭尽一切努力，以确保新闻的真实、全面、客观、公正。

二、新闻道德建设的历史

所谓新闻道德，自然是伴随着新闻事业的发展而发展的。因而，新闻道德的建设也一直是与新闻事业发展的状况密切相关的。美国的新闻事业是西方国家中最发达的，新闻道德建设的历史也最有典型性。

19世纪的美国流行新闻自由主义，报刊对社会不承担义务，报纸享有绝对的新闻自由。而这一时期的普利策与赫斯特开创了美国新闻史上的黄色时代，他们利用那个被涂上黄色的幼童，为了赢得更大的发行量及其所带来的巨额利润，他们不惜刊登各种色情、凶杀以及耸人听闻的"新闻"，以所谓的"人情味"诱惑更多的读者。这时的许多报纸最看重的是能够让人们“哎呀”大叫一声的新闻，其着眼点主要放在“女人图爱情，男人谋权力”等较为低俗的方面。

黄色新闻的泛滥以及此前政党报刊间的漫骂攻击，使得一些有识之士大为不满，开始大力呼吁提倡严肃新闻。他们纷纷发表观点，要求新闻界着力提高道德水准，并从自己开始身体力行。这些人中最有影响力的是《纽约时报》的发行人阿道夫·奥克斯。他极力主张，“要用简明动人的方式提供新闻……不偏不倚，无私无畏，绝不顾及任何政党、派别或利益的牵连。”他还十分认真地宣称，绝不能让《纽约时报》成为一份“玷污早餐桌布”的报纸。直至今日，这一报纸还在奉行着从 1896 年 10 月 5 日启用的一条报训：“刊登报纸适合刊登的新闻”(All The News That's Fit To Print)。

1908 年，玛丽 .爱迪在波士顿创办的《基督教科学箴言报》也坚持净化新闻的政策。该报名称虽然冠之于“基督教”，但它并不是一份宗教报纸。它以严肃的内容以及对客观事物的长远分析著称。这时，就连黄色新闻祖师爷之一的普利策，在他生命的最后十年，也摈弃了低格调的旧路，而使《世界报》成为美国新闻史上最受尊崇的报纸之一。普利策于 1904 年 5 月，在为《北美评论》撰写的一篇建议成立一所新闻学院的文章中，指出：商业主义在报纸经营中有合法地位，但它仅限于经理部。如果商业侵犯了编辑权，它便成为必然的堕落与危险。一旦发行人仅仅注意商业利益，那将是报纸道德力量的结束。

认识到新闻道德问题，就显然要寻求对新闻界的必要的约束。这种约束既可以来自外部的社会管制力量，也可以来自新闻界自身的内部自律。1908 年，美国新闻学者奥尔特·威廉姆斯创办密苏里大学新闻学院并担任首任院长后，于 1911 年颁布了《新闻工作者守则》8 条；美国记者公会 1934 年通过《新闻工作道德律》的新闻职业道德准，但无论哪种方式的约束，都显然与美国新闻界长期奉行的传统律条——新闻自由发生了矛盾。因此，要从根本上解决新闻道德问题，必须首先建立一套能够与之相应的基础性理论。于是，社会责任论便应运而生。

1946 年，由《时代周刊》出资成立了哈钦斯委员会。一年后，委员会发表了著名的哈钦斯报告，即《一个自由和负责的新闻界》，揭开了新闻界社会责任论的序幕。这份报告根据当时报业存在的种种问题，尖锐地提出，新闻自由已经陷入困境，其原因有三：一是现代世界中新闻的重要性和可见度增强；二是新闻媒介操办者提供的服务脱离社会需要；三是还有一部分媒体时常从事一些受社会谴责的勾当①。在此基础上，哈钦斯委员会提出了解决问题的几个观点，总的说来就是要求新闻界担负起社会责任，为公众提供翔实全面的事实。

在这以后的 10 年中，尽管有着种种的争论和反对意见，社会责任论势不可挡地在不断扩大着影响。1956 年出版的施拉姆等人的《报刊的四种理论》标志着社

---

① 程世寿.新闻社会学概论[M].北京：新华出版社，1997：256-257.

会责任论的成熟和定型。从此以后，社会责任论成为西方新闻界的更具有权威性的理论，并成为世界性新闻道德建设的最重要的理论依据。

三、新闻道德的落实和实施

相比较而言，新闻法规是一种严格的法律条文，它是把国家意志以立法形式强制地要求新闻工作者必须执行；而新闻道德则是新闻工作者自律的行为标准，它主要是借助于舆论力量和内心的自制力量促使新闻工作者自觉遵守。在社会的各个职业领域中，新闻传播工作有着极大的特殊性，被称作“无冕之王”，可见其地位的特殊以及其所受的约束比其他行业要少得多也小得多。因此，其自律的要求也就显得格外重要。

1. 世界各国的新闻评议组织

为保证新闻职业道德准则的落实和实施，一般除了对新闻工作者进行经常性的职业道德教育外，世界许多国家还建立新闻评议会。其中英国的报业总评议会是世界上最早，影响也是最大的新闻道德监督组织之一。第二次世界大战结束后，英国议会有鉴于新闻业垄断已导致新闻职业道德水准下滑的现实状况，于 1946 年建立了皇家报业委员会，对新闻业现状作彻底调查。1949 年，皇家报业委员会调查报告发表，其中提出了建立报业评议组织以维护新闻自由、提高新闻道德的建议。1953 年 7 月 1 日，在英国政府的支持下，英国报业总评议会宣告成立。该组织共有 25 名委员，均来自 7 个报业团体的编辑或经理代表，其主要职责是受理外界对报界的控告与申诉，作出裁决与结论，但这些裁决只有道义上的权威，并无实际约束力。据统计英国报业总评议会每年收到的申诉信为 100 多件，其中约有 60 多件被立案处理。1963 年 7 月，英国报业总评议会根据第二届皇家报业委员会的建议，改组为由报界、司法界以及其他社会各界人士共同组成的报业评议会，以增强其权威性与社会性。在此先后，日本、比利时、荷兰、德国、意大利、土耳其、奥地利、韩国、南非、智利、巴基斯坦、以色列、加拿大、丹麦、印度、菲律宾等国家的新闻评议组织也纷纷成立，其名称除了报业评议会以外，还有新闻纪律评议会、新闻荣誉法庭、报业伦理委员会等，亚洲、非洲以及南北美洲也有类似的机构。

这些新闻评议组织的基本职能是对报业及其他传媒的表现进行评议，并对一些违反新闻道德的案件作出不具有法律效力的裁决，一般不受理违法案件。但是，违背道德与违反法律之间的界限有时也是很难划分的。有些国家因而对此另作特殊规定。例如，土耳其报业荣誉法庭规定，凡法院审理过的案件，荣誉法庭不再审理；挪威报业评议会规定，在受理案件时，如果认为被告已触犯法律，则应请求法院或律师公会派员参加审理；瑞典、菲律宾等国的报业评议会要求原告在投诉的同时须发表一项保证不将该案件向法院控告的书面声明。大多数国家的新闻评议组织仅有裁决权，但也有少数国家如日本等则既有裁决权，又有处罚权，处罚的标准有警告、记过、罚款、开除会籍等。个别国家由于新闻评议组织与政府机构紧密结合，使这些组织带有半官方色彩，因而还拥有核发与取消记者证、向报社征税等权力。就人员构成而言，大多数国家的新闻评议组织是由新闻与其他各界代表共同组成的，也有的仅有新闻代表而无其他社会各界代表，或仅有社会各界代表而无新闻界代表。

2. 我国新闻道德现状及存在问题

我国目前正处于一个社会历史转型期，各方面的法制建设都还在不断完善之中，尤其是一直尚未通过和出台正式的《新闻法》，所以，新闻工作者在采集、传播新闻的过程中，很多行为只有通过加强新闻道德的自制机制来实现。改革开放以来，我国新闻传媒在在道德伦理建设上取得了一定的成效。1981 年中共中央宣传部新闻局和中央新闻单位商拟了《新闻记者（草案）》，在内部发到各个单位试行。1991 年 1 月，中国记者协会第四届一次理事会正式通过《中国新闻工作者职业道德准则》，又根据其实施的情况以及会员意见，于 1994 年 6 月和 1997 年 1 月两次进行修订；1999 年公布了《中国报业自律公约》；2001 年公布了《公民道德实施纲要》。这些条例和法规的制定一直都在不停的完善改进之中，为我国的新闻道德的具体实施提供了很大的帮助。

当然，从总体来看，我国新闻道德的建设还处于较初级的探索之中。又由于市场经济的巨大冲击，近年来新闻业的飞速发展，新闻从业人员大大增加，传播者的构成成分和整体素质已经不容过于乐观。而在市场化的历史进程当中，国民心态中的物欲化倾向、无责任化倾向、虚假化倾向等种种思想观念上的倾斜，也不可避免地会渗透到新闻队伍中来①。所以，相当一段时间以来，新闻道德状况出现了严重下滑的趋势。中国人民大学舆论研究所曾对首都高级干部和高级知识分子进行抽样函询，在回答“我国新闻媒介的宣传报道在群众中享有很高信誉，不存在信任危机的问题”这一问题时，同意者仅占 3.5%，基本同意者为 28%，而不太同意和不同意却分别占 37%和 28%（其中 3.5%未填）。由此可见，人民群众对我们新闻媒介的信任程度已降到了临界点②！

归纳起来，影响新闻道德的现实问题主要表现为以下几个方面：

（1）“有偿新闻”难于杜绝。所谓“有偿新闻”，是指新闻单位在发表有关单位和个人的新闻报道时，向其索取一定数量的金钱或物资。“有偿新闻”实质上是新闻传播者违规出卖自己的新闻特权，出卖自己的传播者形象，甚至出卖新闻传播者的良知。有的记者对招待宴会“招”之即来，成了“餐桌记者”；而凡有礼品，也从不放过，成了“伸手记者”、“采购记者”，甚至还有的直接接受“红包”以及金钱。记者欠了人情，只能用手中的笔去补偿，以稿还债，甚至不惜违反新闻真实性的原则，

① 赵维.新闻职业道德的自毁及简单分析[J].中国报刊月报，1995(11).

② 杨立新.新闻职业道德滑坡的思考[J].新闻界，1996(1).

"吹其一点,不及其余",片面虚假的"有偿新闻"就应运而生了[①]。"有偿新闻"泛滥的结果,必然使得我们的新闻媒介和新闻传播者常常为金钱所控制,进而扭曲了新闻价值取向,把"新闻价值"异化为"金钱价值"。它也必然损害新闻报道的公正性原则。要杜绝"有偿新闻",必定要从完善我国的新闻立法和从新闻道德建设共同着手,双管齐下,净化和美化我们的新闻环境。

(2) 新闻报道中低俗化"炒作"严重。新闻报道中"人情味"是吸引受众的要点,对硬新闻进行适当的包装成为"娱乐化新闻",迎合受众的需求,吸引广告商,可以给传媒单位带来可观的经济效益。近年来这种现象越来越严重,新闻记者往往将空前绝后、耸人听闻的事件作为报道重点,使新闻报道混同于娱乐行为。而这种新闻娱乐化现象盛行的后果就是媒体得到了暂时的经济利益,而公众却失去了决策参考的依据,公众利益受到了经济利益的严重侵害。从长远上看,我们传媒的媚俗化倾向必定会为新闻传媒埋下祸根,它带来的最终后果是丧失公信力,形成不良的社会风气。

(3) 传播者受拜金主义侵蚀。几年前社会上就流行着这样的几句顺口溜:"一等记者搞承包,二等记者炒股票,三等记者捞红包,四等记者拉广告,五等记者会上泡,六等记者忙写稿"。这种口头流传的东西自然有很大的歪曲和夸张的成分,但是,也不能不承认它在一定程度上反映了新闻界不良倾向的一个侧面。一部分新闻传播者在金钱的诱惑面前的确丢掉了基本的职业道德尺度,"以稿谋私"、"钱稿交易"的行为经常出现,甚至较大的记者受贿案也时有发生。北京长城公司正是用金钱打倒了100多名记者,使他们千方百计地为该公司的诈骗活动出力献策。有极个别记者为了金钱,甚至出卖国家重要机密。这就更是由于道德的失守而直接堕入了违法犯罪的地步。

随着我国报刊业走向市场,随着新闻单位逐步企业化,商业主义在新闻经营中逐步有了自己的地位。但是,这种商业主义应该有一个限度,即它仅限于经营部分,而不能损害新闻编辑权,不能降低报纸乃至其他新闻媒体的品位和格调。但是,近年来一些新闻单位为了自己一时的经济利益,不惜降格以求,有的以大量篇幅充当企业和个人的吹鼓手,有的则以低俗报道追求市场效应。还有的新闻记者完全以搞报道作幌子,借助新闻记者的特殊身份从事商业经营活动。

(4) 社会责任心不强而造成新闻报道失真。社会责任心是每个普通公民都必须具有的,而由于新闻传播者在社会中的特殊的地位和价值,他不仅要充当社会航船的了望者,而且更要充当全社会的最基本的良心。因而,新闻传播者所担负的社会责任自然就显得更大更重要。新闻传播者一旦缺乏社会责任心,不仅会直接导致新闻传播质量的降低,而且有可能严重影响到整个社会秩序的常态运行。如当

---

① 杨立新.新闻职业道德滑坡的思考[J].新闻界,1996(1).

年的报阀赫斯特就宣称："你提供新闻，我提供战争。"[①]当然，一般的新闻传播者在社会责任心方面所表现出来的主要问题往往是，工作态度不严肃，对新闻事实调查得不认真、不深入，对稿件的写作与处理又过于草率或者为了吸引受众而不负责任地添枝加叶、夸大其词。但无论是哪一种结果都给新闻工作带来严重损害。

新闻职业人作为具有"特殊话语权"的掌门人，新闻作为精神的产品，理应具有高度的使命感和责任感。我们在讨论新闻记者的新闻道德时，应该明确的是我们也是在守护着自身的精神家园。虽然我国新闻队伍道德状况的主流还是应该充分肯定的，但是仍然有一些毒瘤的存在值得我们格外重视，特别是是进入网络化时代以来，新闻道德建设的加强更是迫在眉睫。

第四节　新闻专业主义的基本精神

新闻专业主义是美国政党报纸解体之后在新闻同行中发展起来的"公共服务"的一种信念，它是改良时代行政理性主义和专业中立主义总趋势的一个部分。由于新闻专业主义在媒介与政党、公众、商业共同构成的关系架构中力量的彼此消长、博弈，使得不同时期的新闻专业主义的理论与实践凸显出不同的特质。但不论任何时期，新闻专业主义其基本内涵并无太大的变化，都体现了媒体行使着"社会公器"的进步职能，肩负着发扬新闻专业主义精神的神圣职责。我们认为，这一概念和精神对于提高我国的新闻传播效果，具有很好的借鉴意义。

一、新闻专业主义的概念和特征

1. 新闻专业主义的概念

新闻专业主义(Journalist professionalism)是西方新闻学的重要概念，也是新闻工作者恪守的工作规范，它是伴随着新闻业能够真正成为"第四权力"而出现的一整套话语。有学者认为，"西方新闻专业主义是资本主义自由竞争经济时代的产物，又是西方自由、民主政治环境中媒介调整其与政党、公众、经济利益团体间复杂关系的权杖。在整个西方政治、经济、文化发展的历史进程中，新闻媒介既是历史的叙述者，又是现实社会的参与者。西方新闻界对媒介功能、媒介属性及因此而衍生的诸多操作层面的话语体系的解读，构成新闻专业主义一系列的新闻制作理念、行为规范、道德准则。[②]"

而在我国，虽然对新闻专业主义这一概念的定义，至今尚未有统一的界定，但

---

① 曾文经.传媒的魔力[M]. 北京：时事出版社，2001(5).

② 侯迎忠，赵志明.西方新闻专业主义初探[J]. 当代传播，2003(4).

对新闻专业主义精神及其新闻职业理念的关注却也在日益增强。我们在此对新闻专业主义的具体含义做一归纳。

新闻专业主义是在19世纪末开始形成，是要求新闻工作者必需具备特定的专业技能、行为规范和评判标准，在此基础上，它还包括一套定义媒介社会功能的信念，一系列规范新闻工作的职业伦理，一种服从政治和经济权力之外的更高权威的精神，以及一种服务公务的自觉态度。① 也就是说它是新闻媒介和新闻从业者所追求的一种职业理想和操作理念，包括真实、客观、公正地报道新闻，以服务公众为中心目标，独立于政府、公众、财团之外，担负独特的社会责任等一系列行为规范和行业标准。② 其目标是服务于全体人民，而不是某一利益团体。它最突出的特点，是对新闻客观性的信念，相信可以从非党派的、非团体的立场准确报道新闻事实。它的最高理想是传播真实、真相或真理③。

一般来讲，新闻专业主义核心的理念可以分为两点：一是客观新闻学，二是新闻媒介和新闻工作者的独立地位和独特作用。该理念是建立在新闻自由的基础上，要求从业人员对其自身的控制，以自律求自由，可以为传媒赢得较多的有弹性的活动空间，即避免他律，增加自律。两者都要求新闻从业人员要不被外界因素所影响和诱惑，展现客观事实，树立“社会良心守望者”的形象，提高传媒公信力，其最终目的是要自觉地形成传媒职业精神。因此，新闻专业主义在理论上具有一种理想主义色彩和强烈的道德主义倾向。它强调的是新闻从业者与新闻工作的普适性特征；它是一种意识形态，是与市场导向的媒体(及新闻)和作为宣传喉舌的媒体相区别的，以公众服务和公众利益为目的、以实证科学原则为基石的意识形态；它也是一种社会控制的模式，是与市场控制与政治控制相区别的、以专业知识为基础的专业社区控制模式④。

2. 新闻专业主义的特征

根据学术界对于新闻专业主义概念的许多种类的解释，有人将其特征大体归纳如下：①传媒具有社会公器的职能，新闻工作必须服务于公众利益；②新闻从业者是社会的观察者，事实的报道者，而不是某一利益集团的宣传员，或政治、经济利益冲突的参与者或鼓动者；③他们是信息流通的“把关人”，采纳的是主流社会的价值观念，而不是任何需要向社会主流灌输的意识形态；④他们以实证科学的理性标准评判事实的真伪，服从于事实这一最高权威，而不是臣服于任何政治权力或经济势力；⑤他们受制于建立在上述原则之上的专业规范，接受专业社区的自律，而不

① 陆晔，潘忠党.成名的想象：中国社会转型过程中新闻从业者的专业主义话语建构[EB/OL]. http://academic.mediachina.net/academic_zjlt_lw_view.jsp? id=3880，2005-12-31 14：24：49.

② 侯迎忠，赵志明.西方新闻专业主义初探[J].当代传播，2003(4).

③ 徐锋.“新闻专业主义”对我国新闻业的参照意义[J].新闻记者，2003(5).

④ 吴洪霞，葛丰.新闻专业主义与传媒消费主义之张力分析——从市场化媒体的“娱讯”现象谈起[J].人文杂志，2004(1).

接受在此之外的任何权力或权威的控制①。

当然，这些对于新闻专业主义特征的诠释并不是一成不变的，总是会随着不同时期，凸显出不同的特质，但是其基本内涵仍然是大致相通的。

（1）从实现媒介功能来看，新闻专业主义有中立性和客观性两个重要的特征。二者为新闻工作者特供了一个可以操作的判断标准。“中立性”要求新闻工作者，在报道争议问题时，能不偏不倚，摒弃个人的观点、评论，以叙述者的口吻描绘客观事实；在报道批评问题时，能远观大局，探索问题的本质，做人民的教化者。“客观性”要求新闻工作者从非党派、非团体的立场客观地报道新闻事实，要求将个人的情感、意见与新闻报道区分明显，用冷静的态度，准确报道事实。

（2）从权力取向的角度看，新闻专业主义被视为一种职业的权力象征。专业主义是指一种特殊形式的职业工作系统，经由职业系统，从事该职业的成员得以约束自我，维持权威的行为②。

（3）从结构功能层面看，新闻专业主义话语具有整合新闻从业者的专业社区的作用。新闻从业人员通过不断地工作实践不断地丰富这一精神，使新闻专业主义变成从事这一行业的全体成员共有的态度与信念③。

客观、公正、正义、无私是新闻专业主义的职业理念，要求实事求是、通情达理是新闻专业主义的评论方法，新闻专业主义的发展有利于更好的传播把人民的关切、人民的意志传播到各个角落，使新闻媒介获得更多的公众支持，发挥更大的社会影响。

二、新闻专业主义的源起及发展

新闻专业主义在西方的产生，有着特定的语境和历史条件，其中包括市场经济的环境、自由民主的政治体制、服务行业的专业化以及建立在此基础上的独立、自主的传媒。

新闻专业主义理念的产生、发展及其在新闻媒介活动中所起到的作用与影响，都与商业化的社会经济环境紧紧相关。随着自由主义实践的发展，人类的非理性，资本主义潜在的不公正，种种的弱点在美国缺乏限制的政治经济体系中日益暴露，媒体对新闻自由的滥用逐渐背离了具有进步意义的自由主义报刊理论的初衷。

19 世纪 30 年代，美国大众化报纸的滥觞标志着新闻业进入到大众化和商业化的时代，强烈的赢利要求改变了报纸的内容与外观。为了吸引城市大众，报纸拾

① 陆晔，潘忠党.成名的想象：中国社会转型过程中新闻从业者的专业主义话语建构[EB/OL]. http://academic.mediachina.net/academic_zjlt_lw_view.jsp? id=3880，2005-12-31 14:24:49.

② 邓艳玲.新闻专业主义语境下的人物报道的操作——反思与对策：当前主流媒体人物报道需要把握的几个问题[J]. 湘南学院学报，2005(6).

③ 侯迎忠，赵志明.西方新闻专业主义初探[J]. 当代传播，2003(4).

起人情味故事的法宝，并通过各种促销手段、噱头来增加发行量。“从不择手段的相互攻讦到耸人听闻的煽情新闻泛滥，从漫无边际的谎言到煽动战争狂热”媒体制造了很多混乱①。一时之间“煽情主义”、“黄色新闻”、“扒粪者”的新闻充斥着整个传媒界，使公众对专门挖掘政府丑闻，刺探个人隐私，败坏社会道德的媒介越来越失去信心和信任。

19世纪90年代是美国报业的一个分水岭，在这一时期，新闻事业抛弃旧的时代，完成了迈向现代化的进程。在新旧冲突中，媒介批评异常活跃，面对媒介的商业主义和冷漠无情，批评家祭起了道德和民主理想的大旗。早在1896年，美国人奥克斯购买《纽约时报》之后，即提出“高尚的新闻政策”、“独立公正的评论”和“正确详尽的新闻资料”三大目标，与刺激性的黄色新闻相对抗②。但是在19世纪90年代的批评收效甚微，煽情主义在后来的“黄色新闻业”中进一步恶化。直到批评之声更响亮时，报纸的发行人才有所意识，并开始寻找改进的措施，以应对批评。在批评新闻媒介的煽情主义和商业主义的过程中，批评者提出了不少建议，包括捐赠基金报纸、政府管制等，最后专业主义作为一种妥协，在各种力量的搏弈中逐步确立③。尤其是二次世界大战后，政府的力量逐渐开始膨胀，扮演着越来越重要的角色。在这样的时代背景下，早期自由主义的统治让位了，一种新的意识形态——自由而负责的报业理论开始发展起来。

第一次世界大战后，新闻专业主义的思想深入人心，新闻工作者开始寻找适当的专业规范。1923年，美国报纸主编协会制定了《新闻规约》，出台了一个有着广泛影响的新闻道德标准。该《规约》的主要内容包含：从业者的责任感；新闻自由；独立性；真诚、真实、准确；公正无私；公平对待各方；作风正派。美国记者公会于1934年制定《记者道德律》。美国的广播(1937年)和电视(1952年)也各自拟定了对行业的规范和准则。1946年10月，英国下议院成立皇家委员会，调查英国报业独占对新闻自由的影响。1949年6月，该委员会提出建议，成立“报业总评会”，实行报业自律。第二次世界大战后，芝加哥大学校长哈钦斯(Robert M Hutchim)为首的出版自由委员会访问了几十位来自媒介、政府和学术界的重要人物，提出经典性的《一个自由而负责的新闻界》的报告，并在报告中正式号召新闻媒介专业化。1953年7月1日英国报业评议会的成立是新闻专业主义的里程碑之一。

新闻专业主义一直在缓慢地发展。20世纪50年代，客观性报道原则渐趋成熟，美国正值新闻专业主义的高峰时期，他们将专业的规定内化为对自己的约束。新闻界的行业法规体现了美国新闻界的基本价值观念，对新闻言论的发表与流通自由的要求和保障，阐述了美国新闻事业的社会功能等行为准则的同时，也为新闻

---

① 张军芳.新闻专业主义是如何可能的——新闻专业主义在美国的兴起与发展[J].中文自学指导，2005(05).

② 倪燕.新闻工作者的自律与他律[J].传媒观察，2003(11).

③ 谢静.20世纪初美国的媒介批评与新闻专业主义确立[J].新闻与传播研究，2004(2)

媒介和工作者起道了很好的指导作用。可以说新闻专业主义是历史的产物，具有特定的含义，并经历了发展变化，它已经成为诠释、衡量和评判新闻工作的主导话语，已被新闻界认同并发扬光大。

三、新闻人才专业主义

人才专业主义从本质上说，至少包含三方面的理念：新闻传媒的社会功能，新闻从业者的使命和社会责任，新闻从业者的行为准则。新闻话语的形成，要这三方面理念的整合、认同和确立。[①] 新闻专业主义最关键的问题是新闻从业者的使命和社会责任即人才的培养问题。目前，新闻工作的职业精神已经成为影响公信力的最大障碍。进入 20 世纪 80 年代，受市场理念影响，媒体商业化倾向日益严重，新闻专业主义受到了极大的挑战。公众对媒介滥用新闻自由的批评，对媒介的商业化不满所形成的强大的舆论力量不容忽视，媒介人员迫切需要对新闻专业主义和社会责任发展探索一条积极的路。

正如学者喻国明对新闻人才专业主义所提出的关键性要求：

（1）新闻人的人格要求：俯仰天地的境界、悲天悯人的情怀和大彻大悟的智慧。传媒的社会形象是新闻人的人格化的体现，因此，优秀新闻人的第一特质是境界，是新闻工作者的专业主义追求。新闻工作者应密切关注现实，并试图揭开时代进程中的问题，深刻反映人类解决这些问题的智慧和成果。这才是具备专业主义的新闻人所应追求的。

（2）新闻人的专业自觉："话语权"的使用。因职业和岗位的关系，新闻人具有更多的社会表达的话语权，但作为新闻人应清醒地意识到，话语权不是特权，应将拥有的话语权用来更好地记录社会变迁、为公众谋利，在终极关怀下为中国的发展提供建设性的意见。

（3）新闻人专业主义的基本风格：理性、建设性。一个有责任的、信奉新闻专业主义的新闻人，应该持有的基本风格是理性观察、建设性的出发点。它意味着不冲动、不破坏、不媚俗、不虚伪、不偏激、不炒作、不盲从、不骄傲，以务实、开放、求证的心态冷静观察社会走势，以建设性的视角来报道一切值得报道的新闻[②]。

可见，新闻人才的专业主义直接关系到新闻作品的社会效应。如果把媒体比喻成一台机器，毫无疑问，新闻人才的知识支持和信息支持就是供应机器正常运转的保证。新闻人才专业主义除了以上新闻人理应具备的素质要求外，势必还要具备强烈的社会责任感，不能忽略以下几点：

---

① 陆晔，潘忠党.成名的想象：中国社会转型过程中新闻从业者的专业主义话语建构[EB/OL]. http://academic.mediachina.net/academic_zjlt_lw_view.jsp? id=3880，2005-12-31 14:24:49.

② 海冰，王培.新闻专业主义缺失与假新闻的产生[J].新闻前哨，2005(11).

1. 坚持新闻的客观性原则

在前面我们已经提到客观性是其核心理念也是主要特征之一。客观性的把事实真相原汁原味的展现在读者面前，让受众真实的看到画面是新闻工作报道的主要目的。俨然，客观性已经成为一种世界公认的新闻语汇和报道模式。它代表了现代社会对新闻事业的常识、期望，是人们评价新闻实践和新闻机构的标准。在全球化的今天，“客观公正”已经成为国际新闻业的共同标准，是当今统治性的新闻信条，也是记者必须遵守的常规做法①。

2. 加强媒介的服务意识

媒体是为人人服务的行业，把受众当“上帝”是其精髓。没有了受众就失去了生存的价值。尤其是当前的媒体行业过分的依赖广告，没有广大的受众基础就成了无本之木，无米之炊。可见，满足大众日益增长的信息需求，从服务到位中实现产品增值对媒体来讲显得尤为重要。了解受众信息反馈，了解受众的真实想法并根据所处的市场位置，为受众提供切实的服务，做贴近生活，贴近百姓的“知心人”已经成了媒体增强服务意识的关键。

3. 内化媒介人员的职业道德

虽然已有媒体从业人员一系列的明确规范（自律）与如何保证这些规范的执行，但是这仅仅只是手段，并不是目的。最终的要求是进一步提高新闻工作者的职业道德素质，强化其内心信念，使热爱新闻事业和遵守新闻职业道德成为每一个新闻工作者的一种内心的自觉的活动。而诸如 2005 年荒唐可笑的“3000 年前女木乃伊出土后怀孕了”的假新闻，2006 年 7 月“安徽含山县农妇被蟒蛇生吞”的假新闻等比比皆是。假新闻、黄色新闻等媒体痼疾要迎刃而解，需要的是新闻从业人员不懈的努力最终形成系统的关于传媒社会功能的信念，以及新闻工作的职业伦理和服务公众的自觉态度。

社会责任感是一个国家媒体素质的象征，它与新闻人才专业主义之间是包含与被包含的关系。对新闻从业人士进行新闻专业主义的教育的时候，业务技能的培养、新闻职业道德的教育应同时并举，最终达到在专业主义的潜移默化中使他们挣脱利益的引诱和权势的钳制，自觉地把新闻道德准则付诸实践，自觉担当社会道义和服务公众的责任。

四、新闻专业主义在中国的状况

新闻专业主义不是在中国土生土长的，但是，近年来，其对于我国新闻界和学术界也有着十分重要的影响。

以公有制为主体社会主义性质决定了中国的新闻事业要为党和人民服务，做

---

① 向翠林.《大公报》新闻专业主义精神及其对于今天的启示[J]. 西南民族大学学报，2005(10).

党和人民的喉舌。一切利益以党和人民的利益为最终目标，为党和人民客观、公正、负责任的传播信息。新闻媒体行使的舆论监督，既是人民群众赋予的权利和义务，也是党和政府赋予的权利和义务。我国新闻工作人员遵循的新闻专业主义自然是要以党和人民为中心，在为党和人们负责的前提下按照新闻专业主义的理念进行的新闻工作。有学者认为：中国新闻专业主义的规定性应当在始终坚持社会效益第一的原则下，坚持"以公共利益为中心"、"专业的操作和行为准则"、"客观、真实、准确、及时、公正的报道手法"、"强烈的社会责任感"等。

新闻专业主义者担负的是警戒和守望社会的监视职责，是促进社会进步的职能，向公众提供真实的、公正的、健康的、有思想的新闻报道。在我国，中央电视台的"时事追踪报道，新闻背景分析，社会热点透视，大众话题评说"为定位的《焦点访谈》、"正在发生的历史，新闻背后的新闻；大时代背景下的新闻故事，一波三折的报道理念"为定位的《新闻调查》、"调查、警示、质疑"为主题的《每周质量报告》，以及以公正、正义为典范的《人民日报》、以深度报道见长的《南方周末》等媒体都体现出有极大的责任感和使命感，其受观众欢迎程度与社会效益也是显而易见的。

虽然新闻专业主义与商业化在具体的对峙、抗争、纠缠、渗透中，仍然还有可能彼此消长，但是新闻专业主义契合了人类道德的需求，将会长期发展和存在。我国新闻界对新闻专业主义合理成分的吸收仍然需要一个过程。如今，在"新闻自由"的观念得到普遍关注的同时，也把"社会责任论"提升到一定的高度，这是保证我们的新闻事业更加有序发展的重要环节。我们应牢记"客观、真实、公正、全面、服务"是新闻专业主义的要件，也是构成新闻生命的要素。在我们的新闻界，应当自觉地提倡社会责任，营造有中国特色的新闻自由理论系统和氛围，以使得我国新闻传播事业不断取得更好的社会效果。

基本概念与问题思考

1. 新闻传播规范的内涵及意义有哪些？
2. 新闻规范的一般结构是什么？
3. 解释新闻法制、新闻道德。
4. 简述西方新闻法制的历史。
5. 简述我国新闻法制的现状。
6. 谈谈各国如何保证新闻道德的约束力。
7. 谈谈如何加强市场经济条件下的新闻道德建设。
8. 在未来的新闻实践中，你如何坚守新闻规范？
9. 简述新闻专业主义的发展及其内涵。

第十三章　新闻的商品性及经营原理

20 世纪后期以来，中国的传媒业在全面启动的市场经济改革大潮中迅速崛起，从整体局面尤其是经济形势上看已经出现了异彩纷呈、繁荣竞争的良好态势。新闻传媒业融入市场的程度在加深，速度在加快。传媒业作为“注意力经济”占据了很大的市场份额。在这样的环境和条件下，对新闻传媒组织的经营以及管理问题就不能不提到新闻学研究的日程上来了。毫无疑问，经营与管理是新闻活动的重要组成部分，而传媒组织的经营与管理自然也就成为新闻传播学的重要研究对象和研究领域。尤其是在经济全球化以及信息全球化的今天，新闻媒介的管理与经营，更是新闻传播界和整个学术界所共同关注的焦点。本章我们将主要从理论上就新闻媒介这一特殊行业的经营规律问题进行一些论述和剖析。

第一节　新闻的商品属性

新闻是不是商品？这个问题曾经在我国引起过很大的争论。

其实这个问题本来非常简单。如果说，报纸只是无偿散发给人们，或完全作为公文式地流通，那么，报纸上的新闻当然就不是商品。但是，只要报纸拿到市场上出售，其中要涉及到成本和利润的关系，作为报纸主要内容的新闻显然就具有了商品的属性。因为人们购买报纸当然是为了购买报纸上的“报(报道)”，而不是单单为了买“纸”。所以报纸卖的是“新闻(NEWS)”，而不是“纸(PAPER)”。其实，承认不承认新闻属于商品，又直接涉及到如何从理论上认识新闻业的经营以及市场化规律的问题，所以我们不能不首先对这一问题进行一些理论上的探讨。

一、新闻商品性的由来及我国的论争

报纸的商品理论原本是西方商业报刊的思想基础，也正因为这一缘故，曾在我国导致了“报纸的商品性等于资产阶级反动性”的结论。1957 年 1 月 22 日复旦大学王中教授在解放日报社讲课时说：“我认为报纸有两重性：一重是宣传工具，一重是商品；而且是在商品性的基础上发挥宣传工具的作用。”这个说法很快受到了批评，6 月 8 日，在上海市记者协会讲课时，王中教授又重新阐述了“报纸的两重性”：“任何政党报纸都有两重性：一是人民大众的商品，一是政治性，即宣传政党

意图的工具。"①

王中教授的讲话首先受到有关部门领导人的批评，紧接着报纸上发表了多篇文章对其加以批判，批评者的主要观点就是说，主张报纸的商品性就是站在资产阶级立场上，企图把党报变成"同仁报纸"。因为报纸的商品性反映了资产阶级的本性。有位记者认为，报纸和毛巾、茶杯是不同的，怎么会具有商品性呢？

当时，复旦大学的新闻学助教徐培汀著文反驳说，"商品"和"资产阶级"是两种不同的东西，我们不能把它们混为一谈，更不能把凡有商品性的东西都看成是资产阶级的东西。马克思在《资本论》第一卷上开宗明义地说过："商品首先是一个外界的对象，一个物，它有它的属性，依某种方法，满足人的需要。这种需要的性质如何，比方说，是从胃脏起，还是从幻想声，是与问题无关的。这物是怎样满足人的需要呢，是直接地，当作生活资料，那就是当作享受的对象，还是间接地，当作生产资料呢？也是和我们无关的。""要成为商品，这个生产物必须由交换转移到把它当作使用价值来到使用人的手里。"徐培汀在文章中说："现在，让我们根据马克思对商品所下的经典定义看一看报纸。首先，我们看到报纸是一个物，通常它的形状是一张白色的纸，上面用油墨印着新闻、言论和资料的印刷品，它是由于满足人们的社会需要才产生的。其次，我们看到每张报纸要收回一定的代价，一张报纸5分钱，少花一分都买不到，这连党报也不例外。即使是党报，也是文化企业的一种，党报的收入，通常也是党的收入经费的一部分。最后，也是最重要的，我们看到读者肯花5分钱买一张报纸，就因为它有用，成为群众所需要的东西，对读者有所帮助。把报纸卖给读者，也就是通过交换'转移到把它当作使用价值来到使用人的手里。'报纸自己是不会跑的，如果不通过交换，报纸便会躺在仓库里，新闻变成旧闻，报纸也就成了废纸。"②这样一段话，完全根据马克思的思维逻辑，对报纸商品性的道理显然已经说得十分透彻。

到20世纪80年代，随着我国市场经济的发展，在新闻学术界又多次提出报纸商品性的问题，这时的绝大多数学者认为，报纸的商品性是报纸的属性之一，报纸产业化程度越高，其商品性特征也越明显。其后再到90年代，又曾经掀起两次大的争论，当时有人提出，如果承认报纸新闻的商品性，就是搞"西化"、"自由化"，把报纸和新闻当作商品，就会改变党报的性质，甚至是要放弃党的"宣传阵地"。这样的观点明显带有当时的一些"左"的色彩，立刻引起新闻学术界的踊跃的讨论。绝大多数学者尊重事实，坚持真理，在一些新闻传播专业的学术研讨会上或在专业期刊上发表文章，针锋相对地进行反驳和批评。有学者直截了当地提出，在当今市场经济的大前提下，对报纸新闻的商品性已经不是承认不承认的问题，而是如何进一步认真研究它在市场运行中的规律的问题；从而使得我们的新闻媒介既重视新闻

---

① 徐培汀，丁淦林. 王中对新闻学原理的探索[Z]. 上海老新闻工作者的回忆(内部印刷本)，1999：132.

② 徐培汀. 报纸有没有商品性[J]. 新闻与出版，1957 (7).

的思想效益，又不能忽视新闻媒介的经济效益；既要强调使新闻的商品性体现媒介市场的内在法则，又要有效防止新闻报道陷入拜金主义的泥潭。到1999年9月2日，《人民日报》发表阳建国的文章：《着力在最佳结合上下功夫》，应该说是对这两次争论作出的较为深刻的结论。文章指出，一切商品都凝结着有价值的劳动，新闻中包含着信息劳动，所以毫无疑问它是商品①。

二、新闻商品性的理论依据

新闻之所以是商品，因为它是以搜索和加工信息为生产内容和对象的劳动，新闻从业者通过这样的劳动，创造出满足人们信息需求的服务性价值，所以，媒介及其产品应该属于服务类商品，而其中的新闻内容则又属于精神类和信息类消费品。在现代社会的消费行为中，人们需要物质性的消费品，同样也需要精神类的和信息类的消费品。我们说报纸有商品性，可以作为商品交换，归根结底是因为新闻是商品，是人们所需要的精神类消费品。人们买一份报纸，决不仅仅是为了买它的"纸"，而是要"消费"纸上刊登的新闻及其他内容。所以，新闻是为人们提供必需的信息内容的，它包含着精神消费价值，人们购买它是为了满足自己的精神及信息方面的需求。

马克思在《雇佣劳动与资本》一文中非常鲜明地提出："能同别的生产品进行交换的一切产品都是商品。"这就明确指出了，商品的实质是一种交换关系。因此，按照这样的原理，要确定新闻是否商品，主要就在于看它是否具有交换性。也就是要看新闻媒介生产的产品是否能够同别的产品进行交换，而且事实上是否参与了交换。这就要求我们必须从流通和消费领域来对新闻的商品性进行认定。从这个角度讲，新闻完全可以说是一种商品。它的整个传播过程，是由媒体对新闻事件进行报道，以传递给受众并满足受众对信息需求而形成的一种服务性过程。在这样的一个过程中，新闻从业人员是它的生产者，新闻事件是它的原材料，电视报纸等媒介是它的销售渠道，受众是它的消费者。而作为消费者，无论从任何一种媒体上接受信息都是要直接或者间接地付费的，那么媒体和受众之间的关系就是一种供求关系，一种服务和接受服务的关系，同时，也就形成了一种交换关系。

有一些人将马克思在《资本论》第一卷正文一开始所讲述的："商品首先是一个外界的对象，一个靠自己的属性来满足人的需要的物"这一段话，理解成了商品必须是一个物。将商品的使用价值、商品的物质外壳和"商品体"等同起来。作为一般生产结果的商品，其使用价值确实是"决定于商品体的属性，离开了商品体就不存在。"因而他们就进一步地认为，商品必须有一个物质外壳，没有物质外壳就没有使用价值，也没有价值。其实，马克思曾经说过："每一个时候，在消费品中，除

① 阳建国. 着力在最佳结合上下功夫[N]. 人民日报，1999-9-2.

了那种在物质形式上存在的消费品,都会有一定量在服务形式上存在的消费品”。“对这种服务的生产者来说,所提供的服务就是商品。它有一定的使用价值(想象的或现实的),也有一定的交换价值。”可见,没有物质外壳的服务,只有其拥有实用价值和价值,当然也就是商品。因此,新闻和媒介传播的其他内容作为劳动的产物,也完全具有商品的属性。

新闻及其他信息是新闻媒介工作者劳动的凝结,受众在无形的消费中“购买”了它们。这种商品最终产生于物质,是人基于和利用物质的创造物。它们的非物化,实际上是物质的意识反映。这种商品暗含着从业人员的智慧和劳动,有使用价值和价值,需要用货币去换取。所以说,新闻是可售的,是通过市场交换才能抵达受众那里,这是商品的显著标志。对于人们的发现、思想和娱乐进行创造和表述的信息劳动,能够创造消费价值,又因它们的可消费性而被购买。所以,新闻业同服务业一样,通常有被理解为非物质生产部门,从事的是非物质生产。马克思说:“说到非物质的生产,那么,即是它纯粹是为交换而经营,因而是生产商品,那也有两种情形是可能的:(1)生产结果是商品,是使用价值,它们有一个同生产者和消费者不同的独立的形式,所以能够在生产消费之间的一个间隔期间内保持下来,能够作为可卖的商品来流通,例如书籍、图画,总之,一切和艺术表演家提供的艺术表演有别的艺术产品。在这里,资本主义生产只能在有限的范围内实行……在这个领域里……其中有各式各样的科学生产者和艺术生产者,手工人或专家……(2)产品不能和生产行为分开。一切演奏艺术家、演说家、表演家、教师、医生、牧师等等都是这样。在这个场合,资本主义生产方式也不过能在有限的范围内发生,并且按照事物的性质来说,只能在少数部门内发生……和生产全部比较来说,在这个范围内,资本主义生产的这一切现象还是这样不重要,所以可以全然不用提到。”

马克思在这段话中首先告诉我们,新闻媒介这类非物质生产部门的产品可能有两种情况:一种情况是产品具有实物形式,例如书籍、乐谱、报刊;另一种情况是产品作为劳动的结果,又总是与劳动过程同时存在的,例如电视和广播新闻。而随着科学技术的进步,实际上后一种产品都可以转化成前一种产品。因此,商品这一要领绝不仅限于具有实物形态的商品,意识产品或商品都可以是无形的。根据马克思当时的这一观点,新闻媒介同一切意识部门的生产及其产品一样,并不包含在资本主义生产之内,因为在当时的历史条件下,就其生产本身而言,它们只是信息劳动者本人的活动。但是,到了今天,这一观点已经不再符合现实的生产状况,因为西方的一些传媒集团已具有资本生产的性质。

三、新闻商品与物质商品的区别

通过以上理论探究,我们知道了新闻具有商品属性。那么传媒产品的商品性同普通商品有什么区别呢?

首先，从形式上看，传媒产品既有独立于物的意识形式，又有和特定的物结合在一起的介质形式，而且，新闻这样的信息产品，又只有借助于一定的物质条件和载体才能进行交易。任何一条新闻离开一定的实物，我们都无法得到它，这一实物就是介质。但人们消费新闻绝不是消费这一实物，而是享受实物传递给我们的信息。比如我们平时在口头上经常说的“看看电视”，实际上是要看电视里播放的内容，而不只是要看电视机这个介质。介质与新闻相比，新闻及其他信息成为绝对的消费品，而介质仅仅是相对的消费品。这是新闻商品与物质商品的明显区别。从劳动过程本身来说，新闻这一信息产品可能取得实物的形式，但它不是“物质产品”，而是“非物质产品”——精神产品。报纸、电视机、收音机可以被认为是具有新闻传播价值的，但如果没有新闻记者和有关制作人所报道的信息及其所制作的其他节目或内容，那么，这些报纸、电视机或收音机又能难谈得上什么具体的使用价值呢？一旦完全抽空了其中的新闻及其他内容，那些原本作为新闻产品介质的“物”，也就不再有什么“价值”，或者起码不再具有新闻传播价值。至于把这些物用于别的方面，就只能是另外的“价值”了。所以，这类物品——被人们所承认的作为新闻商品的终极使用价值，取决于媒介工作者的精神产品方面的劳动。

其次，从新闻的内容方面来看，新闻商品具有意识形态属性，绝大多数的政治和经济新闻反映出一定社会成员的世界观和价值观，可称作创造出来的意识。它的销售量可能不取决于意识产品的质量。新闻是特殊的意识生产，使社会阶层的意识、日常意识获得每个时代的思想表现。它生产的不仅仅是意识，而且还有意识的特殊社会形式，即“思想体系的”形式。人们借助这种形式联合成一个社会整体，并按照这种精神活动的产物在自身内部建立自己对世界的看法。

再次，从内容的“消费”上看，“传媒产品似乎公然违反了经济学定律的基本前提——稀缺性”。[①] 传媒产品是创造出来的意识和“思想体系的”形式，当然是无形的。因此，一条新闻以及一部电视剧或电影的被“消费”并不是被“消耗尽”的，它不同于人们“消费”了一个苹果后这个苹果就不存在的事实，相反，传媒产品在被消费后，并没有被耗尽，其他人仍然可以“消费”它，而且可以有“一传十、十传百”的效应。在这一点上，传媒内容具有独特的优势(我们在下节“规模经济和范围经济”中将讲到)。

最后，从价格和资源配置的关系上看，传媒行业，特别是以广告为主要收入来源的电视广播业，“虽然其发展也是靠受众人数，受众所接受的许多服务并没有涉及到向他们收取直接的费用。没有价格作为消费者和生产者之间的直接链接，把消费者的喜好与供应商挂钩的一般做法就会失灵。”[②]我们知道，在付费电视、有偿电视出现之前，绝大多数新闻媒体都是依靠广告作为经济收入的来源，因此在传统

① 吉莉安·道尔. 理解传媒经济学[M]. 李颖，译. 北京：清华大学出版社，2004：8.

② 吉莉安·道尔. 理解传媒经济学[M]. 李颖，译. 北京：清华大学出版社，2004：8.

的消费者和生产者之间夹进了广告商，电视广播通过“收视(听)率”来了解受众，广告商通过受众的“收视(听)”推销商品和服务，而媒体通过受众与广告商相连，又依靠广告生存。其关系模式如下图所示：

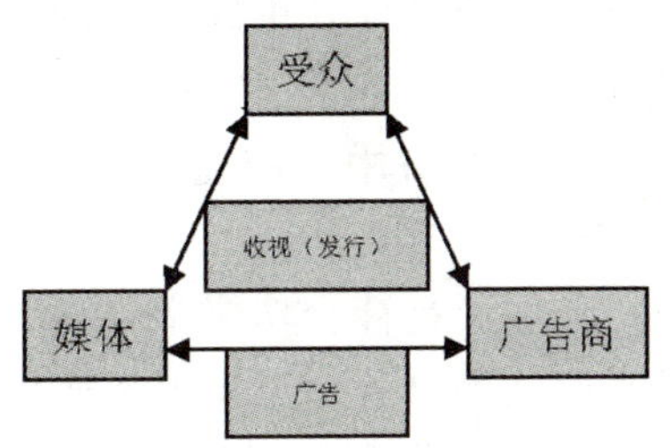

媒体、受众与广告商的关系

四、新闻媒介产品的两个效益

物质产品只有一个效益，即它的使用价值能不能完美实现。这主要表现在，人们对它的使用(如衣食住行或生产用途等)，是否能达到更好的效果。而新闻产品则要讲两个效益，一是新闻媒介为社会发展所做出的投入与其所产生的社会效能、利益之比，通俗地讲，即影响人和社会运行发展所产生的效果，即社会效益；二是经济效益，即在经济上创造价值，获得必要的经济上的收益。这种收益包括媒介和受众两个方面，既给媒介带来利润，又给相关的受众在经济活动中指出获利的途径，从而在一定程度上促进经济发展。判断新闻单位生产经营的好坏，不仅要看它本身实现经济效益多少，同时更要看它所产生的社会效能、社会利益。社会效益决定我们新闻业的性质和方向，经济效益为繁荣产业、实现其社会效益提供物质前提，两者缺一不可。发挥正面的社会效益和努力提高经济效益，成为新闻单位生产经营的目标，而要实现良好的社会效益和经济效益，必须妥善处理两个效益之间的关系。新闻生产活动要始终把社会效益放在首位，当经济效益与社会效益发生矛盾时，自觉服从社会效益。但强调社会效益，绝不意味着可以忽视或不要经济效益。社会效益和经济效益并不是完全独立的，在一定条件下是统一的。这个条件就是：抓好思想导向和市场导向，从两个导向的结合点上去组织和管理报道，开发新闻产品市场。正确认识和处理社会和经济两种效益的关系，对繁荣新闻产业意义重大。

新闻媒介具有形而上的意识形态属性，这就要求新闻媒介必须以正确的社会价值观为指导，弘扬正义，反映时代精神，绝不允许什么赚钱就报道什么，视“发行量”、“收视率”为绝对生命。而作为形而下的信息产业，传媒又必须面对激烈的市场竞争，适应市场规律，追求最大的经济效益。新闻媒介的意识形态属性与信息产业属性由于价值取向的差别，是既对立又统一的：首先，两者可以在一定条件下相互促进。产业属性和意识形态属性的矛盾是可以调控的，关键在于依法加强经营管理，坚持为受众服务的方向。其次，新闻媒介遵循的是市场规律，其意识形态属性又是由政治制度决定的，两者可以在政治制度的作用下协调一致。从实践效果看，国家的新闻政策促进了两者之间的相互统一。新闻业的意识形态属性与产业属性相互依存、相互促进。只有充分发挥其正确的意识形态功能，新闻媒介才能作为一种特殊产业有较快的发展；只有具备了一定产业规模，充分发挥市场对资源的合理配置，新闻业才能增强在市场经济中的应变能力、竞争能力和自我发展能力，从而使意识形态的影响发挥更大的作用。

从意识形态属性角度看，新闻业是社会功能十分显著的大众传媒，具有强烈的社会教化功能，在社会转型时期尤为显著。意识形态属性对新闻商品来说，十分突出而重要，但新闻媒介的产业属性既是市场经济条件下新闻商品性的基础又是进入市场的前提。各类意识商品必须进入市场，实现其价值和效益；而实行企业化管理的绝大多数新闻单位，作为经济实体，也必须接受市场导向，受市场经济规律的支配。

第二节　新闻媒介的产业化经营

从第一节的分析中，我们可以看出我国新闻媒介既具有意识形态属性又具有信息产业属性。我们这里所说的产业化经营是指在我们的论述中，不再把媒介单纯的作为传播意识形态的事业单位，而是作为兼有产业经营性的组织对待。这是市场经济条件下新闻媒介的必由之路。

一、媒介的特性对经营的影响

新闻传播作为一种行业，有着其明显的特殊性，使它同普通意义的企业组织和事业单位划出了一定的界限。这些特性反映在媒介经营上，主要表现为：

1. 媒介是一种意识形态的制造者和传播者

这一特性要求新闻媒介在自身的发展过程中必须兼顾社会效益和经济效益的统一，并且要始终坚持社会效益第一的原则。在保证社会效益的基础上，追求经济效益的最大化。这一点在不同国家体制和意识形态中有着不同的认知，例如在我国随着改革开放的深入，社会主义市场经济意识的推广，经济效益在媒介发展中的作用日益突出的情况下，媒介的领导层如何把握社会效益与经济效益的关系就成了必须面对的问题。如何对待这一问题，关系到整个媒介的健康发展。应该说在当今中国传媒业中对经济效益的关注已经越来越得到强化。因为随着政府对新闻单位的逐步“断奶”，如果经济效益不好，不要说媒介发展的快慢，就是生存也成了一个不小的问题。但无论如何，媒介对于经济效益的追求，一定不能以影响甚至牺牲其社会效益作为代价。中国媒介最现实的要求就是要在保证必要的社会效益的前提下，力求社会效益和经济效益的双丰收。社会效益可以看作是媒介这支战舰的舵，永远把握着媒介航行的方向；而经济效益就是其发动机，为媒介的航行提供动力支持和保证。

历史的经验告诉我们，对媒介发展中经济利益的过分强调，就一定会降低媒介产品和媒介自身文化的“质量”，从而走到“媚俗化”、“低级化”、“庸俗化”的行列中。虽然这样做可能给媒介个体带来暂时的经济繁荣和发展，但其对社会的危害性以及对自身长期生存的实际威胁也是十分明显的。而这种唯利是图的观念在媒介经营活动中却一直是存在着的，尤其在西方国家那些以操纵媒介集团获取暴利的大财阀头脑中更是有着相当的市场。如有“当代洛克菲勒”之称的、新闻集团董事长默多克在因其媒介新闻报道的低俗而受到批评时，就曾经说过，“我们对于麦迪逊大街和新闻教授们的出版判断，不感兴趣”。① 在默多克的心目中，媒介与其企业别无二致，都以追求经济效益的最大化作为唯一目标。这种纯商人观念给世界传媒市场带来了难以估量的负面影响，媒介那种内在的精神追求被彻底抛弃了，成了拜金主义的乐园。这一现象值得我国新闻界予以重视和认真对待。

2. 媒体是一种特殊的信息产业

自从 20 世纪中叶以来，信息化、信息社会等概念，已经不断成为普通民众耳熟能详的日常用语。在这样的时代中，媒介的作用无疑是十分显著的。尤其是在传播思想观念、引导社会舆论等方面，媒介的作用日益突出，而且还可以预见，媒体在信息社会中的作用一定还会越来越大。当然就自身性质而言，媒介是当之无愧的信息产业，这从它的产品（新闻、广告、各类栏目或节目）和运营方式（通过采集、制造、加工信息，从而使信息增殖，再把增殖后的信息发布或出售，取得各类收益。）中可以得到确认。因此适用于信息产业的一些经营原则对媒介的发展来说同样有效。

但媒介毕竟和电讯、通信、电子等利用各类技术和设备发送、传递和接收信息的行业不同，在它工作流程中的主体是人而不是机器设备，它是人的智慧、知识和才能的凝聚体，是高度社会化的行业；同时，当今世界存在着不同意识形态，每一个国家（无论其是否承认），都在利用自己的媒介来传递着自己的意识形态和思想观念，都在利用自己的媒介来引导甚至控制着自己的民众；都在利用着自己的媒介为了自己的利益而影响着世界。有关这一点，美国传播学者赫伯特·阿特休尔有过深刻的思考和论述，他在《权利的媒介》一书中，赫伯特这样说：“在所有的新闻体系中，新闻媒介都是掌握政治和经济权利者的代言人。因此，报刊杂志和广播电视并不是独立的媒介，它们只是潜在地发挥独立作用。”近年来，我国的一些学者对媒介的作用进行了新的探讨。他们强调媒介的发展、运作必须放在一个特殊的地位

① 支庭荣．媒介管理[M]．广州：暨南大学出版社，2000：476．

上。由于其自身的特性使得任何国家和个人都不敢忽视媒介管理。如新华社高级记者、清华大学教授李希光和美国宾州大学教授刘康就两度联手,先后推出了紧扣传播现实的《妖魔化中国的背后》和《妖魔化和媒体轰炸》两部力作。在书中,作者通过分析西方媒体对我国进行妖魔化的现实,深刻剖析了西方新闻媒体的意识形态性和竞争性、侵略性。

3. 媒介是以新闻产品为基础的产业

媒介是一种信息产业,新闻媒介当然是以新闻产品为主体和基础的媒介产业。一般来说,新闻产品的基础地位也可从新闻媒体的工作流程中得以体现。新闻媒介的产品生产主要是以信息的采集、制作、加工开始的。在这个阶段以及此后的整个制作过程中,新闻采编人员的劳动转变为信息的增加值。媒介再通过对这些增值后的信息纳入传播过程,从而获得受众群或直接出售取得经济收益。可以说,在整个传播活动中,如果没有新闻产品,其他的经营形式如广告、发行等就成了无源之水。所以,新闻媒介的经营,归根结底还是要以新闻的"内容为王"。新闻做得好,媒介才能有更大的市场,才能有更大的受众群。当然,也应注意到,在现今的各类媒体中,单就新闻产品本身的经营而言,又是很少有独立的经济收益的。这就需要我们在做好新闻内容的基础上,配合以广告和娱乐等各类必要的信息,把新闻媒介的经营做得更加有声有色、丰富多彩,以便取得更好的社会效益和经济效益。

二、媒介经营的理念——规模经济和范围经济

规模经济和范围经济是传媒业的两个非常普遍的特征。所谓"规模经济",也称规模效益,专家的具体解释是:"存在于任何边际成本低于平均成本的产业中。当每多生产一个单位产品的成本随着生产规模的扩大而降低时,就出现了规模经济。"而所谓"范围经济",则是指"通过多种产品生产而实现的经济",其具体内涵为:"当通过分摊日常开支或增加其他效能,使共同生产和销售两个或更多相关产品比分别生产和销售这些产品更划算时,就出现了范围经济。"①一般来讲,传媒产业的初始生产成本比较高,但随着规模的扩大、生产的增加,边际成本往往很低,在有些情况下甚至为零,当边际成本低于平均成本时,规模经济就出现了;而无形的传媒产品改变形式后通过另一市场销售,范围经济也就出现了。新闻媒介通过规模经营和范围经营,可以大大提高设备的利用率,降低公司的经营成本;可以实现内容的交叉互补,分散风险;更重要的是可以优化资源配置,提高效益。

在第一节中,我们回顾了关于新闻商品性的讨论,从中可以看出,我国此前的一些新闻媒介工作者在经营意识方面是相对缺乏的。尤其 20 世纪 80 年代以前,我国传媒业的基本格局是四级(中央、省市、地市、县)办报办台,每一个省(市)、地

① 吉莉安·道尔. 理解传媒经济学[M]. 李颖,译. 北京:清华大学出版社,2004:10.

市又有“一报两台”即一家综合性日报(基本上是党委机关报),一家综合性电台,一家综合性电视台。进入新世纪以后,原有的结构又被大致改为“二级电视,三级报纸,四级广播”。这种以行政力量划分的产业格局,实际上仍然在一定程度上忽视了市场的规律。现在,我国传媒业的数量世界第一,但庞大的数量背后是传媒业“小、散、乱”的现状和“大而全、小而全”的模式,没有形成上下一体的合理科学地整合。重复浪费、同质竞争问题严重,增加社会成本的同时不能实现交叉互补和风险分摊,不利于充分发挥规模经济和范围经济的优势。

三、媒介经营的主要内容

就媒介经营的构成来说,一般情况下包括生产经营和资本经营两种形式。生产经营和资本经营是一组相对的概念。生产经营是指生产和买卖商品的经营行为;资本经营是指买卖资产与企业的经营行为①。二者在不同媒介中所占的比重有很大的差异。一般来说,一个媒介越传统,生产经营占的比重就越大;反之,越现代化的媒介,资本经营占的比重越大。

1. 媒介的生产经营

就媒介而言,它的生产经营主要包括四项:广告、发行、节目的经营和节目内容的二次开发。

(1) 广告。广告对于按市场化运作的媒介来说,已经成了最重要的收益来源。随着我国媒介逐渐走向市场,广告收入有了明显的增长。从媒介的发展史来看,广告正是随着商品经济活动的发展而出现的。广告与媒介是相辅相成的关系,广告为媒介的发展提供了资金支持,促进媒介的壮大;同时媒介作为社会上最主要的传播工具,为广告的发展提供了绝好的舞台。

由于媒介既是信息产品又是信息载体,因此这一特殊商品具有两次销售的基本运营规律。媒体经营者在打造信息产品的同时,聚集了相关受众、聚集了广告主期望的目标消费群,于是,这一信息载体便有了特殊的买主(广告主)。这个信息产品在销售给相关受众的同时,又销售给广告主。媒介经营收益的增加则显然取决于信息的消费者和媒介的买主之间的关联,这两者成为媒介产业价值链上异常重要的环节。媒介的两次销售基本规律,又使其经营管理者理解了其中的另一基本原则:即媒介产品效益产生的非直接性。受众在消费信息产品的过程中,他们消费广告主有价信息的效果如何,反过来又决定了广告主消费媒介的可能性。于是,从市场学和经济学的角度了解媒介在运营中的地位和特殊作用,就成为能否合理经营媒介、合理经营广告的先决条件。可以这样认为:这一媒介经营管理基本理念的被认识、被接受,是我国媒介广告经营发生革命性变化的重要前提。

---

① 魏杰.资本经营论纲[M].上海:上海远东出版社,1998:2.

报纸和电台、电视台因为分属纸质媒介和电子媒介，导致了它们的广告呈现为不同的表现形式。报纸广告销售是出售空间，电台和电视台以出售时间为主。而且不同时段的广告费用相差悬殊，定价依据主要是该时段的收视率和收听率。现在各台同时根据不同的节目单元的重要程度来考虑。

(2) 发行。发行主要针对纸质媒介而言的。发行是指报纸成品印刷完成后，经各种途径到达最后的消费者手中的过程。报纸的发行在媒体的整体运营中发挥着重要作用。因为通过发行，报社不仅可以回收部分资金，更为报纸的广告经营打下了坚实的基础。没有发行量的报纸，是很难得到广告客户青睐的，而广告收入又是报纸生存和发展的主要经济来源。所以说在常规情况下，报纸的发行量与它的广告收入成正比例变化。

在计划经济时期，报社是作为纯事业单位对待的，需要多少钱，都是行政拨款。那时的发行主要是通过邮局进行，并且报纸大多数为公费订阅。这样始终在国家财政圈子里面转的发行工作变得不再重要了。在国家对报社实行体制改革以来，自费定报的比例不断上升，公费比例则日渐萎缩，因此发行工作的重要性得到了突显。我国各报社经过艰苦的探索，发行的方式日益增多，主要有：**邮局发行**，在计划经济时代，实行"邮发合一"的发行方式，邮局几乎垄断了报纸的发行活动。但随着报业市场的竞争越来越激烈，在第一时间给读者提供最优质的新闻服务成了提高发行量的法宝，而邮局的垄断地位使其难以适应这一现实需要。在现实的竞争压力下，报社与邮局这对多年的老搭档分手了，而其他的发行类型却方兴未艾。**报摊发行**，这是报纸改革催生的一种发行方式。在改革的大潮中成长起来的报纸，是与公费订阅先天绝缘的，它们要生存就必须扩大发行量，争取与广告销售实行良性循环，那么抢占报摊就成了一种必然的选择。通过积极有效的努力，报摊发行成为畅销报纸的主要渠道。曾风行一时的《北京青年报》的成功现象，就与此种发行方式有关。**自办发行**，自办发行原来是媒介对邮局的垄断地位难以忍受，并且邮局的服务质量跟不上竞争要求的状况的无奈选择。但现在这种原来的无奈选择，已成为报纸发行的重要形式之一。通过自办发行，报社从中节省了大量资金。在国外绝大多数报社采用这种发行形式。这种形式的好处还在于把发行的主动权掌握在自己手中，为更好地服务读者提供了必要条件。

除了以上几种发行形式外，我国近几年还兴起了"敲门发行"、"连锁店发行"等形式。

(3) 节目的经营。这一点主要是针对电子媒介而言的。电子媒介主要包括调幅电台、调频电台、无线电视台和有线电视台。近年来，又开始兴起了数字电视等。现阶段，除了有线电视和数字电视的节目是收费，其他都是免费，因此它们的收入主要来自于广告和节目的经营。广播电视节目经营，指的是在广播电视节目的策划、制作和播出过程中，根据节目市场需要和节目营销策略，对资金、机器设备以及人员作合理的组织和调配，力求以最低经费投入，获得最佳的社会效益和经济效益①。

广播电视节目的商品属性日益得到社会的认可，精品栏目、名牌栏目的巨大增值能力日益突显，同时也是广播电视竞争中的杀手锏。国外为了造就一个名牌栏目，往往不惜巨金收购策划书、网罗人才。美国CBS的《60分钟》时事杂志节目自20世纪80年代以来，每年赢利高达5000～6000万美元。

现今比较流行的节目制作模式主要为“制作人中心制”和“制播分离制”。

“制作人中心制”是指在节目中以制作人为中心，全权负责和指导节目的生产全过程，对节目的策划、制作、包装、推介、优化、转产等流程具有实际操作经营权和对相关人员的指挥领导权。我国的“制作人中心制”是从“主持人中心制”过渡来的。它对“主持人中心制”的优势加以吸收，并把其缺点加以克服，形成了自己的优势：①尊重并承认主持人的关键作用；②除了主持人参与的版块类节目外，把应用范围扩展到了其它节目形式中；③给主持人以竞争感，促其提高自身素质。

“制播分离制”是国际通行的电视节目运作方式，即把电视节目的制作环节同播出环节相分离，以利于电视台集中精力、财力，创造好的节目，多出名牌、精品。一般由电视台自己制作新闻节目和主打栏目，而把其他节目交给社会力量完成。实行“制播分离制”，有利于节目制作的专业化，以及节目制作效率的提高。

此外，还可以通过节目交流和节目市场的运作来推销节目，增加利润来源，同时提高社会效益。

(4) 节目内容的二次开发。对我国原来的媒介经营而言，新闻产品的易碎性体现得特别明显。一般情况下，节目播出以后就收库保存，直至重播，未能寻求其他渠道使节目升值。随着各媒介市场意识的增强，一种新的经营方式开始形成：结合某个节目的传播热度，迅速推出它的另一种传播形式，达到“借力”推广的功能，形成传播合力，使节目迅速升值。如随着电视连续剧《大宅门》的热映，它的纸质传播形式——《大宅门》以书的形式也推向市场，取得了更大的收益；中央电视台的精品新闻栏目《东方时空》《焦点访谈》等的相应书籍也早已推向市场，达到了对节目内容二次开发的目的。其实，这种经营形式在运用得当的情况下，完全可以实现三次开发、四次开发，追求传播效果的最大化。

2. 媒介的资本经营

我国媒介跨入资本经营领域还是近几年的事情，也是发展市场经济的必然结果。在国外，媒介运作资本经营的历史已经很长了，并成为媒介的主要经营形式。

一般而言，资本经营的方式主要有：一、兼并与收购。兼并和收购可以通过购买被收购企业的股票和资产，以股票交换股票或资产以获得控股权等方式进行；二、上市公司资产重组。上市既可以作为筹资和增资的手段，还可壮大企业实力，

---

① 袁军．新闻媒介通论[M]．北京：北京广播学院出版社，2000：208．

提高知名度。国外媒介资本运作比较成熟,形成了一些全球一流的传媒集团,如2000年1月10日实现合并的美国在线(AOL)—时代华纳公司成为了世界最大的媒体公司,此外的传媒集团还有传媒巨子罗伯特·默多克旗下的新闻集团、美国的超级米老鼠迪斯尼集团、传媒娱乐航空母舰维亚康姆集团以及传媒大鳄贝塔斯曼集团……这些规模巨大的国际传媒集团充分发挥着规模经济和范围经济的效益,具有横向和纵向整合的能力,因而具有无可匹敌的生命力和竞争力,对世界传媒业的发展格局产生了重大而深远的影响。我国媒介的资本经营刚刚起步,如在国家有关部门和政策支持下,开展了党报对其它报纸的兼并运作。这也成为导致我国报业集团出现的原因之一。

整体而言,我国媒体的资本经营很不成熟。与国外相比,差距还很大,需要媒介与国家有关部门共同努力,早日把符合中国市场经济特色的媒介资本经营形式完善起来。

四、中国媒介经营的发展历程和未来走势

自建国以来,我国媒介在发展产业化经营的道路上几经波折。大致可划分为四个阶段。

(1) 试验探索期。这一阶段是指从新中国成立初期至50年代中后期。建国初期,百废待兴,对媒介的财政支持已成为新生人民政权的重负,因此中央政府连续发文要求媒介精简机构,厉行节约,实现经济自给。随着这些措施的推行,报纸的收入有所增加,部分报纸实现了经济自给。但随着社会主义改造的完成和"反右"运动的开展,这次探索以失败告终。

(2) 重新探索期。这段是指改革开放初期到1983年。在全国改革的大潮中,媒介的产业化经营也迎来了它的春天。随着"事业单位、企业化管理"的试点运行和媒介广告功能的恢复,媒介的经营活动逐渐活跃起来。1978年,财政部批准了《人民日报》等八家新闻单位试行企业化管理的报告。到80年代中期,事业单位、企业化管理在全国多数中央和省级新闻单位普遍实行。《天津日报》首先开始了报纸广告业务的恢复是,随后其他报纸也再次基础上做了尝试。最终在1979年5月14日,中宣部正式发文肯定了媒介恢复广告的做法。

(3) 发展繁荣期。这一阶段持续到了90年代初。随着城市经济体制改革的顺利开展,商业经济活动开始频繁,对广告载体——媒介的需求量大增,也给媒介带来了不少的经济收益。1984—1986年间。我国出现第一次办报高潮,报纸的数量激增。由1978年的186家,一跃而变为1986年的1574家。(徐占琨,〈高扬时代主旋律——对新中国新闻界50年的宏观观察〉,《中国报刊月报》,1999(5));广播电台和电视台自1983年起也大量涌现,主要形式为城市电台和有线电视台。1988年3月,新闻出版署和国家工商行政管理局颁布《关于报社、期刊社、出版社

开展有偿服务和经营活动的暂行办法》，引导报社开展了“一业为主，多种经营”活动。经过这些活动，报社的经济实力有了大的提高。

(4) 集团化时期。1992 年开始一直持续至今。1992 年邓小平南巡讲话和中共十四大的召开，明确提出建立社会主义市场经济体制的目标，媒介产业化概念被明确提出，媒介的市场行为走向自觉。在经营活动中，实行“一业为主、多业并举”的方针，部分媒介开始涉足一些非媒介行业。同时媒介的规模和数量急剧扩张，到 1994 年，全国报纸总数达到 2000 以上。

过度的膨胀导致媒介整体结构的失衡，市场负效应突出，新闻产品质量下降，经营活动混乱无序。这种情况下，国家新闻出版署在 1999 年出台了《关于落实中央“两办”30 号文件调整报刊结构的意见》，正式开始对报刊业结构的综合治理，新闻业发展由数量增长型转变为质量效益型。1996 年，广州日报报业集团成立，标志着我国媒介发展已经进入集团化时期。

进入集团化时期以后，我国媒介的未来走势必将会有一个大的发展，主要表现在以下 3 个方面：

(1) 生产经营与资本经营在媒介经营中所占比例会有较大调整。随着报社的集团化经营，多元经营模式的兴起，以生产经营为主的传统媒介经营模式会大量减少；而能快速筹资、升值的资本经营会越来越重要，越来越活跃。媒介在资本经营方面逐步与国外同行全面接轨。

(2) 包括报纸、电视台和电台的混合型媒介集团将会出现。现今中国未出现包括所有传媒形式的大传媒集团，不仅仅由于在经济上未达到合并的水平，另外在政策上也缺乏一定的支持。相信随着中国入世的不断深入，中国的市场化程度会更加深入，政策也会更加宽松。因此，这种混合型媒介集团的出现是一种历史发展的必然。

(3) 面对国际环境，中国的媒介市场竞争将会更加激烈。自正式加入世界贸易组织以来，中国不仅在开放的国际贸易的背景下获得了巨大的利益，也在逐步打开本国市场，一些包括媒介在内的传统行业必将面临激烈的市场竞争。事实上，一部分国外的媒介“鲨鱼”已经开始在试水，特别是新媒体发展以来，这种竞争已经露出水面。如在新兴的网络媒体领域，一些有国外资金和背景的媒介机构迅速发展，而反观国内的网络媒体却表现出信息反映慢、经营僵化、管理混乱、技术落后、受众面窄等特点，在激烈的市场竞争中逐步落后。需要注意的是，伴随着科学技术手段的不断提高，媒体经营一旦落后，必将形成“一步错，步步错”的局面，甚至最终被市场淘汰。面对这种情况，逃避不是解决的办法，国内媒体应当一方面努力学习国外先进的管理经验和技术手段，另一方面结合自身特色，修炼“内功”，争取实现媒介经营的“跨越式”发展，从而最终直面激烈的国际竞争。

第三节　探索新闻经营的市场规律

一、媒介市场的分化与定位

媒介市场的分化又称为媒介市场细分，即受众的不同特征产生了对传播内容的各自需求，使整个媒介市场分为不同对象的市场。媒介经营者按照受众动机、收受习惯或地域特征等差异，把整体新闻市场划分为许多不同类型的销售对象，依据他们的特点向市场提供媒介产品，这就有利于提高产品适应消费的程度。

从理论上说，新闻市场细分的出现是需求差异带动的结果。不同受众群的需求差别比较明显，这是由于受众在社会、经济、文化等方面的基础和条件的不同，因而决定了他们对新闻需求的区别。面对受众需求各异的市场，经营者很难只通过一个种类而提供能够适合各种不同需求的媒介产品。即使可以用无所不包的内容来应对不同受众群的需求，也总是会因为特色不突出而最终失去多数受众。媒介经营者只有深刻了解受众在信息需求方面的差异，明确媒介市场必须细分，从而努力使自己的媒介满足某一受众群的基本需求，才能选定市场目标，针对特定人群去组织报道或安排内容。

媒介选定市场目标，并根据这一目标确定传播内容及其表达形式，称为媒介市场定位。市场定位既有对不同特征的受众群的选择，又有对该受众群的文化理念、社会行为和信息兴趣的确认和适应。就媒介组织而言，在完成准确地市场定位后，要紧紧围绕既定的受众群，建立传播内容质量管理体系，包括版面内容的确定、栏目的设置、版面样式和头版头条的选择，以及文字风格的把握等等。由于社会环境不断变动，读者群的关注兴趣和注意力也会发生一定程度的变化，具体表现为对各种内容的选择、各种风格的喜欢程度以及信息量多少的变动。对于我们的媒介来说，注意受众需求的变化，是保持市场定位准确的重要条件。

对于报刊市场来说，划分读者市场可有多种指标、多种方法，由此产生不同类型的报刊。报刊的读者市场主要是以经济收入、职业、年龄、文化等因素来划分的。针对读者群关注方向的共同特征，可以确定报刊的编排思想和设计原则。而电视台的市场定位则复杂些。电视台应以专业化、都市化、平民化、生活化而建立专业频道，使市场细分符合观众的要求。电视频道专业化，不仅要求频道设置由综合向专业发展，而且在内容风格上，需要在同一覆盖范围内，找不到第二个内容和风格相似的频道。电视专业频道设置到这样的程度当然是很难完全做到的，因为每一类节目都有一小部分观众，频道不可能设置那么多。频道专业化，要求专业化水准高的栏目具备一定的采编力量和节目源才能做到。电视台要根据覆盖的地域和受众群的差别，来塑造自己的个性，而地区化定位就成为地方电视台的最佳市场选择。但电视频道专业化也不能排斥综合频道的存在。新闻节目始终是综合性的，电视新闻市场必须面向大众，构成更广大的受众市场。

二、媒体的品牌经营及效益

品牌代表一个企业在市场中的形象和地位，是企业进入市场的通行证，是企业和市场的桥梁和纽带。从某种意义上说，品牌是企业参与市场竞争的法宝、武器和资本。

品牌是一种名声，名声本身就能支撑一定的价格让报刊社赢利，这就是报刊的身价。J·E·波莱德给"报刊声价"这一说法下的定义是"被公众所认可，并在当地受到尊重、享有信用。"①读者们认为："如果是某报纸，就一定会告诉我某种新闻。"如果某一份报纸得到了读者这样的信任和评价，那么他就愿意在看报之前付出货币。报纸名称所代表的声价，是读者对报刊的评价。有人订阅某家报刊，对出卖无形用途的这家报社来说，主动订阅行为是一种稳定的收入。因此，媒介的品牌经营无疑是非常重要的。

1. 品牌的定义

美国市场营销学协会对品牌定义如下："品牌是一种名称、术语、标记、符号或设计，或是它们的组合运用，其目的是借以辨认某个营销者或某群销售者的产品或服务，并使之同竞争对手的产品或服务区别开来。"

广告先驱大卫·奥格威曾给品牌下过定义："品牌是一种错综复杂的象征——它是品牌属性、名称、包装、价格、历史声誉、广告方式的无形总和，品牌同时也因消费者对其使用的印象以及自身的经验而有所界定。"

品牌专家梁中国认为："品牌是凝聚着企业所有要素的载体，是受众在各种相关信息综合性的影响作用下，对某种事或物形成的概念与印象。它包含着产品质量、附加值、历史以及消费者的判断。在品牌消费时代，赢得消费者的心远比生产本身重要，品牌形象远比产品和服务本身重要。"

2. 品牌的价值

品牌代表一个企业在市场中的形象和地位，是企业进入市场的通行证，是企业和市场的桥梁和纽带。从某种意义上说，品牌是企业参与市场竞争的法宝、武器和资本。

在产品功能、结构等因素趋于一致的时代，制胜的关键在于谁的品牌过硬。强势品牌的企业能在未来的竞争中处于有利的位置，留住老顾客，开发出大量潜在消费者，树立良好的品牌形象，提高市场覆盖率和占有率，赢得更大的利益。

衡量报刊品牌的标准不仅要看发行量，还要看到质，看到读者对它评价的连续

---

①　蹈叶三千男，等．日本的报业理论与实践[M]．北京：新华出版社，1985：162．

性，始终保持高质量的报刊在人们心中享有很高的声望，这是赢利的保障。

读者自主挑选自己所喜爱的报刊，在选择订阅或购买报刊时，更多地依靠报刊平时在脑海里留下的印象。有时，一些发行量绝对数较大的报纸，广告收入却赶不上发行量不大但在特定对象覆盖、密集度高的报纸，关键在于是否有大量的品牌忠诚者。读者选择某一品牌，代表了他认可这份报纸的质量和风格，而在这之前，读者作为消费者已完成了对众多品牌的比较，确定了对这一报刊的消费取向。

报刊的品牌是不断变化的。报刊的品牌形象来源于一代又一代苦心经营和历史所赋予的特定身份，也来源于办报者对读者的忠诚。满足读者不断变化的要求和口味，才能长期赢得读者的青睐。而之所以有些报纸的发行量急剧下降、品牌效应丧失，其实也是因为没有紧跟读者的需要变化，如果一种媒介的内容和风格不能与时俱进，不能及时跟踪受众兴趣，最终是要被市场所抛弃的①。

3. 实施品牌战略的意义

（1）提高媒介质量，在激烈的市场竞争中获胜。目前，我国媒介环境已经发生了很大的变化，从资讯极度匮乏的阶段发展到信息过度膨胀、媒体竞争硝烟四起的时代，大报小报纷纷走上报摊，电视广播栏目迅速增加，网络媒体更是如同雨后春笋，这样的媒体发展态势使得媒体间的竞争不断加剧。为了赢取市场份额，媒介必须具备鲜明的个性，排斥毫无特色的内容和千篇一律的形式，这就要求媒体必须具备独树一帜的品牌。媒介品牌意识的强化和突出，可以帮助媒体企业在激烈的市场竞争中脱颖而出。与此同时，以名牌媒体为龙头进行传媒业重组，可以拉动我国传媒业进行战略性结构调整，促进我国传媒业实现增长方式的转变，从而实现媒体资源的优化配置和重新洗牌。

（2）开发和巩固媒体的受众资源。众所周知，没有稳定的受众，一个媒体就不可能发展壮大，因此，受众对媒介品牌的理性认识至关重要，媒介能否打造出受众认可的品牌将是决定其能否争取到受众更多注意力的关键。现今的受众面对的是信息高度膨胀的媒介时代，大多数信息消费者都会受到从海量信息存贮中进行选择的困扰，而品牌可以提高受众做出选择的效率，帮助受众有效识别和选择信息。同时，品牌便于受众对媒介产品质量进行合理监督，如果发现媒介传播的信息有误或媒介人员存在失职行为，消费者可以及时向有关部门反映并追究该媒体责任，从而形成媒体集团和受众之间的良性互动。媒体的品牌营销策略则能不断巩固受众资源，培养消费群体对媒体的忠诚程度，为媒介赢得更多读者或观众，从而媒体也从中获得相应的利润。

（3）媒体获取稳定的高额收益。在市场经济条件下，媒体企业除了新闻作品外，生产的其他产品基本上都是商品，价值和使用价值都要通过市场来实现，市场成为媒体产品配置和利润获得的主要手段。所以，在目前的媒介市场环境下，品牌

---

① 刘建明．当代新闻学原理[M]．北京：清华大学出版社，2005：539-555．

含量越高的频道，知名度越高的栏目，广告价位就越高，这已成为一个不争的事实。“中央电视台现有 400 多个栏目，其中品牌栏目不到 100 个，但正是这 20%的品牌栏目，为中央台贡献了 80%的利润。”提高媒体的品牌地位，增加媒介产品的品牌价值，是媒体在与对手的竞争中处于优势的必胜砝码。近年来随着市场竞争的加剧，媒介经营费用不断上升，平均利润则不断降低，媒介受众和广告资源的配置则更趋向于市场的垄断者①。

三、要有“政治家办报、企业家经营”的意识和能力

在我国，“政治家办报”不仅是媒介管理的一条根本性原则和方针，也是媒介能够得以长期生存和发展的根本条件。但是，在当今的市场经济条件下，只靠“政治家办报”，或者只有“政治家办报”的能力，也难于在市场化的媒介竞争中牢牢站稳脚跟。所以，媒介管理者必须既要具有“政治家办报”的意识，又要有“企业家经营”的能力。二者缺一不可。这也可以说是媒介管理者和领导者的基本素质中极其重要的一种构成因素。所谓“政治家办报”（当然也包括办电台和电视台），完全不同于“文人办报（台）”；而“企业家经营”，也完全不同于“推销员经营”。这后二者的办报（台）方式和经营方式，在中国的媒介环境中都是不可能有长久的竞争力的。“文人办报（台）”，往往会缺乏宏观的政治气魄和长远的政治眼光，对于市场化的经营方式也容易显得滞后，跟不上迅速发展的市场经济大势，在新闻的生产和制作方面，他们也许能够有一时的出手不凡，靠标新立异取得一时的成功，但却很难走得更加长远。而“推销员经营”则是一种纯商业化运作，更不具有大市场的意识和眼界，同样也是不能长久的。所以，对于 21 世纪的媒介经营与管理来说，一定要把“政治家办报”和“企业家经营”有机地结合起来，增强媒介管理者的“政治家办报”和“企业家经营”的意识，让我们的新闻传播界更多地出现“政治家办报”和“企业家经营”的大手笔。

四、媒介管理者应该是媒介批评家

对于现代的媒介经营来说，科学的、理性化的管理应该说是媒介管理的必胜之本。而所谓科学型的媒介管理，当然一定要按照新闻传播的规律来进行经营和管理。完全靠经验型的管理，或者只是靠那种最古老的家族式、作坊式的经营管理，已经根本无法适应现代媒体的生存和发展，更无法适应残酷的媒介市场竞争的现实。而真正科学的理性化的管理，当然也就离不开媒介批评。

首先，媒介批评就是通过对于新闻现象的分析，通过对于新闻作品的解读，进

① 程士安. 我国传媒广告经营的竞争态势[J].新闻实践，2004 (12).

一步揭示出新闻规律。也就是像一些专家们所说:“要进行正确的批评,不仅需要充分调动感官和深度体验,而且必须在高层次上归纳和提炼新闻传播经验,实现解读的逻辑化、抽象化。”①显然,媒介批评就是要在解读新闻及媒体的过程中,评价其内在意义及对社会的影响,而这样的批评也就可以在很大程度上将媒介运作和经营的经验上升到理性的和理论的高度,揭示某些隐蔽的内在规律,为科学的媒介管理提供有效的理论参照。在此,我们不妨介绍一篇学术价值极强的媒介批评文本。这就是孙藜的《媒介运作常规对把关人的影响——误发假新闻的反思》②。文章主要根据我国 2001 年媒体出现的 10 大假新闻的现象,尤其是她本人所主持的文摘性杂志《视野》,也误发了这 10 大假新闻中的《中国少女改写牛津 800 年校史》一条假新闻。于是作者从理论上深入考察了媒介运作常规对把关人的影响问题。文章从三个方面总结了这次深刻的教训:第一是“客观性原则是把关的基础”,文章认为,由于激烈的市场竞争,许多媒体都在不断尝试自己的独家办报办刊策略,并依照诸多的新闻价值标准确定一个更为个性化的宗旨,继而各个版面、各个栏目的编辑(把关人)也为该版面及栏目确定具体的个性化定位,而一旦得到媒介组织的认可,这些宗旨及定位就会成为既定的“成规”。这些“成规”固然对媒介的生存起着至关重要的作用,但也会因为“成规”中对新闻价值某一方面的强调,而容易忽视新闻职业准则中最核心和基础的部分——客观性原则。作者分析了其本人误发了那条假新闻的思想原因,主要就是该“新闻”在当时比较适合《视野》的基本编辑宗旨。文章总结的第二条经验教训是“警惕‘媒介间的议程设定’”。文章根据西方一些学者曾经提出的各媒体的“团体性思维”和“媒介间的议程设定”的理论,分析了自己的杂志由于对于国内权威性媒体的盲目信赖,而中了“媒介间的议程设定”的圈套,放松了对于异常性事实的核实,导致了假新闻的误发。文章的第三部分是“反思‘受众本位’意识”。文章通过对于假新闻现象的分析,得出的结论是:“我们的‘受众本位意识’,应当是在遵循新闻基本规律基础之上的,如果以牺牲客观性来一味地‘迎合、取悦’受众,实际上也是对受众的冒犯。”③这样的批评不仅有很强的理论深度,而且有很强的说服力。媒介的制作只有按照这样的理性化的原则去运作,才能走向科学化的管理,也才能少走弯路甚至不出差错。

其次,因为媒介管理者归根到底是管理“媒介”者,那么,既然要管理好媒介,就不能不特别懂得媒介。也就是说,媒介管理者不能是媒介内容制作以及具体的传播活动方面的外行。新闻的行政长官怎么能不懂得如何做新闻呢?网络的公司老总又怎么能不知道如何做网络呢?而新闻也好,网络也好,其核心和灵魂当然就是新闻和网络所负载和传达的具体内容。因此,媒介管理的内行的或者合格的管理者,也就必须要有能力从外到内地做好新闻以及媒介的其他内容。严格地说,媒介

---

① 刘建明. 媒介批评通论[M]. 北京:中国人民大学出版社,2001:1.

② 孙藜. 媒介运作常规对把关人的影响——误发假新闻的反思[J]. 新闻记者,2002:8.

③ 孙藜. 媒介运作常规对把关人的影响——误发假新闻的反思[J]. 新闻记者,2002:8.

管理者不仅要成为新闻传播方面的内行，而且还应该成为本行业的行家里手。还可以以前一篇文章为例，作者孙藜本人就是《视野》杂志的管理者，而从文章的内容来看，作者对于媒介的制作是非常内行的。从栏目设置到内容选择与编排，文章中讲得头头是道。还有一个最有典型意义的例证就是国家新闻出版总局局长梁衡，他作为新闻出版部门的一位最高行政官员，不仅可以说是一位非常优秀的管理者，而且更是一位深谙新闻内部规律的具体工作者。他在 20 世纪 90 年代，国内新闻界就新闻能不能采用散文笔法的热火朝天的争论中，他所撰写的一篇长篇批评文章，就十分精辟中肯地分析了新闻与文学语言和笔法的根本性区别，从而为坚持新闻的真实性而又在此基础上增强新闻的可读性提供了更为可靠的理论性和原则性标准。对于更加科学地认识和掌握新闻写作的方法，加强新闻制作的理性化的管理，起到了十分重要的作用。

在媒介管理的实践当中，媒介管理者对于媒体的某些批评如果只能通过口头的或者行政命令的手段，有很多时候其效果是非常微弱的。而且，还有的时候会导致一些媒体变相的抵触或者换汤不换药地应对。媒体所出现的问题，其根源往往还在于人的思想和观念，如果思想观念问题不解决，行政命令经常会流于形式。那么，为了对于有些问题真正从思想上和根源上彻底得到解决，媒介管理者如果经常撰写一些批评文章，把行政管理中的一些道理阐述清楚，从而以理服人而不只是以权压人，其收效肯定会大不一样。例如，中共天津市委宣传部新闻处，在 2000 年 4 月曾写出文章，对媒体管理概括了几条经验，进一步引导媒体的报道方向。从这篇文章中可以看到中共天津市委是如何管理党报，以及如何开展媒介批评的。文章当中有这样的一些论述：中共天津市委关于“给典型让版面，给群众让镜头，确保中央重要消息的刊发质量”的决定提出以来，不仅促进了领导干部、领导机关作风的转变，密切了党群、干群关系，而且推动了新闻改革，进一步提高了新闻宣传的质量和水平。因为就在这之前，时任天津市委书记、市长的张立昌在多次到工厂农村等基层单位进行调研时，认真听取群众对新闻报道工作的意见，下决心克服形式主义，解决新闻工作贴近实际、贴近群众的问题。他提出从市委市政府做起，严格控制一般性的会议和活动，要求“报纸要给典型让版面，广播电视要给群众让镜头，确保中央重要消息的刊发质量。”1999 年 6 月以来，中共天津市委、市政府从严控制一般性公务活动报道，从严控制“版面”和“镜头”，还具体规定了什么活动不报道，什么活动只报道一次，甚至要限制字数等等。把这样的规定和精神写入市委全会的文件，这当然是一种管理方式。而对这样做以后的经验加以总结，那就进入了更加理性化的分析和批评境界了。这样做的结果，不仅进一步强化了新闻单位的责任意识，也强化了质量意识。①

综上所述，对于媒介管理来说，首先在管理媒介的同时，当然也要“管理”媒介

① 刘建明. 媒介批评通论[M]. 北京：中国人民大学出版社，2001：1.

批评，而作为一个优秀的管理者，又应当成为一个好的媒介批评家。从理论上说，媒介管理者不仅要及时听取来自媒介批评方面的高度学理化的对于媒介以及媒介管理的批评意见，同时，更高层次的媒介管理者本身也应当成为优秀的媒介批评家。媒介批评不应该成为空头的自说自话的批评家，也不应该只是就媒介的艺术和技术性问题进行批评，而应当直接进入到媒介的管理层面，进行一些对于传播实践和管理行为更有指导或参照意义的媒介批评。管理者如果能够更为认真地听取专业的媒介批评的声音，甚至能够成为媒介批评的通人，其本身的素质以及管理水平也一定会有质的飞跃。从两者的职能和分工来看，媒介管理主要在于保证媒介的人员、资金、市场等运作方面的畅通和健康发展，媒介批评则是为了媒介更加理性化和科学化的操作和运行。在实践中，只有媒介管理与媒介批评共同协作，高度协调，整个媒体的制作与传播运营才能保持良好的态势，也才能取得更好的经济效益和社会效益。说到底，媒介管理不能只是在人员、资金、市场等运作方面的技术性的或者机械化的管理工作，媒介管理的至高境界是能够对于媒体全员灌输一种具有思想统领作用的思想理念。而这样的思想理念的来源，最终还是出于媒介批评。因为整体的新闻观念，有许多都是经由媒介批评而形成的。这就是媒介管理者所需要达到的一种更高的境界。

基本概念与问题思考

1. 解释新闻的商品属性。
2. 简述我国关于新闻商品性的争议。
3. 新闻商品和物质商品的主要区别有哪些?
4. 如何理解新闻产品的两个效益?
5. 怎么理解“政治家办报，企业家经营”?
6. 试论媒介的市场细分。

第十四章　新闻批评与新闻学研究

新闻事业是人类文化的一个重要的领域和部门，新闻也是每一个社会中人的重要的精神食粮甚至是思想导航。尤其在现代社会，各新闻媒体之间还要面临残酷的竞争和挑战，因而，科学化和理性化地从事新闻的采集、制作与传播，按照新闻的规律开展新闻活动，是理所当然的。而要想做到真正科学化和理性化地从事新闻活动，对于新闻的科学性的研究和理论性的批评，自然也就是必不可少的了。所以，我们对于新闻理论的学习，不仅应该学习前人已经为我们总结出来的新闻的一般规律和规则，而且还应该进一步掌握研究和获得这些新闻规律的方法和途径。本章内容就是专门讲述关于新闻的研究与批评的基本理论问题。

第一节　新闻批评的基本概念及内涵

新闻批评是新闻研究和新闻理论中的一个专业术语，它不同于新闻业务范畴中的新闻评论，新闻评论是以新闻的形式和媒体对社会现象和新闻事实进行评论，包括对于社会不良现象的批评，其本质上还是属于新闻体裁的一种。而新闻批评则是以理论的眼光和研究的方式对于新闻本身的批评。所以，新闻批评并不是以新闻的形式对于社会问题进行批评。这是必须从概念上首先要加以区别的。此外，还需要特别解除的一个误解是，新闻批评也并不完全是对于新闻现象的否定性批评，即“批评”一词的含义并非通常的工作与学习中的纪律和道德管理方面的用语。

新闻批评实际上是借用了文学批评中的“批评”的概念，而文学批评是文艺学的一个专门术语，源于西欧。它指的是按一定的标准，对作家作品和文学现象（包括文学运动、文学思潮和文学流派等）所作的研究、分析、认识和评价。新闻批评借用了这个概念，将它用于对新闻和媒体进行研究分析以认识和评价其内涵及社会影响的领域。

关于新闻批评的概念，在专业领域中也叫做媒介批评。目前，国内比较权威的定义是这样的：“媒介批评是指在解读新闻及媒体的过程中评价其内在意义及对社会的影响”；紧接着在同一部专著中还有一个进一步的解释是：“媒介批评以解读新闻作为范畴支点，对媒体和新闻作品展开一系列评价活动。”①这样的两句定

---

① 刘建明. 媒介批评通论[M]. 北京：中国人民大学出版社，2001.

义性的解释在语言上比较简练，当然也多少有些笼统，甚至在语言的表达上也并不是完全无懈可击。但是，其中的基本意义是非常明确的，那就是关于媒介批评的对象，定义中所一再强调的是“解读新闻及媒体”，而且是“以解读新闻作为范畴支点，对媒体和新闻作品展开一系列评价活动”。那么显然，新闻批评的对象首先是新闻作品，这是新闻批评的“范畴支点”，而其次，批评的对象当然也包括媒体本身，这也是两句定义当中所一再提到的。

那么，具体说来，新闻批评的职能又到底有哪些呢？以下分几个方面加以阐述。

一、评价新闻质量，解读新闻内涵

新闻作为一种精神产品，其质量当然会有高低优劣之分。而且，新闻作品的精神的和文化的内涵，以及其内在的或深层的意义，有时候也并不是一眼就可以看得出来的。所以，新闻批评首先就是“以解读新闻作为范畴支点”，揭示新闻作品的内在意义，分析其更为潜在的思想以及精神内涵。这是新闻批评的最主要的功能。

新闻质量指新闻反映客观事实的真实、全面和客观趋向的适度形式和表达倾向的最佳境界。它包括两个内涵：一是新闻反映客观事物本来面貌达到的程度，提供有益的思想理念，让受众认识世界的发展变化；二是新闻通过最佳形式反映客观事实，使受众畅达地、直接地、迅速地理解新闻，把握新闻的内容。从这两个方面出发来肯定新闻的质量或者评价新闻的优劣、不足以及如何改进，有助于记者在采写新闻的过程中更好的保证新闻的质量。新闻性是构成新闻质量的基本指标，包括新闻的时效性、真实性、事实的完整性以及选择适当的角度来报道事实。这些指标的充分结合，构成新闻素质并体现出新闻质量的好坏。新闻批评从新闻素质评析报道的得失以及指出新闻作品的优劣，一般来说会从两个方面来进行：一是评价新闻内容及理念的表达。二是评价新闻形式及其技巧的优劣。如

从话语形态到传播方式的突破

——谈央视新闻频道 2015 年春节报道

韩冰

2015 年，央视新闻频道春节期间的收视份额创了新高。仅《朝闻天下》一个栏目的收视就比去年提高了 200%，数据往往是“冰冷”的，我们更愿意相信的，还是自己的感受。

一向以严肃、冷静、高大著称的“新闻联播”在春节期间，几乎每天都有“拼在基层”“只为多看你一眼”“我为你点赞”这样温情脉脉、泥土气十足的新闻报道。

这样的变化，不仅体现在春节期间的新闻联播。2015 年，央视新闻频道的春节档推介，一改以往 1 分半的节目预告，变成了 3 组总时长超过 20 分钟的“幕后花絮”，对春节期间在央视新闻频道播出的各个电视节目，从创作构想、幕后故事进行

了详尽的介绍，采访了 20 多位参与节目制作的策划人、编辑和记者，从农历二十八开始，分三集“新闻因你而精彩”“新闻有你更精彩”“谢谢你给我一个任性的理由”在央视新闻频道各个时段滚动播出，这让习惯了在镜头后提问的央视记者多少有些不习惯。让“幕后露脸儿”可不是一种满足式的“自夸”，有时，为自己点赞更需要勇气和底气。和 2015 年春节期间央视各类新闻报道一样，这是一次从话语形态到传播方式的大胆“突破”。

和新媒体比速度，电视已然老了。它的存在早在 10 年前就遭遇了前所未有的挑战，相信每一个身处其中的电视人，都在这种危机感的包围中深深焦虑着，放弃或前行，这似乎已经不是一道选择题，而是每天都在践行的命题。《中国人的活法》是央视新闻频道 2015 年春节期间的特别呈现，说它“特别”，是因为从严格意义上讲，一集四、五十 分钟的长度，记者跟踪拍摄最长超过了 4 年，无论从题材到时效，这个系列更像是一个新闻纪录片。

但是，每一集的故事又是如此深刻地折射出当下社会现实中关于价值坚守、生存意义等诸多问题的

思考，这恰恰是新闻追求的终极目标和理应肩负的使命。

大衣哥朱之文的故事，编导张洁跟踪了 4 年。当记者采访张洁时，她说：有太多的话，都放在节目中说了。大衣哥的选择、坚持、矛盾、困惑，其实并不是这个朴实淳厚、喜欢唱歌的山东农民的个例，也是当下每一个在为生活打拼、渴望被认可和尊重的普通人的故事。而《心血》要表达的是在医患关系紧张的今天，医生们的“心血”最希望换回的还是一份对生命的尊重和对职业的理解。《心血》编导余红苗在朋友圈里写下了这样的话：我希望这个片子能够真实地反应大血管科的医生们在高难度高压力高强度的“三高”状态下的职业状态——不光是苦、累、艰险，还有对医疗体制的追问和对生命态度与对死亡的思考。之所以选择这个人群，是因为不论从工作环境的压力，从医学技术的难度，还是从职业和生命伦理，他们所面临的都要比想象得更多……

正如美国的剧作家麦基曾提：“从瞬间到永恒，从方寸到寰宇，每个人物的生命故事都提供了百科全书般的可能性，大师的标志就是仅仅从中挑选出几个瞬间，却能向我们展示其整个人生。”

央视从 2010 年开始的走基层报道持续到现在，它的生命力就在于它关注的是当下的普通人，时刻在寻找每一个个体平凡路上的种种不平凡。如何在当下变革的社会背景中，去判断、思考，哪些人物值得展现在公众视线内，为什么是他们，他或她的身上有哪些特质，让你“念念不忘”，围绕着这些“难忘”，又将如何展开故事，哪些事件会是骨骼，哪些场景是肌肉，哪些细节是血液，他们在电视这个传统媒体平台上要如何呈现，这都是对当前新闻人的挑战。

新闻的主体是人，关注社会发展进程中个人的命运，是新闻不变的焦点。如果说，2015 年央视新闻频道的特别节目有哪些不一样，恰恰是因为它的“一样”，它把

镜头对准了和你我一样的普通人，把大把大把的时间交还给普通的观众，让每一个普通人来回答，说出心里话，拿起手机记录下自己生活的点滴，一个个平凡家庭的情感故事让这么多电视旁的“局外人”潸然泪下，普通人的活法就这样引起了大家的集体反思。

2015 年的春节已过，但春节期间央视新闻频道在话语体系和传播方式上的改变，将会成为又一个时代的标杆，在鞭策新闻人继续努力的同时，也让我们更清醒地看到，新闻因人而生动，这个时代的人是什么样的、这个时代需要的话语体系和传播方式是什么样的，我们就应该变成什么样。

（《新闻与写作》2015 年第 3 期）

这是一篇从宏观上批评中央电视台新闻频道 2015 年春节报道的综合性批评文章。其中从收视率的具大变化切入，详细分析了各档节目在选题以及表现形式上的优势。有理有据，论述充分。这样的批评文章有事实有分析，还有鼓励和希望，是一篇非常典型的新闻批评文本。这样的新闻批评不仅对新闻形式进行了总结和分析，也对其思想内涵进行了剖析，对广大记者的采访写作大有启示。

二、分析新闻的社会效果

处于不同的社会地位和立场的人评估同一新闻的社会效果可能会产生不同的结果。因此，新闻批评就是要引导人们正确认识新闻的社会作用和影响。新闻的社会效果表现为通过对受众的直接影响而形成的社会反响，广大公众的要求和呼应是测定效果的尺度。具体来说，新闻产生的社会效果又可以分为两个层次，一是新闻在报道以后引起受众的认识产生变化；二是引起政治、经济和文化领域出现新的发展，以致激起社会的变动。

评价新闻的社会效果，是衡量新闻优劣的实践标准，让记者认识到新闻报道达到的效果是受众意志的转化物，不是少数人的评断。因此，对一篇新闻的效果作出评析，应以公众的反响作为根据。以局部的、少数人的反馈来评价新闻效果是不客观的。新闻批评分析新闻社会效果，包括深刻透视宏观整体的新闻效果，和某些个别新闻事件报道之后引发的微观具体的社会影响；另外，这样的效果分析也包括新闻对社会的正面影响和某种程度的负面影响。通过这样的效果批评，进一步总结新闻报道对社会产生积极影响的规律，使我们的新闻能够更好服务于社会，并推动社会发展。

三、认识媒介形象，辨析“新闻”真伪

新闻批评不仅要对新闻作品进行批评，而且也担负着对于新闻媒介加以批评

的任务。新闻批评对媒介的批评,一方面可以直接从媒介管理的角度进行批评;另一方面也可以通过对新闻报道质量的批评而进一步认识媒介的整体形象。关于新闻批评直接对新闻媒介的整体的或具体管理行为的批评,这也是新闻批评的一个非常重要的方面。这里只以《媒介》杂志最近发表的一篇很出色的批评文章为例来加以说明。这篇署名刘再兴的文章题为《解码南方报业》。按照正统的观点,这也许还算不上一篇一招一式都中规中矩的批评文章。它在文体上似乎更像一篇具有一定深度的通讯或者报告。但是,文章从南方日报报业集团在全国 26 个报业集团中能够成为唯一一个可以让读者每周心甘情愿地为其产品花上 10 块钱的报业集团这一现象,进一步分析了以下几个重大问题,破解其中的一些谜团:首先,"人才竞争是一切竞争之本。南方报业的人才生产链以各种解说方式在媒介圈内流传,谁更接近事情的真相?"第二,"传媒投资门槛越抬越高,风险也越来越大。南方报业近几年却明显加快了子报发展步伐,且推一张,成一张,为什么?"第三,"在中国特色的传媒环境中,做舆论监督型报道难是人所共知的。南方报业是国内舆论监督型报道的一面旗帜,敢说敢写的背后,有无规律可循?"第四,"国外传媒虎视眈眈中国市场已久,国内媒介齐称做大做强。南方报业近年声名日盛,在做大做强的关节眼上,南方报业有经可取吗?"①这不仅以媒介批评的方式全方位透视了南方报业在媒介管理方面的成功秘诀,而且其中的第三节:"我们这样做新闻",还直接研究了其对于新闻制作方面的有效经验,更使得本文成为一篇非常地道的全面整体地批评一家大型媒体(而且是大的媒体集团)的媒介批评之作。

当然,新闻批评也同样担负着辨析新闻事实的责任。新闻报道中一旦出现失实的现象,新闻批评必须加以严肃认真地批评。从而还事实以真相。下面就是一篇系统深入的有关新闻真实性的批评文章:

新闻报道的"类虚假"现象

新闻报道中的"类虚假"现象本质上也是一种虚假性质的新闻,它在我们的媒体中有着相当的普遍性,却又往往不能够很轻易地被识别出来。为了表述的方便我们将其命名为"类虚假新闻"。这其实是更为有害的媒体毒瘤。却一直尚未引起人们足够的重视和警惕。

一、寄生于真实的"虚假"

"类虚假新闻"不同于那种完全无中生有的假新闻,它的基本内容也的确并不

① 刘再兴.解码南方报业[J].媒介,2002(8):13.

全部都是来自向壁虚构、闭门造车。“类虚假新闻”往往是在一些基本事实的基础上，加入一定的主观臆断的成分，凭想当然地对现有事实加以延伸和扩展，或者过于武断地对于事件的未来与结局给出似是而非地预测和推断。而这种被主观强加上的部分和内容，又往往是不容易被一眼看透的，有的甚至还在一定程度上迎合了接受者的某种心理期待，因而也就使得这些原为延伸出来的部分更有了自己的存在空间和藏身之地。

“类虚假新闻”的突出特征就是类型化和类似性，它通常是在人们的一些习以为常的或被某些既成范式所限定的思路上，而有意无意地按照某种思维惯性，对事物进行评价、推测和判断的结果。这种“类虚假新闻”也有的是直接出于特定的思想或政策宣传的需要，对事实的某些方面和侧面进行过分地突出和强化，从而对事实的个别部分加以夸大，并进而在其中注入和掩藏一定的或许不便于公开表达的思想感情倾向。“类虚假新闻”一般在基本事实或主体事件上是比较确定、有据可查的，只是在事实的延伸部分或者表达倾向与观点的部分有着较强的主观性乃至虚构性，因而我们将其称之为“类虚假新闻”。

如果说，那些完全无中生有的假新闻相对来看还毕竟是很偶然的和个别的，那么，“类虚假新闻”在我们的一些媒体中却是相当普遍和常见的。它几乎可以说是常常横行于当今的新闻报道之中，对于坚守新闻的真实性原则有着重大障碍。

二、“类虚假”之“类”

从内容上看，“类虚假新闻”虽然有较强的类型化和类似性特征，而在具体表现上却又显得花样繁多，我们将其大致归纳为以下几种主要的类型：

1. 先入为主型。这样的“新闻”一般是主题先行，或者叫做意愿先行，也就是完全按照记者事先的主观意图选择事实、运用事实，而所选用的事实又只是为着某一确定的思想或主旨服务的。具体的新闻报道则根据其预设的思想主题或作者主观倾向的需要来突出报道的着力点，从而将筛选的事实呈现给受众而非事实的全貌。有一个个案特别能说明这一点。2006 年 12 月 11 日，重庆某报以《德国汉学家称中国当代文学是垃圾》的醒目标题，称顾彬在接受“德国之声”访问时，以“中国当代文学是垃圾”等“惊人之语”，“炮轰中国文学”。随即，多家国内和境外媒体迅速转载这个报道。而后来顾彬澄清说：他的确曾提到作家棉棉等人的作品是垃圾。但是，“我没说过‘中国当代文学是垃圾’这句话”。① 显然，这样的报道从其标题就可以看出，记者首先是在自己的头脑里强化了一种意识、一个主题，然后加给了报道对象。还有就是 2004 年 8 月，不少报纸都打出了“金巧巧网上征婚”的大标题，说正在云南拍摄电视剧的金巧巧“自爆”没有人爱，于是在爸爸的建议下开始“网上征

① 中华读书报[N]. 2006-12-26.

婚”。“征婚”的条件，是对方“一定要有本科以上的学历”等。而真实的情况是，当时剧组有个专门负责宣传的工作人员采访金。其间问她有没有男朋友，她说没有。他说不可能吧，金就说真的没有，你不信，我还在网上交友呢！就这么简单几句话，就被写成“征婚”，发给各大报社。那天的采访整整两个小时，说到网上交友只有三分钟，新闻中偏偏就只把这个放大了来写。这就是根据记者的某种需要，单一强调事实的一个方面，于是造成新闻的部分虚假，也给当事者个人增加了更多的麻烦。这种为了某些既定思路而不惜牺牲和掩盖部分事实的做法在我们的新闻报道中实在是不乏其例。

2. “合理想象”型。在此类“新闻”中，基本新闻事实和新闻中应该包含的5W要素属实，但有些细节问题由于时间关系或者其他方面的条件限制，不能掌握到足够的原始素材和一手资料，于是就想通过所谓的“合理想象”来加以补足。认为这无非是细节问题，无关大局，不会影响新闻的真实性。例如，2006年12月，某网站体育频道发表的“村支书设宴款待丁家人小晖与儿时伙伴相谈甚欢”一文，其中暗示丁俊晖与村支书女儿有恋爱发展迹象，另外还暗示该村支书家非常有钱，女儿甚至开宝马等①。据有关人士披露，“文章相当成分是想象出来的”。先看下面的一段描写：“当我们赶到饭店对面的高滕镇塑胶厂时，丁俊晖果然和家人在一起拍照，除了他的父母以外，旁边还有他的舅妈、表妹、经纪人张萌以及村支书沙玉琴母女俩。一个白衣服的女孩站在丁俊晖旁边一起照了不下二十张照片，笔者询问丁俊晖的舅妈金惠英，后者说，‘她就是村支书的女儿呀，你不知道吗？他们俩打小就在一起玩的，应该有好多年没见了吧，现在都成大人了……’”这里的文字特别突出白衣女孩和丁拍照的活动，还故意在其舅妈的讲述后面加省略号，尤其是紧接着的一段：“沙书记看到小晖和女儿在一起拍照，自己也乐得合不拢嘴。十分钟之后，一辆宝马高档商务车开了过来，那个白衣服女孩才依依不舍地钻了进去，一溜烟地跑了。”只要仔细分析，这里的“依依不舍”、“一溜烟”等形容词显然都带有想象的成分。记者也许认为有了这些“合理想象”的细节，新闻就会更好看一些，但这样的细节上的想象却很容易牺牲掉整个新闻的真实。

另外还有，只要公布房地产开发投资幅度趋缓，必然预测房地产价格回落；只要提到“邻居节”的举办，必然高度赞赏其“冰释前嫌、邻里相望、街坊互助”的效果。也有的是出于某种权力和利益的需要，服务于一定的宣传导向，有意利用权力或资本的介入来拔高其思想内容或意义价值。

3. 暗示诱导型。此类“新闻”往往是把记者的观点隐藏得很深，报道中不是没有倾向性，而是由于受到某些规范的限制，不便于把观点和倾向直截了当地表达出来，于是就采取迂回的方式或者用极其隐蔽的语言来暗示某种意图。如，媒体受惠于某房地产公司，需要以新闻的形式做一些软性广告，并不直接宣传其楼盘本身，

---

① 新晚报[N]. 2006-12-31.

而是大讲近期内如何会有地铁通过来，如何会有大型服务设施在此建造起来等等。这样的报道也的确是在报道事实，而其背后的指向却不言自明。打着报道事实的旗号而暗藏着某些利益关系，这不能不说是一种动机不纯的“类虚假新闻”。还有的是先大肆谈论一种问题或者现象，却没有明确的解决办法，然后似在无意中点出一个相关的机构或出路，看上去无诱导之嫌却又实在有诱导之实。比如大谈当前某类人才紧缺，市场缺口很大又薪资丰厚，然后提到某某著名高校将开设这类课程或者某个机构将启动这类项目，其暗示诱导的意味不言而喻。如果这类新闻以广告的形式出现，倒也正常，但作为新闻，显然丧失了其客观性的本位。

4. 数据非典型。新闻中引用的数据来源不完全可靠和科学，有的干脆就是人为制造的数据或者起码是通过人工干预而形成的数字。这样的数字看起来也都有来历和出处，然而，这些数字却并不具有普遍的代表性和典型性。以每年都会出炉的财富排行榜为例，2006 年末，某财经报发布“作家富豪榜”，余秋雨、韩寒、易中天、海岩等 25 位文坛名流上榜，占据榜首的余秋雨被曝版税收入达 1 400 万元。但是，多次登上各种排行榜的海岩表示，这榜太不靠谱，数字确实不够科学。其他作家也几乎无人认同。新闻中的数字如果仅仅是估算出来的，怎么能够得到受众的信赖呢？新闻报道不缺数据，缺的是信源确凿、统计方法严密、查之有据的数据。

此外还有“理想愿望型”(常常是把记者本人以及社会公众的良好愿望直接当作现存事实，把理想中的事情当作已经发生的事情。而且还喜欢用口号式的话语来表达良好的愿望或圆满文章的结局)和“借题发挥型”(即把局部问题超限度地推而广之，对问题进行“有罪推定”式地扩大打击面。)等等。

三、“类虚假”之根(略)

四、从根本上防止“类虚假”(略)

此外，记者能否为受众展现真实的社会，能否使受众透过媒介认识社会，不仅因受众对新闻的不同理解而有不同结果，而且不同的人对媒介与社会的关系也有不同理解，因此，对媒介的把握和通过新闻认识社会就会有不同的结论。正确解释新闻的内在倾向，剥除媒体中歪曲或者迷惑人的成分，揭示新闻的真实本质，告诉人们如何认识社会，也是媒介批评的重要任务。

四、揭示新闻具体规律

归根结底，媒介批评就是通过对于新闻现象的分析，以及对于新闻作品的解读，进一步揭示出新闻规律，也就是像一些专家们所说：“要进行正确的批评，不仅需要充分调动感官和深度体验，而且必须在高层次上归纳和提炼新闻传播经验，实现解读的逻辑化、抽象化。”①显然，媒介批评就是要在解读新闻及媒体的过程中，评价其内在意义及对社会的影响。而这样的批评也就可以在很大程度上将新闻采、写、编、评以及整个媒介运作和经营的经验上升到理性的和理论的高度，揭示某些隐蔽的内在规律，为科学的新闻传播活动提供有效的理论参照。而另一方面，这些宏观的整体的新闻传播规律的提炼和总结，又应该建立在一个个具体的个别的新闻批评的过程和成果之上。如《电视研究》杂志 2013 年第 3 期发表的一篇文章：

央视十八大报道：时政新闻传播的创新

苟凯东

党的十八大是 2012 年中国最重要的政治活动，央视投入重兵全面报道了会议的各项议程及相关内容。十八大报道是一次重要的时政新闻传播实践，从屏幕呈现看，报道无论是时机的把握、选题的切入还是视角的选择都有不少亮点。

一、时政新闻传播：观念的改变

时政新闻传播其实是传媒生产的常态，因为任何性质的传媒都是具有意识形态属性的，都会或多或少地参与时政新闻传播。而广义的时政新闻传播其实又超越了意识形态的范畴，它包括了特定政治共同体中政治信息的扩散和被接受的过程，政党和政府的所有传播行为都可以看做是时政新闻传播。在时政新闻传播生产链中，传媒作为传播的中介，具有选择和把关的职能，而“告知”和“解释”是最重要的两个环节。

传播什么、如何进行传播，都在考量着一个媒体的价值判断和专业水准。长期以来，我国的主流媒体对于时政新闻传播的理解有着明显的刻板印象，媒体把政治宣传等同于时政新闻传播，以一种权威严肃、居高临下的姿态传播时政新闻，追求宏大叙事和宏观语态，而受众则天然地对时政新闻传播带有偏见，甚至排斥。

作为主流媒体，时政新闻传播是其重要的媒介职能。对于像五年一次的党代会、每年的全国“两会”这样重大的政治活动，主流媒体必然要承担重大的时政新闻传播任务。但是在以往的新闻报道中，我们看到媒体更多的是从报道的数量、规模上着力，追求体量的庞大，很少从受众的角度思考传播的内容和方式，更少关注传播效果。其实，对于时政新闻传播来说，更重要的是传播方法和传播效果。如果没有理想的传播效果，再多的传播行为和传播机会都是浪费。因此，需要对原来的传播观念予以厘清和改变。

客观地说，中国的电视新闻在这些年的新闻改革中变化很大，从语态到形态、从理念到技术，都比以往更专业、更具影响力。但是对于电视媒体的时政新闻传播，尤其是像党代会这样重大的会议报道，改革的步伐还较为谨慎而缓慢。不过在

---

① 刘建明. 媒介批评通论[M]. 北京：中国人民大学出版社，2001.

十八大报道中,可以明显地看到很多创新元素,这种创新是在坚持媒体党性原则基础上对于新闻传播规律的尊重与认同,是传播观念的回归。

二、节目:议程设置中的创新

五年一次的党代会历来是中国人民政治生活中的重要事件,党代会又不同于每年的"两会","两会"着眼于年度政府要着力解决的现实问题,而党代会确定的是国家今后十年的根本方向和发展大计。因此党代会本身的自选动作会少于每年的"两会"。如何拓宽媒体空间,有效地设置报道议程呢?从央视十八大报道来看,新闻频道在会议的常规议程之外,还以民生诉求为选题取向,以"走基层"的纪实手法和多样化的表达形式为依托,形成了会场之外常态的新闻架构,拓展了大会的新闻空间,丰富了传播的表达样态。央视十八大报道分为三个部分:《喜迎十八大》《聚焦十八大》《学习贯彻十八大精神》。每一部分主题都有若干子栏目支撑,比如《喜迎十八大》部分就有《行进中国》《十八大代表风采录》《数字十年》《我这十年》等子栏目;《聚焦十八大》部分有《百姓__心声》和《代表心声》海采、《我从基层来》等内容;

《学习贯彻十八大精神》部分有《代表回基层》《十八大热词解读》等内容。从这些栏目可以明显地感受到央视十八大报道延续着"走基层"的报道思路,以贴近民生、倾听诉求为节目主旨,形成了以民生取向为特色的议程设置。而选择什么样的新闻,赋予多大的强度都是媒体态度的反映,也将会直接或间接影响到公众的态度。

央视十八大报道没有像以往那样走精英化路线,而是把视角对准了基层代表;也没有像以往那样以主观的叙述来展示代表形象,而是采用纪实的方式来呈现代表在会场内外的真实生活,使代表的形象更真实立体。这样的表现方式解构了时政新闻传播的距离感,具有了更多的亲和力,更容易得到观众的认同。

议程设置的创新不只体现在"走基层"的民生化取向,还表现在形式上的创新。比如十八大开幕当天,一组名为《足迹》的系列景观镜头让人印象深刻。它以现场直播的表现形式,通过实时景观镜头的展示,讲述中国共产党诞生、发展的关键节点事件,通过这些"足迹"展现中国共产党91年的风雨历程。这些景观镜头构图考究、景别大气、富有表现力,呈现出更多的影像意义。比如在"中共一大"会址,景观镜头直播了这个藏身于高楼之中的标志性建筑。不需要更多的解说词,画面产生的强烈对比能让观众在回忆党史的同时感叹上海的飞速发展。在接下来的几天,景观镜头又着重表现了建设成果系列,以"行进中国"为主题,通过新农村、科技园、经济特区、超级企业等极具样本价值的中国典型,描绘中国十年来的巨大发展成就。这些景观镜头原本只是穿插在新闻直播中,做常规新闻直播节目的串联和点缀,但实际上却成为频道的亮点,得到了观众的一致好评,这与这个系列的创作理念和表现形式是分不开的。

三、形态：宏大主题的微视角

在央视十八大报道中，有一种非常吸引眼球的报道形态——海采。海采来源于2012年国庆节的《你幸福吗》系列。尽管饱受争议，但是央视却坚持了下来，并把它作为十八大新闻报道的一种主要样态。其实这种报道样态在备受争议的同时，也得到了越来越多观众的认可，比起对"你幸福吗"这类问题是否有实际意义的探讨，观众更在乎国家电视台以这样的亲民姿态去倾听民众的诉求，并把它真实地展现在电视屏幕上，这实际上是电视媒体公共领域功能的体现，是一次传播观念的转身。

在央视十八大报道中，海采分为两个部分，分别是《百姓心声》和《代表心声》，在会期不同时间段推出不同的海采问题，使会议进程与百姓关注形成呼应。拍摄手法要求全过程忠实记录，原汁原味地进行情境展现，可以接受瑕疵，但拒绝摆拍、设计等人为因素。十八大固然是关系党和国家未来十年发展方向的重要会议，但更是关系百姓未来生活的国家大事，与每个中国人息息相关。按照受众新闻接触的"重要性、接近性"规律，人们会很自然地去关心这次盛会，思考对执政党的诉求和期待。这时，如果能给他们更多的话语空间，显然会令他们更愿意接受传播的内容，会议报道也会取得更好的传播效果。而海采策划的成功，就在于将受众期待当做了节目创意的起点。

从11月9日开始，《百姓心声》开始播出《谈谈心中的小康生活》《小康什么样你我说说看》等海采系列。从相关的收视数据看，每天直播时段的《百姓心声》都对收视曲线有明显的拉升作用。海采是一种微视角，但透过它却能将十八大的宏大主题与民众诉求对接，这种传播行为本身也作为一种理念产生附加效应，对十八大的报道效果产生正反馈。微视角是一种传播技巧，更是时政新闻传播应坚持的基本观念。

四、互动：全媒体环境下的整合

全媒体时代，时政新闻传播不能忽视互联网的力量。在十八大报道中，央视没有简单地将传统节目平移到网络平台和移动媒体，而是重新编排，精心包装。比如在十八大开幕式报道中，央视网通过网络电视、Cbox客户端、手机电视等终端直播大会盛况，直播结束后，央视网精心制作了包括全程回放在内的17条视频，将开幕式报告分为12个部分呈现。同时央视网还首次通过移动、联通、电信三大运营商视频平台开展全面报道，期间，各平台以视频直播、轮播、点播等形式，从会场速递、深度聚焦、高层动态等层面对十八大进行全程报道。

作为时下最火爆的社交媒体之一的微博也在央视十八大报道中表现抢眼。在十八大报道中，央视新闻中心直播开幕式的同时，还开通了“@ 央视评论员”微博，并且在直播中首发评论，引发网友热议和跟帖，两个小时内就有 700 多条转发量。“@ 央视评论员”微博中的《十八大·热读》板块聚焦报告中“要改进政府提供公共服务方式，多解民生之忧”等热点，结合一些地区存在的“办准生证难”等实例展开互动性解读，引发网民热议，新的传播方式也为时政新闻传播提供了无限可能。

以上从中央电视台对于党的十八大的报道的全过程回顾和评论，详细分析了新闻媒体在重大战役性报道中的策划指挥等一些值得借鉴的经验，其中大都是一些基本规律性的问题。对于丰富新闻理论，更加有效地指导新闻实践，有着较强的参照价值。

第二节　新闻批评的方法

新闻批评既然是借用文学批评的方法用以解读新闻并评价其意义和影响，其理论渊源多来自西方的文学批评。由于新闻毕竟是反映事实、报道事实的一种文本而非文学体裁，因此我们在此只介绍与新闻相关性较强的具有可借鉴意义的批评方法。

一、符号学分析

西方解释学者认为，“文本就是由书写而固定下来的语言”。新闻作品的文本不是语言的简单组合，也不是由导语、主体构成的惟一形式，而是新闻事实的有机整体。新闻作品的文本，它通常通过语言、文字、声音、图像等各种显性或隐性符号，或独立或结合使用来传达事实或表达涵义。符号学分析就是从以上各种符号的使用角度来分析新闻内涵的。符号学分析来自索绪尔的符号学理论。他认为语言是符号，而每个符号都由能指和所指构成。能指是符号的物质形式，表现为一种声音或图像，这特定的声音/图像能引发某种概念的联想。所指则是那个被联想到的概念。两者的关系是任意确立、约定俗成的，既有可变性，又有不变性。索绪尔由此划分语言和言语。语言是文化的符号系统，包括所有符号使用的选择规则和组合规则。言语则是我们日常的话语，它是上述符号和规则的具体应用。

我们举例来简单分析新闻中能指和所指的构成。

象征和平团结友爱的大熊猫①

新华网北京5月3日电(记者陈键兴)中共中央台办、国务院台办主任陈云林3日受权宣布,大陆同胞向台湾同胞赠送一对象征和平团结友爱的大熊猫。这是祖国大陆近在10余年来又一次表达向台湾同胞赠送大熊猫的善意。

大熊猫被视为中华民族的瑰宝,是国家一级保护动物,也是世界著名的珍稀濒危物种之一。目前世界上野生大熊猫仅存1 600只左右。大熊猫毛色独特、性情温顺、品格孤洁、姿容可掬,深受世人喜爱。其头圆而大,躯干和尾为白色,两耳、眼周、四肢和肩胛部为黑色,腹部为淡棕色或灰黑色;体长约为120至180厘米,尾长约10至20厘米,体重约60至110公斤。

到2003年底,中国人工圈养的大熊猫数量已达161只,其中约71%为人工条件下繁育的个体。人工圈养的大熊猫有三分之二以上生活在四川卧龙大熊猫保护中心和成都大熊猫繁育基地,在成都、北京、上海、福州、香港等地的动物园都可以观赏到人工饲养的大熊猫。

1999年,经有关方面精心挑选,中央政府将圈养于中国保护大熊猫研究中心的大熊猫“安安”、“佳佳”赠送给香港特区,以满足香港同胞在香港欣赏大熊猫的愿望,并向社会各界宣传保护自然、保护野生动物的重大意义。香港特区为妥善安置这对大熊猫,在香港海洋公园兴建了大熊猫园。

多年来,大陆同胞一直怀有向台湾同胞赠送大熊猫的心愿,许多台湾同胞也不断表达期待大熊猫来台展出和落户宝岛的愿望。大陆有关方面多次提出向台湾赠送大熊猫的善意,但一直没能得到台湾当局正面回应。

1987年,参加全国人民代表大会六届五次会议的台湾省代表团提议向台湾同胞赠送大熊猫,北京市动物园随后表示愿意赠送一对大熊猫给台北市木栅动物园。其后,台湾民间有关人士积极为大熊猫赴台而奔走,祖国大陆有关单位又多次表达了赠送的意愿,还研拟了传授饲养技术、代培饲养人员等相关配套措施。1990年代初,中国野生动物保护协会选定了一对人工繁殖的幼年大熊猫“陵陵”和“乐乐”,准备赠送给台湾同胞。

然而,台湾当局先后以进口大熊猫不宜做展示观赏、繁殖配对需要两公四母以及大熊猫“非台湾物种”为由,多次拒绝接受大熊猫来台。

对此,岛内各界人士多次提出呼吁,他们认为,两岸相关专业机构和人士为大熊猫来台已作了充分的沟通,准备工作已落实妥当,希望台湾当局不要因政治而阻碍大熊猫赴台,让台湾民众和小朋友也能在台湾一睹大熊猫的风采。

如果我们把这篇新闻稿件看成是一次言语交流活动,那么在新闻中我们获得

① http://www.china-embassy.org/chn/gyzg/t194094.htm. 2007-2-10,中华人民共和国驻美利坚合众国大使馆网站。

的主要信息是大陆要向台湾赠送大熊猫。新闻中的突出的符号是大熊猫，能指就是指中国的国宝大熊猫，所指是大熊猫所象征的和平团结友爱。文中能指和所指所构成的言语所透露给读者的信息是大陆向台湾当局表示友好的态度和行动。

索绪尔的符号理论深入地分析了语言符号，了解这个基本理论对于我们分析新闻的语言是很有帮助的。在索绪尔之后，有一批学者把符号学理论用于对新闻文本的分析，他们尤其关注新闻文本如何建构新的能指和所指，以及利益集团的价值观和意识形态如何参与这一建构。比如今天的新闻，视觉化倾向日益加深，电视新闻、图片新闻以及网络多媒体新闻成为我们每天所看到的新闻中重要的组成部分。解读这类新闻文本的复杂讯息，用符号学分析方法就可以分为三个阶段：先是解读社会符码——即解读“现实”的符码，如行为符码、服饰符码、语言符码等，再是解读技术符码——即传媒再现“现实”的符码，如拍摄距离符码、镜头运动符码、角色符码等，最后是解读意识形态符码——即传媒表达意识形态的符码，如种族主义符码、男权主义符码、个人主义符码等。通过这种解读方法我们可以层层剖析新闻要表达的深层内涵和复杂信息。如一个新闻人物的着装和手势，能传递这个人的身份和性格，摄像机机位的不同安排可以表现不同的现场状况等。通过这些，又可以分析新闻本身要传递的信息中所包含的价值观和意识形态。在传播理论中，有一个意义建构论，它是用符号和对符号所表示的对象的描述（声音、现象或词汇）来解释现实，媒介以此确立、延伸、替换和固定观众与别人共同使用的意义。而符号学理论则是在新闻文本的基础上，通过对符号能指和所指的分析来深入理解新闻所要传达的意思和建构的意义，并分析媒介是如何将价值观和意识形态通过符号的使用表现出来的。

二、叙事学分析

20 世纪 20 年代，卜罗普在《民间故事形态学》中把俄国的上千个神话归结为 31 种讲述方式，开启了最早的叙事学研究。70 年代，美国叙事学家西摩尔·查特曼较早注意到了底本和述本的这种二元结构，将它们分别命名为故事（story）和话语（discourse）。查特曼的定义是前者是“什么”，后者是“如何”①。现代意义的叙事学分析则致力于在故事的深层结构中寻求意识形态批评的空间，因此西方学者对新闻的叙事学分析主要聚焦在对其“神话建构”功能的剖析。

比如，学者们关注的是：传媒如何建构新闻事件？它们倾向于抽取和排除哪些生活片断作为新闻故事的素材？它们如何界定新闻事件的逻辑起点，又如何讲述事件的变化和发展（运用哪些“中介”）？这是关于谁的故事？谁是事件中的英

---

① Chatman S. *Story and Discourse*: *Narrative Structure in Fiction and Film*. NY: Cornell University Press, 1978.

雄？谁是坏蛋？更重要的是，从谁的角度来叙述这一故事？谁将那些维持秩序的人写成英雄？谁将那些示威者报道成"暴民"？谁又将街头抗议、吸毒、同性恋一类的现象说成是"社会问题"？这一系列的问题为我们揭开了新闻的建构功能神秘的面纱。

每天我们都打开电视，翻开报纸接受传媒带给我们世界上新近发生的事件的各种信息。而现代新闻事件的报道也尽量使用叙事方式使其具备故事性。各种深度报道和新闻专题将所有事件都放在叙事的位置上，将事件的介绍、起始、摘要、解决和尾声等一系列事件构成一个故事，用句子和潜藏的评价解释事件的意义。

分析一般的新闻叙事，需要区别新闻与文学作品的根本性区别。两者之间的最主要差别就在于新闻报道中所讲述的事件是现实中已经发生或者正在发生的。故事讲述者即记者以职业的身份代替了真实的叙述者。记者或者编导的个人偏好，故事叙述角度以及被选择的叙述内容，所在新闻机构代表的利益集团，当前社会话语环境和意识形态都决定了故事的价值取向和意义。例如在伊拉克战争中，英美联军在其本国的报道中都被称作解救伊拉克人民的救星，而伊拉克和一些反战国家的媒体则称其为侵略者。对同一支队伍的不同新闻用语就能传达出不同媒体及其背后意识形态对于伊拉克战争的不同态度。

与此同时，一些学者深入分析了新闻故事的深层结构和影响，指出新闻记者每日都创造不同的故事，吸引我们去读报、听新闻，但同时记者每日也用不同的声音、不同的字眼去描述一些老套的故事，尤其是那些法庭审判、高峰会议、总统大选、体育比赛等礼仪性新闻。用卜罗普的术语说，记者不过是改变了旧新闻故事中的可变项，而保留了故事中的常项(即故事功能)。由此看，新闻的一个深远的社会功能不是致新知，而是相反，是在重新加固我们对世界和生活的既定看法。这也就是说，对于新闻的结构分析我们可以看出不少新闻的内在结构和内在意识形态是相对不变的，变的只是新闻的外在结构和表现方式，因此对于新闻批评者来说，透过外在结构而理解内在结构是重要的任务。

三、意识形态批评

意识形态分析，顾名思义，就是要解读出新闻文本的意识形态讯息，它不是作者在新闻作品中最直接的声音，它或者是作者的弦外之音，或者是一种背景的声音，需要仔细分析。大众媒介与政治社会的关系始终息息相关。媒介在传播信息、传播各种意义的同时，永远无法回避作为占"支配地位"的意识形态。意识形态分析是批判性很强的分析，它不只是一种声音中的声音，还是一种阶级的声音，或一种权利建制的声音。意识形态批评假设新闻文本的世界与现实的阶级社会一样，由各种阶级的声音组合而成。而这些声音并非对等的，总有一些声音处于强势地位。这种不平等反映了文本世界中的"阶级压迫"，反映了一种阶级的声音对另一种阶级的声音的打压和排斥，其结果就是，一些阶级不能充分自由地表达自己。意识形态批评就是要揭示文本世界中的阶级压迫。

在新闻文本批评领域，存在三种类型的意识形态批评。一是关注新闻文本如何曲解“事实”。也就是说，新闻的意识形态倾向必然要受到新闻工作者的意识形态偏见的影响，但并不完全体现的是新闻工作者的意识形态。因为新闻工作者在既定的权利架构下工作，新闻报道运作过程是在这种权利架构下的产物，因此其意识形态倾向还要受到权利架构的影响，也即新闻的意识形态还表现为所属权利架构的意识形态。二是这种权利结构性的规限和由此造成的意识形态效果。在这种结构性的规限下，传媒经常会不自觉地再现或再生产既定的权利关系。例如媒体在报导罢工、新移民、同性恋等异类团体的新闻时，不一定会有意歧视这些团体，但判断这些人为“异类团体”的时候，则可能不自觉地依据了权利体制对这些团体的定义，因而所报导的新闻可能不自觉地参与了再现这种不平等的权利关系。三是偏重于意识形态生产过程的分析。关注统治阶层在解释其政策的合法性时，如何利用传媒的功能来争取市民社会的支持？传媒如何扮演建构意识形态的角色，例如建构社会知识、制定规范和塑造共识等等？

在美国9·11事件后，美国政府对媒体的影响力度就有所增加。布什在联合国的演讲，穆斯林斋月的致辞问候等都做了电视实况转播；政府高层也对媒体的负责人施加压力，明确表示不允许播放塔利班领导人的讲话等。美国媒体与美国政府的配合也是相当默契的，特别是对纽约客机失事等国内事件的报道，都采取了低调处理。媒体也能够按照政府的要求，限制播放拉登的电视声明等新闻。[①] 解读这类新闻文本的时候，就可以运用意识形态分析去理解蕴涵其中的意识形态和社会功能。

传媒不是独立的机构，它在既定的政治架构下运行，并受到层层把关人的影响，因此新闻的报道也就无法单纯的仅对新闻事实的进行客观传播，而是有着更深的意识形态内涵和社会功能，只有通过意识形态分析方法我们才能深入去理解它们。

四、后殖民主义批评

后殖民主义批评是20世纪80年代兴起的一股批判思潮，由萨伊德发掘出来的。后殖民主义，又称文化殖民主义，特指一套霸权话语体系。萨伊德的“东方主义”理论提出西方人所认识的东方，“并非一种自然的存在”。而是西方基于霸权的需要建构起来的。在建构东方的过程中，东方被他者化（或说东方化）了，东方主义者通过一整套二元对立的表意形式（如成熟/幼稚、文明/野蛮、发达/落后、进步/原

① 李岩.媒介批评[M].杭州：浙江大学出版社，2005：50.

始等),将东方置于西方文明的对立面,成为永远映照西方进步、繁荣、理性、科学的镜子。而话语的权力总是与其他权力联系在一起的。东方保持沉默,不仅仅因为它没有自我表述的能力,更因为它没有自我建构的能力。近代以来西方的话语支配权来自西方霸主的地位。东方不只是一种霸权话语,还是“西方用以控制、重建和君临东方的一种方式”。因此,西方表述的方式与西方统治东方的方式是紧密相连的。

该理论为传媒学者开辟了一块新的话语批评园地,一切有关非西方国家的话语,从学者论述、政府宣传,到诗歌、小说,都可供后殖民主义分析。

在新闻宣传于国际传播中占有重要地位的今天,国际宣传是各国实施国际战略和外交政策的重要手段。国际宣传的内容,一般包括以下两个方面:一是对本国社会制度、意识形态、文化传统、价值观等的宣传,以及对本国关于某些国际性事务的政策、立场、观点、主张等的宣传;二是对其他国家的政治、经济、社会等内政、外交各方面做客观或非客观报道。而且今天的国际宣传,已经发展成为一种大规模、经常性、长期性的宣传活动,其内容涉及政治、军事、经济、文化、科学、生活等各个方面,其形式之多样化也是前所未有的。因此对国际新闻宣传运用后殖民主义理论来分析是十分必要的。目前,学者最关心的莫过于西方国家对第三世界相关的新闻报道:西方的新闻媒介如何选择性地报道第三世界以及如何用新闻报道来进行意识渗透,进行和平演变?更重要的问题是这些西方的报道如何影响本国人对东方的认知,并进而影响第三世界人民的“民族意识”(或“本土意识”)?在要求建立“国际信息新秩序”的今天,运用后殖民主义批评的方法来进行新闻批评是很有意义的,尤其是在许多学者提出“信息霸权”“文化帝国主义”的情况下,西方新闻的“东方主义”问题也是非常值得关注的问题。

五、大众文化分析

新闻传媒是我们文化生活的重要组成部分。它每天所报道的新闻不仅极大地占有了我们的闲暇空间,它所建构的文化也正悄悄地改变着我们的生活。那么这些新闻报道是怎样影响着我们的生活呢?首先我们要了解传媒制造的大众文化是怎样的一种文化,进而我们才能了解这种背景下新闻传媒制造的文化是怎样的并如何影响人们的生活。

大众文化或文化工业批评原本是法兰克福学派对文化工业提出的批判性理论。阿多尔诺在其《文化工业》一文中指出现代工业社会之后,社会物化的症候已迅速蔓延到文化艺术领域,它导致一个庞大的文化工业的建立,大众传媒是文化工业中最重要的文化制作工场。文化工业的目的是提供一种皆大欢喜的幻觉,以补偿人们在物化社会中失去的东西。且文化生产的物化带来文化消费的物化(即文化消费的标准化、模式化和简单化)。马库塞的“单向度文化”理论认为,文化工业不仅抹杀了文化的鲜明个性，而且扼杀了文化最宝贵的精神，即它“否定的理性。”他指出，当代工业社会已经成功地建造起一种单向度的文化，这种文化完全丧失了否定和超越能力，它不会鼓励人们去追求与现实生活不同的另类生活。本雅明的“机械复制”理论认为，人类在工业社会之后进入了技术复制的时代，现代艺术以机械复制为主导，艺术从个别文化精英的手中解放出来，成为大众欣赏的对象，但与此同时，大众所欣赏的已经不再是同一种艺术。

例如曾经一度人气超强的“超女”，“好男儿”等选秀活动，从海选到 PK 到短信复活，都是娱乐新闻的最佳题材。报道中参赛选手的身世背景以及绯闻暴料是最热门的素材。“草根”一词充斥在各种各样的娱乐新闻报道中。平民化的海选，灰姑娘变身公主，贫儿变王子的故事不停上演。有人对此疯狂崇拜，选手们的身后是大批的“粉丝”；也有人对此不屑一顾，认为这种造星运动也难免会落俗套。这种由新闻传媒帮助下所推动的娱乐文化模式，正改变着许多年轻人的生活方式和价值观念。

对于新闻受众来说，当今天的各种新闻铺天盖地地向我们涌来来的时候，我们不禁会有这样的疑惑：当多元形式的新闻越来越多的充斥于我们的生活，这些新闻到底创造着怎样的文化并对我们的生活有着怎样的影响？新闻的产生在文化工业的复制之风下会以怎样的面貌出现，这会不会影响到新闻的真实性、客观性呢？新闻文化会不会也出现工业复制的趋势呢？这些都值得我们在新闻批评中关注。

六、政治经济学分析

新闻传媒不只是文本，它还是一个社会机构，并与外部世界的政治、经济、文化等体制结成多角的关系。政治经济学分析是从经济和政治的权力网络中去透视新闻传媒的性质和社会功能。

政治经济学者认为 20 世纪的西方新闻传媒首先是经济企业然后才是意识形态工具。因此他们最关心的是传媒的商品化问题。传媒商品化带来的问题是商品生产的逻辑如何制约新闻传媒的运作以及谁以何种方式控制新闻传媒。传媒的商品化使传播内容、阅听人以及传播劳动本身都出现商品化趋势。传播内容的商品化是讯息转化为可以买卖的商品的过程。因此，为了吸引大量观众，新闻报道开始加入商业元素。由于媒体的大部分资金来源于广告商的投入，新闻报道甚至还要考虑到广告商的利益和需要。此外，美国政治经济学者史麦塞 1977 年提出的著名“阅听人商品”的理论。该理论包含了三个观点：第一，阅听人是一种商品。大众传媒制作节目的同时，也生产出这一节目的阅听人。第二，阅听人是传媒工业的劳工，他们的观看就是劳动。第三，阅听人为传媒工业生产剩余价值。由于阅听人商品化了，因此传媒从以前发生事件后被动的报道新闻转为大量的策划新闻报道甚至制造新闻的主动局面。而且新闻的议题设置在此创造怎样的阅听人也就凸显出来成为值得关注的问题。传播劳动商品化的趋势，特指由于传播新科技的发展，传播者的专业创造转化为规范化生产的过程。如今的报业集团，广电集团把新闻的报道也转变成了一种规范化制作的过程，我们可以看到许多新闻的出炉开始走一种大批量生产的路子。可以看到，以上传媒的种种商品化倾向对新闻传播的影响是很大的。传播什么、选择什么、传播创造怎样的阅听人等都是比较重要的问题。

传播垄断是另一个政治经济学者关注的问题。在当前传媒产业中，集中化和集团化运动成为趋向激烈的连结运动。集中化指越来越多的传媒落入越来越少的大型传媒企业手中。集团化则是战后传媒并购运动加速的产物。面对传媒出现的这些垄断现象，对批判的传媒政治经济学者来说，重要的问题便是经济所有权和控制权如何干预新闻媒介传媒的中立。对这一问题，有两派意见：一派认为传媒所有者能够直接和间接地决定编辑政策和意识形态立场；另一派强调传媒经济结构的制约。实际上，新闻报道见诸于的大众，必然要受到传媒和编辑以及其背后各种大背景因素如政治和经济的控制。政治经济学分析正是对新闻把关人及其背后的种种政治经济因素的进行分析以解读新闻作品的深层涵义。

七、其他相关理论

除了以上理论，常用的批评方法还有以下几种，在这里做一下简单的介绍。

1. 意识形态国家机器分析

意识形态国家机器分析主要源自葛兰西的文化霸权理论和阿尔图塞的意识形态国家机器理论。葛兰西认为，一个现代政权的维持必须依靠两样东西：政治、经济统治加上文化霸权。

从他们的理论中可以看到，真正的新闻自由是不存在的，任何政权都要把新闻媒介当作自己统治的工具，因此，它只可能在特定的情境之下对新闻的报道给予一定的自由，以平衡可能的抗争与抵制。所以，对于新闻报道而言，从宏观上把握其意识形态背后所从属的国家机器地位对于我们理解新闻与政治的关系有很大帮助。因此，意识形态分析不能只限于文本分析和内容分析。还应分析意识形态在进行"个体与实际生存条件的想象性关系的再现"行为和过程本身所代表的意识形态和传媒例行的仪式、传媒生产的模式、传媒组织的架构等等对新闻报道的影响。

2. 解构主义理论

解构主义理论以法国的德里达和美国的米勒所代表。解构主义之所以在理论界引起巨大反响，主要原因之一是它对西方传统的逻各斯中心主义的重新讨论。其中的读者反应理论，开拓了新闻批评领域的视野。

解构不是拆毁或破坏，而是对于存在的一种思考，是对形而上学的一种思考，因而表现为一种对存在的权威或本质的权威的讨论，而这样一种讨论或解释不可能简单的是一种否定性的破坏。解构的关键不在于把人们从这个过程中移开，而是赋予"解构"被思考的可能性。[①] 在媒介批评中,作为解构主义理论的一个分支-读者反应理论,被应用于分析大众传播媒介如何与观众,读者共建意义世界。读者反应理论的核心即阅读召唤意义苏醒,阅读是"深化的实践"。阅读召唤意义苏醒表现在读者或观众地位的提高,强调"意识"对每个个体阅读的影响,从另外一个角度探讨新闻文本意义产生的复杂性。阅读是深化的实践来自于斯坦利·费什的理论,由于阅读的"深化实践"受到当下社会话语的约束,每一位读者在接受信息时都受到自我意识、社会、政治、文化话语、社会道德规范的支配。因此,对于同一新闻事件关注的延伸,会为事件的阅读开掘不同的角度,

3. 流行文化分析

流行文化分析源自于对阅听人的研究,研究他们如何主动的利用传媒和流行文化来建构自己的文化。英国学者霍尔为了说明讯息的解读与讯息的建构同样复杂,划分了不同意识形态取向的阅读。他认为阅听人在解读电视讯息时,会建构起三种立场:主导——霸权立场、协商立场、反对立场。这三种立场带来三种取向的解读:偏好阅读、协商阅读和对立阅读。偏好阅读者是那些接受主导意识形态的阅听人,他们从主导意识形态"偏好"的角度(使用主导意识形态的符码)进行解读。协商阅读者也在原则上接受主导意识形态的解释,但同时亦觉得这一解释不能完全符合自身的社会经验,于是要协商,以便找出一个双方可以接受的解释。对立阅读者则因其社会情境与主导意识形态相悖,故采取了完全另类的解读。

流行文化理论从解读文本的角度将阅听人置于了主动的角色地位,把传受关系分析成双向关系,受众不再是被动的接受,而是有选择的主动的接受。因此,对于大众传媒中创造的新闻受众,我们可以看到同样一篇新闻,在该理论的分析下,不同的人有不同的看法和解读,而产生不同的反应和行为。因此,新闻的议题设置以及情景建构、文化建构究竟能多大程度影响受众,受众如何有选择的来解读新闻、理解新闻、接受传播并付诸行动跟每个受众自身的背景、学识、观念以及阅读习惯都密切相关。

4. 女性主义批评方法

女性主义批评方法从女性在男性主流话语权利下的失语现象来看新闻作品中的女性劣势地位问题。例如各国女性领导人的上台都被大肆报道,其原因就在于政治领域男性占主要地位的现状使得女性的执政成为最好的新闻视点。

女性主义产生于18世纪,产生的原因是希望确保妇女被赋予和男人一样的天赋权利,且不受任何人的侵犯。当前的女性主义理论受到后现代主义和多元文化理论的影响,越来越具体,越来越关注女性的差异和特殊性。参照伊·安·卡普兰的方法,女性主义批评理论可以如下分析叙述:①坚持平等地位,反对压迫和轻视女性;②反对男性占支配地位的社会制度,揭示性别差异中的歧视;③关注现存体

---

① 李岩.媒介批评[M].杭州:浙江大学出版社,2005:85.

制对女性形象的塑造;④后结构主义的女性主义立场。如今,对于女性主义、环境保护主义和生态团体、同性恋组织和反对种族歧视等问题形成的新的观察角度,对于女性主义理论的发展是一种有利的支持。

以上理论对新闻批评都有着很强的指导作用,通过使用这些理论方法,我们可以从各个角度、各个层面来挖掘新闻的深层涵义,并且理解新闻背后的各种背景和各种规限所要表达的声音,可以帮助我们更好地理解新闻作品。新闻批评的社会意义就在于它的思考与反思,透过分析新闻所反射出的社会机理及关系网络,产生其目标达到的社会意义。

第三节 新闻批评学派与新闻研究未来

中国社会科学院副秘书长、研究员何秉孟 2002 年在《文汇报》发表文章,题目是《理论创新须先培植学派 》。文章特别强调:“在一些重大的学术问题、理论问题上,学术界是否出现或形成不同学派,既是理论研究能否不断创新的必要条件,也是学术界是否成熟的重要标志。”文章指出:“ 哲学社会科学是研究人类社会、人类自身以及人类与大自然关系的科学,是揭示人类社会发展和人类自身发展规律、探索人类与大自然和谐协调、可持续发展道路的科学。由于研究对象纷繁复杂、变化万千,作为对其运动规律的理论反映,既不可能是单一的,也不可能一次完成;再则,加上研究者知识水平、阅历不同,观察问题的角度不同,研究方法各异,即使在同一时间、对同一问题的看法,也会出现差异,在理论上形成不同的学术见解。因此,哲学社会科学诸学科内不同学术观点、不同理论见解之间的争鸣、争论,是必然的,而且是达到真理性认识所不可逾越的步骤。”文章还说:“总结近些年的正反经验,我们不仅要严格区分政治行为与学术行为,坚持不用行政手段裁判学术是非,坚持‘三不主义’等行之有效的方针、政策、措施,而且要精心地保护、扶植、培育学派,要鼓励确有真知灼见的学者创立学派;我们不仅要在学术领域保护、扶植、培育学派,而且要特别注重保护、扶植同现实联系密切的经济学、哲学、政治学、科学社会主义、法学、社会学以及国际问题研究等学科领域中的学派。因为恰恰是这些学科领域的理论成就,构成了马克思主义理论大厦的基础性部件。这些学术领域的理论创新能力,将对马克思主义理论创新能力产生最为直接的影响。所以,最关键的是要营造有利于这些学科领域中诸学派成长的环境。”

因此,新闻批评学派的建设,对于 21 世纪的新闻研究来说,也同样是当务之急。

实事求是地说,新闻学至今还是一个非常年轻的学科。在我国尤其如此。上个世纪 90 年代以来,我国的新闻学研究和教育事业有了突飞猛进的发展,但是,在新闻研究方面思路的单一,方法的陈旧,观念的老套,依然使得我们的新闻学无法突破最传统的理论范式和框架。因而，从新闻批评开始，大胆地开拓思维，勇敢地变革观念，积极地探索新的科学化的方法，显然是使我们的新闻学在新的世纪取得根本性突破的重要途径。

在本书的上一节我们讲到了西方新闻批评的诸多方法和理论，这应该说还只是给我们的新闻批评提供的一种方法论上的参照。在已经进入21世纪的今天，真正中国化新闻学体系以及新闻学派的建立，还有待于我们独辟蹊径，另寻门路，通过不断地努力而去实现。我曾经在一篇关于建设中国化传播学体系的文章中这样提出，中国化传播学体系的建立，起码还要实现和满足四个方面的条件，第一是从基本学术概念到整体理论框架的独立创造；第二是全面吸收本土的传统文化资源；第三是传播学理论的哲学化提升；第四是中国化的传播学学派的建设①。我们认为，这样的观点对于中国化新闻学的建设也同样适用。那么，中国化新闻批评学派的建立，就更应该说是首要之举。就我国目前的新闻批评状况而言，确实还看不出有什么学派产生的苗头，但是，一旦我们从理论上具有了这样的清醒，在以后的新闻批评实践能够不断进行一些更加自觉地探索，新闻学派的出现，就可以说不是很遥远的事情。而我们的新闻学理论的全面突破就发展，也就真正有了强大的根基。

在本书的最后，为了进一步开阔大家的理论视野，为了使得大家在研究和思考21世纪中国新闻学在学派发展方面能够具有一些更加具体的参照，我们这里特别介绍几种西方的新闻学派的理论：

一、新新闻主义理论

新新闻主义是美国新闻界20世纪60年代提出的一种理论主张。这是由汤姆斯·沃尔弗(Thomas Wolfe)首先正式提出来的。新新闻主义理论的起源可以追溯至殖民地时代托马斯.潘恩写作并发表《常识》的时候。美国的文学史上有很多伟大的作家都曾做过新闻记者，比如海明威和乔治·奥威尔等，他们最早进行了把文学要素引入新闻报道的尝试。其主要观点是倡导用写小说的方法报道新闻，公开提出新闻报道在必要时也可以适当虚构。这种理论首先认为传统的真实报道新闻的原则是墨守成规、原始主义。他们在理论上提出，记者和作家的混合是“新闻学的新哲学”，甚至认为主观想象的东西才是真实的，只有使用艺术概括，用艺术手法写出来的新闻才是高于真实的新闻作品。汤姆斯·沃尔弗把自己观点的拥护者称之为“新新闻记者”、“记者与艺术家的混合体”。当然，这种新闻主张也受到美国严肃的新闻工作者和新闻学者的反对，同时也受到文学界的批评，认为它不仅有损新闻的声誉，也有失文学的尊严。但是，新新闻主义思潮对西方新闻传播实践仍有一定影响。

---

① 郝雨.建设中国化传播学体系的几个根本性问题[J].上海大学学报，2001(5)：81-84.

另外，由于面对电视和网络等新媒体的冲击，传统的客观性平面报道已经很难吸引受众的注意力，很多报纸不得不谨慎地引进新新闻主义的写作方式。俄勒冈大学新闻学院于 1995 年在全国范围内第一次开设“创造性非虚构写作”的研究生课程，标志着新新闻主义作为一种 20 世纪重要的新闻学流派被学术界正式接纳。

二、调查新闻学

这是 20 世纪 70 年代首先在美国出现的新闻学观点。称之为调查新闻学，顾名思义当然就是因为他们积极倡导调查性的新闻报道。当时，《华盛顿邮报》的两名年轻记者伯恩思坦和伍德沃德因对水门事件的成功报道而声名大起，此后类似的调查性新闻报道被颇受青睐。所以，理论界对于调查性报道的研究也就逐渐成为热点。这种新闻观点认为，新闻记者的社会使命，就是要主动而无畏地捕捉重大社会黑幕和丑闻，进行深入系统地调查报道，力求揭示出其更为深层的背景，并向公众展示产生这些黑幕和丑闻的社会根源，从而推动社会的改革。实际上，调查新闻学是过去西方社会“扒粪报道”在新形势下的发展。

从当时的一些效果来看，调查性报道在美国社会发展过程中，似乎建构出无可抵挡的新闻正义以对抗当权政治，但后来却因为记者的功利心态而让调查性报道逐渐变貌。许多记者幻想一夜成名，一心希望能通过对专题或是特案的报道让自己成为焦点。而紧接着，美国对“调查新闻学”提出最严厉批判的莫过于认为调查性报道制造出一个个假象，让人以为美国真的是一个民主社会，以为可以藉着揭发一些重大问题而使社会获得改善。另外，由于一些冲击力大的揭丑报道往往会触及有势力的财团与政党，因此，美国和西方国家的调查报道自 80 年代以后就有所减少，并逐渐转入对一些风险较小的社会问题的揭露。

20 世纪 80 年代，“调查新闻学”被引入到中国。这一以监督批评和剖析问题为核心的报道形式，是采访者针对某些个人和组织故意掩盖损害公众利益的事实或者公众关心的问题，通过独立、系统、科学、有针对性的调查而完成的报道过程。这在中国的民主社会越来越走向完善和进步的大趋势下，具有非常现实的推动作用。所以，直到进入 21 世纪，“调查性新闻”在中国仍然十分盛行。

三、精确新闻学

一般认为，精确新闻学的创始人是美国新闻学者菲利浦・迈耶（Philip Meyer），他在 1971 年出版了《精确新闻学》一书。在这部专著中，他指出，传统的新闻采访和处理新闻的方法，只偏重某些耸人听闻的情节或者对事件只是作一般性的描述。使得新闻报道难于做到真正的准确与客观。新闻记者应该广泛地运用社会治安和其他人文科学的方法来采集、加工新闻信息，并从社会、历史、政治和经济的角度去分析新闻材料，揭示社会事件的真相，以提高新闻报道的准确性和客观性。具体的方法，精确新闻学提出可运用计算机技术进行选择性调查、数量分析、内容分析、中间测量等等。在此书出版后的十几年里，精确新闻学的研究十分流行。先是于 20 世纪 70 年代风行于美国新闻界，后影响到世界各国新闻业。80 年代，我国新闻界也开始吸取和运用这种新闻报道理论和方法，从而大大丰富了新闻报道方式，并进一步提高了新闻报道质量。

精确新闻学改变了传统的新闻运作方式，要求记者有更大的主动性与科学精神，这种更强的挑战性使记者的报道由被动变为主动，也使“新闻”不再只是对“新闻事件”的被动报道与解读，更包括了对“新闻问题”的主动采访及分析。在现代的新闻报道中，精确新闻学正在日益受到重视，这也是它在遵循新闻学基本规律的前提下的重要发展趋势。

四、发展新闻学

这是由发展中国家的新闻学者提出的新闻学理论。从 20 世纪 70 年代问世并逐步发展起来，而且还进一步向西方发达国家扩散传播，影响遍及整个世界新闻理论界。

发展新闻学理论认为，西方传统的新闻学由于受到政治偏见和价值观念的限制，导致在这种理论支配下的关于发展中国家的报道，往往更多地追求怪异性的突发事件，或者片面报道这些国家的战争、内乱、灾难、犯罪及各种落后现象，而对其政治、经济、文化和社会生活方面的进步与发展的状况则不屑一顾。为此，这些国家的新闻学者提出，要打破国际新闻传播中的这种不平衡和不平等的状态，建立世界新闻传播的新秩序。他们还要求，西方新闻界应当改变传统的新闻价值观念，一定要完整而全面地报道世界各地的新闻事件，既报道突发事件，又报道非事件性新闻。他们还强烈要求西方传媒扩大报道面，尤其要全面真实地反映发展中国家在各个领域取得的新进展。简单地说，发展传播学的基本课题就是如何运用传播来促进国家发展。

受发展新闻学的影响，一些发展中国家新闻界建立了区域性的跨国联合通讯社、电子传媒组织，进行国际新闻报道的改革，加强地区性新闻合作与交流，努力建立国际新闻报道新秩序。在这种新局面的推动下，一些西方国家的新闻学者也开始重视和开展发展新闻学理论研究，并尽量重新审视和改变以往的新闻传播秩序。

五、倡导新闻学

这是美国于 20 世纪六七十年代流行的一种新闻学理论。倡导新闻学所“倡导”的新闻报道模式，类似我国的评述（述评）性报道。这一理论要求记者在依据大量事实的报道中,明确表明自己的立场和观点。这种混杂新闻报道与新闻评论的报道形式,完全突破了西方一直提倡的客观报道的模式,因此,多数人并不赞成。但也有部分新闻媒体表示认同并且身体力行。不过,总的来说,这种理论在第二次世界大战以后西方出现的各种新闻学理论中,没有多大影响力。

六、多视角新闻学

多视角新闻学又称多维新闻学。它产生于20世纪七八十年代。多视角新闻学提倡运用多维透视的方法,多视角、多方位地全面、立体地反映完整的事物和社会事件,反对当时一些新闻传媒出于猎奇而支离破碎地突出报道某个侧面和某些事件。这种理论旨在世界进入新技术革命的新时代以后,利用新的传输手段和丰富的信息资源,扩大报道面和加强报道深度促进传统新闻取向与审视角度的改变。至今看来,多视角新闻学还有待进一步的系统化和理论化,而且,这种崭新的理论主张也已经引起了全世界许多国家新闻学者的广泛关注①。

基本概念与问题思考

1. 新闻批评。
2. 谈谈新闻批评的意义。
3. 西方新闻批评的方法有哪些?
4. 符号学、叙事学、意识形态批评。
5. 谈谈你对我国新闻学未来发展的看法。
6. 应用新闻批评理论分析一篇新闻作品。

---

① 转引自童兵. 20世纪中国新闻学与传播学. 理论新闻学卷[M]. 上海：复旦大学出版社,2001：41-43.

参考文献

郑保卫.当代新闻理论新编(第二版).[M].北京:中国人民大学出版社,2015.
郑保卫.新闻理论教程[M].北京:北京师范大学出版社,2012.
杨保军.新闻理论教程(第三版)[M].北京:中国人民大学出版社,2014.
李良荣.新闻学概论(第五版)[M].上海:复旦大学出版社,2013.
李良荣.新闻学导论(修订版)[M].北京:高等教育出版社,2006.
陈　霖.新闻传播学概论(第四版)[M].苏州:苏州大学出版社,2013.
童　兵.理论新闻学导论(第二版)[M].北京:中国人民大学出版社,2011.
《新闻学概论》编写组.新闻学概论[M].北京:高等教育出版社,2009.
陈力丹.新闻理论十讲[M].上海:复旦大学出版社,2008.
刘建明.新闻学概论[M].北京:中国传媒大学出版社,2007.
刘建明.当代新闻学原理[M].北京:清华大学出版社,2003.
胡正荣.新闻理论教程[M].北京:中国广播电视出版社,2001.
项德生,郑保卫.新闻学概论[M].武汉:武汉大学出版社,2000.
王益民.系统理论新闻学.华中理工大学出版社,1999.
雷跃捷.新闻理论[M].北京:北京广播学院出版社,1997.
李卓钧.新闻理论纲要[M].武汉:武汉大学出版社,1995.
成美,童兵.新闻理论教程[M].北京:中国人民大学出版社,1993.
何光先.现代新闻学[M].昆明:云南教育出版社,1988.
缪雨.新闻学通论[M].北京:新华出版社,1987.
甘惜分.新闻理论基础[M].北京:中国人民大学新闻系,1981.
陈力丹.马克思主义新闻观教程[M].北京:中国人民大学出版社,2015.
陈力丹.马克思主义新闻观思想体系[M].北京:中国人民大学出版社,2006.
童　兵.马克思主义新闻经典教程[M].上海:复旦大学出版社,2004.
郑保卫.马克思主义新闻经典论著导读[M].北京:中国人民大学出版社,2007.
谭一.毛泽东新闻活动[M].北京:当代中国出版社,1999.
郭超人.喉舌论[M].北京:新华出版社,1997.
刘建明.当代西方新闻理论[M].北京:中国人民大学出版社,2015.
张　威.比较新闻学:方法与考证(修订版)[M].北京:清华大学出版社,2013.
张举玺.中俄现代新闻理论比较[M].北京:社会科学文献出版社,2011.
刘京林.新闻心理学概论(第五版)[M].北京:中国传媒大学出版社,2014.
刘京林,等.传播、媒介与心理[M].北京:北京广播学院出版社,1999.

郑兴东.受众心理与传媒引导[M].北京：新华出版社，1999.
周晓红.现代社会心理学[M].上海：上海人民出版社，1997.
汪新源.新闻心理学[M].武汉：华中理工大学出版社，1988.
李彬.传播学引论(第三版)[M].北京：高等教育出版社，2013.
郭庆光.传播学教程(第二版)[M].北京：中国人民大学出版社，2011.
张国良.传播学原理(第二版)[M].上海：复旦大学出版社，2009.
胡正荣，段鹏.传播学总论(第二版)[M].北京：中国传媒大学出版社，2008.
戴元光，金冠军.传播学通论(第二版)[M].上海：上海交通大学出版社，2007.
邵培仁.传播学(修订版)[M].北京：高等教育出版社，2007.
胡钰.新闻传播导论[M].北京：中国广播电视出版社，1999.
黄旦.新闻传播学[M].杭州：杭州大学出版社，1997.
徐小鸽.新闻传播学原理与研究[M].桂林：广西师范大学出版社，1996.
邵培仁，叶亚东.新闻传播学[M].南京：江苏人民出版社，1995.
张隆栋.大众传播学总论[M].北京：中国人民大学出版社，1993.
刘建明.媒介批评通论(第2版)[M].北京：中国人民大学出版社，2012.
刘建明.中国媒介批评史[M].福州：福建人民出版社，2011.
刘建明.西方媒介批评史[M].福州：福建人民出版社，2007.
胡正强.中国现代媒介批评[M].北京：中国传媒大学出版社，2010.
谢 静.美国媒介批评[M].北京：中国人民大学出版社，2009.
肖小穗.传媒批评[M].哈尔滨：黑龙江人民出版社，2002.
王君超.媒介批评[M].北京：北京广播学院出版社，2001.
黄瑚.新闻法规与新闻职业道德(第二版)[M].上海：复旦大学出版社，2014.
支庭荣.媒介管理(第三版)[M].广州：暨南大学出版社，2009.
吴飞.传媒影响力[M].北京：中国传媒大学出版社，2005.
李希光，赵心树.媒体的力量[M].广州：南方日报出版社，2002.
李希光，孙静惟.全球新传媒[M].广州：南方日报出版社，2002.
丁柏铨，等.新闻舆论引导论[M].北京：中国社会科学出版社，2001.
曾文经.传媒的魔力[M].北京：时事出版社，2001.
张国良.新闻媒介与社会[M].上海：上海人民出版社，2001.
陈作平.新闻报道新思路[M].北京：中国广播电视出版社，2000.
袁军.新闻媒介通论[M].北京：北京广播学院出版社，2000.
刘智.新闻文化与符号[M].北京：科学出版社，1999.
白润生.中国新闻通史纲要[M].北京：新华出版社，1998.
钟大年，郭镇之，等.电视跨国传播与民族文化[M].北京：北京广播学院出版社，1998.
程世寿，胡继明.新闻社会学概论[M].北京：新华出版社，1997.

袁军.新闻事业导论[M].北京：北京广播学院出版社,1997.

[美]比尔·科瓦奇,等.新闻的十大基本原则(第二版)[M].北京：北京大学出版社,2014.

[美]卡琳·沃尔·乔根森,等.当代新闻学核心[M].北京：清华大学出版社,2014.

[美]保罗·布赖顿.新闻价值[M].北京：中国人民大学出版社,2014.

[美]梅尔文·门彻.新闻报道与写作(第十一版)[M].北京：华夏出版社,2014.

[英]斯图尔特·艾伦.新闻业：批判的议题[M].武汉：武汉大学出版社,2011.

[英]斯图亚特·艾伦.新闻文化(第二版)[M].北京：北京大学出版社,2010.

[美]赫伯特·甘斯.什么在决定新闻.北京：北京大学出版社,2009.

[美]迈克尔·舒德森.新闻社会学[M].北京：华夏出版社,2010.

[美]里昂·纳尔逊·弗林特.报纸的良知[M].北京：中国人民大学出版社,2005.

[美]埃弗利特·E·丹尼斯,等.媒介论争：19个重大问题的正反方辩论[M].北京：北京广播学院出版社,2004.

[美]罗伯特·W·麦克高希.富媒体 穷民主[M].北京：新华出版社,2004.

[美]新闻自由委员会.一个自由而负责的新闻界[M].北京：中国人民大学出版社,2004.

[英]约翰·基恩.媒体与民主[M].北京：社会科学文献出版社,2003.

[美]哈罗德·拉斯韦尔.世界大战中的宣传技巧[M].北京：中国人民大学出版社,2003.

[英]尼克·史蒂文森.认识媒介文化[M].北京：商务印书馆,2001.

[英]尼克·史蒂文森.认识媒介文化——社会理论与大众传播[M].北京：商务印书馆,2001.

[加]文森特·莫斯可.传播政治经济学[M].北京：华夏出版社,2000.

[美]罗杰·菲德勒.媒介形态变化——认识新媒介[M].北京：华夏出版社,2000.

[美]沃纳·赛佛林,小詹姆斯·坦卡德.传播理论——起源、方法与应用[M].北京：华夏出版社,2000.

[美]杰克·富勒著.信息时代的新闻价值观[M].展江译.北京：新华出版社,1999.

[美]尼古拉·尼葛洛庞蒂.数字化生存[M].胡泳,范海燕,译.海口：海南出版社,1997.

[美]梅尔文·德弗勒等.大众传播学诸论[M].北京：新华出版社,1990.

[美]赫伯特·阿特休尔著.权力的媒介[M].北京：华夏出版社,1989.

[美]李普曼.舆论学[M].林珊,译.北京：华夏出版社,1989.

[澳]林赛·雷维尔.新闻实践指南[M].王非,等,译.北京：中国新闻出版社,1987.

[法]贝尔纳·瓦耶纳.当代新闻学[M].北京：新华出版社,1986.

[美]威尔伯·施拉姆,威廉·波特.传播学概论[M].北京：新华出版社,1984.
[美]施拉姆,等.报刊的四种理论[M].北京：新华出版社,1980.
[英]弥尔顿.论出版自由[M].吴之椿,译.北京：商务印书馆,1958.

后　记

这部教材原是2008年由上海交通大学出版社出版的《新闻学引论》，已用了7年之久，许多内容显然早已过时。新闻原本就是以新为生命，那么，新闻理论当然也不能固守老一套。所以，这次的再版，主要是更新数据，更新案例，也更新了部分观点。

近年来，移动互联网、社交化网络、云计算、大数据、物联网等信息技术的发展相继宣告了传统媒体时代、PC互联网时代的结束和移动互联网时代——大数据时代的到来。在互联网颠覆式创新的冲击下，传媒产业也正经历着不可逆转的深刻变革。在这样的大背景下，延续多年的传统媒体的制作、传播以及经营思维已不再适用。而大数据时代以及媒介融合的实践对新闻教育也造成了结构性深层次的冲击，目前新闻教育教学普遍存在脱离新媒体时代的新闻实践、脱离媒介融合以及全媒体发展新形势等问题，甚至造成新闻专业教育与新闻从业之间严重脱节，更难以无缝对接。这已经迫切要求新闻传播人才培养模式必须进行全方位变革。应时代所需，新闻教育不能只是在传统媒介固有逻辑的基础上，对于互联网概念化的某种简单植入，而是整体思维和教育模式及教学流程的互联网化。所谓"互联网思维"，其基本原则是精准传播、碎片化、互动式、订制化、大数据和娱乐化。从本质上看，"互联网思维"是一种全新的价值观，体现了一种民主化、开放化、共享化的思维模式。但现实情况是，我们的新闻教育，"互联网思维"口号喊得响，但多浮于表面，对"互联网思维"本质的理解和运用缺乏根本性和深层次的研究。那么，面对媒体大变局的传媒生态与环境，新闻专业教育改革刻不容缓，新闻理论的教学更是要与大数据时代对接，与移动互联网对接，与互联网思维对接，汲取时代营养，让新闻理论教学完全突破陈旧落后思维模式的藩篱，改革创新，焕发活力！这也是本教材重新修订出版的一个初衷。改革之事，说起来简单，真正付诸实施，却又谈何容易？个中甘苦，践行者自知。特录去年自创小诗，略表情怀：

月到中秋人未秋，
老骥千里志何酬！
呕心教革谁能解？
一片孤光落西楼！

本书的修改，我的研究生，尤其是博士生，包括访问学者，出力不小。任占文、肖辉、郝苗苗、方丹凤、蔡丽等都参与了部分内容的初稿撰写。我的合作者杜友君教授，从事新闻教学以及新闻教育管理多年，对于新闻理论问题理解颇深。本书修订的许多关键问题，都是他掌握大方向的，尤其是对全书定稿进行了全面把关斧正。所以，本书虽然只是修订版，却花费了我们整整一年多的时间。但愿这些心血能够有较好的收获。

在本书付梓之时，还要特别说明一点，2003 年的《新闻学概论》，是我和王艳玲教授合著，之后她考取中国传媒大学博士，主攻广播电视艺术学方向，现为天津师范大学新闻学院教授。在该书的修订中依然保留了其智慧和成果，特此表示感谢！

这本书虽然已经几易其稿，但是，仍然还有许多不足之处。希望读者在使用中多提宝贵意见，以便在以后的修订中进一步改进。我们在此也深表感谢！

郝 雨

2015 端午节